NAPOLEON UND EUROPA

TRAUM UND TRAUMA

NAPOLEON UND EUROPA

TRAUM UND TRAUMA

Kuratiert von Bénédicte Savoy
unter Mitarbeit von Yann Potin

BUNDESKUNSTHALLE.DE

Kunst- und Ausstellungshalle
der Bundesrepublik Deutschland, Bonn
17. Dezember 2010 bis 25. April 2011

PRESTEL
München · Berlin · London · New York

INHALT

	LEIHGEBER — 6
Angela Merkel	GRUSSWORT — 9
Robert Fleck	VORWORT — 10
Général Robert Bresse	VORWORT — 12
Bénédicte Savoy	EINLEITUNG — 14
Jutta Limbach	WARUM ICH NAPOLEON LIEBE — 19
Pierre Rosenberg	WARUM ICH NAPOLEON NICHT LIEBE — 23

ESSAYS

Luigi Mascilli Migliorini	ZUM AKTUELLEN STAND DER FORSCHUNG — 29
Natalie Petiteau	DIE FRANZÖSISCHE GESCHICHTSSCHREIBUNG ÜBER DAS ERSTE KAISERREICH — 35
Thierry Lentz	WELCHES EUROPA MIT NAPOLEON? — 41
Antoine de Baecque	IMPERIALE VERLETZUNGEN — 49
Daniel Schönpflug	NAPOLEON, DIE NAPOLEONIDEN UND DAS EUROPA DER DYNASTIEN — 67
Jean-Luc Chappey | Marie-Noëlle Bourguet	DIE BEHERRSCHUNG DES RAUMES — 77
Yann Potin	KUNSTBEUTE UND ARCHIVRAUB EINIGE ÜBERLEGUNGEN ZUR NAPOLEONISCHEN KONFISZIERUNG VON KULTURGÜTERN IN EUROPA — 91
Uwe Fleckner	DIE WIEDERGEBURT DER ANTIKE AUS DEM GEIST DES EMPIRE. NAPOLEON UND DIE POLITIK DER BILDER — 101
Michael Thimann	BILDER AUS EISERNER ZEIT. NAPOLEON UND DIE KUNST DER BEFREIUNGSKRIEGE — 117
Etienne François	NATION UND EMOTION — 137
Johannes Willms	SCHLUSSWORT: NAPOLEON UND EUROPA: DAS VERPASSTE RENDEZVOUS — 147

MOT D'ACCUEIL

Monsieur Nicolas Sarkozy, Président de la République Française

GRUSSWORT

des französischen Staatspräsidenten Nicolas Sarkozy

Napoléon occupe une place singulière dans le coeur des Français, dans l'histoire de France et dans la mémoire européenne. Près de deux cents ans après la fin de son règne, l'Europe reste marquée de son empreinte, de ses réalisations comme de sa légende. Aujourd'hui, Napoléon est devenu un symbole emblématique de l'histoire qui unit les différents pays européens autour de références communes et de débats partagés sur le sens de notre destin collectif.

Je me réjouis que le Centre national d'art et d'exposition de la République fédérale d'Allemagne ait adopté un regard européen pour explorer le mythe napoléonien : chaque visiteur de l'exposition est ainsi invité à remettre en question les certitudes d'un savoir souvent partiel – et partial - sur l'époque napoléonienne. Après l'Allemagne, je suis très heureux que la France accueille en 2012 cette exposition dans le nouvel espace muséographique du Musée de l'Armée.

Figure légendaire pour la majorité des Français, Napoléon est également une figure contestée dans le reste de l'Europe. Fils de la Révolution française, Napoléon fut celui qui mit fin à une décennie de tumulte et d'effervescence dont les excès accablaient les Français et affaiblissaient le pays. S'il rétablit une monarchie, il ne revint pas à l'Ancien Régime. Certes l'évolution de son pouvoir et sa conception ambivalente de la République reflètent les contradictions d'un homme qui, pour penser à l'avenir, restait aussi, par bien des aspects, tributaire de modèles monarchiques issus du passé. Napoléon demeure néanmoins le premier chef d'État héritier des Lumières. Je n'en prendrai qu'un exemple : le Code Napoléon, qui érige définitivement la règle de droit en élément régulateur de la société contre la coutume ou la loi du plus fort. Ce texte constitue probablement l'apport le plus significatif de Napoléon aux principes qui gouvernent aujourd'hui encore les démocraties occidentales.

Sur le chemin de la construction européenne, l'époque napoléonienne est un moment important. Pour la première fois, l'Europe s'est constituée en espace commun par « le rêve et la blessure », par la guerre, mais aussi par le droit et la culture.

Portée par l'élan fraternel franco-allemand au sortir de guerres meurtrières, l'Europe est devenue une réalité, construite pacifiquement et collectivement. En cherchant à renouer plus avant les fils de leur histoire commune, en remontant l'histoire, au-delà des evidences contemporaines, au-delà des conflits qui ont ensanglanté l'Europe, l'Allemagne et la France poursuivent l'oeuvre de paix et de progrès que des générations d'hommes et de femmes de bonne volonté ont initiée au siècle dernier. Aujourd'hui, il nous appartient, à la Chancelière Angela Merkel et moi-même, de poursuivre cette entreprise au service d'une Europe forte d'une mémoire mieux partagée et ouverte à son avenir.

Nicolas Sarkozy | Président de la République

Napoleon besetzt einen ganz besonderen Platz im Herzen der Franzosen, in der Geschichte Frankreichs und im europäischen Gedächtnis. Fast 200 Jahre nach dem Ende seiner Herrschaft ist Europa immer noch von seinem Wirken, seinen Errungenschaften wie von seiner Legende geprägt. Heute ist Napoleon zum emblematischen Symbol einer Geschichte geworden, die die verschiedenen europäischen Länder vereint, indem sie auf gemeinsamen Erfahrungen und Diskussionen über den Sinn unseres geteilten Schicksals gründet.

Ich freue mich, dass die Kunst- und Ausstellungshalle der Bundesrepublik Deutschland eine europäische Perspektive gewählt hat, um dem napoleonischen Mythos auf den Grund zu gehen: So ist jeder Besucher der Ausstellung aufgefordert, die Gewissheiten einer oftmals nur lückenhaften – und parteiischen – Kenntnis der napoleonischen Zeit zu hinterfragen. Ich bin sehr glücklich, dass nach Deutschland die Ausstellung 2012 auch in Frankreich, im neuen Ausstellungskomplex des Musée de l'Armée, zu sehen sein wird.

Während Napoleon für die meisten Franzosen eine legendäre Figur darstellt, ist er im übrigen Europa umstritten. Das Kind der Französischen Revolution beendete ein Jahrzehnt voller Unruhe und Aufruhr, dessen Exzesse die Franzosen plagten und das Land schwächten. Zwar führte er in Frankreich die Monarchie wieder ein, aber er kehrte nicht zum *Ancien Régime* zurück. Zweifellos spiegeln die Entwicklung seiner Herrschaft und seine ambivalente Auffassung von der Republik die Widersprüche eines Mannes, der zwar in die Zukunft dachte, aber dennoch in vielerlei Hinsicht den monarchischen Modellen der Vergangenheit verpflichtet blieb. Nichtsdestotrotz bleibt Napoleon der erste Staatschef, der ein Erbe der Aufklärung ist. Der *Code Napoléon,* um nur ein Beispiel zu nennen, führte endgültig die Rechtsordnung als Regulativ der Gesellschaft gegen das Gewohnheitsrecht oder das Recht des Stärkeren ein. Dieser Text ist wohl der wichtigste Beitrag Napoleons zu den Prinzipien, die auch heute noch für die westlichen Demokratien maßgebend sind.

Auf dem Weg des europäischen Aufbaus stellt die napoleonische Zeit eine bedeutsame Etappe dar. Zum ersten Mal ist Europa durch „den Traum und das Trauma", durch den Krieg, aber auch durch das Recht und die Kultur zu einem gemeinsamen Raum geworden.

Das heutige Europa, das nach dem Ende der opferreichen Kriege vom brüderlichen deutsch-französischen Elan getragen wurde, ist eine friedlich und gemeinsam geschaffene Realität geworden. Indem Deutschland und Frankreich versuchen, ihre gemeinsame Geschichte weiter zurückzuverfolgen, führen sie – über die heutige Selbstverständlichkeit und über die blutigen europäischen Kriege hinaus – die Arbeit an Frieden und Fortschritt weiter, die von Generationen gutwilliger Männer und Frauen im letzten Jahrhundert begonnen worden ist. Heute ist es an uns, der Kanzlerin Angela Merkel und mir, dieses Unternehmen im Dienste eines Europas fortzuführen, das durch ein besser geteiltes gemeinsames Gedächtnis stärker wird und sich der Zukunft öffnet.

Nicolas Sarkozy | Präsident der Französischen Republik

KATALOG KAPITEL 1 – 12

1. GENERATION BONAPARTE __ 155
2. FASZINATION UND ABSCHEU __ 169
3. LEIBLICHE UND SYMBOLISCHE GEBURT __ 179
4. DER TRAUM VOM WELTREICH __ 187
5. BLUT UND SEX. EUROPA, AUCH EINE FAMILIENANGELEGENHEIT __ 227
6. RAUM, RECHT, RELIGION.
   NEUE FORMEN DER BEHERRSCHUNG VON RAUM UND GEIST __ 241
7. OBJEKTE DER BEGIERDE:
   NAPOLEON UND DER EUROPÄISCHE KUNST- UND GEDÄCHTNISRAUB __ 261
8. DAS REICH DER ZEICHEN __ 275
9. DUELLE __ 293
10. NATIONEN – EMOTIONEN __ 301
11. SYMBOLISCHER UND LEIBLICHER TOD __ 323
12. PROJEKTIONEN. EINE »GETEILTE« IKONE __ 337

ANHANG

	KARTEN __ 352	
Angelica Francke	ZEITTAFEL __ 357	
	KARTEN __ 367	
Angelica Francke	STAMMBAUM DER FAMILIE BONAPARTE __ 370	
	BIBLIOGRAFIE __ 372	
Angelica Francke	PERSONEN- UND ORTSREGISTER __ 378	
	ABBILDUNGS- UND COPYRIGHTNACHWEIS __ 382	

LEIHGEBER

BELGIEN

Brüssel
- Musée royal de l'Armée de d'Histoire militaire

DÄNEMARK

Kopenhagen
- Medicinsk-Historisk Museum
- Thorvaldsens Museum

DEUTSCHLAND

Aachen
- Stadtbibliothek Aachen

Berlin
- Deutsches Historisches Museum
- Staatsbibliothek zu Berlin, Preußischer Kulturbesitz
- Universitätsbibliothek der Humboldt-Universität zu Berlin

Bonn
- Akademisches Kunstmuseum, Antikensammlung der Universität Bonn
- Beethoven-Haus Bonn
- Stadtarchiv und Stadthistorische Bibliothek
- Universitäts- und Landesbibliothek

Bruchsal
- Staatliche Schlösser und Gärten Baden-Württemberg

Dessau
- Kulturstiftung Dessau-Wörlitz

Dresden
- Staatliche Kunstsammlungen, Rüstkammer

Duisburg
- Museum Stadt Königsberg
- Salomon Ludwig Steinheim-Institut für deutsch-jüdische Geschichte

Halberstadt
- Das Gleimhaus

Hamburg
- Hamburger Kunsthalle

Hannover
- Deutsches Museum für Karikatur und Zeichenkunst – Wilhelm Busch

Ingolstadt
- Bayerisches Armeemuseum

Kassel
- Museumslandschaft Hessen Kassel

Koblenz
- Landeshauptarchiv Koblenz

Köln
- Kölnisches Stadtmuseum
- Universitäts- und Stadtbibliothek Köln

Mainz
- Landesmuseum Mainz

Mannheim
- Kunsthalle Mannheim

Marbach am Neckar
- Deutsches Literaturarchiv Marbach

München
- Bayerische Staatsgemäldesammlungen
- Bayerisches Hauptstaatsarchiv, Geheimes Hausarchiv

Münster
- Universitäts- und Landesbibliothek Münster
- LWL Landesmuseum für Kunst und Kulturgeschichte

Stuttgart
- Württembergische Landesbibliothek

Trier
- Stadtbibliothek und Stadtarchiv

Weimar
- Klassik Stiftung Weimar

Wesel
- Preußen-Museum NRW, Museum für preußische Geschichte im Rheinland
- Städtisches Museum Wesel

Wuppertal
- Kronen- und Insigniensammlung Abeler

ESTLAND

Tartu
- University of Tartu Library

FRANKREICH

Ajaccio
- Musée de la Maison Bonaparte
- Palais Fesch Musée des beaux-arts

Calais
- Musée des Beaux-Arts de Calais

Corte
- Musée de la Corse

Dijon
- Archives départementales de la Côte-d'Or

Fontainebleau
- Musée National du Château de Fontainebleau

La Courneuve
- Archives du Ministère des Affaires étrangères et européennes

Lille
- Musée des Beaux-Arts

Morosaglia
- Musée Départemental Pascal Paoli

Paris
- Archives Nationales
- Bibliothèque nationale de France
- École nationale supérieure des Beaux-Arts des Paris
- Fondation Napoléon
- Mobilier national
- Musée Carnavalet
- Musée d'Art et d'Histoire du Judaïsme
- Musée de l'Armée, Hôtel National des Invalides
- Musée de La Poste
- Musée des Arts Décoratifs
- Musée des Arts et Métiers
- Musée des Civilisations de l'Europe et de la Méditerranée
- Musée du Louvre
- Musée du Service de Santé des Armées au Val-de-Grâce
- Musée National de la Légion d'honneur et des Ordres de Chevalerie
- Petit Palais. Musée des Beaux-Arts de la Ville de Paris

Rouen
- Musée des Beaux-Arts

Salon-de-Provence
- Musée de l'Empéri de Salon et de La Crau

Troyes
- Musée des Beaux-Arts et d'Archéologie

Versailles
- Musée National des Châteaux de Versailles et de Trianon

Vincennes
- Service historique de la Défense

GROSSBRITANNIEN

Aldershot
· Army Medical Services Museum

Barnard Castle
· The Bowes Museum

Cambridge
· The Fitzwilliam Museum

Liverpool
· Walker Art Gallery

London
· Angels. The Costumiers
· Army Military Service Museum, Wellcome Library
· National Maritime Museum
· National Portrait Gallery
· Sir John Soane's Museum
· Tate Gallery
· The Victoria and Albert Museum

ISRAEL

Jerusalem
· The Jewish National and University Library

ITALIEN

Mailand
· Archivio Museo del Risorgimento
· Galleria d'Arte Moderna
· Soprintendenza per i Beni Architettonici e per il Paesaggio

Parma
· Fondazione Museo Glauco Lombardi

Possagno
· Museo e Gipsoteca Antonio Canova

Rom
· Il Laboratorio
· Museo Napoleonico
· Museo Storico delle Poste e delle Telecomunicazioni

Turin
· Galleria Civica d'Arte Moderna e Contemporanea di Torino

Triest
· Museo Revoltella

Venedig
· Museo Correr

NIEDERLANDE

Den Haag
· Archief Ministerie van Buitenlandse Zaken

ÖSTERREICH

Baden bei Wien
· Rollettmuseum

Innsbruck
· Tiroler Landesmuseum Ferdinandeum

Wien
· Gesellschaft der Musikfreunde in Wien, Archiv, Bibliothek und Sammlungen

POLEN

Kórnik
· Biblioteka Kórnicka Polska Akademia Nauk

Warschau
· Muzeum Literatury im. Adama Mickiewicza
· Muzeum Narodowe w Warszawie
· Polish Military Museum

RUSSLAND

Moskau
· Russian State Library

SCHWEIZ

Bern
· Schweizerisches Bundesarchiv

Coppet
· Château de Coppet

Genf
· Musée d'art et d'histoire

Salenstein
· Napoleonmuseum Thurgau, Schloss und Park Arenenberg

SPANIEN

Madrid
· Museo de Historia de Madrid

Zaragoza
· Colección Ibercaja

UKRAINE

Kiew
· The Bohdan and Varvara Khanenko Museum of Arts

USA

Philadelphia
· Mütter Museum – The College of Physicians of Philadelphia

Providence
· Brown University Library

PRIVATSAMMLUNGEN

· Collection particulière Curt Benedict
· Sammlung Böckmann
· Collection C. Kervella
· Sammlung Thomas Kessler
· C. de Longevialle
· Sammlung Christoph Pudelko, Bonn
· Collection François et Marie-Anne Vachey
· Privatsammler, die nicht genannt werden möchten

Die Ausstellung steht unter der Schirmherrschaft
der deutschen Bundeskanzlerin Angela Merkel und
des französischen Staatspräsidenten Nicolas Sarkozy.

GRUSSWORT

Die knapp 16 Jahre während Regierungszeit Napoleon Bonapartes hat Europa erschüttert und verändert. In ihr wurden Weichen für die Entwicklung unseres Kontinents bis weit in das 20. Jahrhundert hinein gestellt.

Bereits 1817/18 schrieb Stendhal im Vorwort seiner *Vie de Napoléon:* »In den nächsten fünfzig Jahren muss die Geschichte Napoleons jedes Jahr neu geschrieben werden.« In der Tat ist das Interesse an der historischen Figur Napoleons I. ungebrochen, das aus der polarisierenden Ambivalenz des Machthabers erwächst. Bereits seine Zeitgenossen sahen in ihm entweder einen Despoten und kriegslüsternen Eroberer oder verehrten ihn leidenschaftlich als Genie und visionären Neuerer. Bis heute fallen die Urteile über Napoleon Bonaparte widersprüchlich aus. Die Auseinandersetzung mit ihm bleibt deshalb aktuell.

Es ist der national geprägten Geschichtsschreibung des 19. Jahrhunderts geschuldet, dass sich in Europa verschiedene, zum Teil miteinander konkurrierende nationale Napoleonbilder und Erinnerungskulturen etabliert haben. Auch in Deutschland und Frankreich gab und gibt es unterschiedliche Befassungen mit der Person und Herrschaft Napoleon Bonapartes, die von entscheidendem Einfluss auf das Verhältnis unserer beiden Staaten waren.

Vor diesem Hintergrund ist es bemerkenswert, dass die von Bénédicte Savoy in der Kunst- und Ausstellungshalle der Bundesrepublik Deutschland kuratierte Ausstellung *Napoleon und Europa. Traum und Trauma* einen differenzierten Blick auf die negativen wie positiven Facetten napoleonischer Machtpolitik und deren Rezeptionslinien in ganz Europa wirft. Nach ihrer Station in Bonn wird die Ausstellung vom Kooperationspartner der Kunst- und Ausstellungshalle der Bundesrepublik Deutschland, dem Musée de l'Armée in Paris, übernommen und die erste umfassende Napoleon-Ausstellung in Frankreich seit 1969 sein.

Mein Dank gilt allen, die an dieser Ausstellung mitgewirkt haben und so auch mithelfen, unterschiedliche Sichtweisen auf die Geschichte darzulegen und zu erläutern. Gemeinsam mit dem französischen Staatspräsidenten Nicolas Sarkozy habe ich gern die Schirmherrschaft über die Ausstellung übernommen, die einen wichtigen Beitrag zu einer lebendigen europäischen Erinnerungskultur leistet.

Angela Merkel | Bundeskanzlerin der Bundesrepublik Deutschland

VORWORT

Keine Persönlichkeit hat das moderne Europa mehr geprägt als Napoleon. Dies gilt für Errungenschaften, die wir im Allgemeinen als positiv einschätzen – das Bürgerliche Gesetzbuch, das allgemeine und gleiche Wahlrecht, das überregionale Straßennetz, die internationale Nachrichtenübermittlung, die staatliche Verwaltung im heutigen Sinn, das öffentliche Kunstmuseum, die Erschließung der ägyptischen Antike usw. –, ebenso wie für negative Erscheinungen, die unseren Widerspruch hervorrufen: Massenkriege, Imperialismus, Polizeistaat, Nationalismus, Kunst- und Archivraub, Propaganda – auch diese Aufzählung scheint kaum enden zu wollen.

Die historischen Forschungen der letzten vier Jahrzehnte haben das Bild Napoleons einschneidend verändert. Ohne die Rolle der Einzelpersönlichkeit zu leugnen, macht unsere Ausstellung deutlich, welche Vielzahl von Forschern, Denkern, Rechts- und Kunstgelehrten an diesen Neuerungen beteiligt war. Fast alle Neuerungen der napoleonischen Epoche – im Guten wie im Schlechten – waren zuvor in der Aufklärung und in den ersten zehn Jahren der Französischen Revolution von 1789 erdacht und entworfen worden, bevor Napoleon als Alleinherrscher in die Lage kam, sie umzusetzen.

Auch erscheint die napoleonische Epoche heute nicht mehr als bloße Militärgeschichte, sondern als europäisches Kräftespiel auf unterschiedlichen Ebenen. Die Einflüsse, Ideen, Verletzungen und Visionen liefen von 1799 bis 1815 zwischen den unterschiedlichen Ländern, Völkern und Akteuren der europäischen Geschichte dieser Zeit hin und her. Die moderne europäische Identität hat in der napoleonischen Epoche entscheidende Wurzeln – ebenso im Abwehrkampf der Völker gegen das napoleonische Heer wie in dem friedlichen oder kriegerischen Wettstreit zwischen Gelehrten, Künstlern, Politikern, Heerführern und Unternehmern um die effizientesten Lösungen. Diese Jahre waren ein Labor für unzählige Neuerungen der Moderne.

Deutlich unterscheidet sich das Imperium Napoleons von den Totalitarismen des nachfolgenden 20. Jahrhunderts. Im Sinne des »Traumas« ist anzuführen, dass Napoleon die Massenkriege einführte sowie die moderne Form der Diktatur mit Volkssouveränität, Plebiszit und Polizeistaat. Im Gegensatz zu den totalitären Systemen des 20. Jahrhunderts aber fanden weder Völker- und Massenmorde statt noch rassistische und ethnische Verfolgungen – von einer Parallele kann man also nicht sprechen.

Die Ausstellung *Napoleon und Europa. Traum und Trauma* sucht das noch kaum bekannte Bild der napoleonischen Zeit aus der neueren historischen Forschung erstmals einem breiten Publikum vorzustellen. Die Idee zu diesem Vorhaben entstand 2006 bei unserer Ausstellung *Französische Gemälde in deutschen Sammlungen*. Mit Bénédicte Savoy, in Paris ausgebildet und in Berlin lehrend, hat eine der brillantesten Vertreterinnen der jungen Historikergeneration den Ausstellungsparcours aus 12 Kapiteln erarbeitet, in denen »Traum und Trauma«, Licht und Schatten dieser Epoche jeweils in verblüffender Weise wiederkehren. Dabei treten bislang wenig bekannte Aspekte zu Tage wie der Kunstraub und der Raub der Archive, die Erfindung der modernen Propaganda, die Realität der Schlachtfelder und die Rolle der »Generation Napoleon« mit dem nahezu gleichaltrigen Ludwig van Beethoven, mit Fürst Metternich, Caspar David Friedrich, den Brüdern Humboldt und

Grimm. Methodische Ausgangspunkte der Ausstellung waren die bahnbrechende Schau *Goya – Das Zeitalter der Revolutionen,* die Werner Hofmann, der Doyen der deutschsprachigen Kunstgeschichte, 1980 in der Hamburger Kunsthalle inszenierte, sowie die Analyse von Macht und Bildern, die der französische Philosoph Michel Foucault leistete. Wer, wie ich, den gleichen Vordenkern verpflichtet ist, darf hinzufügen, dass die Arbeit mit Frau Savoy und ihrem Kollegen Yann Potin ein geistiges Vergnügen war, das wir in der Ausstellung mit Ihnen teilen möchten.

Die von der Bundeskunsthalle erarbeitete und organisierte Ausstellung wird im Frühjahr 2012 im Musée de l'Armée in Paris gezeigt, worüber wir uns sehr freuen. Die letzte umfassende Ausstellung zu Napoleon fand in Paris vor mehr als 40 Jahren statt.

Unser besonderer Dank gilt der wissenschaftlichen Kuratorin der Ausstellung, Bénédicte Savoy, die das Projekt mit Herzblut und Sachverstand entwickelt hat, sowie dem Co-Kurator, Yann Potin, der wesentlichen Anteil an der Konzeption hatte. Zutiefst verbunden sind wir auch Pierre Rosenberg, dem langjährigen Direktor des Louvre, für mannigfaltige Vermittlungen. Dem Direktor des Musée de l'Armée, Paris, sowie dem stellvertretenden Direktor David Guillet danken wir herzlich für die großzügige Unterstützung unseres Vorhabens und für die exzellente Kooperation bei der Planung der Übernahme der Ausstellung.

Ein Projekt dieser Größenordnung kann nur durch die Mitwirkung zahlreicher Leihgeber gelingen. Ohne deren Bereitschaft, sich von ihren Schätzen zu trennen, wäre die Ausstellung nicht denkbar. Ihnen allen sei von Herzen gedankt. Besonders hervorheben möchte ich an dieser Stelle das Napoleonmuseum Thurgau – Schloss und Park Arenenberg mit seinem Direktor Dominik Gügel, dem wir eine besonders große Zahl von Exponaten verdanken, sowie die Fondation Napoléon, Paris, mit ihrem Direktor Thierry Lentz, die uns ebenfalls großzügig unterstützt hat. Begonnen wurde das Projekt unter dem früheren Intendanten der Kunst- und Ausstellungshalle, Wenzel Jacob, und der Projektleiterin Agnieszka Lulinska. Beiden danke ich herzlich. Die Ausstellungsleitung lag in den Händen von Angelica Francke. Sie hat das Vorhaben mit großem Engagement umgesetzt und die Zusammenarbeit der vielen Beteiligten koordiniert. Ihr und dem gesamten Team der Kunst- und Ausstellungshalle sei herzlich gedankt. Eingeschlossen in den Dank sind auch die zahlreichen Katalogautoren.

Napoleon und Europa. Traum und Trauma ist eine beispielhafte Kooperation zwischen Frankreich und Deutschland. Wir freuen uns daher besonders, dass die deutsche Bundeskanzlerin Angela Merkel und der französische Staatspräsident Nicolas Sarkozy die Schirmherrschaft für die Ausstellung übernommen haben.

Robert Fleck | Intendant der Kunst- und Ausstellungshalle der Bundesrepublik Deutschland, Bonn

VORWORT

Wenn es um die Erinnerung an Napoleon geht, ist das Hôtel des Invalides mit seinen Museen einer der bedeutendsten Orte in Frankreich und auf der Welt. Wahrscheinlich sogar die Hochburg par excellence, denn es dient dem Kaiser als das, was man die letzte Ruhestätte nennt, und als solche ist es ein Ziel, um nicht zu sagen eine Pilgerstätte für all jene, die sich für seine Person und seine Taten interessieren.

Der Direktor des Musée de l'Armée, dem die Republik im Jahre 1905 per Dekret die offizielle »Grabwache« übertragen hat, kann das nicht ignorieren. Er kann auch nicht ignorieren, dass noch vor wenigen Jahren Besucher aus aller Herren Länder, also auch aus Deutschland, aber auch aus Frankreich, dem bedeutenden Mann in ihrer Unwissenheit, Verehrung und Begeisterung nicht nur das Mausoleum zuschrieben, in dem er ruht, sondern auch die Kirche, zu der es gehört, und sogar die Gesamtanlage des majestätischen Stadtpalais, das ab 1671 auf Initiative Ludwigs XIV. von den Architekten Libéral Bruant und Jules Hardouin-Mansart erbaut wurde. Wie das Sprichwort schon sagt: »Wo viel ist, da geht viel hin.«

Als Ausdruck einer naiven, irrationalen Bewunderung, die dem Eifer bedingungsloser Beweihräucherer entspringt, ist diese Art von Verwechslung heute glücklicherweise nur noch die Ausnahme, und sicherlich haben die museumspädagogischen Bemühungen des Musée de l'Armée in erheblichem Maße dazu beigetragen, Napoleon das zu geben, was Napoleon gebührt, und Ludwig XIV. das, was Ludwig XIV. gebührt, um einen bekannten Sinnspruch in abgewandelter Form zu zitieren. Napoleon hat dabei nichts verloren, und die Geschichte oder doch zumindest die Geschichtskenntnis hat viel gewonnen. Ein echter Grund zur Freude. Andere Auswüchse gehören, so glauben wir, heute der Vergangenheit an. Wir denken dabei an die Stigmatisierung und die undifferenzierte Anklage, die noch vor einigen Jahrzehnten betrieben wurden; sicherlich waren die Urheber von der Traumatisierung betroffen, die unser Kontinent unter den totalitären Herrschaftssystemen des 20. Jahrhunderts erlitten hat und mit denen absurde Legenden in die Welt gesetzt wurden, als deren bedeutendstes Opfer lange Zeit Napoleon I. galt.

Seither hat die Zeit ihre Spuren hinterlassen, die Geschichte hat sich wieder Geltung verschafft, und die Historiker haben ein nüchternes Inventar erstellt, das durch eine im eigentlichen Sinne des Wortes kritische Analyse ergänzt wird. Die Arbeit, die das Musée de l'Armée zwischen 2005 und 2010 geleistet hat, um die Präsentation seiner Sammlungen zu Napoleon von Grund auf neu zu überdenken und sie mit einem didaktischen Apparat zu versehen, mit dem sämtliche Möglichkeiten der modernen Museografie realisiert wurden, ist dafür ein glänzender Beweis. Gewürdigt seien an dieser Stelle die Mitglieder des wissenschaftlichen Komitees, durch dessen Ratschläge sich für uns jederzeit Vorsicht und Kühnheit verbinden ließen und nun die Begegnung mit einem begeisterten Publikum möglich wird.

In diesem Kontext ist auch die dankenswerte Initiative von Robert Fleck und der Kunst- und Ausstellungshalle Bonn anzusiedeln, die Bénédicte Savoy die Aufgabe übertragen haben, das umfangreiche Wissen der neuesten Geschichtsschreibung zu Napoleon I. in einer Ausstellung zu präsentieren. Meine Freude über dieses Ausstellungsprojekt ist eine zweifache: Das Musée de l'Armée hat sich, treu unterstützt von der Fondation Napoléon, sehr gern bereit erklärt, seinen Beitrag zu leisten, und seine Zustimmung zur Leihgabe wichtiger Stücke gegeben, von denen es sich zum ersten Mal seit der Wiedereröffnung seiner Ausstellungsräume trennt. Es wird das Projekt im Anschluss in eigener Verantwortung übernehmen und es dem Pariser Publikum in einer seinen Räumlichkeiten angepassten Form vorstellen, die auch der eigenen Sammlung und der Nähe zum Grabmal Rechnung trägt – und sich damit im Frühjahr 2012 sicher großer Resonanz erfreuen wird.

In diesem Zusammenhang sei zudem daran erinnert, dass die wichtigen Institutionen, in deren Zuständigkeit das nationale Kulturerbe Frankreichs fällt, seit der denkwürdigen Retrospektive in den Galeries nationales du Grand Palais im Jahr 1969 anlässlich seines 200-jährigen Bestehens, an der auch, zusammen mit vielen anderen, das Musée de l'Armée aktiv beteiligt war, ihren Besuchern keine Veranstaltung von internationaler Bedeutung zu Napoleon mehr geboten haben. Dieser Hinweis reicht gewiss aus, um das Zögern, die Bedenken, kurz, das einige Jahrzehnte während Unwohlsein zu erklären. Eine Zeit, in der die Vorstellung, sich einem so großen und komplexen Feld, wie es das Leben und die Taten des Kaisers darstellen, wieder anzunähern, eher Verunsicherung als Begeisterung auslöste.

Wenn es andere Veranstaltungen dieser Größenordnung in Frankreich während der letzten 40 Jahre nicht gegeben hat, so haben doch faszinierende Ausstellungen in Malmaison, in Compiègne, in Fontainebleau, im Nationalarchiv, in Versailles oder im Louvre ein neues Licht auf mehr oder weniger bekannte, mehr oder weniger vernachlässigte Aspekte der napoleonischen Zeit geworfen. Die Kollegen aus den Museen, die dieses neue Gebäude Stein für Stein zusammengetragen haben, werden sicher keinen Anstoß an der notwendigerweise unvollständigen Liste nehmen. Eigentlich müsste jede dieser Initiativen und das, was wir durch sie an neuen Kenntnissen gewonnen haben, einzeln gewürdigt werden.

Heute scheint also der Augenblick gekommen, dem Publikum den Versuch einer kritischen Synthese vorzulegen, ohne sich von der Gewaltigkeit dieser Aufgabe abschrecken zu lassen, die von so vielen vorangegangenen Arbeiten erleichtert wurde. In meinen Augen ist es ein besonders glücklicher Umstand, dass für ein solches Unternehmen französische und deutsche Historiker und Konservatoren mit vereinten Kräften zusammengearbeitet haben. Denn fraglos ist eine angemessene Würdigung der Taten Napoleons I. in Europa nicht allein durch den französischen Blick zu leisten. In den vergangenen Jahren haben in der Tat zahlreiche Veranstaltungen aller Art – Gedächtnisfeiern, Ausstellungen, Kolloquien, Museumsgründungen auf dem gesamten europäischen Kontinent, in Borodino, Vilnius, Slavko u Brna (besser bekannt als Austerlitz), Ljubljana, Stockholm, Marengo, Lucques, Schallaburg, Kassel oder Minden – uns gezeigt, was wir von unseren Nachbarn über die napoleonische Geschichte lernen können, aber zugleich auch ihren lebhaften Wunsch deutlich gemacht, sie mit uns gemeinsam neu zu lesen. Keinem dieser Projekte haben das Musée de l'Armée und die Fondation Napoléon ihre freundschaftliche Unterstützung versagt.

All das lässt mich der Ausstellung in Bonn viel Erfolg wünschen, und ich freue mich schon im Voraus darüber, dass die zahlreichen Besucher aus Deutschland und ganz Europa hier Gelegenheit haben, sich gemeinsam in eine Epoche zu vertiefen, die so entscheidend war für die Geschichte unseres Kontinents.

Général Robert Bresse | Direktor des Musée de l'Armée, Paris

Bénédicte Savoy

EINLEITUNG

Exposition impossible?
»Am Anfang war Napoleon« – aus dem apodiktischen Pathos dieser einst elektrisierenden Formel ist mittlerweile ein Gemeinplatz geworden. Für den deutschen Historiker Thomas Nipperdey galt der Zerstörer des alten deutschen Reiches zugleich als Schöpfer des modernen Deutschland. Des modernen Europa, möchte man hinzufügen, denn seine Diagnose lässt sich mühelos auch auf das heutige Belgien, Luxemburg und die Niederlande, die Schweiz und Irland, Italien und Spanien, Kroatien, Serbien und Slowenien, Polen, Russland und Großbritannien, ja sogar auf außereuropäische Territorien (man denke nur an das 1804 gegründete Haïti) erweitern. Europa unter der Herrschaft Napoleons mit einigen der Folgen, die sich daraus ergaben: Das ist das Thema der Ausstellung *Napoleon und Europa. Traum und Trauma,* die die Kunst- und Ausstellungshalle in Bonn präsentiert.

Die Idee, Napoleon angemessen zu gedenken, stößt heutzutage auf ein gewisses Unbehagen – in Frankreich übrigens mehr als in den anderen europäischen Ländern. Ein Grund dafür mag sein, dass in Frankreich die Napoleon-Forschung zwischen Verherrlichung und Verurteilung lange Zeit brauchte, um sich von der Legende vollständig zu befreien. Ein anderer Grund ist vielleicht, dass Napoleon im kollektiven europäischen Gedächtnis eine geradezu überdimensionale Größe innehat. Das Ausbleiben von Gedenkveranstaltungen zum 200. Jahrestag der Schlacht von Austerlitz in Frankreich (2005) und die anschließende Empörung über dieses Ausbleiben sind symptomatisch. Während die Briten im Sommer 2005 eine gigantische Seeschlacht vor der Küste Südenglands inszenierten, um im Beisein von Queen Elizabeth II. der siegreichen Schlacht von Trafalgar zu gedenken – und dafür zehn Tonnen Schießpulver, Hightech-Feuerwerk und sogar die Kopie einer Fregatte aus dem 18. Jahrhundert aufboten –, grübelte man in Paris über den geringschätzigen Umgang der französischen Elite mit dem einstigen Kaiser nach. In einem interessanten Interview mit der *Zeit* im Sommer 2006 stellte der weltweit hoch geachtete Doyen der Napoleon-Forschung, Jean Tulard, fest: »Wir haben Austerlitz ignoriert, aber einen französischen Flugzeugträger zu den Feiern des britischen Sieges bei Trafalgar entsandt – weiter kann man den Napoleon-Hass nicht treiben.« Napoleon-Hass, politische Angst vor dem komplexen Thema oder historiografisches Unbehagen? Aus ausstellungshistorischer Perspektive lässt sich festhalten: Offiziell und laut wurde Napoleon in Frankreich zuletzt vor mehr als 40 Jahren gedacht, anlässlich seines 200. Geburtstags am 15. August 1969. Seitdem präsentierten viele französische staatliche und private Institutionen teilweise vorzügliche Ausstellungen zu Napoleon und seiner Zeit. Ihr Format allerdings fiel im Verhältnis zur Größe des Gegenstandes auffällig bescheiden aus.

1969 also. Damals – nur ein knappes Jahr nach den studentischen Unruhen von 1968 und wenige Wochen nach Charles de Gaulles dramatischem Rücktritt – feierte die Fünfte Republik den Imperator. Ein »Nationalkomitee für die 200-Jahr-Feier« mit Charles de Gaulle als Ehrenpräsident hatte fünf Jahre gearbeitet. Das Ergebnis waren Militärparaden, Gottesdienste, historische Spiele und Volksfeste in allen Napoleon-Orten, insgesamt 80 Fernsehsendungen und ein napoleonisches Filmfestival, Zeitungsserien, eine Geburtstags-Kreuzfahrt des Luxusdampfers *France* zu den insularen Orten des Geschehens, Korsika, Elba und St. Helena, drei »expositions nationales« in Paris im Grand Palais, dem Nationalarchiv und der Nationalbibliothek sowie dutzende weiterer Ausstellungen in staatlichen Museen der Hauptstadt und der Provinz. Das Magazin *Spiegel* bezeichnete den Jubiläumstaumel der Franzosen schmunzelnd als »Napoleonade 1969«.

Die reichbestückte Ausstellung, die das Grand Palais in diesem Kontext von Juni bis Dezember 1969 präsentierte, ist vielen Zeitzeugen bis heute lebhaft in

Erinnerung geblieben. Gewehre, Fahnen und eine riesige Kanone, umgeben von elf lebensgroßen Puppen in kompletter Uniform und einer 16 Meter langen Darstellung der Schlacht bei Austerlitz, bildeten im ersten Saal den programmatischen Auftakt der Schau; eine monumentale Allegorie in Gips des Bildhauers François Rude, *Napoleon, zur Unsterblichkeit erwachend* (Abb. S. 111), markierte das Ende des hagiografischen Rundgangs. Die Absichten waren klar: »Unter den vielen, anlässlich der zweihundertsten Wiederkehr von Napoleons Geburt geplanten Ausstellungen«, hieß es unmissverständlich in der am 6. Juni 1969 herausgegebenen Pressemitteilung des französischen Kulturministeriums, »soll diejenige im Grand Palais in erster Linie das wundersame Schicksal (la prodigieuse destinée) des Bonaparte und sein Werk als Staatsmann anhand wichtiger offizieller Dokumente illustrieren. Die Ereignisse selbst, die personelle Umgebung Napoleons werden nur im Zusammenhang mit dem General, dem Konsul oder dem Kaiser beleuchtet, den man stets bei der Armee, der Regierung, bei Hof oder im Exil zeigen wird.« General, Konsul, Kaiser – das »wundersame Schicksal« des Helden war in der Tat der museografische Dreh- und Angelpunkt der Ausstellung, ein Konzept, das im damals politisch gespaltenen Frankreich für einige Polemik sorgte: Während (nicht nur linke) Historiker in Paris eine intensiv rezipierte internationale Tagung veranstalteten mit dem »sehr bewussten Ziel«, die strukturellen Veränderungen im napoleonischen Frankreich und Europa zu beleuchten, statt dem »*grand homme* noch mehr bio-hagiografische Studien zu widmen, die uns nichts mehr zu erzählen haben«, forderte das Wochenmagazin *Nouvel Observateur* für das Napoleon-Jahr das Recht zu rufen: »Nieder mit dem Kaiser!« Auch im Ausland wurden diese Spannungen mit Interesse registriert – nicht ohne Beimischung eigener Erinnerungsprobleme: »Während Politiker wie Präsident Pompidou und Verteidigungsminister Debré, hohe Militärs und radikale Napoleon-Fans dem Idol der Nation huldigen«, schrieb der *Spiegel* in seiner 33. Ausgabe im August 1969, »versuchen links-liberale Kritiker in diesen Wochen und Monaten die Legende vom größten Franzosen Napoleon, dem Schirmherrn der liberalen Revolution in Europa, endgültig zu zerstören.« Der Artikel trug die bezeichnende Überschrift »Verbrechen der Helden« und war mit einem Foto Hitlers am Grabe Napoleons (Abb. S. 142) und dem Kommentar »Schule der Diktatoren« versehen. In den späten 1960er Jahren war die Erinnerung an Napoleon also nicht nur in Frankreich ein sensibles Terrain. Paris jedenfalls verzichtete nach der staatlichen Erinnerungsorgie des Jahres 1969 für Jahrzehnte (und bis heute) auf großangelegte historische Ausstellungen zum Empire und konzentrierte sich fortan auf die Revolution als positive Heldin. Napoleon verschwand allmählich aus den zentralistisch festgelegten Lehrplänen und entfaltete von nun an seine suggestive Kraft mit ungebrochener Wucht in populären Medien, in Film und Fernsehen, Videospielen und Comics.

Im übrigen Europa dagegen gab der Jubiläumskalender der letzten Jahrtausendwende Anlass zu einer Vielzahl ambitionierter, meist zwar regional zugeschnittener, teilweise aber vorzüglich argumentierender Ausstellungen zur napoleonischen Ära. Der Reigen begann 1997 in Italien mit Veranstaltungen zum 200. Jahrestag des Friedens von Campo Formio, gefolgt von einer Reihe von Ausstellungen zu Bonaparte und den italienischen Republiken. Er setzte sich in England fort, u.a. mit einer wunderbaren Ausstellung des National Maritime Museum *Nelson & Napoleon* (2005) anlässlich der Gedenkfeierlichkeiten zu Trafalgar. Bald folgten Deutschland und Österreich, die mit großen Ausstellungen wie *Napoleon. Trikolore und Kaiseradler über Rhein und Weser* (Wesel u. a., 2007), *König Lustik* (Kassel 2008) oder *Napoleon, Feldherr, Kaiser und Genie* (Schloss Schallaburg 2009) auf die tiefe historische Bedeutung der napoleonischen Herrschaft für ihre jeweiligen Länder und Regionen aufmerksam machten. 2010 fand in Helsingborg eine große Ausstellung zu Bernadotte statt (*Die Kunst, König zu werden*), eine weitere in Moskau: *Napoleon und der Louvre*. In all diesen Fällen wird deutlich, wie groß außerhalb Frankreichs das Bedürfnis nach napoleonischen Bildern ist. Die Tatsache, dass bei einigen dieser Ausstellungen französische Institutionen – namentlich die Fondation Napoléon und der Louvre oder, im Falle der hier in

Bonn präsentierten Ausstellung, das Musée de l'Armée in Paris – als großzügige Kooperationspartner oder gar als Initiatoren fungierten, spricht für sich.

Über die Bedeutung des napoleonischen Erbes für das heutige Europa besteht also kein Zweifel. Deshalb und weil bislang keine Ausstellung den gesamteuropäischen Rahmen der napoleonischen Herrschaft zum Thema hatte, hat sich die Bundeskunsthalle vorgenommen, transnational zu argumentieren. Doch um das napoleonische Erbe in Europa als Ergebnis komplexer Wechselwirkungen, grenzüberschreitender Dynamiken und vielschichtiger Erinnerungskonstruktionen angemessen würdigen zu können, mussten einige etablierte, traditionelle Betrachtungsweisen überwunden und gegen neue Perspektiven ausgetauscht werden. Komplexe internationale Vorgänge, Zirkulationen von Menschen, Ideen, Bildern und Wahrnehmungsmustern sowie Befruchtungen und Nachwirkungen innerhalb Europas – dies sind die vorrangigen Aspekte, denen sich die Ausstellung widmet, ohne freilich die eigene zeitliche Logik der Ereignisse außer Acht zu lassen. Besondere Aufmerksamkeit gilt dabei den individuellen wie kollektiven Emotionen, die die napoleonische Herrschaft in ganz Europa auslöste. So vermittelt der Ausstellungstitel *Traum und Trauma* die enge Verbindung zwischen dem von Napoleon geweckten Erwartungshorizont und den tiefen Verletzungen, die er verursachte. Zwölf große Themenkomplexe versuchen dabei, die uns relevant erscheinenden Fragestellungen mit den spezifischen Mitteln einer historischen Ausstellung (Raum, Objekte, Dokumente) erfahrbar zu machen.

Die chronologische Klammer des sonst nicht chronologisch aufgebauten Rundgangs bieten die als Pendants konzipierten Sektionen »Symbolische und leibliche Geburt« einerseits und »Leiblicher und symbolischer Tod« andererseits (s. Katalogteil, S. 179 ff., S. 327 ff.). Hier werden biografische Hinweise zu Herkunft, Jugend und Tod Bonapartes im Zusammenhang mit dem Entstehen und Zerbrechen seines Mythos präsentiert: Geboren wie auch gestorben auf einer Insel, fand der Imperator auf den Schlachtfeldern den eigentlichen Ort seiner politischen Geburt wie auch seines politischen Todes. Dass er dabei ein typischer Vertreter jener *novi homines* (»neue Männer«) war, dessen kometenhafte Karriere durch die neue soziale, geografische und psychologische Mobilität der Jahre nach 1789 ermöglicht wurde, zeigt die Sektion »Generation Bonaparte« (s. Katalogteil, S. 155 ff.). Sie befasst sich mit der neuen Energie, die im Zuge der Französischen Revolution in ganz Europa die Geister entflammte und polarisierte. Eine neue Energie, die um 1800 zu großartigen ästhetischen Stellungnahmen zwischen Verherrlichung und Denunzierung führte, wie die Sektion »Faszination und Abscheu« zeigt (s. Katalogteil, S. 169 ff.). Hinter der Kunst und hinter den Worten aber spielte sich im europaweit unartikulierten Geräusch der Feldzüge ein Eroberungsszenario ab, das nicht nur das napoleonische Frankreich zum größten Reich seit dem Mittelalter machte, sondern auch dazu führte, dass die Erfahrung des Krieges und der verletzten körperlichen Integrität, der stummen Angst und des Schmerzes eine ganze Generation junger Männer über die nationalen Grenzen hinaus prägte – dies thematisiert die Sektion »Traum vom Weltreich« (s. Katalogteil, S. 187 ff.). In »Blut und Sex. Europa, auch eine Familienangelegenheit« (s. Katalogteil, S. 227 ff.) geht es um Napoleons Sicherung der unterworfenen Gebiete Europas durch eine möglichst geschickte, auf Blutsbande fußende Familienpolitik und die damit zusammenhängende generationsübergreifende Legitimierung der Macht.

Andere – infrastrukturelle, administrative und juristische – Formen der Beherrschung und Vereinheitlichung des europäischen Raumes zeigt die Sektion »Raum, Recht, Religion« (s. Katalogteil, S. 241 ff.). Im Mittelpunkt von Napoleons imperialer Vision stand Paris. Er erträumte sich die Stadt als neues Rom, als eine zweite *urbs maxima*. Der sogenannte napoleonische Kunst- und Archivraub, das zeigt die Sektion »Objekte der Begierde« (s. Katalogteil, S. 261 ff.), wurde dabei zum sichtbarsten und spektakulärsten Ausdruck einer von der Revolution übernommenen und unter dem Empire systematisch betriebenen zentralistischen Aneignungsideologie. Parallel zur konkreten, *materiellen* Aneignung des europäischen Kulturerbes im Namen des Universalismus betreiben Napoleon und seine Berater ein höchst kreatives und wirkungsvolles *immaterielles*, ebenfalls breit angelegtes Recycling der herkömmlichen christlichen, römischen und monarchischen Herrschaftsikonografie Europas – in diesem Sinne war Napoleons Reich auch ein »Reich der Zeichen« (s. Katalogteil, S. 275 ff.). Die Sektionen »Duelle« (s. Katalogteil, S. 293 ff.) sowie »Nationen und Emotionen« (s. Katalogteil, S. 301 ff.) markieren schließlich den Anfang vom Ende: Hatte Napoleons imperiales Projekt zweifellos vielen europäischen Ländern den Zugang zur Moderne ermöglicht (u. a. in administrativer, ökonomischer, juristischer und infrastruktureller Hinsicht), so riefen doch die Modalitäten und das Tempo dieser Modernisierung, ihre Kosten und ihr erzwungener Charakter überall in Europa starke Widerstandsbewegungen hervor, die in nahezu allen Regionen des Kontinents mit einem Feuer patriotischen Eifers und nationaler Definierung einhergingen. Napoleon lernte Englisch, als er auf St. Helena im Exil starb. Spätestens seit der Rückkehr seines Leichnams nach Europa im Jahre 1840 wurde er zu einer der politisch und ästhetisch am meisten in Anspruch genommenen Ikonen Europas (s. Katalogteil, S. 337 ff.). Das bemerkte auch der *Spiegel*, als er anlässlich des Napoleon-Jahres in Paris im August 1969 schrieb: »Napoleon – das ist im Napoleon-Gedenkjahr (200. Geburtstag) ein Alibi für Nationalstaat, EWG und Pan-Europa, für Revolution und Gegenrevolution, für alles und jeden und jeden und alles« – besser lässt sich die Polymorphie des Mythos nicht beschreiben.

Die jüngsten Debatten um das Gedenken – oder Nicht-Gedenken – der napoleonischen Herrschaft haben deutlich gezeigt, dass wir im Umgang mit dieser so folgenreichen Episode der europäischen Geschichte mehr historisches Wissen und weniger Erinnerungsgestik brauchen – also mehr Verstehen und weniger Gedenken. Die Ausstellung *Traum und Trauma* sowie die im vorliegenden Katalog versammelten Beiträge von international renommierten Napoleon-Forschern und ausgewiesenen Experten (nicht nur der Zeit um 1800, sondern auch, zum Beispiel, der europäischen Erinnerungsgeschichte) verstehen sich als Beitrag zur Verflechtungsgeschichte Europas im 19. und 20. Jahrhundert. Nun sind historische Ausstellungen weniger kritisch erzählte Geschichte als vielmehr – wenn sie gelingen – radikale Verkürzungen auf das Wesentliche.

Ob es *Traum und Trauma* unter diesen Umständen gelingen wird, wenigstens ansatzweise das napoleonische Erbe in Europa als Ergebnis komplexer Wechselwirkungen museal erfahrbar zu machen, wird sich zeigen. Aber der Versuch war lohnend: Die von der Bundeskunsthalle initiierte und produzierte Ausstellung soll 2012 auch in Paris gezeigt werden – in unmittelbarer Nähe zu Napoleons Grab im Invalidendom – für französische Verhältnisse noch vor einigen Jahren eine »exposition impossible«.

Jutta Limbach

WARUM ICH NAPOLEON LIEBE

Wie kann eine friedliebende Frau einen kriegerischen Imperator lieben, der ohne Rücksicht auf seine leicht bekleideten Soldaten bis nach Moskau marschierte und sich mit ihnen im tiefsten Winter auf den Rückzug begab? Nein, ich liebe Napoleon nicht, aber als Juristin schätze ich ihn wegen seiner Verdienste auf dem Felde des Rechts.

Seiner Zeit weit voraus, besaß Napoleon Verständnis für das Verhältnis von Recht und Wirklichkeit. Von ihm stammt das gern zitierte Diktum, dass eine Verfassung knapp und vage formuliert werden sollte. Eines der Hauptprobleme der Verfassungsinterpretation ist ihr Zeitbezug und der soziale Wandel. Nur wenn die Artikel der Verfassung lakonisch und offen formuliert sind, können sie im Lichte der veränderten gesellschaftlichen Verhältnisse ausgelegt werden. Napoleon hatte begriffen, dass die Auslegung und Anwendung der Verfassung ein auf die Gegenwart und Zukunft, aber nicht auf die Vergangenheit bezogenes Geschäft ist. Wenn das die Verfassung interpretierende Gericht Rechtsschutz und Rechtssicherheit auch für die Zukunft gewährleisten will, muss es klüger sein als die *Constituante*, die verfassungsgebende Versammlung.

Aber mehr noch als Rechtstheoretiker ist Napoleon als Rechtspolitiker zu loben. In der Sorge, die Nachwelt könne seine wahren Verdienste verkennen, lobte er sich selbst und verwies auf den *Code civil*, der zeitweilig als *Code Napoléon* firmierte. Seine wahre Großtat (gloire) seien nicht seine 40 gewonnenen Schlachten, sondern sein (mon) *Code civil*. Nach mehreren vergeblichen Versuchen, das im Süden geltende Schriftrecht mit dem Gewohnheitsrecht des Nordens zu verbinden, hatte er als Erster Konsul das Projekt 1800 erneut in Angriff genommen und dafür gesorgt, dass das Gesetzeswerk in kurzer Zeit mit 2281 Paragraphen formuliert wurde. Im Jahr 1804 trat der *Code civil* in Kraft und stellte die Rechtseinheit in Frankreich her. Dieser Sieg über das Chaos war seinerzeit einzigartig. Sein Vertrauen in die Ewigkeit dieses Gesetzeswerkes sollte sich als berechtigt erweisen: In mehrfach revidierter Fassung gilt der *Code* in Frankreich bis heute.

Bemerkenswert ist vor allem sein Einfluss auf das Privatrecht anderer Länder, auch außerhalb Europas. Der *Code* galt in Deutschland bis 1900 in den linksrheinischen Gebieten und der bayerischen Pfalz. In Baden wurde er ins Deutsche übersetzt und mit Zusätzen versehen, um dann seit 1809 als »badisches Landrecht« zu gelten. In einem der großen Lehrbücher des Privatrechts wird der *Code* wegen seiner »gefälligen, klaren und präzisen Fassung« gelobt und zugleich berichtet, dass er in allen nichtfranzösischen Ländern »warme Anerkennung« gefunden habe (Enneccerus).

Aber auch Dichter wie Heinrich Heine und Stendhal hatten Freude an der Sprache des *Codes*. So schrieb Stendhal im Jahr 1840 an Balzac, dass er, um bei der Komposition der *Chartreuse de Parme* den Ton zu treffen, jeden Morgen zwei oder drei Seiten des *Code civil* lese. Kein deutschsprachiger Schriftsteller könnte dem *Bürgerlichen Gesetzbuch* ein ähnliches Kompliment machen.

Aber nicht nur die Sprachästhetik, auch der Inhalt des *Code civil* erfreute seine Leser (ich habe bewusst nur die männliche Form gewählt, denn die verheirateten Frauen wurden im *Code* als Rechtssubjekte zweiter Klasse behandelt). Die im *Code* proklamierte Rechtsgleichheit und Freiheit der Person sowie der Abschied von allen feudalen Reminiszenzen hatte ihm über die französischen Landesgrenzen hinaus Akzeptanz eingebracht. Der *Code civil* ist ein Geschöpf der Aufklärung, die sich auch in der dort vorgeschriebenen Weltlichkeit des Staates äußert.

Einen Lorbeerkranz würden wir Napoleon noch heute flechten, wenn er seine ganze Schaffenskraft auf Geisteswerke dieser Art konzentriert und sich dem Kriegführen verweigert hätte. Aber damals – wie auch heute? – war die Zeit dafür nicht reif.

Detail aus Kat.-Nr. 198

1
Jean Baptiste Mauzaisse
Napoleon I., den Code civil verfassend, wird durch die Zeit gekrönt | 1833
Rueil-Malmaison, Musée National des Châteaux de Malmaison et Bois Préau

rechte Seite
Code Napoléon für das Königreich Westphalen | 1808
Münster, Universitäts- und Landesbibliothek | Kat.-Nr. 201

Napoleons Gesetzbuch.

~~~~~~~~~~

Einzig officielle Ausgabe für das Königreich Westphalen.

~~~~~~~~~~

Straßburg,
Gedruckt bey F. G. Levrault, in der Judengasse, Nro. 33.
1808.

CODE NAPOLÉON.

~~~~~~~~~~

ÉDITION SEULE OFFICIELLE POUR LE ROYAUME DE WESTPHALIE.

~~~~~~~~~~

STRASBOURG,
De l'imprimerie de F. G. Levrault, rue des Juifs, n.° 33.
1808.

Napoleons Gesetzbuch.

Einleitungs-Titel.

Von der Verkündigung, den Wirkungen und der Anwendung der Gesetze im Allgemeinen.

Erster Artikel.

Die Gesetze erhalten verbindliche Kraft im ganzen Umfange des Königreichs vermöge der von dem Könige geschehenen Verkündigung.

Sie sollen in jedem Theile des Staates von dem Augenblicke an vollzogen werden, wo die Verkündigung derselben bekannt seyn kann.

Diese Verkündigung soll aber als bekannt angenommen werden: in dem Departement, wo der König seine Residenz hat, einen Tag nach derselben; in einem jeden der übrigen Departemens, nach dem Ablaufe der nämlichen Frist, mit Zurechnung eines Tages für jede zehn Myriameter (ungefähr zwanzig Stunden), welche der Hauptort des Departements von der Stadt entfernt liegt, worin die Verkündigung geschehen ist.

(S. Anhang Nro. 1.)

CODE NAPOLÉON.

TITRE PRÉLIMINAIRE.

De la publication, des effets, et de l'application des lois en général.

ARTICLE PREMIER.

Les lois sont exécutoires dans tout le territoire français, en vertu de la promulgation qui en est faite par l'Empereur.

Elles seront exécutées dans chaque partie de l'Empire, du moment où la promulgation en pourra être connue.

La promulgation faite par l'Empereur sera réputée connue dans le département de la résidence impériale, un jour après celui de la promulgation; et dans chacun des autres départemens, après l'expiration du même délai, augmenté d'autant de jours qu'il y aura de fois dix myriamètres (environ vingt lieues anciennes) entre la ville où la promulgation en aura été faite, et le chef-lieu de chaque département.

CODEX NAPOLEONEUS.

TITULUS PRÆLIMINARIS.

De legum promulgatione, effectibus et applicatione in genere.

ARTICULUS PRIMUS.

Leges in universo Westphaliæ regno exeçutioni mandantur vi promulgationis per regem factæ.

Ubicumque regni servari debent, cum primum ipsarum promulgatio innotescere potuerit.

Promulgatio in crastinum innotescere censetur per eam præfecturam, ubi suprema sedet auctoritas: in cæteris vero eidem tempori intervallo totidem adduntur dies, quot vicibus cujuscumque præfecturæ urbs caput decem myriametra (millia passuum sexaginta circiter) ab urbe distat, ubi lex promulgata fuit.

Wir Hieronymus Napoleon, von Gottes Gnaden und durch die Constitutionen König von Westphalen, französischer Prinz &c. &c.

Haben,

Nach Ansicht des 45sten Artikels der Constitution vom 15ten November 1807;

Wie auch der teutschen Uebersetzung des Gesetzbuches Napoleons, und

Auf den Bericht Unsers Ministers des Justizwesens und der innern Angelegenheiten,

Verordnet, und verordnen, wie folgt:

Erster Artikel.

Die teutsche Uebersetzung des Gesetzbuches Napoleons, welche die von unserm Minister des Justizwesens und der innern Angelegenheiten dazu ernannten Rechtsgelehrten verfertigt haben, wird genehmigt.

II.

Diese teutsche Uebersetzung, gedruckt bey dem Buchhändler Levrault in Straßburg, soll die einzige seyn, welche in den Gerichten des Königreiches angeführt werden darf und gesetzliche Kraft hat.

Der Druck und Verlag derselben wird in dem ganzen Umfange unserer Staaten erwähntem Herrn Levrault und seinen Nachfolgern dergestalt zugestanden, daß sie beyde während eines Zeitraumes von zwölf Jahren, von dem 1sten November dieses Jahres an gerechnet, jeden Andern ausschließen kann, und daß während dieses Zeitraumes keine andere teutsche Ausgabe jenes Gesetzbuches innerhalb des Königreiches in den Buchhandel kommen darf, bey Strafe der Confiscation und einer Geldbuße.

III.

Seit dem 1sten Januar 1808, wo, in Gemäßheit des 45sten Artikels der Constitution, das Gesetzbuch Napoleons in dem Königreiche zur Anwendung gekommen ist, haben die römischen, canonischen und ehemaligen teutschen Reichsgesetze, wie auch die

JÉRÔME NAPOLÉON, par la grâce de Dieu et les constitutions ROI DE WESTPHALIE, PRINCE FRANÇAIS etc. etc.

Vu l'article 45 de l'acte constitutionnel du 15 Novembre 1807;

Vu la traduction en *langue allemande* du *Code Napoléon*;

Vu le rapport de Notre Ministre de la justice et de l'intérieur;

Nous avons décrété et décrétons ce qui suit:

ARTICLE PREMIER.

La traduction en *langue allemande* du *Code Napoléon*, faite par les Jurisconsultes nommés par notre Ministre de la justice et de l'intérieur, est approuvée.

II.

Ladite traduction allemande, imprimée à Strasbourg chez *Levrault*, libraire, sera la seule qui pourra être citée et avoir force de loi dans tous les tribunaux du Royaume.

L'impression et le débit, dans toute l'étendue de nos États, en sont accordés audit Sieur *Levrault* et à ses ayant-cause, pour en jouir, exclusivement à tout autre, pendant l'espace de douze ans, à compter du 1.er Novembre de cette année; nulle autre édition allemande ne pourra avoir cours dans le Royaume, pendant ledit espace de douze ans, à peine de confiscation et d'amende.

III.

A compter du 1.er Janvier 1808, où le Code Napoléon, conformément à l'article 45 de l'acte constitutionnel du 15 Novembre, a été mis en activité dans le Royaume, les lois romaines, les lois canoniques et celles du ci-devant empire germanique, ainsi que

Pierre Rosenberg

WARUM ICH NAPOLEON NICHT LIEBE

Man verzeihe mir den etwas oberflächlichen und ganz persönlichen Grund, der mich daran hindert, Napoleon zu lieben (kann man Napoleon hassen aus Gründen, die nicht persönlich, nicht leidenschaftlich sind?). Ich lebe eine Woche im Monat in Venedig. Die Venezianer hassen Napoleon, weil sie davon überzeugt sind, dass all ihr Unglück seit dem Fall der Republik auf ihn zurückzuführen ist. Mir diese Logik zu eigen machend und aus Solidarität mit den Einwohnern der Dogenstadt liebe ich Napoleon nicht.

Ich liebe ihn auch deshalb nicht, weil ich voller Bewunderung für den *Grand Dictionnaire universel du XIXe siècle,* Band 2 (1867, S. 920) von Pierre Larousse bin. Per definitionem will, ja muss ein Wörterbuch objektiv sein. Es darf keinesfalls Partei ergreifen. Wir schreiben das Jahr 1867 unter Napoleon III. Niemand ahnt das nahende Ende des Zweiten Kaiserreichs. Unter dem Stichwort Bonaparte seiner bewundernswerten Enzyklopädie wagt Pierre Larousse zu schreiben: »General der französischen Republik, geboren in Ajaccio (Insel Korsika) am 15. August 1769, *gestorben (Hervorhebung P. R.)* auf Schloss Saint-Cloud bei Paris am 18. Brumaire des Jahres VIII der einen und unteilbaren französischen Republik (9. November 1799).« Der Putsch vom 18. Brumaire gab dem künftigen Napoleon alle Macht. Dies war das Ende der Revolution, dessen »Testamentsvollstrecker«, um mit Victor Hugo zu sprechen, Napoleon war. Dies war auch das Ende der Republik und der Hoffnungen all jener, die in ganz Europa von einer gerechten und egalitären, laizistischen und brüderlichen Demokratie und von einer Republik, in der die individuellen Verdienste zählen, geträumt hatten.

Während Victor Hugo einen Napoleon mit einem großen N und einen Napoleon mit einem kleinen N unterschied, gab es für den Republikaner Larousse nur zwei kleine Napoleon. 15 Jahre nach dem Staatsstreich vom 18. Brumaire ging das Kaiserreich unter, die alliierten Sieger überwältigten Frankreich. Paris wurde, praktisch zum ersten Mal in seiner Geschichte, besetzt. Napoleon musste abdanken und wurde auf die Insel Elba verbannt. Wir befinden uns im Jahre 1814. Die Bevollmächtigten kommen in Paris zusammen. Die Diskussionen gehen zügig voran. Europa wird neu geordnet, neu bestimmt – ein vorweggenommenes Jalta. Man kommt auf den Louvre zu sprechen, den man einhellig bewundert. Das Museum wird in seiner Gesamtheit erhalten. Niemand denkt daran, es auseinanderzureißen oder den Besiegten von damals, den Siegern von heute, die Kunstwerke zurückzugeben, die ihnen weggenommen worden waren. Doch die katastrophale Rückkehr von der Insel Elba, die durch nichts zu rechtfertigende Unterstützung der Franzosen für Napoleon, schließlich Waterloo stellen das infrage, was als sicher gelten durfte. Der Brief von Wellington, dem Sieger von Waterloo, an Lord Castlereagh, die rechte Hand des englischen Premierministers Pitt, ist eindeutig: In dem »Wunsch, eine [für Frankreich] angenehme Entscheidung zu treffen« und um »seine Versöhnung mit Europa zu vollenden«, würde man den Louvre schonen. Doch wir sind im Jahre 1815, »die Umstände [sind] heute ganz andere«. Es gebe »keinen Grund« mehr, den gegenwärtigen Zustand des Louvre zu erhalten. »Es muss zu einer Rückgabe kommen«, und so wurde der Louvre, »das schönste Museum der Welt«, als Einheit zerstört. Wie könnte ich (der ich 40 Jahre meines Lebens diesem Museum gewidmet habe) Napoleon die katastrophalen Folgen seiner unsinnigen Rückkehr verzeihen? Wäre der Louvre ohne diese Rückkehr jenes *musée imaginaire* mit allen Meisterwerken, von dem Malraux träumte? Ich öffne eine Klammer. Kann man Napoleon nicht lieben und Dominique-Vivant Denon, den Gründer des Louvre und seinen bedeutendsten Direktor, lieben? Bin ich Napoleon gegenüber undankbar? Ich ertrage diesen Vorwurf.

Viele andere Gründe, die man für mehr oder weniger belanglos halten wird, hindern mich daran, in Verehrung niederzuknien. Einige seien hier genannt: Die reizende

Detail aus Kat.-Nr. 76

Joséphine, die zugunsten der so faden Marie-Louise fallen gelassen wurde, der Kult des Ruhmes, des über alles gestellten Ruhmes, die Grenzen Frankreichs, die auf den Verlauf von 1789 zurückgesetzt worden sind, die Staatsraison, die mehr zählte als die Liebe, die kaltblütige Ermordung des Herzogs von Enghien, *Krieg und Frieden,* von dem ich mir wünschte, es wäre von einem französischen Romancier geschrieben worden. Die Liste ist lang. Ich liebe aus Prinzip keine Kaiser. Dagegen liebe ich Europa, das Napoleon zweifelsohne schaffen wollte – allerdings nur zu seinem eigenen Nutzen –, und dessen Realisierung, die auch heute noch so zerbrechlich ist, die er letztlich eher behindert als befördert hat.

Ich komme auf diesen, nach Victor Hugo »blutverschmierten«, Ruhm zurück. Châteaubriand bemerkt mit bitterem Humor: »Bonaparte [mir wäre lieber, er hätte Napoleon geschrieben] pflegte die Wäsche der Franzosen in Blut zu waschen.« Dieses nach Belieben in ganz Europa und in allen Häusern, zu Wasser und zu Lande vergossene Blut, dieses Blut einer ganzen Jugend, die enthusiastisch und voller Energie oder im Gegenteil resigniert und empört war, bleibt in meinen Augen der unverzeihliche Fehler.

Ich werde diesen launigen Einwurf, der ohne Folgen bleibt und den man mir hoffentlich verzeihen wird, mit einem frechen Zitat abschließen. Es stammt aus dem Roman *Zazie dans le métro* von Raymond Queneau: »Napoleon kann mich mal«, erwiderte Zazie. »Der interessiert mich überhaupt nicht, dieser Trottel mit seinem blöden Hut.« Kann uns Napoleon in diesen Zeiten von Tsunami und Erderwärmung, von Ölpest im Golf von Mexiko und fanatischen Taliban, die sich in die Luft sprengen und Menschen in den Tod reißen, noch interessieren? Ist er trotzdem interessant?

Mantel und Hut Napoleons
Fontainebleau, Musée National du Château de Fontainebleau | Kat.-Nr. 32, 33

Julie Philipaut nach Robert Lefèvre
Dominique-Vivant Denon mit dem Œuvrekatalog von Pussin | Nach 1808
Privatbesitz | Kat.-Nr. 225

ESSAYS

Luigi Mascilli Migliorini

ZUM AKTUELLEN STAND DER FORSCHUNG

Heutzutage würde es von einer oberflächlichen Sichtweise zeugen, wenn man die Spannweite der Neuerungen unterschätzen würde, die sich im Laufe der vergangenen zwei Jahrzehnte im Bereich der Studien zum napoleonischen Zeitalter vollzogen haben. Dafür gibt es verschiedene Beweggründe (darunter nicht zuletzt die Reihe von 200-Jahrestagen, die von 1996 an die Stationen des napoleonischen Abenteuers allerorten in Europa skandiert haben). Einer der Hauptimpulse liegt jedoch zweifellos in der gestiegenen Zahl der Forscher sowie der wissenschaftlichen Institutionen auf internationaler Ebene. Tatsächlich hat das napoleonische Zeitalter von sich aus stets das Interesse von Geschichtsforschern verschiedener Nationalitäten auf sich gezogen: Man denke nur an namhafte Beispiele wie den sowjetischen Historiker Jewgeni Tarle, die Italiener Guglielmo Ferrero und Carlo Zaghi oder insbesondere auch den deutschen Autor Emil Ludwig mit seiner erfolgreichen Napoleon-Biografie von 1906 (s. Abb. 1). Dabei handelt es sich im Kern um Einzelwerke, die lediglich in einigen Abschnitten andere nationale Geschichtswerke widergespiegelt haben; insgesamt haben sie dennoch nie jene Landkarte der historischen Aufarbeitung grundlegend verändert, die der französischen Forschung zutiefst verpflichtet war. Daraus resultierte, dass die Fragestellungen der Historiker an das napoleonische Zeitalter noch bis vor 20 Jahren eng mit den großen Fragen der französischen Geschichte verbunden waren – trotz der unverkennbaren Bedeutung dieser Epoche für ganz Europa. Auch die großen politischen Optionen sind zu berücksichtigen, die das öffentliche Leben in Frankreich geprägt haben, und ihr Einfluss auf die Determinierung eines geschichtlichen Faktums von solch entscheidender Tragweite, wie es Napoleon und seine Zeit darstellten. Dieser Einwirkung verdankte es sich, dass die Forschung von Demarkationslinien unterteilt wurde, was vielfach einem allgemein verständlichen Zugang zur Geschichte entgegenkam (der freilich höchsten Qualitätsansprüchen gerecht wurde, wovon die epochemachenden Werke von Albert Mathiez und Georges Lefèbvre sowie die früher erschienenen von Adolphe Thiers und Edgar Quinet zeugen).

Diese Determiniertheit ließ sich noch Ende der 1980er Jahre ablesen an der dichten Reihe der Veröffentlichungen, die im Zuge der 200-Jahr-Feierlichkeiten zur Französischen Revolution erschienen. So wird hier einerseits unschwer das Gewicht einer Geschichtstradition erkennbar, deren Hauptaugenmerk noch auf der Abgrenzung vom Revolutionszeitalter und dem darauffolgenden napoleonischen Zeitalter liegt und deren Werturteile ein Spiegel politischer Urteile und Ausrichtungen sind. Auf der anderen Seite sorgte aber gerade der fruchtbare Dialog von Symposien und Studien im Zusammenhang mit dem 200. Jahrestag der Französischen Revolution dafür, dass ein Bewusstsein Gestalt annahm, welches sich über die bis dahin gültigen Grenzen und die strikten Epochentrennungen des traditionell ausgerichteten Geschichtsverständnisses hinwegsetzte.

Heute, im Abstand von 20 Jahren, würde niemand mehr die Beziehung Revolution – Napoleon mit jenen Kriterien fassen können, auf die man sich damals vornehmlich festlegte. Niemand würde darauf bestehen, das napoleonische Zeitalter als einen »Verrat« an den Ideen der Revolution darzustellen, wie sich auf der anderen Seite ebenso niemand mehr damit zufriedengeben würde, die Betrachtung der Epoche auf die Überhöhung des individuellen Schicksals ihres Helden und die Verherrlichung seiner militärischen Erfolge zu beschränken.

Diese neue Position der Geschichtsbetrachtung verdankt sich zu einem guten Teil den internationalen Dimensionen, die die napoleonische Historiografie zweifellos gewonnen hat. Eine Position, für die in erster Linie die französische Geschichtswissenschaft selbst impulsgebend war, die sich dem Austausch von Erfahrungen öffnete, der Übersetzung fremdsprachi-

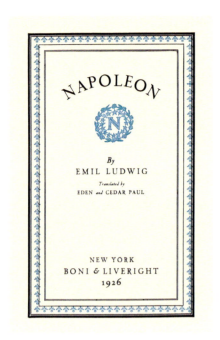

Emil Ludwig, Napoleon,
Übersetzung Eden und Cedar Paul,
New York (Boni & Liveright), 1926

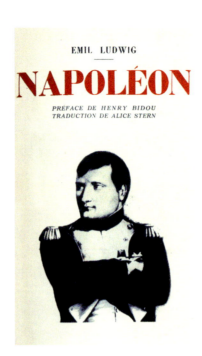

Emil Ludwig, Napoléon, Vorwort
Henry Bidou, Übersetzung Alice Stern,
Paris (Payot), 1929

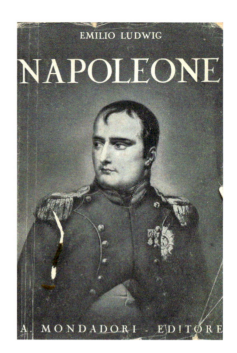

Emilio Ludwig, Napoleone,
Mailand (Mondadori), 1931

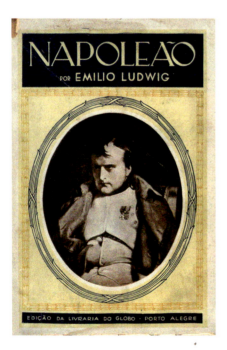

Emilio Ludwig, Napoleão,
Übersetzung Mario de Sa,
Porto Alegre (Livraria do Globo), 1933

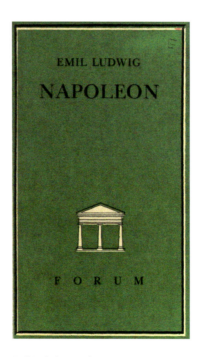

Emil Ludwig, Napoleon,
Amsterdam (Forum), 1939

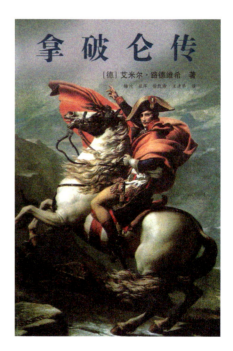

Lu-de-wei-xi, Na po lun zhua,
Mei Tuo, Guang zhou
(Hua cheng chu ban she), 1999

1
Übersetzungen der Napoleon-Biografie von Emil Ludwig
in verschiedene Sprachen (englisch, französisch, italienisch,
portugiesisch, niederländisch, chinesisch)

ger Werke und groß angelegten Projekten, und dies mit einer Wissbegierde und Offenheit, die in anderen Themen- und Forschungsbereichen nicht immer zu beobachten ist.

Aus dem europäischen Blickwinkel (wobei man auch die entscheidende Bedeutung der Beiträge vonseiten der amerikanischen Historiker heutzutage nicht außer Acht lassen darf) erscheint die Französische Revolution mit ihren politischen, wirtschaftlichen und sozialen Neuerungen eng verbunden mit dem Expansionsstreben Napoleons. Man könnte aus vielerlei grundlegenden Erwägungen sogar sagen, dass die Revolution in Europa nicht ausschließlich die eine Jahreszahl 1789 trägt (und mit Sicherheit auch nicht die von 1793, jenes aus der Perspektive Frankreichs so geschichtsträchtigen Jahres), sondern vielmehr all die verschiedenen Jahreszahlen, in denen sich der Moment des Zusammenpralls mit der napoleonischen Präsenz in den einzelnen Ländern manifestierte. Dies betraf in der Tat Spanien, Italien und Deutschland, die die Auswirkungen der Expansionspolitik Napoleons unmittelbar zu spüren bekamen, aber auch Regionen – die Balkanländer, die Levante, Ägypten –, die nur in Teilen von dieser Erfahrung berührt wurden, und nicht zuletzt das habsburgische Österreich, Russland und Preußen, wo gerade der Gegensatz zum napoleonischen Frankreich das Aufkommen von Gedankengut, Gesinnungen und intellektuellen Gruppierungen beförderte, die die Ideen der Revolution von 1789 nun wirklich Geltung gewinnen ließen.

Dies soll allerdings nicht heißen, dass die Historiografie damit gleichzeitig den Aspekt der autonomen Verbreitung der Ideen der Revolution in den Hintergrund stellte. Im Gegenteil: Die Zahl der Studien zum Jakobinismus in Europa stieg in besagtem Zeitraum an, wobei diese ihren interpretatorischen Ansatz in progressiver und positiver Weise modifizierten. An dem Punkt, an dem die strikte Unterscheidung von Chronologien aufgegeben wurde, die sich in erster Linie der frankofranzösischen Geschichtsschreibung verdankte, d. h., an dem die Jahre 1793, 1795, 1799 nicht mehr als die unpassierbaren »Säulen des Herakles« der Revolution in ihrer rein faktischen geschichtlichen Identität erschienen, nahm auch der Diskurs über den europäischen Jakobinismus eine andere Richtung an. Er wandelte sich zu einer Reflexion über die »revolutionäre« Herausbildung der europäischen Eliten und ihres Wirkens innerhalb ihres jeweiligen nationalen Kontextes unter dem französischen »Schirm«. Dies traf vor allem auf die italienische Geschichtsschreibung zu, in geringerem Umfang auf die spanische und die deutsche.

Die Werke, die sich mit dem Thema der Eliten wie auch mit anderen, nicht minder bedeutenden Aspekten auseinandersetzten – darunter der ökonomische Wandel, die Bildungssysteme, die politischen Institutionen –, ließen eine Neupositionierung erkennen; dies nicht nur im Hinblick auf den Zielpunkt der Entwicklungen. Das Erstarken der nationalen Historiografien brachte auch eine Wiederbelebung der interpretatorischen Aufmerksamkeit hinsichtlich des *terminus a quo* mit sich. Aus der Perspektive der einzelnen Länder betrachtet erschienen die napoleonische Ära, ihre Protagonisten, die zur Debatte stehenden Themen und die konkreten Errungenschaften nun in enger Verbindung mit den spezifischen Wegen der reformerischen Bestrebungen der Aufklärung. Manifestierte sich hier doch in vielerlei Hinsicht die erwartete Einlösung und folglich ein Aspekt der Kontinuität. Zugleich wurde die Ära auch als Reaktion auf die Krise der Reformbewegung verstanden, auf ihr Aus-den-Gleisen-Geraten in den 1780er Jahren und ihre Desorientiertheit im Gefolge der Großen Revolution und damit als Diskontinuität einbringende Komponente.

Noch in der jüngsten europäischen Historiografie lässt sich allenthalben ein Echo jener Spannungen ausmachen, die die Beziehung Nationalstaaten – napoleonisches Abenteuer traditionell geprägt haben, und zwar im Sinne eines nie aufgelösten Dualismus. Dieser bewegte sich zwischen Anerkennung für die Neuerungen im Sinne einer Modernisierung und ebenso des Beitrags, den Letztere in einigen Fällen (allen voran Italien und Deutschland) bei der Herausbildung der Nationalstaaten leistete, oder, besser gesagt, für das Bewusstsein der eigenen Nation. Dieser Wertschätzung stand auf der anderen Seite das Urteil gegenüber, das von einer autonomen Entwicklung hin zur Nation sprach, die gerade in der Opposition heranreifte zu jener, die eine Fremdherrschaft blieb.

Vor allem in den letzten Jahren hat das Aufkommen der Debatte über die »Reiche« zu der dringlichen Erneuerung der tief – und unverrückbar – in der Tradition verankerten europäischen Geschichtswerke beigetragen. Es handelt sich dabei naturgemäß um eine Diskussion, die Epochen und Ereignisse betrifft, die ziemlich verschieden und entfernt vom napoleonischen Zeitalter sind. Doch im Zentrum dieses Diskurses kommt Letzterem unvermutetes Gewicht zu, betrachtet man allein die Kürze seiner Zeitdauer. In seiner Position als Bindeglied zwischen dem Niedergang der großen Reiche im modernen Zeitalter und der Entstehung neuer Reiche durch die Kolonialbestrebungen im 19. Jahrhundert erscheint das napoleonische Kaiserreich in der Tat wie ein perfektes Versuchslabor. Vielleicht gerade aufgrund seines ephemeren Charakters wurden in ihm die Elemente einer Verbindung Nation – übernationale Einheit abgewogen, die heute im Prozess der Gestaltung Europas offenkundige Aktualität gewinnen. Zutreffender als das Bild von einem ephemeren Reich, das in erster Linie mit den persönlichen Ambitionen Napoleons verknüpft ist, erscheint in diesem Licht denn auch das Bild vom napoleonischen Reich als einer Baustelle: Mit seinen nicht klar umrissenen programmatischen Strukturen, die zwischen Vorbildern aus der Vergangenheit und den Erwartungen der Gegenwart oszillierten, war es ihm bestimmt, die Wechselfälle nicht überdauern zu können – insbesondere die militärischen, aus denen es auch hervorgegangen war. Andererseits war es eben gerade die Wirkkraft seiner Gegensätze, die dazu führte, dass Napoleons Reich einen Vorbildcharakter bekommen sollte für die europäische Staatengemeinschaft in den folgenden beiden Jahrhunderten.

Als noch präziserer Untersuchungsansatz erscheint in diesem Kontext die Einbeziehung der institutionellen und ideologischen Komponente, auf die Napoleons Reich gründete, der Bonapartismus. So richtete die europäische Geschichtswissenschaft jüngerer Zeit viele Fragen an den Bonapartismus, verstanden als das originäre politische Leitbild des napoleonischen Zeitalters von seinem Beginn an mit dem Staatsstreich vom 18. Brumaire (9./10. November 1799). Dies trifft vor allem auf die Forschung in Italien und Deutschland zu und die spezifischen Anforderungen der historischen Aufarbeitung, die sich zwei Ländern stellen, in denen die Schwäche der repräsentativen Institutionen die größten Diktaturen des 20. Jahrhunderts hervorbrachte. Abgesehen von den italienischen und deutschen Spezifika erscheint der Bonapartismus, verstanden im Sinne einer plebiszitären Demokratie, die die Beziehung zwischen dem Oberhaupt, dem Staatschef, in der Regel auch der Oberbefehlshaber des Militärs, und dem Volk stützt, eine originäre institutionelle Lösung im Rahmen der möglichen, nicht zwangsläufig konservativen Antworten auf die Große Revolution.

Dieser Ansatz wiederum lässt in der Schlussfolge daran denken, inwieweit das Gewicht der Chronologien, von denen zu Beginn die Rede war, die napoleonische Erfahrung fest in einem zeitlichen Kontinuum verankert hat, das bis in unsere Tage reicht. Es wird überdies ersichtlich, dass auch die Auseinandersetzung, die auf das Innere des Napoleon-»Mythos« fokussiert, sich nicht mehr darauf beschränkt, diesen Mythos auf die Jahre seines Entstehens und seines Hineinwirkens in die europäische Restaurationszeit zu begrenzen. Im Übergang vom geschichtlichen Mythos zum Archetyp der Zeitgeschichte hat Napoleon sich als eine vielschichtige Ikone in Stellung gebracht, der in ihrer semantischen Vielschichtigkeit die Fähigkeit immanent ist, den Veränderungen in den Geisteshaltungen der Gesellschaften Europas durch zwei Jahrhunderte hindurch nachzukommen. Für das Entstehen dieser neuen Gestalt Napoleon, der seine innerste geschichtliche Identität in jener Fähigkeit findet, die Natur der eigenen Rezeption unablässig zu ändern, war der Beitrag der Historiker der bildenden und darstellenden Künste von grundlegender Bedeutung. Die Geschichte der Kunst und der Architektur, die Geschichte des Kinos und die Geschichte des Kunstsammelns haben den Blick für ein weitergreifendes Verständnis des napoleonischen Zeitalters geöffnet, dies sowohl im Hinblick auf die zeitliche Ebene als auch auf die räumliche Dimension. Somit erscheinen das napoleonische Zeitalter und seine Darstellung – wie es auch diese Ausstellung spiegelt – als eine der »genuinsten Herausforderungen, wenn nicht *die* genuine Herausforderung für zukünftige Forschungen«.

Walenty Wankowicz
Apotheose Napoleons | Um 1841
Warschau, Museum Literatury | Kat.-Nr. 312

Natalie Petiteau

DIE FRANZÖSISCHE GESCHICHTSSCHREIBUNG ÜBER DAS ERSTE KAISERREICH

Detail aus Kat.-Nr. 329

Von einem Jubiläum zum anderen, von den Feierlichkeiten zum 200. Geburtstag Napoleons im Jahre 1969[1] bis zur Entscheidung, der Gründung des Konsulats oder des Kaiserreichs nicht zu gedenken, im Zeitraum von 1999 bis 2010 hat sich die Geschichtsschreibung über das Erste Kaiserreich zwar still, aber in bedeutendem Maße weiterentwickelt. Die Tagungen, die in Paris vom Institut Napoléon,[2] in Avignon[3] oder auch in La Roche-sur-Yon[4] organisiert wurden, zeugen von dieser Lebendigkeit. Diese zeigt sich auch in den Forschungsergebnissen zur revolutionären Periode, die 2001 von UMR Telemme in Aix,[5] 2004 vom IHRF in Paris[6] oder auch 2006 vom IRHIS in Villeneuve-d'Ascq[7] veröffentlicht wurden, da hierbei stets die gesamte napoleonische Ära im Blick behalten wurde. Diese wissenschaftlichen Begegnungen haben außerdem stattgefunden, als neue und oftmals junge Forscher die Ergebnisse ihrer Dissertationen in die wissenschaftlichen Debatten einbrachten[8].

Daneben führten einige individuelle Arbeiten zu neuen Gesamtdarstellungen auf einem historiografischen Feld, das lange Zeit durch die Forschung von Jean Tulard,[9] Jacques Godechot[10] oder Louis Bergeron[11] besetzt war. So hat uns Thierry Lentz seine Perspektive auf das *Grand Consulat*[12] vermittelt, um anschließend eine dreibändige *Nouvelle histoire du Premier Empire*[13] vorzulegen, während Jacques-Olivier Boudon seine Darstellungen unaufhörlich erweiterte und schließlich in einem schönen Band über *La France et l'Europe de Napoléon*[14] bei Colin veröffentlichte.

Die Individualgeschichte Napoleons wurde von den französischen Historikern kaum noch untersucht, da man dieses Feld Steven Englund[15] und Mascilli Migliorini[16] überlassen hat, die hierüber brillante Analysen vorgelegt haben. Ausnahme ist Antoine Casanova, der mit innovativen Veröffentlichungen den Weg freigemacht hat, die Biografie des Kaisers unter gänzlich neuen Gesichtspunkten zu betrachten.[17] Neben diesen Arbeiten über das Kaiserreich und den Kaiser hat die französische Geschichtsschreibung in den vergangenen 20 Jahren große Fortschritte auf allen historischen Forschungsfeldern gemacht, sodass wir nun über eine genauere Kenntnis der gesellschaftlichen und wirtschaftlichen Umstände verfügen. Außerdem hat sie den Weg für neue Lesarten auf dem Gebiet der Politik und Kultur bereitet und die Militärgeschichtsschreibung aus der chronologischen Ereignisgeschichte heraustreten lassen.

Die Erneuerung der Geschichtsschreibung über das Kaiserreich ist vor allem Louis Bergeron mit seinen Arbeiten über die bedeutenden Amtsträger zu verdanken:[18] Diese Bände, die noch heute in regelmäßigen Abständen erscheinen, wobei Département für Département behandelt wird, stellen eine ehrgeizige Prosopografie der französischen Elite der 130 Départements dar. Die präzisen Informationen über jede Persönlichkeit hinsichtlich Stellung, Werdegang, sozialer Verflochtenheit und Vermögen zeigen, dass die Gesellschaft der kaiserlichen Eliten zum überwiegenden Teil noch auf dem Prestige des Grundbesitzes beruhte. Es finden sich darin kaum vollkommen neue Namen, sondern eine Mischung aus Beamten, die nun dem neuen Regime verpflichtet waren, aus Großgrundbesitzern und altem Adel.

Überdies haben die Studien über die Adelswelt gezeigt, dass die Adeligen des *Ancien Régime*, die sich an die neuen soziopolitischen Gegebenheiten anzupassen wussten, weiterhin eine große Bedeutung hatten.[19] Sie haben darüber hinaus deutlich gemacht, dass mit Erfolg eine Hierarchie von kaiserlichen Beamten[20] aufgebaut wurde, die zwar wenig geneigt waren, die neue Dynastie zu unterstützen, sich aber häufig in den alten Adel zu integrieren verstanden. Was die Welt des Handels betrifft, so war diese dadurch gekennzeichnet, dass sie keinerlei Interesse an den administrativen Funktionen zeigte und dass sie den Wahlen oder den offiziellen Kundgebungen gleichgültig gegenüberstand. Sie entwickelte schließlich eine solche Gegnerschaft, dass die Küstenstädte im Allgemeinen eine große Begeisterung bei der Rückkehr der Bourbonen [21] an den Tag legten.

Die Welt der auf dem Lande oder in den Städten lebenden Namenlosen lässt sich – auf kürzere Zeiträume bezogen – schwerer beschreiben. Raymonde Monnier konnte jedoch für den Faubourg Saint-Antoine zeigen, dass sich der soziale Status der Einwohner dieses Pariser Bezirkes zwischen 1789 und 1815 nur wenig entwickelt hatte. [22] Die Welt der Arbeiter in manchen Provinzstädten konnte immerhin neue Instanzen in Anspruch nehmen – wie das Arbeitsgericht (cour des prud'hommes), bei dem man gegen die unzureichenden Gehälter klagen konnte. [23] Was die Landbevölkerung betrifft, muss man von einem historiografischen Brachfeld sprechen. [24] Die wenigen Studien belegen jedoch, dass hier keine großen Umwälzungen zu verzeichnen waren. [25] Die Arbeiten über die nationalen Besitzgüter haben deutlich gemacht, dass seit dem Konsulat tatsächlich Eigentumstransfers stattfanden, die dazu beitrugen, das Regime zu festigen. [26] Die Studien über den kommunalen Besitz verdeutlichen, wie das Kaiserreich die Landbevölkerung dadurch beruhigte, dass es die Aufteilungen anfänglich aussetzte, während das Gesetz von 1813, das die Verkäufe gestattete, großen Unmut hervorrief. [27] Was die Frage nach der politischen Haltung gegenüber dem Regime aufwirft.

Annie Jourdan hat diese Periode interpretiert, indem sie der Frage nachging, auf welche Art und Weise ein Mensch eine absolute Macht in kürzester Zeit gewinnen und ebenso schnell wieder verlieren konnte. In ihren Augen handelt es sich vor allem um die Geschichte einer Ambition: Zwar hatte sich Napoleon all diese Kriege, die ihn zweifelsohne belastet haben, nicht gewünscht, er konnte aber der Versuchung nicht widerstehen, aus seinen Siegen Nutzen zu ziehen. [28] Pierre Serna untersuchte dagegen nicht das politische Vorankommen des Kaisers, sondern die Karrieren der Menschen, die das Regime am Leben hielten. Jene, die sich 1815 mit dem Begriff »Wendehälse« gebrandmarkt fanden, haben vor allem im politischen Geschehen eine Mitte besetzt, in der sie zu professionellen Politikern geworden waren, denen es vor allem darum ging, das System zu erhalten, und dafür bereit waren, die demokratischen Prinzipien aufzugeben. [29] Was zugleich bestätigt, dass Napoleon das Kaiserreich nicht allein errichtet hat: Dieses hat sich im politischen Kontext des Direktoriums herausgebildet, wo der Ruf nach einem starken Mann laut wurde.

Wenn man das Verhältnis der Franzosen zum Kaiserreich untersucht, bestätigt sich, dass schließlich sogar in der anonymen Masse – seien es Dorfbewohner oder Städter, Männer oder Frauen, Zivilisten oder Militärs – dieser Rückgriff auf einen starken Mann so manchen zufrieden gestellt hat, nicht ohne andererseits einige heftige Gegnerschaften hervorzurufen. Und sei es nur, weil ein politischer Raum, der um einen die Nation verkörpernden Menschen aufgebaut wurde, für jedermann Sinn machte: Es scheint einfacher zu sein, seine Ablehnung gegen einen Herrscher zum Ausdruck zu bringen, als gegen eine Gemeinschaft von Vertretern aufzubegehren. [30] Die Kriegsverhältnisse haben zudem zur Vervielfachung oppositioneller Haltungen geführt. Jean-Paul Bertaud hat außerdem gezeigt, in welchem Maße die gesamte Gesellschaft im Rhythmus des Krieges lebte. [31] Ihm ist es übrigens zu verdanken, dass die Militärgeschichte nicht mehr eine reine »Schlachten-Geschichte« ist, sondern sich zu einer Disziplin entwickelt hat, die sich der Lebenswirklichkeit der in Kriegszeiten lebenden Menschen widmet. Annie Crépin hat das Verhältnis der Franzosen zur Wehrpflicht untersucht. [32] Bis 1806 gab es noch ernste Zwischenfälle, obwohl in der ersten Zeit des Regimes relativ wenige Männer mobilisiert worden waren. Danach beruhigte sich die Situation, da die Repression Wirksamkeit zeigte. Ab 1810 ist ein eindeutiger Rückgang der Fälle von Fahnenflucht zu verzeichnen. Anschließend vollzogen sich die Rekrutierungen von 1812 und 1813, abgesehen von seltenen Zwischenfällen, ohne Schwierigkeiten. [33] Allerdings zeigen die zahlreichen Aushebungen von 1813, dass die Wehrpflicht keinesfalls als selbstverständlich betrachtet wurde. Jedenfalls waren Betrug und Auflehnung das ganze Kaiserreich hindurch an der Tagesordnung, wobei die Soldaten mehr noch von ihren Familien als von ihrem gesellschaftlichen Umfeld Hilfe bekamen. [34]

Das Wissen über das Leben der Armeeangehörigen hat sich ebenfalls enorm erweitert. Bernard Gainot hat die Aufmerksamkeit auf das Schicksal der farbigen

1
Paul Merwart
Das Cabaret »Chat Noir« | 1886
Paris, Musée Carnavalet

2
Jules Monge
Die Heimkehrer der Grande Armée | 1912

Offiziere in den kaiserlichen Armeen gelenkt:[35] Das Programm militärischer Integration endete oft mit Misserfolgen, aber die Untersuchung der militärischen Institution beweist, dass diese Epoche sich auch die Frage nach der Universalität der Prinzipien von Gleichheit und Patriotismus gestellt und über die ethnischen Identitäten nachgedacht hat. Laurence Montroussier hat analysiert, auf welche Art und Weise die Offiziere ihre Funktion als Befehlsgeber wahrgenommen haben.[36] Gegenwärtig werden die Kriege des Kaiserreiches verstärkt aus anthropologischer Perspektive betrachtet, wobei man die methodologischen Ansätze berücksichtigt, die auf die Historiker der Kriege des 20. Jahrhunderts zurückgehen:[37] Hier wird der Schock deutlich, den die zum Kriegsdienst verpflichteten Männer nicht nur durch die Begegnung mit der Gewalt auf dem Schlachtfeld, sondern auch durch den Zusammenstoß mit den nationalen Realitäten erlebten.

Die Art, wie sich die Realität des Krieges anderen europäischen Völkern aufgedrängt hat, ist ein weiteres Thema der Forschung. Richard Hocquellet hat gezeigt, wie in Spanien angesichts der französischen Invasion eine solche Furcht vor dem Verlust der Identität und des gesellschaftlichen Gleichgewichts geherrscht hatte, dass dies die Kräfte der Reaktion stärkte.[38] Jean-Marc Lafon hat die Motivationen der profranzösischen Kollaboration in Andalusien analysiert: Die Militärs konnten dort die Fehler der Vendée-Kriege vermeiden und einen Teil der Eliten überzeugen, sich dem französischen Lager anzuschließen.[39] Auf französischer Seite hat die Zivilbevölkerung erst 1814 und 1815 die Besetzung ihres Territoriums kennengelernt: Jacques Hantraye hat hier die Stereotype in Bezug auf die Gewalt der Alliierten korrigiert.[40]

Was zu der Frage führt, welches Nachleben das Erste Kaiserreich hatte. Die Historiografie hat lange Zeit vernachlässigt, die Geschichte der Jahre 1800 bis 1815 – eine zweifellos kurze Periode – in einem größeren zeitlichen Rahmen zu betrachten, wie es wünschenswert gewesen wäre. Denn immerhin lebte das ganze 19. Jahrhundert im Schatten der Kaiserjahre[41] (s. Abb. 1), wovon beispielsweise die tiefen Wurzeln der Waterloo-Erinnerung[42] oder die Allgegenwärtigkeit der Veteranen in der französischen Gesellschaft des 19. Jahrhunderts bis zum Ende des Zweiten Kaiserreichs[43] zeugen (s. Abb. 2).

Anmerkungen

1 Für die wissenschaftlichen Publikationen s. *La France à l'époque napoléonienne*, Sondernummer der *Revue d'histoire moderne et contemporaine*, Bd. XVII, Juli–September 1970; für die Werke, die für ein breiteres Publikum bestimmt sind, s. die Bibliografie in: Petiteau, Natalie: *Napoléon, de la mythologie à l'histoire*, Paris 1999, S. 397–429.
2 Boudon, Jacques-Olivier (Hrsg.): *Brumaire. La prise de pouvoir de Bonaparte*, Paris 2001; Boudon, Jacques-Olivier (Hrsg.): *Armée, guerre et société à l'époque napoléonienne*, Paris 2004; Boudon, Jacques-Olivier (Hrsg.): *Le Concordat et le retour de la paix religieuse*, Paris 2008.
3 Petiteau, Natalie (Hrsg.): *Voies nouvelles pour l'histoire du Premier Empire. Territoires, pouvoirs, identités. Actes du colloque d'Avignon, 7–8 mai 2000*, Paris 2003.
4 Martin, Jean-Clément (Hrsg.): *Napoléon et l'Europe. Colloque de La Roche-sur-Yon*, Rennes 2002.
5 Lapied, Martine/Peyrard, Christine (Hrsg.): *La Révolution française au carrefour des recherches*, Aix-en-Provence 2003.
6 Martin, Jean-Clément (Hrsg.): *La Révolution à l'œuvre. Perspectives actuelles dans l'histoire de la Révolution française*, Rennes 2005.
7 Jessenne, Jean-Pierre (Hrsg.): *Vers un ordre bourgeois? Révolution française et changement social*, Rennes 2007.
8 Erwähnt seien vor allem die Arbeiten von Louis Bergès, Walter Bruyère-Ostells, Stéphane Calvet, Pascal Chambon, Laurence Constant, Jacques Han-

traye, Isabelle Laboulais-Lesage, Claire Lemercier, Aurélien Lignereux, Igor Moullier, Karine Rance, Anne Rolland-Boulestreau und Cyril Triolaire.

9 Tulard, Jean: *Napoléon, ou le mythe du sauveur,* Paris 1977; ders.: *La vie quotidienne des Français sous Napoléon,* Paris 1978; ders.: *Le Grand Empire,* Paris 1982; ders.: *L'Europe au temps de Napoléon,* Le Coteau 1989; ders.: *La France de la Révolution et de l'Empire,* Paris 1995; ders.: *Napoléon, le pouvoir, la nation, la légende,* Paris 1997.

10 Godechot, Jacques: *Les institutions de la France sous la Révolution et l'Empire,* Paris 1968 (1. Auflage 1951); ders.: *L'Europe et l'Amérique à l'époque napoléonienne (1800–1815),* Paris 1967; Walter, Gérard (Hrsg.): *Napoléon, Le Mémorial des siècles,* Paris 1969.

11 Bergeron, Louis: *L'épisode napoléonien. Aspects intérieurs (Nouvelle Histoire de la France contemporaine,* Bd. 4), Paris 1972.

12 Lentz, Thierry: *Le Grand Consulat,* Paris 1999.

13 Lentz, Thierry: *Nouvelle histoire du Premier Empire,* Bd. 1: *Napoléon et la conquête de l'Europe, 1804–1810,* Paris 2002.

14 Boudon, Jacques-Olivier: *Le Consulat et l'Empire,* Paris 1997; ders.: *Histoire du Consulat et de l'Empire,* Paris 2001; ders.: *La France et l'Europe de Napoléon,* Paris 2006; ders.: *L'époque de Bonaparte,* Paris 2009.

15 Englund, Steven: *Napoléon,* Paris 2004.

16 Migliorini, Luigi Mascilli: *Napoléon,* Paris 2004.

17 Casanova, Antoine: *Napoléon et la pensée de son temps. Une histoire intellectuelle singulière,* Paris 2000.

18 Bergeron, Louis/Chaussinand-Nogaret, Guy: *Grands notables du Premier Empire. Notices de biographies sociales,* Paris, CNRS, 28 Bde. erschienen seit 1978.

19 Brelot, Claude-Isabelle: *La noblesse réinventée. Nobles de Franche-Comté de 1814 à 1870,* Paris 1992, 2 Bde.

20 Petiteau, Natalie: *Élites et mobilités. La noblesse d'Empire au XIXe siècle (1808–1914),* Paris 1997.

21 Marzagalli, Silvia: *Les boulevards de la fraude. Le négoce maritime et le blocus continental, 1806–1813,* Lille 1999.

22 Monnier, Raymonde: *Le faubourg Saint-Antoine, 1789–1815,* Paris 1981.

23 Estellon, Laure: *Les ouvriers de la soie et le conseil de prud'hommes d'Avignon sous l'Empire (1808–1814). Une contestation de l'ordre établi,* Magisterarbeit, Université d'Avignon, 1999.

24 Mayaud, Jean-Luc: »Une friche historiographique: le monde rural«, in: Petiteau (s. Anm. 3), S. 241–252.

25 Poitevin, Maurice de: *La Charente limousine sous le Consulat et l'Empire,* Paris 2000.

26 Bodinier, Bernard/Teyssier, Eric: *L'événement le plus important de la Révolution. La vente des biens nationaux (1789–1867) en France et dans les territoires annexés,* Paris 2000.

27 Vivier, Nadine: *Propriété collective et identité communale. Les biens communaux en France, 1750–1914,* Paris 1998.

28 Jourdan, Annie: *L'empire de Napoléon,* Paris 2000.

29 Serna, Pierre: *La République des girouettes (1789–1815 … et au-delà). Une anomalie politique: la France de l'extrême centre,* Paris 2005.

30 Petiteau, Natalie: *Les Français et l'Empire 1799–1815,* Paris 2008.

31 Bertaud, Jean-Paul: *Quand les enfants parlaient de gloire. L'armée au cœur de la France de Napoléon,* Paris 2006.

32 Crépin, Annie: *La conscription en débats ou le triple apprentissage de la nation, de la citoyenneté, de la République (1798–1889),* Arras 1998; dies.: *Défendre la France. Les Français, la guerre et le service militaire de la guerre de Sept ans à Verdun,* Rennes 2005; dies.: *Histoire de la conscription,* Paris 2009.

33 Forrest, Alan: »La formation des attitudes villageoises envers le service militaire: 1792–1814«, in: Viallaneix, Paul/Ehrard, Jean (Hrsg.): *La bataille, l'armée, la gloire, 1845–1871,* Bd. 1, Publications de la Faculté des Lettres et Sciences Humaines de Clermont-Ferrand 1985, S. 171–182.

34 Forrest, Alan: *Déserteurs et insoumis sous la Révolution et l'Empire,* Paris 1988; Seigan, Kôbô: *La conscription dans le département de la Seine Inférieure (an VI–1815),* Dissertation unter der Leitung von Jean-Paul Bertaud, Université de Paris I, 1998.

35 Gainot, Bernard: *Les officiers de couleur dans les armées de la République et de l'Empire (1792–1815),* Paris 2007.

36 Montroussier, Laurence: *Éthique et commandement,* Paris 2005.

37 Petiteau, Natalie: »Le territoire du soldat: identités et migrations militaires«, in: Chauvaud, Frédéric/Péret, Jacques (Hrsg.): *Terres marines. Etudes en hommage à Dominique Guillemet,* Rennes 2005, S. 285–291; dies.: »Pour une anthropologie historique des guerres de l'Empire«, in: Roynette, Odile (Hrsg.): *Pour une histoire culturelle de la guerre au XIXe siècle,* Sonderausgabe der *Revue d'histoire du XIXe siècle,* Nr. 30, 2005, S. 45–63; dies.: »La Grande Armée et la nation«, in: Deleplace, Marc (Hrsg.): *De la patrie en danger aux nouvelles menaces, 1792–2003. La défense nationale en question (1792–2003). Actes du colloque organisé à l'IUFM de Reims, 26–27 mai 2004,* CRDP de Champagne-Ardennes, 2005, S. 29–41; dies.: »Maux de guerre et mots de paix dans les campagnes napoléoniennes«, in: Caucanas, Sylvie/Cazals, Rémy/Offenstadt, Nicolas (Hrsg.): *Paroles de paix en temps de guerre. Actes du colloque de Carcassonne, 21–22 avril 2006,* Toulouse 2006, S. 107–120.

38 Hocquellet, Richard: *Résistance et révolution durant l'occupation napoléonienne en Espagne, 1808–1812,* Paris 2001.

39 Lafon, Jean-Marc: *L'Andalousie et Napoléon. Contre-insurrection, collaboration et résistances dans le midi de l'Espagne (1808–1812),* Paris 2007.

40 Hantraye, Jacques: *Les cosaques aux Champs-Elysées. L'occupation de la France après la chute de Napoléon,* Paris 2005.

41 Petiteau, Natalie: *Napoléon, de la mythologie à l'histoire,* Paris 1999.

42 Largeaud, Jean-Marc: *Napoléon et Waterloo. La défaite glorieuse de 1815 à nos jours,* Paris 2006.

43 Petiteau, Natalie: *Lendemains d'Empire. Les soldats de Napoléon dans la France du XXe siècle,* Paris 2003.

Thierry Lentz

WELCHES EUROPA MIT NAPOLEON?

Detail aus Kat.-Nr. 259

Napoleon war zuallererst ein Mann seiner Zeit. Sein Ziel, »Europa zu schaffen«, konnte er nur mit den Mitteln erreichen, die man damals kannte: Zuerst die Eroberung, dann das Herrschen einer Macht über die anderen. Man sollte nicht vergessen, dass die europäische Konstruktion, die wir heute kennen, noch nicht lange, gerade einmal 60 Jahre, existiert. Sie ist das Ergebnis einer Reihe von Rissen und Brüchen auf unserem Kontinent. Man kann Napoleon, der vom weiteren Verlauf der Geschichte nichts wissen konnte, also kaum den Vorwurf machen, dass er seiner Zeit nicht 200 Jahre voraus war.

Im Jahre 1812, als er gerade den desaströsen Russland-Feldzug begann, herrschte Napoleon unmittelbar über ein Drittel des europäischen Kontinents: Fast 45 Millionen Menschen (von 190 Millionen Europäern) zählten als Franzosen in einem Kaiserreich, das sich von Hamburg bis Barcelona, von Rom bis Amsterdam und von der bretonischen Westküste bis ins heutige Bosnien erstreckte. Er war zudem König von Italien (Eugène de Beauharnais war Vizekönig) (s. Abb. 1), während seine Brüder und Schwager in Spanien (Joseph), Neapel (Murat) und Westfalen (Jérôme) herrschten. Der Kaiser der Franzosen war außerdem »Protektor« des Rheinbundes, einer Vereinigung inmitten einer militärischen Allianz von etwa 40 deutschen Staaten, sowie »Vermittler« des Schweizer Staatenbundes. Ein Franzose regierte schließlich das Herzogtum Warschau, dessen nomineller Herrscher der König von Sachsen war. Alles in allem erstreckte sich die französische Herrschaft über die Hälfte Europas.

Welche Pläne hatte Napoleon für den Kontinent? Der Kaiser selbst hat sie nie klar umrissen. Solange er seine Ämter innehatte, gab er seiner Außenpolitik weder Ziele noch Grenzen vor. Und man darf sich in diesem Punkt nicht mit seinen offiziellen Verlautbarungen zufriedengeben. Bei mehreren Gelegenheiten sprach er zwar von der Schaffung eines »föderativen Systems«, doch benannte er im Hinblick auf Ziele oder Organisation nie Einzelheiten und entwickelte auch keine Zukunftsvision. Man musste bis zum Exil auf St. Helena warten, um durch seine Diktate so etwas wie eine Definition zu erhalten. Er vertraute damals Las Cases an: »Einer meiner größten Gedanken war die Zusammenführung gewesen, die Konzentration derselben geografischen Völker, welche von den Revolutionen und der Politik auseinandergetrieben wurden [...]; ich hatte aus jedem dieser Völker eine einzige Nation machen wollen. [...] Es ist in Europa kein anderes großes Gleichgewicht möglich als die Zusammenführung und die Konföderation der großen Völker.«[1]

Solch präzise Absichtserklärungen äußerte Napoleon während seiner Zeit als Kaiser allerdings nicht. Auch wenn er keineswegs das »universelle Kaiserreich« anstrebte – ganz im Gegensatz zu dem, was die englischen Feinde dachten –, so wollte er sich doch nie auf eine Doktrin festlegen. Er berief sich vielmehr auf flexible Prinzipien, die häufig von der traditionellen Politik Frankreichs im 18. Jahrhundert beeinflusst waren; zum Beispiel auf die Anglophobie oder auf den Willen, die Landkarten Deutschlands und Italiens zu vereinfachen. Ansonsten wurde sein Pragmatismus am Ende zu einem Hindernis in einem internationalen Kontext, der stets klare Positionsbestimmungen gebraucht hat. In diesem fast unsicher zu nennenden Rahmen war er unfähig, seine Allianzen zu festigen, schlimmer noch: Er wechselte sie häufig. Er hatte keine eindeutige Meinung über die »Nationen«-Frage, ganz gleich, ob es um Polen, Deutschland oder Italien ging. Er sandte sogar widersprüchliche Signale aus, indem er die Kronen innerhalb seiner Familie verteilte, und vermittelte so den Eindruck, dass die kaiserliche Herrschaft gleichbedeutend war mit dem Bestreben, die Eroberungen zu seinem Vorteil auszunutzen. Und doch brachte er auf der anderen Seite dem Kontinent tiefgreifende politische und soziale Reformen. Diese Uneindeutigkeit vergrößerte nur die Unsicherheit der anderen Staaten und führte dazu, dass sie sich gegen ihn wandten.

1
Andrea Appiani
Napoleon als König von Rom | Um 1805
Wien, Heeresgeschichtliches Museum

Auf theoretischer Ebene kreise die europäische Politik Frankreichs seit der Revolution um zwei Prinzipien: Da die Nation keine weiteren territorialen Bestrebungen hatte als ihre natürlichen Grenzen (Alpen, Pyrenäen, Rhein), erkannte sie das »Selbstbestimmungsrecht der Völker« an.[2] Diese beiden Prinzipien blieben größtenteils eine Absichtserklärung, umso mehr, als sie in mehrerer Hinsicht widersprüchlich waren. Man kann sogar sagen, dass sie schon unter dem Direktorium (1795–1799) endgültig aufgegeben wurden. Die Annexionen – man sprach damals von den »Vereinigungen« – hatten mehrere Jahre zuvor begonnen: Avignon und Comtat (1791), Savoyen (1792), Nizza (1793), Belgien (1795) und Genf (1795). Die Rheingebiete wurden, auch wenn sie erst 1801 endgültig vereinigt wurden (Vertrag von Lunéville), schon seit mehreren Jahren als französisches Territorium betrachtet. Zur selben Zeit hatte sich durch die Schaffung der Schwesterrepubliken in Italien, Holland oder der Schweiz das Selbstbestimmungsrecht konkretisiert, was allerdings im besten Falle durch Volksabstimmungen mit sehr geringer Beteiligung geschah.[3]

Napoleon, der weder die natürlichen Grenzen akzeptierte noch von der Durchführbarkeit des Rechts der Völker überzeugt war, kann daher nicht als Erbe der Revolutions-*Theorien* gelten. Er war vielmehr ein Erbe der revolutionären *Real*-Politik. Er strebte die Ausweitung der französischen Vorherrschaft in Europa an, und zwar mit der zeitgleichen Schaffung von »Polen«, die durch französisch geprägten Zonen geteilt und getrennt waren: Russland im Osten, Preußen im Nordosten, Österreich im Südosten. Das Kaiserreich selbst nahm während der ersten zehn Jahre unter Napoleons Herrschaft unaufhaltsam an Größe zu. Die natürlichen Grenzen barsten unter dem Druck der französischen Macht und dem Erfindungsreichtum des Kaisers.

Napoleon wusste, dass er England würde besiegen müssen, wollte er sein Ziel der Vorherrschaft verwirklichen. Zu diesem Zweck versuchte er, statt eine absolute Herrschaft zu etablieren, mit anderen Mächten ein »Scharnier von Verbündeten« zu schaffen. Doch als es darum ging, seinen Hauptverbündeten zu wählen, konnte er sich nicht entscheiden, zögerte und änderte seine Meinung.[4] Auch wenn er niemals ernsthaft ein *gleich-*

2
Benjamin Zix
Entwurf eines Denkmals zur Erinnerung an den Erfurter Kongress: Castor und Pollux mit den Zügen Napoleons und Alexanders I.
Privatsammlung

berechtigtes Abkommen mit Spanien, Preußen oder den großen deutschen Staaten anstrebte, so brachte er doch zumindest zwei große Allianzen auf den Weg: zuerst jene aus den Tilsiter Verträgen hervorgegangene Allianz mit Russland, von manchen optimistisch die »Teilung der Welt«[5] genannt (s. Abb. 2, Kat.-Nr. 290); danach die mit Österreich im Zusammenhang mit seiner Heirat mit Marie-Louise.

Was Deutschland betrifft, so kann man sagen, dass der Kaiser der Franzosen die Gelegenheit verpasste, mit ihm einen westlichen Pol des Widerstands sowohl gegen das Fortschreiten Russlands auf dem Kontinent als auch gegen die preußischen oder österreichischen Ambitionen zu errichten. Zum ersten Mal in der Geschichte hätte Frankreich die Macht gehabt, das »Dritte Deutschland« um sich herum zu vereinen. Die Schaffung einer soliden politischen Einheit im Süden des deutschen Raumes, mit den Staaten Bayern, Baden, Württemberg und den beiden Hessen, wäre möglich gewesen. Dafür hätte Napoleon aber die endgültigen Ziele seines Systems, mit einer ausbalancierten Vision für ein künftiges Europa, bestimmen müssen.

Diese informelle Allianz mit »Deutschland« hatte als – ausgesprochenes oder unausgesprochenes – oberstes Ziel, dem Heiligen Römischen Reich den letzten Stoß zu versetzen. Der Reichsdeputationshauptschluss von Regensburg (1803),[6] die französische Intervention, um Bayern zu helfen, Austerlitz und seine Folgen (1805) zeigen, dass die Intensivierung deutsch-französischer Annäherungen möglich und von jeder Seite gewünscht war. Die Niederlegung der kaiserlichen Krone durch Franz II. führte dazu, dass die Karten völlig neu gemischt wurden: Österreich war, mit Unterstützung der mittelgroßen Staaten und unter Mitwirkung (in diesem Falle der Neutralität) Preußens, für eine gewisse Zeit von Deutschland ausgeschlossen. Nach den territorialen Neuausrichtungen im Zuge der Verträge von Pressburg und Wien (60 % zusätzliches Gebiet für Bayern, 300 % für Baden, 70 % für Hessen-Darmstadt) versuchte Napoleon, die Zusammenarbeit im Rheinbund zu organisieren, der durch die Rheinbundakte vom 12. Juli 1806 geschaffen wurde und dessen erste Mitglieder zugleich Bündnisteilnehmer und »Sezessionisten« waren, da sie zur gleichen Zeit ankündigten, das Heilige Römische Reich Deutscher Nation zu verlassen.

Der Bund zählte bis zu 39 Mitglieder[7] mit insgesamt etwa 14 Millionen Einwohnern. Man konnte den Eindruck haben, er würde sich zu einer konföderalen Struktur vom Typus des Heiligen Römischen Reiches entwickeln, da der Erzbischof von Mainz, Dalberg, zum Fürst-Primas und Vorsitzenden des »Kollegiums der Könige« im Bundestag ernannt wurde, der in Mainz zusammentreten sollte.[8] Dieser Bundestag trat jedoch nie zusammen, und der Rheinbund war nur ein militärisches Instrument, mit dem sich die Verbündeten zwar gegenseitig Schutz geben konnten, das aber vor allem dazu diente, die napoleonischen Projekte durchzusetzen: In der *Grande Armée* von 1812 dienten etwa 125 000 Deutsche. Die anderen Felder der Zusammenarbeit wurden weiterhin in bilateralen Beziehungen verhandelt, was beim Kaiser der Franzosen einen Dialog zwischen Stark und Schwach bedeutete: »Ich messe dem Rheinbund keinerlei Bedeutung als Bund bei; doch jeder einzelne Fürst ist mir wichtig, und ich wünsche, dass alle ihre Unabhängigkeit genießen.«[9] Diese Praktik wurde selbst durch die ehelichen Allianzen zwischen Eugène de Beauharnais und Auguste Amalie von Bayern, zwischen Jérôme Bonaparte und Katharina von Württemberg, zwischen Stéphanie Tascher de la Pagerie und Prosper Ludwig Arenberg, zwischen Stéphanie de Beauharnais und Karl von Baden oder zwischen Marschall Berthier und Elisabeth von Bayern-Birkenfeld nicht gemildert. Sogar hierbei folgte Napoleon seiner eigenen Logik nicht bis zum Ende, indem er nach der Scheidung von Josephine keine deutsche Prinzessin heiratete und sich damit den Empfehlungen seines Schatzmeisters Lebrun widersetzte. In seinen Praktiken mit dem Rheinbund verpasste der Kaiser eine große historische Chance, deren Folgen nicht vorstellbar sind, es sei denn, man würde politische Science-fiction betreiben. Die Gründung von Westfalen oder des Großherzogtums Frankfurt, die Neuorganisation des Nordens und der Hansestädte (1810), die Härte der Kontinentalsperre, die kommerzielle Begünstigung, der Versuch, juristische und administrative Lösungen zu oktroyieren, hinter denen nicht alle deutschen Eliten und Bevölkerungsgruppen standen, zeigen schließlich, dass der »Schutz« des Rheinbundes vor allem darin bestand, die Teilung Deutschlands unter französischer Autorität aufrechtzuerhalten, und dass es keineswegs darum ging, eine politische »Vereinigung« mit Frankreich als Mittelpunkt zu etablieren. Die Schwächung des »napoleonischen« Deutschland, die Rückkehr zum unsicheren Gleichgewicht zwischen Österreich und Preußen in einem vereinfachten und reorganisierten Raum, der nur noch etwa 40 Staaten zählte (gegenüber 300 etwa 15 Jahre früher), erwies sich auf längere Sicht als eine Katastrophe für den Kontinent.

Auf diplomatischer Ebene war das napoleonische System alles andere als »modern«, da es auf Machtausübung und nicht auf Zusammenarbeit basierte. Das Schema ging eindeutig auf die Prinzipien zurück, die vor der Revolution herrschten, wobei die Bonaparisten im Europa des 19. Jahrhunderts das wurden, was die Habsburger oder Bourbonen einst gewesen waren. Für seine Ziele setzte Napoleon jedes Mittel ein: um die Republik in ein Königreich zu verwandeln, einen italienischen Verfassungstext; um die Dynastie von Neapel zu ändern, das Eroberungsrecht und die »Behauptung« seiner Macht; um aus der Batavischen Republik das Königreich Holland zu machen, einen internationalen Vertrag; um Westfalen zu gründen, einen Friedensvertrag mit anschließenden kaiserlichen Beschlüssen; um Joseph in Madrid einzusetzen, eine (fast) freundschaftliche Verhandlung mit nachträglicher Absegnung. Die Methode war im Grunde immer die gleiche; sie gründete auf der Macht und sollte vorrangig die Bedürfnisse des Kaiserreiches befriedigen. Damit wurde zugegeben, dass die Konstruktion dafür instrumentalisiert wurde, dem Krieg Frankreichs gegen England sowie der französischen Vorherrschaft in Europa zu dienen. Von nun an galt jedes Abweichen und jeder Widerstand gegen die Autorität als inakzeptabler Skandal. Indem er Königreiche entstehen und untergehen ließ, zwang Napoleon ihnen mittels Gewalt seine politische und ökonomische Vision auf. Falls nötig, veränderte er ihre Gestalt oder löschte sie gar aus. Doch letzten Endes führte das, was eigentlich ein Mittel der Herrschaft sein sollte, zu einer Verkomplizierung der Dinge. Seine Brüder, Schwager und Schwestern fanden Geschmack am Regieren. Um ihre Machtpositionen zu festigen, neigten sie dazu, sich die Anliegen ihrer Untertanen zu eigen zu machen und zu verteidigen, manchmal sogar gegen die Pläne des Kaisers. Es gab Zeiten, in denen das Familiensystem dem europäischen System schadete, da hier Energien absorbiert wurden, die an anderer Stelle nicht mehr eingesetzt werden konnten. Ähnlich wie bei der Bourbonen-Dynastie in Frankreich fehlte diesen Monarchien jedenfalls das, was nötig ist, damit sie Bestand haben: Zeit und Frieden. Man wird niemals wissen, was aus diesen »Bruder-Königreichen«, diesen manchmal künstlichen Staaten, diesen unnatürlichen Dynastien und diesem »französischen Modell« geworden wäre, mit dem Europa modernisiert werden sollte. Sie gingen mit dem französischen Kaiserreich unter. Das Unternehmen war, genauso wie das der Schwesterrepubliken, ein Misserfolg, wahrscheinlich weil die Kräfte im Inneren der jeweiligen Staaten dem revolutionären Projekt feindlich oder zumindest gleichgültig gegenüberstanden. Es ist eine Ironie der Geschichte, dass die einzige unter dem Ersten Kaiserreich gegründete Dynastie, die bis heute besteht, die der Bernadotte in Schweden ist – eben jene, die Napoleon gar nicht wollte.

Anmerkungen

1 Las Cases, Emmanuel de: *Mémorial de Sainte-Hélène*, 11. November 1816.
2 Dieses Prinzip wurde in einer Rede von Merlin de Douai am 28. Oktober 1790 zum Ausdruck gebracht. Über die Außenpolitik Frankreichs von 1789 bis 1815, Lentz, Thierry: »De l'expansionnisme révolutionnaire au système continental (1789-1815)«, in: de Villepin, Dominique (Hrsg.): *Histoire de la diplomatie française*, Paris 2005, S. 409–505.
3 Über die Schwesterrepubliken: Vovelle, Michel: *Les républiques sœurs sous le regard de la Grande Nation. 1795-1803. De l'Italie aux portes de l'Empire ottoman, l'impact du modèle républicain français*, Paris 2000.
4 Für eine umfassendere Untersuchung dieser Fragen sei verwiesen auf: Lentz, Thierry: *Nouvelle histoire du Premier Empire III. La France et l'Europe de Napoléon*, Paris 2007, 5. Teil.
5 Casaglia, Gherardo: *Le partage du monde. Napoléon et Alexandre à Tilsit*, Paris 1998.
6 Ein aktueller Aufsatz: Hatschek, Christoph: »De l'idéalisme au sécularisme. Le Recès principal de la députation extraordinaire de l'Empire de 1803 et ses conséquences pour le Saint Empire romain germanique«, in: *Rivista Napoleonica*, Nr. 9, 2004, S. 41–52.
7 Vier Königreiche, 17 Fürstentümer, fünf große Herzogtümer und 13 Herzogtümer.
8 Artikel 6 bis 11 des Vertrags vom 12. Juli 1806, in: Kerautret, Michel: *Les grands traités de l'Empire (1804-1810)*, Paris 2004, S. 207–221. Der Reichstag umfasste drei Kollegien, der Bundestag in Frankfurt zwei: das Kollegium der Könige und das Kollegium der Fürsten.
9 Brief von Napoleon an Außenminister Champagny, 16. März 1810, *Correspondance de Napoléon 1er publiée par ordre de l'Empereur Napoléon III*, Nr. 16339.

Pierre-Nolasque Bergeret
Zar Alexander I. stellt Napoleon in Tilsit die Kalmücken, Kosaken und Baschkiren der russischen Armee vor | 1807
Versailles, Musée National des Châteaux de Versailles et de Trianon | Kat.-Nr. 290

Antoine de Baecque

IMPERIALE VERLETZUNGEN

Heilsberg am 10. Juni 1807 beim siegreichen Polenfeldzug: Kürassier Chipault, der das 4. Kürassier-Regiment anführt, greift zum fünften Male die russische Armee an. Zweimal wird sein Pferd unter ihm getötet. Obwohl er bei einem harten, etwa 15 Minuten dauernden Gefecht von allen Seiten durch die russischen Soldaten attackiert wird, verlässt er das Schlachtfeld erst dann, als einige Offiziere – der General Espagne, Kürassierkommandant, und der General Murat, Großherzog von Berg – ihn wiederholt dazu auffordern, da »sie überall sein Blut herunterlaufen sahen«.[1] Schwer verwundet, bleibt er eine Weile auf dem Schlachtfeld liegen, im Todeskampf neben seinem zweiten Pferd, bevor man ihn auf Befehl von General Savary zur nächsten Ambulanz transportiert, wo er behandelt und gepflegt wird: Man zählt 54 Verletzungen. Anschließend kommt er ins Hospital von Mohrungen. Die höheren Offiziere bezeugen die tapferen Taten; die Generäle Espagne und Savary, Marschall Lefèbvre, Herzog von Danzig, und der Fürst Murat, der spätere König von Neapel, beschließen, aus François-Clément Chipault ein Vorbild zu machen, dessen Heldenhaftigkeit sich nach der Zahl seiner Verletzungen bemisst.

Chipault oder die beredten Wunden
Mit 41 Jahren hatte Chipault bereits eine ereignisreiche militärische Vergangenheit hinter sich.[2] Schon 1793 ließ der republikanische Soldat 40 preußische Kavalleristen, einen kroatischen Leutnant und sieben weitere Offiziere gefangennehmen, wobei er eine Flagge, zwei Kanonen sowie einige Kisten mit Lebensmitteln und Munition entwendete. Einige Monate später nahm er bei einer Auskundschaftung 22 Kavalleristen des Regiments Wolfratt gefangen. Es folgten weitere glorreiche Einsätze, nachdem er zwei Jahre in den österreichischen Verliesen verbracht hatte: In Marienwerden attackierte und besiegte er am 11. Februar 1807 an der Spitze der Kavallerie-Vorhut des von Marschall Lefèbvre angeführten 10. Kavalleriekorps 800 preußische Dragoner, von denen 260 gefangengenommen wurden (darunter 30 Offiziere und der Major, gegen den er Mann gegen Mann gekämpft hatte).

Die Förderer Chipaults, die aus ihm ein großes Vorbild machen wollten, trugen Berichte, Auszeichnungen und Zeugnisse zusammen, die seine tapferen Heldentaten belegten; die Verletzungen von Heilsberg wurden in einem Bericht des Chirurgen Erster Klasse Labouisse nachgezählt und schließlich auf 52 korrigiert, aber alle detailliert beschrieben: »Verwundet am 10. Juni 1807 in der Schlacht von Heilsberg durch 52 Säbel- und Lanzenhiebe, sowohl am Kopf als auch an der Brust, am Rücken, auf den Armen und Händen; infolge seiner Verletzungen, von denen einige in den Brustkorb hineinreichten und andere sehr schwere Auswirkungen auf den Kopf, die Kreuzbeinregion und die Hände hatten, war François-Clément Chipault überaus geschwächt und konnte nur kurzzeitig seine Hände gebrauchen. Ich bin daher der Ansicht, dass er eine Erholungspause benötigt, bis besondere Pflege und der Aufenthalt in einem Kurbad seine militärischen Funktionen wieder herstellen.«[3]

Es folgte Auszeichnung auf Auszeichnung, nachdem der Herzog von Bassano auf Befehl des Kaisers eine letzte Überprüfung der Tatsachen durchgeführt hatte: Chipault wurde am 15. Januar zum Offizier der Ehrenlegion befördert und im März 1808 zum Major des 6. Regiments der Reiterstaffel ernannt. Anschließend wurde er von Murat zum Ritter des königlichen Ordens beider Sizilien geschlagen. Dieser schrieb ihm am 28. Dezember 1807 folgenden Brief: »Herr Major, ich habe ihre Dienste nicht vergessen, nicht ihre schöne Haltung in Heilsberg, und noch weniger die Zahl Ihrer Verwundungen. Wegen all dessen habe ich Ihnen die Verleihung meines königlichen Ordens gewährt, und ich habe den Großkanzler angewiesen, diesen zu schicken, sobald Sie vom Kaiser die Erlaubnis erhalten haben werden, ihn zu tragen. Mit hochachtungsvollen Grüßen.«[4] Schon

Detail aus Kat.-Nr. 104

bei der großen Parade nach dem Sieg von Friedland und dem Vertrag von Tilsit, am 8. Juli 1807, hatte Murat ihn Napoleon vorgestellt und »von seinen Taten berichtet«;[5] Chipault war, immer noch schwer verwundet, eigens in einem mobilen Tragebett aus dem Hospital von Mohrungen dorthin transportiert worden. Am 15. August brachten die Militärbehörden den noch immer invaliden Chipault nach Paris, wo bei einer kaiserlichen Feier jene Einheiten ausgezeichnet wurden, die an den siegreichen Schlachten im Juni beteiligt gewesen waren.

Wenig später wurde über ihn ein Buch verfasst, *Chipault, le cuirassier blessé*,[6] es wurden Verse geschrieben,[7] ein Lied,[8] und Ende 1808 widmete man ihm ganze Seiten im *Nouveau dictionnaire historique des sièges et batailles mémorables*,[9] auf denen man Einzelheiten über seine Verwundungen erfuhr: Ein Bajonett-Stich in den linken Schenkel bei der Schlacht von Lavantzone 1794, eine Schusswunde in den linken Arm, ein Säbelhieb in den rechten Arm und ein unter ihm getötetes Pferd in Marienwerden, schließlich die 52 Wunden von Heilsberg, die ihm durch Klingen zugefügt worden waren – »alles belegt durch authentische Dokumente«. Chipault ist in dieser Ruhmes-Pädagogik eines militärischen Systems ein offenes Buch geworden – aufgeschlagen dort, wo von seinen Wunden die Rede ist. Er wurde zu einem Körper, der im Namen seiner Verletzungen spricht: »Sein Blut floss in Strömen für das Vaterland/Den französischen Bataillonen das Feld der Ehre öffnend.«[10] Die Fantasie der Öffentlichkeit – zwischen Paraden, Aufmärschen, Ordensverleihungen, Bulletins der *Grande Armée* und den Zügen der Besiegten – gerät beim Anblick der »honorablen Wunden« und der »ruhmreichen Verletzungen« in Bewegung.[11] Das war der Diskurs, den der zerschnittene und vernarbte Leib des Majors Chipault verkörperte, der als Schmerzensüberwinder in das Pantheon der Tapferen aufgenommen wurde.

Chipault überlebte seinen kurzen Ruhm nicht lange. Kaum wiederhergestellt, verließ er Ende Januar 1809 Paris, um sich seinem neuen Regiment in Vicenza (Italien) anzuschließen. Bei seiner Ankunft in Padua schwer leidend, bat er um Urlaub, »um eine Behandlung mit Schwefelwasser durchzuführen«,[12] doch er starb wenig später, am 24. Februar 1809, in Venedig.

Die verwundete Legende

Der Status der Kriegsverletzung im Kaiserreich ist allerdings komplexer und widersprüchlicher, als es das Beispiel des Kürassiers Chipault glauben machen könnte. Auch wenn sich die Zahl der Verwundeten auf Hunderttausende und die Zahl der Verwundungen auf Millionen belief, waren es letzten Endes doch nur wenige, die zum Gegenstand einer dem Ruhm dienenden Instrumentalisierung mit erzieherischer Absicht wurden. Die meisten Verwundungen blieben stumm und folgenlos oder füllten höchstens die Berichte der Militärärzte und illustrierten die Memoiren der Armeechirurgen.

Anders als unter der *convention* – wo eine regelrechte Verwundungspolitik betrieben wurde, die auf der öffentlichen Vorführung der toten oder noch lebenden Opfer beruhte[13] – stand Napoleon selbst der Sprache der Wunden eher skeptisch gegenüber. Denn schließlich war die Bedeutung des Verletztseins in dieser imperialen Periode massenhaften Leids eine zwiespältige Angelegenheit. Der Verwundungs-Diskurs war zweischneidig angesichts der ständig steigenden Zahl der Verletzten in den militärischen Feldzügen. Die Schlacht von Heilsberg, die in der Person von Chipault einen exemplarischen Verwundeten bot, war zugleich besonders opferreich: Innerhalb weniger Stunden wurden 8000 Russen und 10000 Franzosen (davon allein 8268 beim Armeekorps des Marschall Soult) getötet. Und einer Nachtoffensive von General Lannes fielen in einer Stunde 2284 Mann zum Opfer. Die Zahl der Verletzten war noch höher. Allein auf Seiten der napoleonischen Kräfte waren es etwa 15000.

Der Kaiser selbst stand den Verwundungen – körperlich wie psychologisch – ambivalent gegenüber. Sein eigener Körper wies einige Wunden auf, wie man aus der Autopsie erfährt, die im zweiten Protokoll von Antommarchi zitiert wird, wo die Narben präzise aufgelistet sind: »Eine am Kopf, drei am linken Bein, davon eine über dem externen Knöchel, ein beträchtliches Loch am linken Schenkel.«[14] Die erste stammte aus der Belagerung von Toulon am 15. November 1793 bei einer Aktion gegen das Fort von Aiguillette, das von Engländern gehalten wurde, als ihn ein Geschoss oben an der Stirn beim Haaransatz traf. Die »drei am linken Bein« gingen auf Essling zurück, eine der opferreichsten Schlachten überhaupt, »wo ein Schuss ihm den Stiefel, die Haut und das untere linke Bein zerfetzt hatte«. Ebenfalls in Toulon traf Bonaparte am 17. Dezember 1793 bei der Einnahme des Forts Mulgrave der starke Hieb eines Halbsäbels, der ein »beträchtliches Loch« [15] verursachte und beinahe eine Amputation nötig gemacht hätte, da die Wunde sich dicht an einer großen Vene befand, deren Beschädigung tragisch hätte ausgehen können. Die Autopsie entdeckte dagegen keine Spur jener – der berühmtesten – Verletzung, die er 1809 in Regensburg erlitt, als eine abgelenkte Kugel oberhalb der Ferse des Kaisers einschlug und nur zu einer oberflächlichen Verletzung führte, die dem großen Mann folgenden vorteilhaften Ruf einbrachte: »Er scheint den Kugeln zu befehlen, er ist im Feuer wie in seinem Element.« [16] Die physische Tapferkeit Bonapartes war eine Tatsache, doch er selbst sprach kaum darüber, er hielt sich bedeckt, was die eigenen Wunden betraf. Und er misstraute einer Verwundungsrhetorik, die er, so seine Befürchtung, nicht vollkommen beherrschen konnte, wenn andere im gesellschaftlichen Leben sich die stetig steigenden Zahl von Verwundeten zunutze machten, um das Vertrauen des französischen Volkskörpers in seinen charismatischen Führer zu untergraben. Napoleon lehnte es ab, seine Wunden zu sehr ausstellen und instrumentalisieren zu lassen, da für ihn der »Körper als Maschine zum Leben« diente und weniger eine »Maschine zum Gefühleerzeugen« war.

Zwar sind einige Fälle bekannt, wo der Kaiser seinen Weg auf dem Schlachtfeld unterbrach, um die Verwundeten zu grüßen, sie zu ermutigen, den Kampf fortzusetzen (soweit sie dazu in der Lage waren) oder ihren Abtransport in die militärischen Lazarette zu befehlen (s. Kat.-Nr. 107). In Jena spielte sich neben Berthier folgende Szene ab: »Vor einer Gruppe liegender Verwundeter, die sich mit Blut bedeckt umdrehten und ›Es lebe der Kaiser!‹ riefen, als dieser vorbeikam, ließ er den Wagen anhalten und befragte sie über ihre Stellung im Schlachtfeld und über ihren Einsatz, bei dem sie verwundet worden waren. Dann teilte Berthier, nachdem er Namen und Einheiten bekannt gegeben hatte, den Verwundeten mit, dass sie in die Ehrenlegion aufgenommen würden.« [17] In Eylau heftete Napoleon am Tag nach der Schlacht das Kreuz der Ehrenlegion an die Brust des heldenhaften Hauptmanns Louis Hugo – Bruder des Generals und Onkel des Schriftstellers –, wobei der Soldat nicht ordnungsgemäß grüßen konnte, da der rechte Ärmel seiner Uniform schlaff herunterhing, nachdem er am Vortag seinen Arm verloren hatte. Auch mehrere Zeugenberichte haben die Sensibilität Napoleons gegenüber den Verwundeten bestätigt: »Die erste Sorge des Kaisers nach einer Schlacht galt den Verwundeten. Er ritt das Schlachtfeld zu Pferde ab, hob Freund wie Feind auf, verband jene, die noch nicht behandelt worden waren und bestand darauf, dass alle bis zum letzten Mann in die Ambulanzen der nächstgelegenen Orte gebracht wurden. In Wagram ließ er aller Fiaker aus Wien für diesen Transport bereitstellen.« [18]

Doch in Wirklichkeit war das kaiserliche Interesse sehr viel geringer. Von über 22000 von Napoleon unter dem Kaiserreich verfassten Briefen beschäftigen sich weniger als 500 mit den gesundheitlichen Problemen der Soldaten, wovon allein 200 Briefe Vorsichtsmaßnahmen gegen die »schlechte Luft« betreffen. Nur etwa 100 Briefe nehmen Bezug auf die Verwundeten der *Grande Armée*, das heißt 0,5 Prozent der gesamten Korrespondenz. [19] Eine lächerlich niedrige Zahl. So auffällig, dass Chateaubriand, sein oft scharfsichtiger politischer Gegenspieler, schreiben kann: »Ein verwundeter Mann wird für Bonaparte zur Last, besser, er stirbt, so ist man ihn los. Haufen von verstümmelten Soldaten bleiben manchmal Tage, ja Wochen in einer Ecke liegen, ohne dass sie behandelt werden; es gibt keine Hospitäler, die groß genug sind, um die Verwundeten einer Armee von sieben- bis achthunderttausend Mann aufzunehmen, es gibt auch nicht genügend Chirurgen, um sie zu behandeln. Keine Vorsichtsmaßnahme war vom Henker der Franzosen für sie vorgesehen; häufig gab es keine Apotheker, keine Ambulanzen, manchmal nicht einmal Instrumente, um die zertrümmerten Körperteile abzuschneiden.« [20] Zwischen der Hypersensibilität eines Mannes, der mit seinen verwundeten Soldaten solidarisch war (s. Kat.-Nr. 118), und der Gleichgültigkeit, ja dem Zynismus eines Tyrannen, der ein Land von zermarterten Körpern in den Untergang führte, liegt die Wahrheit wahrscheinlich in der Mitte: Napoleon registrierte sicherlich die Verwundeten

Johann Baptist Seele
Kampf der Österreicher, Russen und Franzosen auf der Teufelsbrücke | 1802
Stuttgart, Staatsgalerie Stuttgart | Kat.-Nr. 76

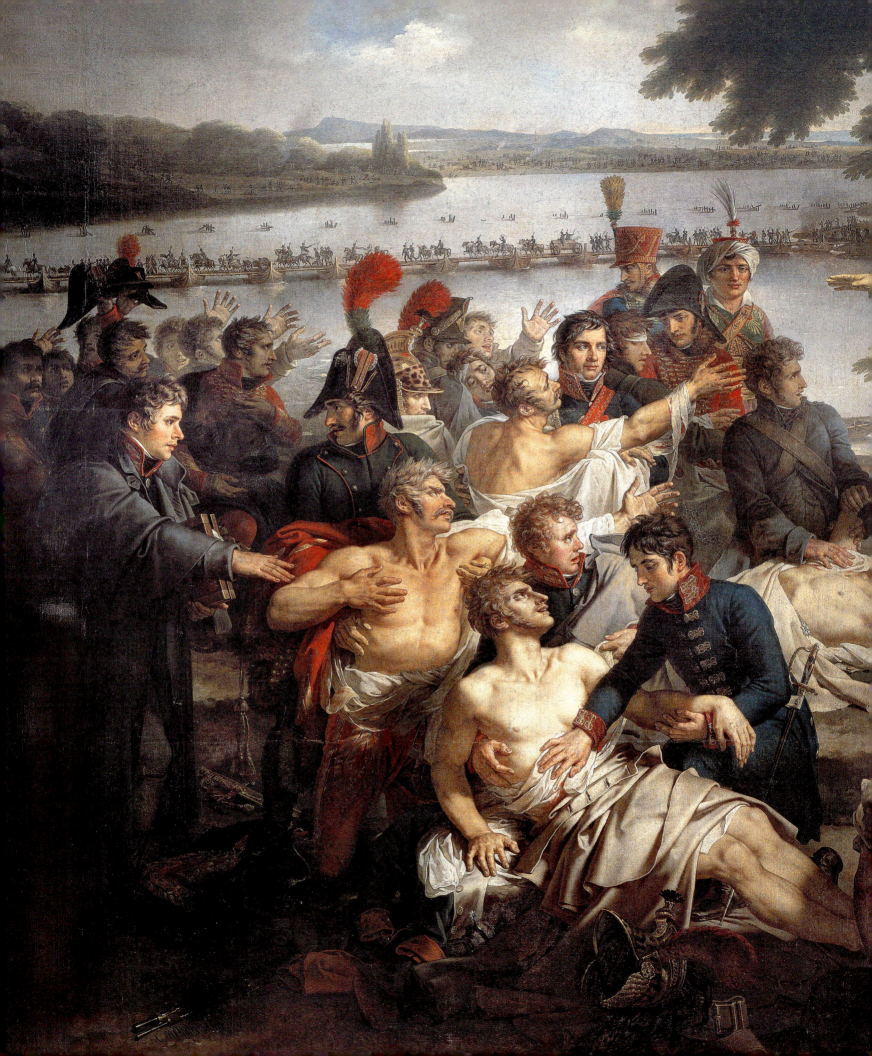

Charles Meynier
Die Rückkehr Napoleons auf die Donau-Insel Lobau nach der Schlacht von Essling | 1812
Paris, Musée du Service de Santé des Armées au Val-de-Grâce | Kat.-Nr. 107

Adolphe Roehn
Französisches Militärlazarett in Marienburg (im ehemaligen Kapitelsaal der Ritter des Deutschen Ordens), wo die französischen und russischen Verwundeten nach der Schlacht von Friedland im Juni 1807 versorgt werden
Versailles, Musée National des Châteaux de Versailles et de Trianon | Kat.-Nr. 118

Charles Bell
Soldat mit amputiertem Arm | 1815
London, Army Military Services Museum, Wellcome Library | Kat.-Nr. 121

auf dem Schlachtfeld, aber er misstraute der Sprache der Verwundungen und vermied es deshalb, sie dem Blick der Gesellschaft auszusetzen.

Tatsächlich war die napoleonische Politik gegenüber den Verwundeten seiner Armeen nicht sehr wirkungsvoll oder kam sehr verspätet. Die Wunde im imperialen Frankreich war allerdings klaffend. Die vertrauenswürdigsten historischen Untersuchungen bestätigen einen solchen Aderlass.[21] Eine weitere blutige Tatsache: Von 2200 Generaloffizieren wurde mehr als die Hälfte einmal oder mehrfach verwundet; 4000 Verwundungen sind in diesem Korps belegt. In wenigen Jahren, zwischen 1780 und 1810, hat der Krieg sein Gesicht verändert, und nichts beweist dies mehr als die zahlenmäßige Erfassung der Verwundeten. Zu Beginn der napoleonischen Herrschaft belief sich die Zahl der Invaliden und Heimgekehrten der zwei Italienfeldzüge auf etwa 100, eine Zahl, die kaum höher ist als die der Verwundeten des französischen Feldzugs im amerikanischen Unabhängigkeitskrieg. Am Ende des Kaiserreiches bei den Feldzügen in Polen, Russland, Deutschland und Frankreich kam es aufgrund der Feuerkraft der Artillerie, der sich gegenüberstehenden Kräfte, der Gewalt und der Dauer der Einsätze, die den Charakter des Krieges veränderten, regelmäßig zu mehreren tausend Toten pro Schlacht und zu Zehntausenden Verwundeten. Angesichts des Massensterbens waren die Mittel, um die Verwundeten in Sicherheit zu bringen, oft lächerlich gering und hatten sich, verglichen mit der Zeit des *Ancien Régime,* nicht oder nur wenig weiterentwickelt.

In Napoleons – mittlerweile präzise untersuchter – Kampftaktik, die auf Überraschung, Anpassungsfähigkeit, Schnelligkeit und Bodenbeherrschung basierte, hatte die Behandlung der Verwundeten keinen Platz. Auch wenn diese durch das Gesetz vorgesehen war, so spielten die Verletzten auf dem Schlachtfeld nur eine untergeordnete Rolle: »Nichts, vor allem nicht die Ambulanzen, feste Stationen, gegen die die Truppenbewegungen stoßen könnten, sollte die Besetzung des Terrains behindern«,[22] schrieb der Arzt Jean-François Lemaire in *Les Blessés des armées napoléoniennes.* Erst nach beendetem Kampf kümmerte man sich um die Verwundeten: Es war strengstens verboten, das Schlachtfeld zu verlassen, um einen Verwundeten zu einem kampffernen Ort zu evakuieren. Nun muss aber ein Verwundeter innerhalb von 24 Stunden geborgen werden, damit die Operation gelingen kann und die Gesundung überhaupt möglich ist. Den Schätzungen der Chefchirurgen der kaiserlichen Armeen, Percy und Larray, zufolge dauerte es während der napoleonischen Kriege durchschnittlich vier bis fünf Tage, bis ein Verletzter zur Ambulanz und dann ins Hospital gebracht wurde. Während dieser Zeit blieben die Opfer sich selbst überlassen – an der Stelle, wo sie im Kampf verwundet wurden. Das Scheitern des Gesundheitsdienstes lässt sich auf diese zeitversetzte Bergungspraktik zurückführen, die allen Protesten der Ärzte zum Trotz während der Feldzüge des Kaiserreiches beibehalten wurde. Schon 1803 ließ Napoleon die militärischen Lehrkrankenhäuser schließen, sodass sich das medizinische Personal seine Kenntnisse vor Ort, auf dem Schlachtfeld erwerben musste. Zehn Jahre später entschied Napoleon, da es an Pferden mangelte, die Artillerie gegenüber der Kavallerie zu bevorzugen, wobei er den Gesundheitsdienst ohne Pferde arbeiten ließ. Die Reform der Feldambulanzen, die von Percy konzipiert, von Larray unterstützt und von Napoleon gebilligt wurde, sollte jedoch ohne Folgen bleiben, eine reine Absichtserklärung, die auf den Schlachtfeldern nie umgesetzt wurde; die Bergung der Verwundeten lag trotz vehementer Forderungen noch immer nicht in der Verantwortung des Gesundheitsdienstes der Armeen, sondern unterstand voll und ganz der Kriegsadministration. Die Schaffung einer von Percy geforderten chirurgischen Einsatztruppe wurde immer wieder aufgeschoben.

Allerdings waren die Verluste durch sich entzündende Wunden, durch Wundbrand, durch Epidemien und durch Nachlässigkeit enorm, manchmal sogar zahlreicher als die im Kampf Gefallenen (Kat.-Nr. 121): 10000 Typhus-Opfer in den Hospitälern nach Austerlitz, 15000 Tote durch infizierte Wunden nach Jena, ebenso viele Kälteopfer in Eylau, noch mehr beim Rückzug aus Russland oder bei den Massakern an den Verwundetentransporten in Spanien. 1813 schien Napoleon seine Strategie zu ändern; er überdachte seine Verwundetenversorgung und folgte den Ratschlägen seiner Ärzte, doch es war zu spät. Es fehlten Zeit und Mittel, um einen machtlos gewordenen Gesundheitsdienst wieder zum Leben zu erwecken. Die Verwundeten offenbaren genaugenommen, wie sehr es dem Kaiserreich an Menschlichkeit fehlte: Mit Gleichgültigkeit betrachtete man die Menschenleben, die auf dem Altar der kaiserlichen Militärstrategie geopfert wurden.

Larrey und die Politik der Wunden

Der beste Zeuge für die Verwundungen dieser im Stich gelassenen Männer ist der Chirurg Dominique Larrey, Baron der kaiserlichen Armee, den Napoleon zutiefst bewunderte, auch wenn er die Medizin nicht liebte (Kat.-Nr. 103). Er sei »der tapferste Mann [gewesen], dem ich je begegnet bin. Er hat in meinem Geist das Bild des wahrhaft guten Menschen hinterlassen.«[23] Als Arzt ausgebildet in Toulouse, dann ab 20 die harte Schule der Chirurgen zur See durchlaufend, war er seine ganze militärische Laufbahn hindurch im chirurgischen Notdienst tätig gewesen: 1792 war er Chirurg Zweiter Klasse in der Rheinarmee, 1812 bei den Feldzügen Chefchirurg der kaiserlichen Garde, bis er 1815 in Waterloo gefangengenommen wurde. Er war bei den fliegenden Ambulanzen und durchquerte, freilich zu oft vergeblich und mit unzureichender Unterstützung, ab 1797 die Schlachtfelder: Saint-Jean d'Acre und der Ägyptenfeldzug, Austerlitz, Lobau, Wagram, Madrid, die Beresina-Schlacht, Leipzig oder Monterau. 60 Schlachten hat er mitgemacht: Er operierte überall, wo man kämpfte. Seine Notzelte waren schon von weitem am Geruch zu erkennen und, wenn man erschüttert näher kam, am Anblick der pyramidenförmigen Haufen abgetrennter und übereinandergeschichteter Gliedmaßen. In einem Brief, den er 1812 aus dem Schlachtfeld von Witebsk an seine Frau schickt, beschreibt Larrey diese Schreckensvision: »Fünfundvierzig Amputationen von Armen, Unterarmen, Schenkeln und Beinen wurden in meinem Beisein von den Ersten Chirurgen durchgeführt.«[24]

Larrey ist der große Amputationschirurg seiner Zeit, keiner verstand es besser, eine Schulter in wenigen Sekunden »aus dem Gelenk zu nehmen«, zu einer Zeit, wo es noch keine Narkose gab (Abb. 1,2). In der Schlacht von Borodino amputierte er persönlich etwa 200 Verwundete. Dieser Mann, dem auf den Schlachtfeldern uneingeschränkter Respekt entgegengebracht wurde und den die Soldaten »den Retter« nannten, hat so in der ersten Hilfe einige Tausend Leben gerettet. Er hat außerdem Tausende von Seiten hinterlassen: Berichte seiner Operationen, Erinnerungen an die Militärpathologie, Tagebücher seiner Feldzüge, Beschreibungen der häufigsten Kampfverwundungen, Protokolle von Autopsien, Zeugnisse von Leid und Schmerz der verwundeten Soldaten (Kat.-Nr. 105, 114).[25]

Während ein verwundeter Soldat für Napoleon ein unnützer Körper und für manche Offiziere gar verdächtig war, sah Larrey in ihm einen Menschen, der zu schützen, zu behandeln und wieder auf die Beine zu stellen war. Im Mai 1813 verteidigte er übrigens fast 3000 junge Soldaten, die in den Augen der Generäle Soult und Oudinot verdächtigt waren, sich selbst verstümmelt zu haben, nachdem sie nach den Schlachten bei Weißenfels, Lützen, Bautzen und so vielen Erfolgen der kaiserlichen Armee alle dieselben Fingerverletzungen aufwiesen. Die Offiziere forderten eine exemplarische Bestrafung, denen sich zwei Chirurgen anschlossen, Desgenettes und Yvan, die die Opfer mit Argwohn untersuchten. Darüber informiert, fürchtete der Kaiser eine Welle von Selbstverstümmelungen unter seinen jungen Soldaten, die auf Ausmusterung hofften, und schrieb am 26. Mai an Berthier: »Geben Sie die strengsten Befehle, dass kein Mann mit einer Fingerverletzung aus dem Kampf genommen wird und auch nicht den Rhein überquert. Jeder Soldat, der sich freiwillig eine Verletzung zufügen sollte, um sich dem Dienst zu entziehen, wird zum Tode verurteilt.«[26] Der Weg zum Exekutionsplatz schien für diese 3000 »Marie-Louises« (so bezeichnete man die ganz jungen, 17 bis 20 Jahre alten Soldaten) unausweichlich. Doch Larrey schaltete sich ein und äußerte seinen Zweifel Napoleon gegenüber, der ihm damals den Vorsitz einer Jury anvertraute, die die Verdächtigen systematisch zu untersuchen hatte. Innerhalb weniger Tage, vom 16. bis zum 29. Juni 1813, untersuchte Larrey 2410 Männer, die an den Fingern und Unterarmen Verletzungen aufwiesen. Seine Schlussfolgerung war eindeutig: »Es ist materiell unmöglich, den geringsten Beweis zu erbringen, dass sich irgendeiner der examinierten Sol-

Paulin Jean-Baptiste Guérin
Dominique-Jean Baron Larrey, Chefchirurg der kaiserlichen Garde
Versailles, Musée National des Châteaux de Versailles et de Trianon | Kat.-Nr. 103

1
Charles Louis Muller
Larrey bei einer Operation auf dem Schlachtfeld
Paris, Académie Nationale de Médecine

2 rechte Seite oben
Amputation eines Armes nach Larrey
in: Dominique-Jean Larrey, *Clinique chirurgicale*, Paris 1829, Bd. III, Taf. XII

3 rechte Seite unten
Charles Joseph Minard
Diagramm der Verluste der französischen Armee auf dem Russlandfeldzug 1812–1813 | 1869
brauner Keil: der Weg nach Moskau,
schwarzer Strich: der Rückzug in Richtung Polen,
im unteren Viertel ein Diagramm der Temperaturen
Lithografie, 20. November 1869 | ENPC: Fol 10975, 10974/C612

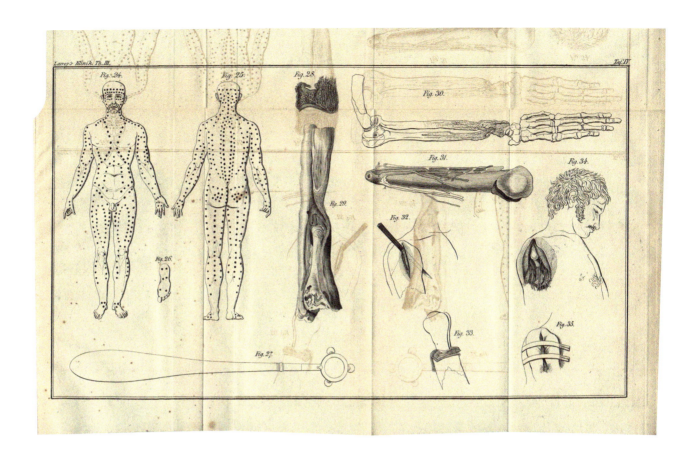

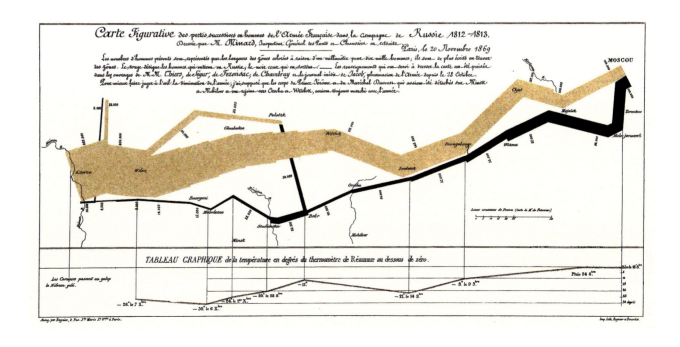

daten freiwillig verstümmelt haben soll.«²⁷ Für Larrey waren die neuen Rekruten, die kaum ausgebildet waren, mit den fünf Kilogramm schweren Gewehren zu schießen, Opfer von Schuss- und Stichverletzungen, die aus den eigenen Reihen kamen. Der Chirurg war wohl einer der wenigen, die für die Verwundeten in der kaiserlichen Armee menschliche Gefühle aufbrachten: 3000 von ihnen hat er vor einem entwürdigenden Tod gerettet.

Der aufwühlendste Text von Larrey ist sein *Mémoire sur les amputations,* Thema einer Doktorarbeit von 1803. Seine Abhandlung, die 15 Jahre später erneut aufgelegt wurde, gehört zu den erhellendsten Schriften, um zu verstehen und zu illustrieren, was das Kaiserreich war. Der Zustand Frankreichs, dieses verwundeten Landes, dieser amputierten Nation, kann kaum besser ausgedrückt werden, als es der Chirurg Briot mit wenigen Worten tut, wenn er die Faszination bei der Lektüre von Larreys Abhandlung beschreibt: »Wenn man die Amputation des Oberschenkels im Gelenk nur selten praktiziert hat, dann weniger deshalb, weil es an Gelegenheiten gefehlt hätte, sondern weil die Chirurgen, denen sich die Gelegenheit geboten hat, nicht den Mut und die Abgeklärtheit besaßen, die notwendig sind, um sie nach der Art [von Larrey] durchzuführen. Ich gebe zu, dass unter den hervorragendsten Chirurgen nichts seltener ist als die Fähigkeit – und auch die Möglichkeit, diese zu erwerben –, Dreiviertel eines Individuums zu erhalten, indem man das andere Viertel entfernt.«²⁸

Dieser etwa 50 Seiten lange Text ist schrecklich und von klinischer Kälte, doch er vermittelt den Willen, dem verletzten Körper schnell zu helfen, das Leben durch eine Operation zu retten, die mit Schnelligkeit und Virtuosität ausgeführt wird. In gewisser Weise amputierte Larrey so, wie Napoleon lange Zeit seine Kämpfe geführt hat: Mit maximaler Geschwindigkeit, Kraft und Schärfe, um die Verluste so gering wie möglich zu halten. Die Entfernung einer Schulter, einer Hüfte, eines Knies aus dem Gelenk nahm für den Chirurgen den imperativen Charakter der Notwendigkeit an und erreichte, wenn sie mit kühner, überfallartiger Geschwindigkeit ausgeführt wurde, die brillante Virtuosität des strategischen Genies in Aktion. »Falls man uns sagen sollte, dass die Amputation eines Körperteils eine grausame Operation ist, dass sie mit allen ihren Folgen gefährlich ist und für den Verwundeten, der durch sie verstümmelt wird, immer eine schlimme Erfahrung bedeutet«, schreibt Larrey ohne Umschweife, »und dass es daher ehrenhafter ist, einen Körperteil zu erhalten, als ihn mit Geschick und Erfolg zu entfernen, so werden wir siegessicher antworten, indem wir darlegen, dass die Amputation eine notwendige Operation ist, die dem Elenden, der durch eine andere Behandlung dem Tode geweiht wäre, eine Chance auf Glück verschafft.«²⁹ Der Chirurg habe »Dreiviertel [unserer] Amputierten« gerettet, die »augenblicklich auf dem Feld« mit »methodischeren« Bestecken operiert wurden, und zwar nach einer Methode, die »einfacher, weniger schmerzhaft, schneller als die bislang angewandte« sei. Die Abhandlung beschreibt jedes Detail dieser Amputationen und liefert viele konkrete Beispiele, wobei sie thematisch zwischen Schreckensvisionen und schneller Wiederherstellung der Gesundheit oszilliert, als wäre das übermäßige Leid selbst die erste Bedingung für das wiedererlangte Leben. Larrey führte die Politik der Wunden weiter: Seine Fürsorge und Liebe, mit der er die Wunden behandelte, brachten ihn soweit, das Glück der Amputierten anzustreben. Er schien über eine Armee von Armlosen, Verstümmelten und Holzbeinträgern zu herrschen.

Diese Amputiertenarmee – *demi-soldes* (Kriegsversehrte mit reduzierter Pension), Entstellte, Invaliden, Schwerverletzte, wie sie den Roman des 19. Jahrhunderts, von Armand de Montriveaus *La Duchesse de Langeais* bis zum Colonel Chabert bevölkern³⁰ – wird in diesem apokalyptischen Bild, das die Hierarchien auf den Kopf stellt und die Legende neu schreibt, zur doloristischen Rückseite der *Grande Armée,* ihrer wundenreichen Niederlage, ihres verletzten Untergangs. So beschreibt Michelet das wunderbare und düstere Gemälde von Théodore Géricault aus dem Jahre 1814, *Le Cuirassier blessé quittant le feu* (Kat.-Nr. 96),³¹ das der junge Maler des heroischen Niedergangs des Empire so gemalt hat, als hätte er sich von François-Clément Chipault, dem vielfach Verwundeten der Schlacht von Heilsberg, inspirieren lassen: »Man sieht den Untergang, die Katastrophe, den Abgrund, in den das Kaiserreich in Kürze stürzen wird. Er verkörpert die Grabinschrift des Soldaten von 1814, dieses gutmütigen bleichen Riesen, riesig von Gestalt und dennoch so anrührend! Ein Soldat, aber noch immer ein Mensch, den der Krieg, man fühlt es wohl, nicht verhärtet hat. Verwundet, gefallen, vereinigt er vergeblich das, was ihm an Kraft noch bleibt, und er erstarrt, um sich dem unausweichlichen Untergang entgegenzustemmen. Er wird nicht davonkommen. Im Hintergrund der Abendschatten und der Tod; es wird kein Morgen geben. Das ganze restliche Bild scheint eine französische Landschaft zu sein, der Boden des Vaterlandes. Dorthin kehrt er zurück, dorthin geht er, um zu sterben. Wir sehen hier den letzten Akt der blutigen Tragödie, es ist das Ende des Kaiserreiches, man möchte fast sagen, der Nation. Und alle diese sterbenden Körper, die den Boden bedecken, sind auch in ihrer großen Mehrzahl wirkliche Bilder für die Verletzungen des französischen Volkes.«[32] Dieser *Cuirassier blessé* verwandelt sich unter der Feder des Historikers in Napoleons Niederlage, aber auch in das Volk, das die Wunden der Geschichte zeigt – in ein Volk, das sich im nachfolgenden Jahrhundert unter Schmerzen von seinen Verletzungen erheben wird, in ein stärker gewordenes, durch seine Wunden gleichsam neugeborenes Volk, in ein Volk, das wieder aufrecht geht, auch wenn der Gang seit dem Kaiserreich ein Trauergang geworden ist.

Anmerkungen

1 Bessière, André: *Il était une fois la Légion d'honneur*, Paris 2008, S. 35.
2 Neben dem Eintrag über Chipault im *Dictionnaire de biographie française* (hrsg. von M. Prevost und R. D'Amat), Paris, Neuauflage 1959, liefern folgende Schriften einige Details über seine militärische Laufbahn: *Fastes de la Légion d'Honneur*, Paris 1862, Band V, S. 88, und die Zeitschrift *Généa-Banque de France*, Nr. 71, 3. Quartal 2004, S. 71.
3 Zitiert nach Bessière (s. Anm. 1), S. 35.
4 Zitiert nach Riencourt, André de: *Les Militaires blessés et invalides*, Paris 1875, Bd. 2, S. 134–135.
5 *Fastes de la Légion d'Honneur* (s. Anm. 2), S. 88.
6 *Chipault, le Cuirassier blessé*, Paris 1807.
7 *Dialogue en vers*, von Crouzet, Paris 1807, und eine »comédie héroïque« von Verment-Mariton, *Le Cuirassier blessé, ou vaillance et honneur* (1809).
8 »Le Cuirassier Chipault«, in: *L'Almanach des lycées pour l'Empereur*, Paris 1808.
9 *Nouveau dictionnaire historique des sièges et batailles mémorables*, Paris 1808, Bd. III, S. 235.
10 Crouzet (s. Anm. 7).
11 S. hierzu Bertaud, Jean-Paul: *Quand les enfants parlaient de gloire. L'armée au cœur de la France de Napoléon*, Paris 2006; Bonnet, Jean-Claude: *L'Empire des Muses. Napoléon, les arts et les lettres*, Paris 2004; Boudon, J.O. (Hrsg.): *Armée, guerre et société à l'époque napoléonienne*, Paris 2004; Bertaud, Jean-Paul/Serman, William: *Nouvelle histoire militaire de la France*, Paris 1998; Woloch, Isser: *The French Veterans, from the Revolution to the Restauration*, University of North Carolina Press 1979, sowie den Klassiker Abel Hugo: *La France militaire. Histoire des armées françaises de terre et de mer de 1792 à 1837*, Paris 1838.
12 Bessière (s. Anm. 1), S. 36.
13 Baecque, Antoine de: *Le Corps de l'histoire. Métaphores et politique (1780-1800)*, Paris 1993, besonders das Kapitel über die Märtyrer und die Ausstellung der blutenden, verwundeten, ruhmreichen Körper zu Beginn der *convention*.
14 Lemaire, Jean-François: *La Médecine napoléonienne*, Paris 2003, S. 85–88.
15 Lemaire (s. Anm. 14), S. 86.
16 Lemaire (s. Anm. 14), S. 87.
17 Bessière (s. Anm. 1), S. 32.
18 Zitiert nach Lemaire, Jean-François: *Les Blessés dans les armées napoléoniennes*, Paris 1999, S. 114.
19 Zitiert nach Lemaire (s. Anm. 18), bes. Kap. IV, »Les blessés à travers la correspondance de Napoléon«.
20 Chateaubriand, François-René de: *De Bonaparte et des Bourbons*, Paris 1814.
21 Insbesondere Lemaire (s. Anm. 18).
22 Lemaire (s. Anm. 18), S. 271.
23 Zitiert nach Lemaire (s. Anm. 18), S. 211. Über Larrey: Jean Marchioni: *Place à monsieur Larrey, chirurgien de la garde impériale, biographie*, Arles 2003 (Taschenbuch-Neuaufl. Babel, 2006).
24 Zitiert nach Lemaire (s. Anm. 18), S. 210.
25 Die gesammelten Schriften Larreys wurden erst kürzlich in einer schönen Ausgabe veröffentlicht: Baron Larrey: *Mémoires et campagnes*, 2 Bde., 1786-1811/1812-1840, Paris 2004.
26 Zitiert nach Lemaire (s. Anm. 18), S. 186–187.
27 Zitiert nach Lemaire (s. Anm. 18), S. 192.
28 Zitiert nach Lemaire (s. Anm. 18), S. 257.
29 *Mémoires sur les amputations*, veröffentlicht in Bd. 1 der Werke von Baron Larrey (s. Anm. 25), S. 431–458.
30 Petiteau, Natalie: *Lendemains d'Empire: les soldats de Napoléon dans la France du XIXe siècle*, Paris 2003.
31 Barbe, Norbert-Bertrand: *Le Cuirassier blessé quittant le feu: l'apologie patriotique chez Théodore Géricault*, Paris 2006.
32 Michelet, Jules, zitiert nach Barbe (s. Anm. 31), S. 22.

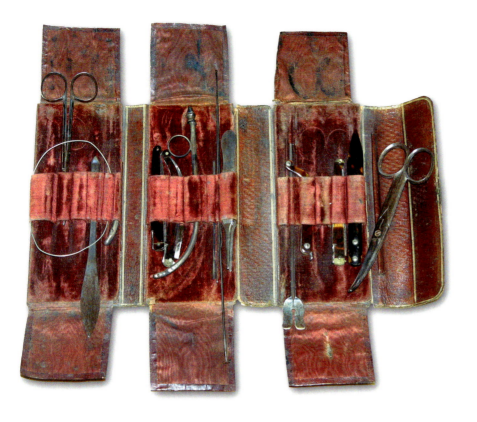

oben
Chirurgenbesteck im Futteral |
19. Jahrhundert
Paris, Musée du Service de Santé des Armées au Val-de-Grâce | Kat.-Nr. 114

unten
Koffer mit Amputationsbesteck |
1. Viertel 19. Jahrhundert
Paris, Musée du Service de Santé des Armées au Val-de-Grâce | Kat.-Nr. 105

Théodore Géricault
Verwundeter Kürassier, dem Feuer entfliehend | 1814
Paris, Musée du Louvre | Kat.-Nr. 96

Daniel Schönpflug

NAPOLEON, DIE NAPOLEONIDEN UND DAS EUROPA DER DYNASTIEN

»If the curious traveler stopps a day to look into the sepulchre where Rudolf de Hapsburg mouldered to ashes, why should he not halt an hour to contemplate the tomb of the Father of the Napoleon Dynasty.«[1]

Das alte Europa war in politischer Hinsicht zuerst und vor allem ein Europa der Dynastien. Eine überschaubare Anzahl von Familien regierte den Kontinent. Sie gaben Throne und Länder von Generation zu Generation weiter. Ein Staat, häufig aus vielen unzusammenhängenden Territorien gebildet, war eine Familienangelegenheit. Zwar hatte der jeweilige Landesfürst die Herrschaft inne, doch seine ganze Sippe war in die Anstrengungen zur Wahrung und Mehrung des Besitzes einbezogen. Die Mitglieder der Dynastie bekleideten politische, militärische oder kirchliche Ämter. Arrangierte Heiraten dienten dem Fortbestand des Hauses und der Stiftung von politischen Außenbeziehungen. Im Inneren des erlesenen Verwandtschaftskreises an der Spitze des Europas der Dynastien herrschte zwar kein ewiger Frieden, aber immerhin eine dichte Vernetzung und intensive Kommunikation. Ein gemeinsames Bewusstsein der Auserwähltheit wurde durch vielfältigen Austausch verstärkt.[2]

Der eingangs zitierte Charles Edward Lester, amerikanischer Konsul in Genua und glühender Bewunderer Louis Napoleons, veröffentlichte 1852 eine Familiengeschichte der Bonapartes, in der er diese Familie als eine Dynastie neuen Typs, als eine »Dynasty of Progress«[3] darstellte. So eindeutig dieser Ehrentitel in der Frühphase des *Second Empire* eine Rechtfertigungsstrategie für den Neffen Napoleons I. war, so interessant ist doch die dahinterstehende Frage nach den dynastischen Aspekten der napoleonischen Herrschaft. Schon ein oberflächlicher Blick zeigt deren Ambivalenzen: Einerseits stammte Napoleon selbst aus einer adeligen Familie, der Einsatz familiärer Strategien zur Sicherung des gemeinsamen Besitzes war ihm somit vertraut; andererseits gehörte er jedoch zu einer Adelsschicht, die von der Regierung ausgeschlossen war, keine großen Reichtümer oder Ländereien ihr eigen nennen konnte und zudem noch durch die Revolution ihrer Privilegien beraubt worden war. Einerseits begann er seine politische Karriere als »Erster Konsul« in einer Republik, andererseits transformierte er eben jene Republik in ein monarchisches Erbreich. Einerseits missachtete er die etablierten Regeln der internationalen Politik in Europa und zögerte nicht, seine ausgreifenden Ansprüche mit dem Eroberungsrecht zu begründen; andererseits wuchs mit zunehmender Etablierung sein Bedürfnis, seine Herrschaft durch dynastische Legitimation zu stabilisieren und über seinen Tod hinaus zu sichern.[4] Einerseits setzte Napoleon eine Reihe von regierenden Familien ab, andererseits trug er zur Entstehung neuer Reiche und Throne bei.

Eine Auseinandersetzung mit Napoleon als Dynasten muss mit einem Blick auf seine Herkunftsfamilie beginnen, die für seinen Aufstieg eine nicht zu unterschätzende Rolle spielte.[5] Die Buonaparte waren ursprünglich eine Familie des korsischen Kleinadels. Ihre wichtigste Einkommensquelle waren lange Zeit Äcker und Weinberge, zunehmend auch auf akademischer Bildung fußende öffentliche Ämter. Carlo Maria di Buonaparte, der Vater des 1769 geborenen Napoleone, war Anwalt und Richter in Ajaccio und spielte auf der Insel eine nicht unbedeutende politische Rolle. Mit seiner Frau Laetitia aus dem Haus Ramolino hatte er 13 Kinder, von denen fünf Jungen und drei Mädchen das Erwachsenenalter erreichten. Da der Familienbesitz keineswegs ausreichend war, um alle Kinder standesgemäß zu versorgen, verschaffte der Vater zumindest den älteren Söhnen, Guiseppe und Napoleone, Stipendien. Sie wurden an französischen Bildungsstätten auf spätere Ämter vorbereitet. Als Carlo di Buonaparte im Jahr 1785 im Alter von 39 Jahren starb, war es Napoleone, der Zweitgeborene, der faktisch die Rolle des Fami-

Detail aus Abb. S. 70/71

1
Jean Baptiste Gauthier
Napoleon und seine Brüder
Salenstein, Napoleonmuseum Thurgau,
Schloss und Park Arenenberg

lienoberhauptes übernahm. Früher als sein Bruder hatte er ein Einkommen als Leutnant beim Regiment La Fère gefunden und übernahm die Verantwortung gleichermaßen für den in Ajaccio verbliebenen Familienteil wie für seinen jüngeren Bruder Luigi, der für kurze Zeit bei ihm in Valence lebte.

Der Ausbruch der Revolution stellte für die korsische Adelsfamilie zunächst eine Bedrohung dar. Die bewaffneten Konflikte auf der Insel zwangen die Buonaparte, nach Frankreich zu fliehen. Luciano, der sich inzwischen Lucien nannte und sich darüber hinaus den Kampfnamen »Brutus de Marathon« zugelegt hatte, wurde früh in den Strudel der Revolution gerissen, als er sich in Toulon der jakobinischen Bewegung anschloss. Der älteste Bonaparte-Bruder Giuseppe (bzw. Joseph) war anfangs kein glühender Revolutionär. Es gelang ihm jedoch, zu einer einträglichen Position als Heeresverwaltungsbeamter zu kommen. Napoleon hingegen arbeitete sich in der Armee Schritt für Schritt nach oben, wobei er Louis, einst Luigi, mitzog (Abb. 1). In dieser Phase der Familiengeschichte, die vom frühen Tod des Vaters geprägt war, erwies sich geschwisterliche Protektion, ebenso wie ein Höchstmaß an Anpassungsfähigkeit an die durch die Revolution geschaffene Situation als erfolgreiche Behauptungsstrategie.

Dass die Bonaparte in der neuen Situation mit ihrer sozialen Herkunft brachen und neue verwandtschaftliche Strategien verfolgten, zeigt sich auch in ihren Heiratsentscheidungen. Während die Tradition Ehen innerhalb des korsischen Kleinadels vorsah, entschieden sich die Bonapartes nach 1789 vornehmlich für Partner aus wohlhabenden bürgerlichen Familien, die bei ihnen früher als nicht standesgemäß gegolten hätten. Joseph heiratete 1794 die Marseiller Händlertochter Julie Clary, Lucien die Tochter eines wohlhabenden Gastwirtes, Christine Boyer. Napoleon selber nahm Joséphine de Beauharnais zur Frau. Sie stammte aus einer martinikanischen Pflanzerfamilie, war die Witwe eines guillotinierten Generals und Mätresse von Paul Barras, der nach Thermidor (der Absetzung Robespierres am 27. Juli 1794) zu einem der wichtigsten politischen Führer wurde. Joséphines Salon war ein sozialer Knotenpunkt des direktorialen Frankreich, und ihre ausgezeichneten Beziehungen halfen Napoleon, in der Hauptstadtgesellschaft Fuß zu fassen. Zwei der Bonaparte-Schwestern wurden mit Männern aus Napoleons militärischem Umfeld vermählt: Pauline mit Emmanuel Leclerc, Caroline mit Joachim Murat.[6] Dass die Mutter ihre älteste und in St. Cyr hervorragend ausgebildete Tochter Elisa einem unbedeutenden korsischen Hauptmann in die Ehe gab, war Napoleon ein Dorn im Auge. Eine solche Partie konnte der Familie keinerlei Vorteile bringen.

Der Erfolg der korsischen Sippe in ihrer neuen Heimat erreichte mit der Ernennung Napoleons zum Oberbefehlshaber der Italienarmee einen neuen Höhepunkt. Der Feldzug von 1796/97, bei dem Bruder Louis als persönlicher Adjutant Napoleons diente, machte den Namen Bonaparte bis weit über die französischen Grenzen hinaus berühmt. Joseph übernahm in der Folge den lukrativen Posten eines französischen Gesandten beim Heiligen Stuhl; später wurde er in den »Rat der Fünfhundert«, die eine Kammer des Direktoriums, gewählt. Der Berufspolitiker Lucien wurde in selbigem Gremium sogar Präsident.

Die Familie trug auch wesentlich zu Napoleons Erfolg beim Staatsstreich vom 18. Brumaire des Jahres VIII (9. November 1799) bei. Die Brüder Lucien und Joseph gehörten zu den Verschwörern; Ersterer versuchte, seine einflussreiche Position zu nutzen, um am Tag des Umsturzes im »Rat der Fünfhundert« Unterstützung für Napoleon zu mobilisieren. Sein späterer Schwager Murat kommandierte die Truppe, welche die Fünfhundert auseinanderjagte. Die Mithilfe beim Staatsstreich belohnte Napoleon großzügig: Lucien wurde noch 1799 Innenminister, aber schon bald als Botschafter nach Madrid abgeschoben, später Mitglied im Tribunat und im *Sénat conservateur*. Joseph erhielt 1804 den Posten eines *Grand Electeur,* später hatte er einen Sitz im Staatsrat inne und wurde auf wichtige außenpolitische Missionen geschickt. Louis, Jérôme und Murat setzten ihre Karrieren beim Heer bzw. bei der Marine fort.

Nach diesem kometenhaften Aufstieg begann sich das familiäre Muster der Bonaparte erneut zu verändern. Die Fortentwicklung einer Brüder- und Schwägerwirt-

2
Jacques-Louis David
Die Krönung Napoleons | 1807
Paris, Musée du Louvre

schaft zu einer europäischen Herrscherdynastie kam in ihre entscheidende Phase. Nachdem Napoleon 1802 »Konsul auf Lebenszeit« geworden war, behandelte er seine Verwandten zunehmend als »konsularische Familie«. Dies bedeutete unter anderem, dass Napoleon seine Familienmitglieder verpflichtete, für ihre Eheschließungen sein Einverständnis einzuholen. Die bis dahin üblichen Verbindungen mit Bürgertöchtern waren ihm nun nicht mehr prestigeträchtig genug. Lucien, der 1802 nach dem Tod seiner Frau Christine Boyer eine zweite Ehe mit der bürgerlichen Witwe Alexandrine Jouberthon einging, fiel bei Napoleon in Ungnade. Dem ersten Konsul hatte eine Vermählung mit einer spanischen Infantin vorgeschwebt. Nachdem der jüngste Bonaparte-Bruder Jérôme 1803 auf einer Reise in den Vereinigten Staaten von Amerika – ohne die Erlaubnis des ersten Konsuls einzuholen – die Kaufmannstochter Elizabeth Patterson aus Baltimore geheiratet hatte, wagte er lange Zeit nicht, auf den Kontinent zurückzukehren. Tatsächlich erkannte das Familienoberhaupt diese Ehe nie an, und sie wurde später aufgelöst.

Auch das für die Dynastiebildung essentielle Problem seiner Nachfolge beschäftigte Napoleon, seit er Konsul auf Lebenszeit war, zusehends. Zwar brachte Joséphine zwei Kinder aus erster Ehe mit, gemeinsame Nachkommen hatte das Paar jedoch nicht. Dieses Manko könnte die Heirat von Napoleons Bruder und Zögling Louis mit Joséphines Tochter Hortense de Beauharnais erklären.[7]

Doch eine wirkliche Imitation der verwandtschaftlich-politischen Praktiken der regierenden Häuser in Europa wurde erst im Jahr 1804 möglich, nachdem Napoleon sich zum Kaiser gemacht hatte. Am 2. Dezember fand in der Kathedrale Notre Dame de Paris eine pompöse Zeremonie statt. Napoleon wurde von Papst Pius VII., der eigens aus Rom angereist war, zum Kaiser gesalbt und eingesegnet; die Krone jedoch setzte er sich selbst auf. Anschließend krönte er Joséphine zur Kaiserin (Abb. 2). Durch ein überreiches Spiel symbolischer Anspielungen wurde gleichermaßen auf antike römische, auf karolingische wie auf bourbonische Traditionen verwiesen. Laetitia, der er eine Hauptrolle als Mutter der Dynastie zugedacht hatte, blieb der Zeremonie fern, was Napoleon jedoch nicht davon abhielt, seine Mutter auf dem bei Jacques-Louis David in Auftrag gegebenen Krönungsgemälde darstellen zu lassen. Die Geschwister (mit Ausnahme von Lucien und Jérôme) kamen, im Glanz ihrer neuen Würde als Prinzessinnen und Prinzen des Hauses, als »Kaiserliche Hoheiten« zur Feier. Auf den Vater fehlt jeder Hinweis; die Rolle des Gründers der Dynastie beanspruchte Napoleon für sich allein.

Durch den Aufstieg zur Kaiserwürde verfestigte sich auch das Hausgesetz der Bonaparte. Der »Sénatus-consulte« des Jahres XII (18. Mai 1804), also die neue imperiale Verfassung, enthielt im Absatz II eine Thronfolgeordnung nach Vorbild der europäischen Herrscherdynastien. Hier wurde die männliche Erbfolge nach dem Primogeniturprinzip festgelegt. Dem Kaiser war es freigestellt, die Kinder seiner Brüder zu adoptieren. Beim Ausbleiben von männlichem Nachwuchs sollte Napoleon der ältere Bruder Joseph auf dem Thron folgen; nach diesem stand Louis in der Erbfolge. Der Absatz III der Verfassung regelte die Rechte und Pflichten der kaiserlichen Familie; Absatz IV die Frage der Regentschaft.

Nach Napoleons Auffassung war mit diesem Schritt der Aufstieg der Bonaparte in den erlesenen Kreis der Herrscherdynastien abgeschlossen; dies zeigt sich nicht zuletzt in der familiären Anrede »Bruder« oder »Cousin«, welche er im Briefverkehr mit anderen europäischen Monarchen von nun an verwandte. Zum Ausbau seiner politischen Macht und des Ansehens seiner Dynastie begann er, statt politischer Ämter Fürstenthrone an seine Brüder und Schwestern zu verteilen. Außer seinem republikanischen Bruder Lucien ließ Napoleon keines seiner Geschwister bei dieser Vergabe aus. Die große Zahl von eroberten oder diplomatisch erhandelten Territorien lieferte dazu die nötige Manövriermasse.[8]

Die erste, die nach langem Bitten vom Kaiser mit einem eigenen Land versehen wurde, war seine älteste Schwester Elisa. Sie wurde Fürstin von Piombino, später von Lucca und der Toscana. Diese Rangerhöhung brachte Regierungsrechte mit sich, die Elisa mit großer Effizienz zu nutzen wusste. Für das neu geschaffene Königreich Italien suchte Napoleon einen Verwandten, der dort in seinem Namen regieren sollte. Mehrere Brüder lehnten diesen Posten, der nur wenige Handlungsspielräume ließ, ab; schließlich wurde sein Stiefsohn Eugène Vizekönig von Italien. Größer war das Interesse an Fürstenthronen in napoleonischen Satellitenstaaten, die – ohne indes zur vollen Souveränität aufzusteigen – über einen weitaus höheren Grad an Autonomie verfügten. So wurde Joseph 1806 König von Neapel, versehen mit dem Auftrag, die dort noch regierenden Bourbonen zu besiegen. 1808 übernahm er nach der Vertreibung des spanischen Zweiges der Bourbonenfamilie den Königsthron in Madrid. Louis wurde 1806, nachdem die Batavische Republik in eine Monarchie verwandelt worden war, König von Holland. Auch im ehemaligen Heiligen Römischen Reich Deutscher Nation, das mit der Gründung des Rheinbundes aufgehört hatte zu existieren, setzte Napoleon Verwandte als Herrscher von seinen Gnaden ein. Im Großherzogtum Berg regierten seine Schwester Caroline und sein Schwager Joachim Murat einen Pufferstaat, der Frankreich gegen preußische Angriffe schützen sollte. Für den Bruder Jérôme wurde 1807, nachdem Preußen besiegt war, aus dessen westlichen Territorien das Königreich Westphalen geschaffen. Napoleons Lieblingsschwester Pauline erhielt das Fürstentum Guastalla, ihr Mann Camillo Borghese wurde 1808 zum Generalgouverneur des Piemont ernannt. So waren Napoleon und die Napoleoniden nicht nur in die Lücke gestoßen, welche die Vertreibung der Bourbonen in Südeuropa hinterlassen hatte, sondern sie hatten darüber hinaus Throne im Norden und Nordwesten Europas besetzt.

Die Etablierung der »Kaiserlichen Familie« im Hochadel konnte allerdings nicht ohne die Mitwirkung der alten europäischen Herrscherhäuser erfolgen. Diese achteten traditionell auf strikte Endogamie, welche sogar den niederen Adel ausschloss. Formal hatte Napoleon durch den Erwerb der Souveränität eine ebenbürtige Stellung erreicht. Die Frage, ob dadurch alle seine Familienangehörigen die Voraussetzungen für eine standesgemäße Fürstenehe erfüllten, konnte nur die Praxis beantworten. Insofern war eine Heirat in den Kreis der fürstlichen Familien ein Lackmustest für den Erfolg der napoleonischen Dynastiegründung. Entsprechend schaute die europäische Welt gebannt auf Napoleons Versuch, schon wenige Wochen nach der Krönungszeremonie in Notre Dame die Probe aufs Exempel zu machen. Mit den Mitteln kalter Machtpolitik gelang der Coup. Napoleon versprach, den Herzog von Bayern, Maximilian IV., zum König zu machen. Dafür verlangte er jedoch eine Vermählung von dessen Tochter Auguste Amalie mit Joséphines Sohn Eugène Beauharnais. Schon an Weihnachten 1805, kurz nach der Schlacht bei Austerlitz, hatte Napoleon brieflich für seinen anlässlich dieser Gelegenheit adoptierten Stiefsohn, den italienischen Vizekönig, um die Hand der Herzogstochter angehalten. Trotz heftigen Widerstands der Prinzessin fand die Heirat am 14. Januar 1806 in München statt. Der Brautvater nahm an den Feierlichkeiten schon als Maximilian I., König von Bayern, teil. Napoleon ließ es sich nicht nehmen, persönlich anwesend zu sein. Seine Laune soll blendend gewesen sein.

Wenig später lieferte Napoleon – in einer ähnlichen Konstellation – einen zweiten Beweis für die Geltung seiner Dynastie. Sein Bruder Jérôme, dessen geheime amerikanische Ehe annulliert worden war, wurde im August 1807 mit Katharina von Württemberg vermählt. Auch ihr Vater war kurz zuvor als Friedrich I. zur Königswürde aufgestiegen. Gemeinsam residierten Katharina und Jérôme in Kassel, der Hauptstadt des Königreiches Westphalen.[9]

Doch der Höhepunkt dynastischer Anerkennung für die Napoleoniden war ohne Frage die Ehe, die Napoleon selbst im Jahr 1810 mit der Erzherzogin Marie-Louise, der Tochter des österreichischen Kaisers Franz I., schloss.[10] Zuvor hatte er erfolglos versucht, Heiratsverhandlungen mit den Romanow aufzunehmen; beim österreichischen Kaiser Franz I. war die Sehnsucht nach Ruhe vor französischen Angriffen größer. Die Heirat mit einer Habsburgerin, Tochter eines der ältesten und mächtigsten Häuser Europas, war nicht nur ein Prestigegewinn für Napoleon und seine Dynastie. Sie konnte auch politisch günstige Folgen für Frankreich haben, weil sie das Potential hatte, Österreich in den Augen der antinapoleonischen Koalition zu diskreditieren und diese zu spalten. Abgesehen davon machte sich Napoleon Hoffnungen, mit der jungen Prinzessin doch noch einen Nachfolger zu zeugen. Tatsächlich gebar Marie-Louise schon im März 1811 einen

Knaben, der nach seinem Vater und seinen Großvätern auf den Namen Napoleon François Joseph Charles Bonaparte getauft wurde (Abb. 3).

Der Widerwille der monarchischen Welt gegen das französisch-österreichische Ehegeschäft äußerte sich unter anderem in einem Brief, den die preußische Königin Luise an ihren Vater, Karl II. von Mecklenburg-Strelitz, schrieb: »Gott sei ewig gelobt, daß meine Tochter tot zur Welt kam [...]. Aber Sie werden es kaum glauben und es muß auch ewig geheim bleiben: Man hat von Seiten Österreichs Schritte unternommen, um das zustande zu bringen. Nun ist alles möglich!«[11] Doch auch wenn die anderen Dynastien voller Abscheu auf die französischen Parvenüs blickten, die aus dem Kleinadel in den Kreis der regierenden Häuser aufgestiegen waren, so arrangierten sie sich doch innerhalb weniger Jahre mit den neuen Verhältnissen. Die Akzeptanz des Neffen Napoleons und seiner Familie in der zweiten Hälfte des 19. Jahrhunderts zeugt von der Nachhaltigkeit dieses Erfolges.

Nur ein Blick auf die weitere dynastische Szenerie erlaubt es jedoch, den Bruch zu ermessen, den eine solche angemaßte, aber dennoch – zumindest auf kurze Zeit – erfolgreich durchgesetzte dynastische Herrschaft für Europa bedeutete. Dass ein Aufsteiger – und einstiger Republikaner – mit solchem Erfolg in den erlauchten Kreis der regierenden Familien gelangen konnte, dass gerade die Missachtung der Regeln dynastischer Herrschaft ein Erfolgsmodell sein konnte, war eine Lektion, die den übrigen Monarchen zu denken geben musste. Der Fall der Napoleoniden hatte deutlich gemacht, dass es nicht ausreichte, wenn sich dynastische Herrschaft auf die Traditionen jahrhundertelanger Herrschaft berief. So verlor etwa in der Außenpolitik die »dynastische Raison«, d. h. der Verweis auf dynastische Ansprüche, rapide an Bedeutung. Auch entwickelte sich die zumindest symbolische Unterstützung durch die Untertanen zu einer zunehmend wichtigen Legitimation monarchischer Herrschaft. Zwar sicherte nach wie vor die hohe Geburt den Thron, doch galt es nun für die Fürsten, durch Leistungen und moralische Integrität die »Liebe« des Volkes zu gewinnen. Es gehört – wie Philip Mansel zu Recht betont – zu den Paradoxien der europäischen Geschichte, dass die europäische Monarchie aus der napoleonischen Ära nicht nur verändert, sondern sogar gestärkt hervorging. Selbst wer die Napoleoniden nicht als eine »Dynastie des Fortschritts« bezeichnen möchte, kann diese Tatsache kaum leugnen.[12]

Anmerkungen

[1] Lester, Charles Edward / Williams, Edwin: *The Napoleon Dynasty,* New York 1852, S. XVI.
[2] Schönpflug, Daniel: »Dynastische Netzwerke«, in: *Europäische Geschichte online (Ego),* hrsg. vom Institut für Europäische Geschichte, Mainz 2010 (im Druck).
[3] Lester (s. Anm. 1), S. XVII.
[4] Die ältere Literatur über die Familie Bonaparte, die sich vor allem in der Zeit des *Second Empire* vermehrte, positioniert sich in der Regel klar für oder gegen diese Strategie der Selbstlegitimation; vgl. etwa *Histoire secrète des amours de la famille N. Bonaparte,* Paris 1815; Verneur, Jacques-Thomas: *L'Écho des salons de Paris depuis la Restauration, ou Recueil d'anecdotes sur l'ex-empereur Buonaparte, sa cour et ses agens,* 3 Bde., Paris 1814–1815; Defauconpret, Auguste-Jean-Baptiste: *Anecdotes sur la cour et l'intérieur de la famille de Napoléon Bonaparte,* Paris 1818; Bielitz, Carl: *Die Napoleoniden im Jahre 1849: mit geschichtlichen Notizen aus dem Leben sämmtlicher Mitglieder der Napoleoniden-Familie seit deren Erhebung vor 50 Jahren bis jetzt,* Berlin 1849; Rapetti, Pierre-Nicolas: *Quelques mots sur les origines des Bonaparte,* Paris 1858; *Maison Bonaparte, devenue impériale de France,* Paris 1860; Ambrosini, D.-L. / Huard, Adolphe: *La Famille impériale. Histoire de la famille Bonaparte depuis son origine jusqu'en 1860,* Paris 1860; Saint-Germain, Léonard de: *Album de la famille Bonaparte: reproduction des portraits originaux légués à la ville d'Ajaccio par Madame Mère,* Nizza 1866; Masson, Frédéric: *Napoléon et sa famille,* Paris 1897.
[5] Überblicksdarstellungen: Smith, William: *The Bonapartes. The History of a Dynasty,* London 2005; Riedel, Bernadette: »Die Familie Bonaparte – Netzwerk und Protagonisten eines europäischen Konzeptes«, in: Schmid, Josef J. (Hrsg.): *Waterloo – 18. Juni 1815. Vorgeschichte, Verlauf und Folgen einer europäischen Schlacht,* Bonn 2008, S. 57–83; Amelunxen, Clemens: *Der Clan Napoleons – Eine Familie im Schatten des Imperators,* Berlin 1995; Greer, Donald: *Napoleon and his Family,* London 1929; nützlich sind die biografischen Einträge in: Tulard, Jean (Hrsg.): *Dictionnaire Napoléon,* 2 Bde., Paris 1999.
[6] Tulard, Jean: *Murat,* Paris 1984.
[7] Railecourt, Labarre de: *Louis Bonaparte,* Paris 1963.
[8] Conelly, Owen: *Napoleon's Satellite Kingdoms,* Toronto 1965.
[9] Köttelwesch, Sabine: »Katharina von Westphalen (1783–1835)« in: Burmeister, Helmut / Jäger, Veronika (Hrsg.): *König Jérôme und der Reformstaat Westphalen,* Hofgeismar 2006, S. 73–94; Lamar, Glenn J.: *Jérôme Bonaparte. The War Years, 1810–1815,* Westport 2000; Casse, A. Baron du (Hrsg.): *La reine Cathérine de Westphalie: son journal et sa correspondance,* Paris 1893.
[10] Schiele, Marie Louise: *Eine Habsburgerin für Napoleon,* Stuttgart 1983.
[11] Königin Luise an ihren Vater Karl II. von Mecklenburg-Strelitz, 20. Februar 1810, in: Rothkirch, Malve Gräfin (Hrsg.): *Königin Luise von Preußen. Briefe und Aufzeichnungen 1786–1810,* München 1995, S. 533.
[12] Mansel, Philip: »Napoleon the Kingmaker«, in: *History Today* 48, 3, 1998, S. 39–46.

3
Alexandre Menjaud
Napoleon, Marie-Louise und der König von Rom | 1812
Fontainebleau, Le musée Napoleon Ier du Château de Fontainebleau

Jean-Luc Chappey | Marie-Noëlle Bourguet

DIE BEHERRSCHUNG DES RAUMES

»Die Befehlskette verläuft ohne Unterbrechung vom Minister zum einzelnen Untertanen hinunter und übermittelt die Gesetze und Anordnungen der Regierung bis in die letzten Verzweigungen der sozialen Ordnung mit der Schnelligkeit des elektrischen Stromes.«[1] Mit einem Bild, das der neuen Wissenschaft der Elektrizität entnommen ist, stellte Innenminister Chaptal am 28. Pluviôse des Jahres VIII (17. Februar 1800) der Legislative die seit dem Konsulat geltenden Prinzipien der territorialen Verwaltung vor. Die Definition setzte die Machtausübung mit einer allumfassenden und unmittelbaren Beherrschung des Raumes gleich. Die ersten vom Kaiserreich eingeführten Reformen und großen Umgestaltungen verwirklichten diesen Traum, durch Zirkulation, Schnelligkeit und Transparenz den Widerstand aufzulösen, der der zentralen Machtausübung durch die Materialität des Raumes, die Entfernung und die Verschiedenheit der Orte im Wege stand. Das Ansehen des Physikers Volta, der unter dem Konsulat nach Paris geholt wurde und unter dem Kaiserreich aufgrund seiner Forschungen über die Elektrizität und der Erfindung der Batterie Berühmtheit erlangte (Abb. 1, Kat.-Nr. 2), schien diesen Willen zu symbolisieren, die Entfernungen und Grenzen aufzuheben, um einen vereinheitlichten Raum zu schaffen, der frei von lokalen Unwägbarkeiten ist. Von den Diskussionen, die den *senatus consultum* vom 28. Floréal des Jahres XII (18. Mai 1804) vorbereiteten, bis hin zur Krönung Bonapartes im darauf folgenden Dezember beherrschte der Begriff des *Kaiserreiches* die politischen Diskurse sowie das Feld der intellektuellen und künstlerischen Produktion. Die Mythologie, die um die Figur Napoleons entwickelt wurde, wandelte sich: War der »Retter« und »Held« zunächst *Imperator*, d. h. siegreicher Feldherr gewesen, wurde er nun Kaiser (*Empereur*), oberster Befehlshaber eines Staates, der seine Macht auf ganz Europa ausweiten wollte. Die Jahre 1804 bis 1815 waren nicht nur durch die Stärkung der persönlichen Macht in Frankreich gekennzeichnet, sondern auch durch die Verbreitung und Ausübung einer politischen, wirtschaftlichen, administrativen und kulturellen Macht über fremde Völker, was zu grundlegenden Veränderungen führte, die deren Geschichte und Gedächtnis dauerhaft prägen sollten.

Doch kann man wirklich von einem imperialen Projekt oder »Traum« sprechen? Vor allem *a posteriori*, in den diversen Schriften und Bekenntnissen aus St. Helena, versuchte der besiegte Napoleon Bonaparte, seinem europäischen Abenteuer den Charakter der Einheitlichkeit zu geben, indem er sich als Erbe der Aufklärung darstellte und eine Kontinuität mit der Revolution für sich in Anspruch nahm. Hat der europäische Raum für den Mann, der in Frankreich die Revolutionszeit beenden wollte, also als »Laboratorium der Aufklärung« gedient?

Verwalten, vereinigen

Indem man den gewohnten Blick auf die europäischen Territorien ein wenig verschiebt und verschiedene Analyse-Ebenen miteinander kreuzt, lässt sich dieses imperiale Projekt, dessen pragmatischer Charakter nicht unterschätzt werden darf, neu überdenken. Es scheint in der Tat besonders schwer zu sein, zwischen »föderativem System« und »Kaiserreich-Nation« eine Logik der territorialen Konstruktion auszumachen. Die geopolitischen Neuschöpfungen in Deutschland, Italien oder Polen haben, wie die Unbeständigkeit ihrer Grenzen zeigt, eine unsichere Entstehung, die irgendwo zwischen den Ungewissheiten der militärischen Erfolge und dem Voluntarismus eines institutionellen Laboratoriums anzusiedeln ist. Das Herz des Systems war damals das französische Kaiserreich mit den 130 Départements. Dazu kamen die verschiedenen Vasallenstaaten, die von den Napoleoniden abhängig waren. Der Plan, die Völker zu einer »großen Familie« zu vereinen, stützte sich hauptsächlich auf die Armee und die aus den revolutionären Transformationen hervorgegangene Verwaltung. Neben der Verbesserung der Kommunikationswege war

Detail aus:
Etienne-Alexandre
Bardin (1774–1840)
**Geografische
Ingenieure**
Paris, Musée de l'Armée,
Hôtel National des Invalides

1
Nicola Cianfanelli
Alexandre Volta führt Napoleon im Jahr 1800 seine Voltaische Säule vor
Florenz, Museo Galileo – Istituto e Museo di Storia della Scienza

das Unterfangen, eine Statistik der Départements anzulegen und die Geografie in Anspruch zu nehmen, auch Teil der Modernität eines Staates, dessen Diener, die sich auf die verschiedenen Teile eines immer größer werdenden Raumes verteilten, die Territorien zu einer Einheit führen und die Partikularitäten zerstören wollten.

Der Verkehr von Menschen und Waren, die Übermittlung von Informationen und Befehlen der Macht gehörten zu den Prioritäten der kaiserlichen Regierung, die sich auf die Straßenbau-Verwaltung und auf die Gendarmerie stützte und unablässig dabei war, die Transportnetze auszuweiten oder zu verbessern sowie für mehr Sicherheit zu sorgen. Zwar blieben die technischen Innovationen bescheiden, doch wurden beträchtliche Anstrengungen unternommen, um die Infrastruktur (Häfen, Straßen, Kanäle) auszubauen und schnellere Wege innerhalb des Kaiserreiches zu ermöglichen: Zwischen 1800 und 1815 wurde die Fahrtzeit auf den Straßen des Kaiserreiches halbiert. Das kaiserliche Dekret vom 16. Dezember 1811 unterschied drei Arten von Straßen (Abb. 2): 14 Straßen erster Klasse, die sternenförmig angelegt waren und aus allen Winkeln des Kaiserreiches auf Paris zuliefen; 13 Straßen zweiter Klasse, die Paris mit den großen Provinzstädten verbanden; 202 Straßen dritter Klasse für den Verkehr auf lokaler Ebene. Für die Bildung dieser engmaschigen und hierarchisierten Struktur waren gewaltige Bauarbeiten (Beschottern, Bepflastern) nötig. Die Bedeutung, die den Alpenübergängen und den Straßen nach Italien beigemessen wurde – mit den Pässen Simplon, Mont-Cenis und Lautaret –, unterstreicht, wie sehr sich die imperiale Politik in Richtung Mittelmeer orientierte: »[Von] allen Wegen und Straßen sind jene, die Italien mit Frankreich verbinden, die strategisch wichtigsten« (Napoleon am 13. Mai 1805) (Kat.-Nr. 177).[2] Diese großen Achsen durch die Alpen trugen wesentlich zur Bildung des kaiserlichen Mythos bei. Doch die Priorität, die man den Verbindungen nach Paris einräumte, erklärt auch, warum den nationalen Straßen nur geringe Aufmerksamkeit geschenkt wurde (mit der bemerkenswerten Ausnahme der Vendée); die meisten Straßen zweiter Klasse wurden 1811 zurückgestuft, und für ihre Unterhaltung wurde immer weniger getan. Doch nicht nur der Zustand der Straßen verbesserte sich, sie wurden auch sicherer: Die vollkommen neu organisierte Gendarmerie, ein entscheidendes Rädchen im Getriebe des Regimes, wurde für den Kampf gegen Räuber und Deserteure eingesetzt, die sich nach und nach von den großen Verkehrsachsen zurückzogen.

Die Straßen, die für die Übermittlung von Entscheidungen der zentralen Macht unentbehrlich waren, spielten aber auch eine wesentliche Rolle bei der Organisation der Armeen. Kartografen und Geografen wurden eingesetzt, um dem Generalstab präzise Karten zu liefern. Das große Netz von Etappenstädten entlang der großen Achsen musste viele Soldaten aufnehmen können. Um die schnelle Übermittlung der Befehle zu gewährleisten, organisierte der Kaiser den Postdienst um: Schon 1805 wurde ein rein militärisches Übermittlungsnetz eingerichtet; das Monopol der Postmeister wurde zugunsten der *Société des Messageries impériales* neu aufgebaut, die sich hauptsächlich um die militärische und offizielle Korrespondenz kümmerte. Nach und nach konnten auch die Privatleute von diesem Postdienst profitieren. Insgesamt verfügten die etwa 1400 Postmeister, die über das ganze Kaiserreich verteilt waren, über mehr als 16000 Pferde. Um die Probleme der Langsamkeit und der Spionage einzudämmen und die Vertraulichkeit der Kabinettsdepeschen zu gewährleisten, organisierte der Generaldirektor der Post, La Valette, ein System von Meldereitern: Jeder Postillon übermittelte an der folgenden Station ein Heft, in dem der Name jeder Post und die Ankunfts- und Abfahrtszeit des Postillons verzeichnet wurden; durch diesen Dienst, der schnell und sicher war, konnten die Briefe aus Mailand in acht Tagen und die aus Neapel in 15 Tagen zugestellt werden.

Nachdem er sich von der Nützlichkeit des von den Brüdern Chappe gebauten optischen Telegrafen (Kat.-Nr. 183, 184) überzeugt hatte, setzte sich Napoleon für die Schaffung neuer Linien ein: Der zum Regierungsinstrument avancierte Telegraf gab den Eroberungsträumen Kontur. Nachdem er die Finanzierung der Baustellen durch die nationale Lotterie genehmigt hatte, befahl er 1803 die Verlängerung der Linie von Lille nach Brüssel und die Neueinrichtung einer Abzweigung,

oben
Cornelius Suhr nach einer Radierung von Christoffer Suhr
Die Elbbrücke von Hamburg nach Harburg | Um 1813
Paris, Musée de l'Armée, Hôtel National des Invalides | Kat.-Nr. 179

unten
J. Forbes
Optischer Telegraf von Chappe auf einem Turm | 1816/17
Paris, Musée de la Poste | Kat.-Nr. 188

2
Routes impériales | 1811

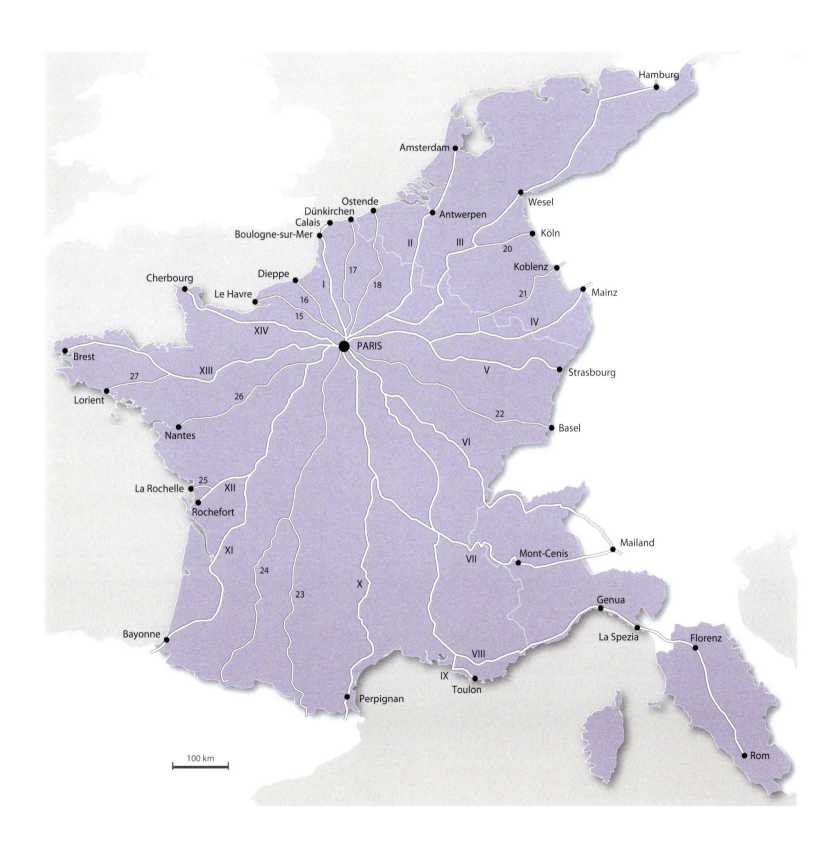

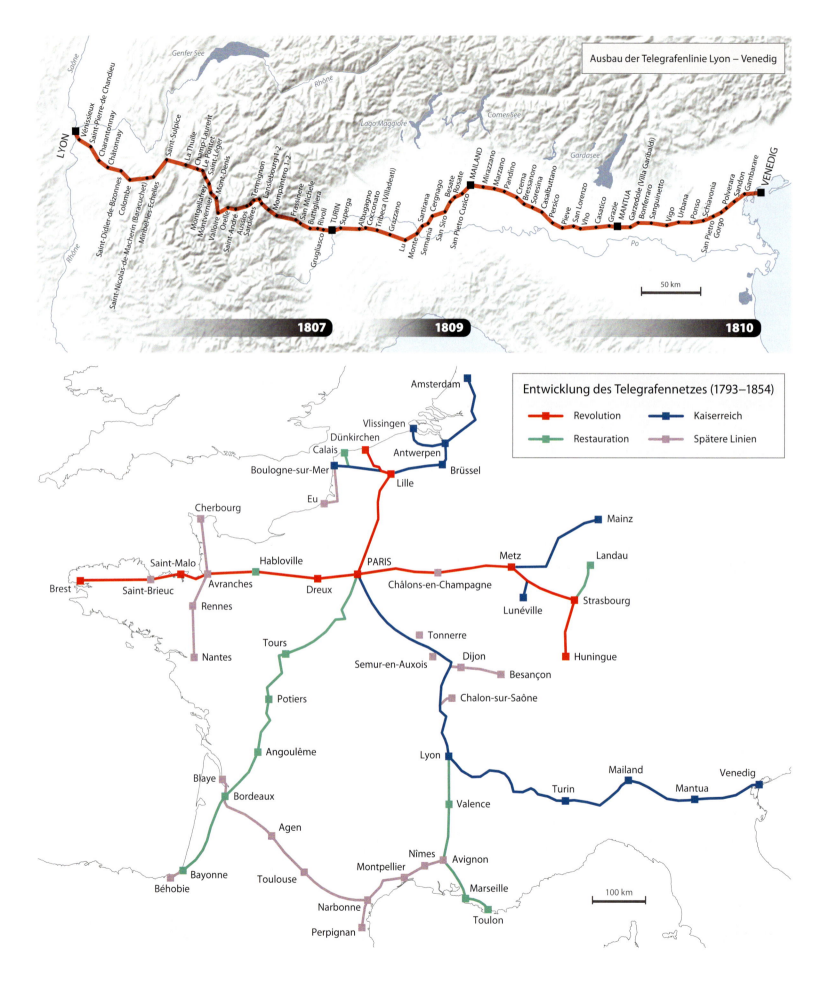

die Lille mit Boulogne verband. Zudem ordnete er die Konstruktion zweier großer Telegrafenapparate an, um Nachrichten über den Ärmelkanal zu schicken. Nachdem er 1805 König von Italien geworden war, setzte sich der Kaiser für schnelle Übermittlungen zwischen Paris und der Halbinsel ein: Schon 1807 konnte Paris mit Turin kommunizieren; 1809 konnte durch den Telegrafen Mailand erreicht werden, und 1810 wurde die Verlängerung nach Venedig fertiggestellt (Abb. 3). Mit 124 Posten auf 850 Kilometern war dies die längste Verbindungsstrecke. Um der Bedrohung durch die Engländer an den Küsten zu begegnen, befahl Napoleon am 28. Mai 1809 die Verlängerung der Linie von Brüssel nach Antwerpen und dann nach Amsterdam. Abraham Chappe wurde zum »Telegrafen-Attaché« der *Grande Armée* ernannt. Die Linie nach Mainz wurde im Mai 1813 fertiggestellt, doch die Niederlage von Leipzig machte ihre Nutzung unmöglich. 1815 verlor das nunmehr auf Frankreich beschränkte Kommunikationsnetz seine europäische Dimension.

Umgestalten, reformieren

Die Organisation der Kommunikationsmittel war Grundlage für die Politik der Vereinheitlichung und der administrativen Rationalisierung, deren Symbol der *Code civil* war. Bigot de Préameneu bezeichnete diesen Text am 22. August 1807 vor der Legislative gar als »die heilige Arche, für die wir den benachbarten Völkern das Beispiel einer religiösen Verehrung geben werden«. Schon 1805 forderte der Kaiser seine Verbreitung in den Gebieten unter französischer Vorherrschaft. Deren Herrscher waren aufgerufen, den »Code des Jahrhunderts« anzuwenden, die ehemaligen Missstände zu beseitigen, die neuen Besteuerungen sowie die Wehrpflicht einzuführen, Départements und Präfekturen zu schaffen, die Besitzgüter des Klerus einzuziehen, die Scheidung zu gestatten, die Finanzen wieder ins Gleichgewicht zu bringen und die Justiz zu reformieren. Zuerst nahmen das Königreich Italien, dann ein großer Teil von Deutschland, Holland, die Illyrischen Provinzen, das Königreich Neapel und Polen den *Code civil* an, allerdings oft mit größeren Einschränkungen: Während der *Code* in Holland einfach übersetzt wurde, ignorierte das Königreich Neapel die

Klauseln zur Scheidung, und in Westfalen entschied weiterhin der Klerus über den Personenstand. Aber es gab auch viele, z. B. ehemalige batavische oder italienische Patrioten, die dieses Unternehmen begrüßten und die französischen Armeen und Beamten mit offenen Armen empfingen, da das Kaiserreich als ein Schutzwall gegen die Konterrevolution und als ein Emanzipationsversprechen erschien. Faktisch sollte der *Code civil* den Untergang des Reiches überleben und in weiten Teilen ein Modell für die europäische Bürgergesellschaft werden. Das kaiserliche Unternehmen der administrativen und rechtlichen Vereinheitlichung stützte sich auch auf ein ehrgeiziges kulturelles Programm, das darauf abzielte, Paris zu einem Zentrum des künstlerischen, wissenschaftlichen und intellektuellen Lebens zu machen, dessen Strahlkraft die »Fusion« der Eliten mit den Völkern des Kaiserreiches begünstigen und diese zu einem einzigen Körper zusammenschmieden sollte. Die französische Hauptstadt wurde damals für die Gelehrten und Künstler aus ganz Europa ein Ort, an dem man gewesen sein musste: Davon zeugt die Tatsache, dass sich Alexander von Humboldt nach seiner Rückkehr aus Amerika 1804 entschlossen hat, nach Paris zu kommen und sich dort ab 1807 für viele Jahre niederzulassen. Der Kaiser, der sich darüber im Klaren war, welch große Rolle die Künstler und Schriftsteller bei der »Lenkung des öffentlichen Bewusstseins« spielten, wollte auch auf diesen Feldern seine Macht einsetzen, um sie im Sinne einer Verherrlichung seiner Politik zu beeinflussen. Ebenso wie die verschiedenen von der Regierung ausgerichteten Feiern sollten die Künste nicht mehr der »Erneuerung«, sondern dem Ruhm des Kaisers dienen, womit auch zur Legendenbildung beigetragen wurde. Napoleon mischte sich darüber hinaus in die literarischen Geschäfte ein, strukturierte die alten nationalen Kulturinstitutionen um und gründete neue. Er richtete besondere Aufmerksamkeit auf die kaiserliche Bibliothek, von der er hoffte, dass sie »die reichste der Welt« werden würde: Auch wenn der Umzug dieser Bibliothek in den Louvre-Palast aus finanziellen Gründen nicht durchgeführt wurde, wurde schon 1805 ein Kredit bewilligt, um die Anschaffung der wertvollsten Bücher, Handschriften und seltenen Chartas zu ermöglichen.

3 links oben
Der Ausbau der Telegrafenlinie zwischen Lyon und Venedig von 1807 bis 1810

4 links unten
Entwicklung des Telegrafennetzes von 1793 bis 1854

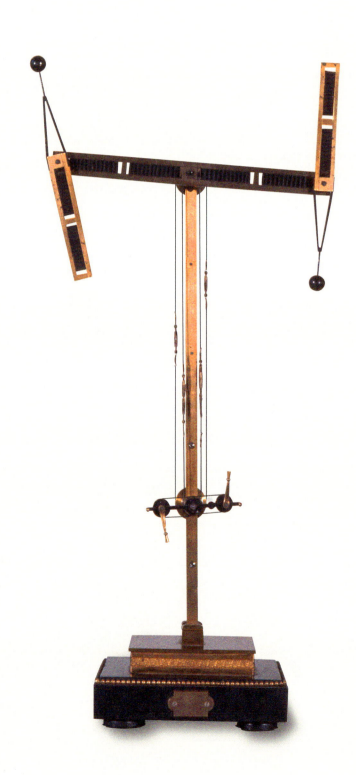

links
Modell des optischen Telegrafen von Chappe | 1799–1800
Paris, Musée de la Poste | Kat.-Nr. 183

rechts
Aufrisszeichnung eines Chappe-Turmes | Ende 18. Jahrhundert
Paris, Musée de la Poste | Kat.-Nr. 184

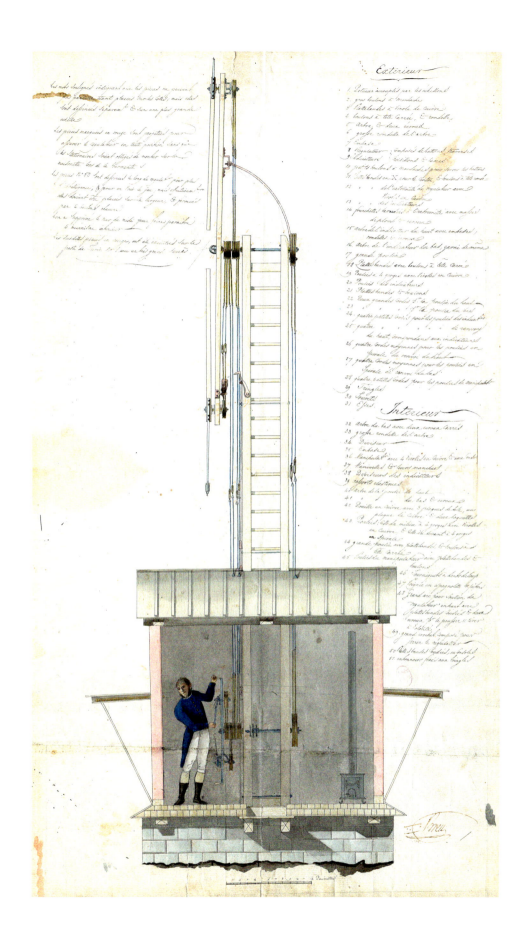

Durch Enteignungen und Beschlagnahmungen wurden schließlich die Ankäufe ergänzt, die Lücken geschlossen und die Sammlungen bereichert: Wie Denon für die Künste, wie Faujas de Saint-Fond oder André Thouin für die Naturgeschichte, wurden Gelehrte und Bibliophile für die Bücherjagd auf Mission geschickt. So machte sich Simon Chardon de la Rochette in Begleitung von Doktor Prunelle, dem Bibliothekar der medizinischen Schule von Montpellier, auf den Weg, um die Provinzbibliotheken um ihre besten Stücke zu erleichtern; zu nennen ist auch der Benediktiner Jean-Baptiste Maugérard, der die in den Jahren 1802 bis 1804 annektierten Rheingebiete durchkämmte; oder auch der Kriegskommissar Henri Beyle, der spätere Stendhal, der 1806/07 in Wolfenbüttel die Konfiszierung der »entnommenen« Bücher und Handschriften der Bibliothek der Herzöge von Braunschweig durchführte.

Dieser Herrschaftswille betraf gleichermaßen die pädagogischen Institutionen, die seit den vom Konsulat durchgeführten Reformen in den Dienst des Regimes gestellt waren, und zwar mit einem System, das für den Staatsdienst vorgesehene Eliten ausbilden und reproduzieren sollte. Auch wenn die Finanzen oft hinter den Ambitionen zurückblieben, hat das napoleonische Regime doch zweifellos dazu beigetragen, das Unterrichtssystem und die Organisation der wissenschaftlichen Forschung in Frankreich zu verändern. Zwischen 1806 und 1811 begründete eine Gesetzesreihe die kaiserliche Universität, die das Staatsmonopol auf dem Gebiet des öffentlichen Unterrichts- und Bildungswesens einführte. An der Spitze der Universität stand ein Großmeister (Jean-Pierre Louis de Fontanes), dem ein Rat assistierte und der die Generalinspektoren unter sich hatte. Im Oktober 1808 wurde das Kaiserreich in 32 Akademien aufgeteilt (ebenso viele Zuständigkeitsgebiete hatten die Berufungsgerichte), die von einem Rektor geleitet wurden, der mit Unterstützung eines akademischen Rates den Akademie-Inspektoren vorstand. Ab 1803 verlor das *Institut national des sciences, arts et lettres* zugunsten der großen Lehreinrichtungen seinen Rang als zentraler Ort des Wissens: Die schrittweise durchgeführte Reform der Auswahlverfahren für die Ecole polytechnique begünstigte die Kinder der sozialen Eliten und verwandelte diese Einrichtung in ein Labor der Technokratie, in eine Produktionsanstalt von Staatsdienern, die sich mehr und mehr von den Ingenieuren unterschieden, die an der *École des Arts et Métiers* ausgebildet wurden. Das *Muséum d'histoire naturelle,* die *Bibliothèque nationale* oder die *Ecole des Langues orientales,* all diese großen Institutionen – geleitet von regelrechten »Chefs«, die die Kontrolle über die Zusammensetzung und Verbreitung des Wissens übernahmen – sorgten dafür, dass die Einheit von Lehre und hochrangiger Forschung tatsächlich umgesetzt wurde, was den Status von Paris als Hauptstadt der Wissenschaft in Europa stärkte.

Auch die Neuausrichtung der Beziehungen zwischen dem Staat und den Religionen gehörte zu dieser Reorganisation der kulturellen und intellektuellen Institutionen und dem Bestreben, das Geistesleben zu kontrollieren. Als Erbe der Aufklärung war Napoleon der Ansicht, dass eine Gesellschaft ohne Religion nicht lebensfähig ist. Er bemühte sich, dem Schisma ein Ende zu setzen, das die konstitutionelle Kirche und die römische Kirche in Opposition gesetzt hatte. Er unterzeichnete das Konkordat (September 1801) (Abb. 5) und setzte dann die »Organischen Artikel« (April 1802) durch, um die Vorbehalte zu entkräften, die Unabhängigkeit des Klerus zu reduzieren und die jüdischen und protestantischen Konsistorien zu organisieren.

Als Sohn der Aufklärung davon überzeugt, dass sich der Mensch nur dann ändert und dass es nur dann eine Reform der Gesellschaft gibt, wenn man den Raum und die Raumordnung ändert, versuchte Napoleon Bonaparte auch dadurch seine Vorherrschaft auszuüben, dass er konkret auf den Raum wirkte, wie er es schon bei der Ägyptenexpedition vorhatte, als er sich mit einer Hundertschaft von Gelehrten und Ingenieuren umgab. Der Brücken- und Straßenbauingenieur Pierre-Simon Girard, der schon beim Ägyptenfeldzug dabei war, leitete die Aushebungsarbeiten für den Canal de l'Ourcq, der Paris mit Wasser versorgen sollte. Der Hydraulik-Ingenieur Gaspard Marie Riche de Prony besuchte 1808 das Département Vendée, um zu untersuchen, welche Maßnahmen zu ergreifen wären, um die Sümpfe im Poitou auszutrocknen, die Sèvre zu kanalisieren und die Häfen in einen besseren Zustand zu versetzen.

5
Pierre Joseph Célestin François
Allegorie des Konkordats von 1801 | 1802
Malmaison, Musée National des Châteaux de Malmaison et Bois-Préau

Diese interventionistische Baupolitik wurde auf ganz Italien ausgedehnt, wobei man Ingenieure, Architekten und Gartenbaumeister einsetzte: 1805 wurde Prony entsandt, um den Lauf des Po zu inspizieren und verschiedene Arbeiten im Hafen von Genua und im Golf von La Spezia durchzuführen; 1806 arbeitete er an der Ausbesserung der Häfen von Ancona, Venedig und Pula; 1810 und 1811 war er mit der Trockenlegung der Pontinischen Sümpfe beschäftigt. In Rom widmete sich Präfekt Tournon der Modernisierung der ewigen Stadt und führte der Allgemeinheit dienliche Arbeiten durch, die darauf abzielten, die antike Größe wieder herzustellen und zugleich öffentliche Einrichtungen zu installieren, die einer modernen Stadt würdig sind.

Das Territorium kontrollieren bedeutete auch: die Bevölkerung dirigieren. Neben der Gendarmerie und einer Polizei, die vor allem politische Aufgaben zu erfüllen hatte, wurden die Institutionen der Justiz grundlegend reformiert. Die Ziviljustiz führten Friedensrichter und Gerichte erster Instanz aus, die in den Bezirkshauptstädten eingerichtet wurden. Die Kriminalgerichte in den Hauptstädten der Départements wurden 1804 zu Kriminalgerichtshöfen und 1810 zu Schwurgerichtshöfen. 1810 ersetzte man die Anklagejury durch Untersuchungsrichter. Die Notare, Garanten für die Anwendung des *Code civil,* und die Anwälte traten wieder in Erscheinung. Die juristischen Fakultäten kehrten 1808 zurück. Gleichzeitig richtete man in den von Unruhen heimgesuchten Departements provisorische Sondergerichte ein.

Festhalten, dominieren
Auf der Ebene des Raumes machte die »autoritäre Wende« des Kaiserreiches die Spannungen zwischen einigender und universalistischer Dynamik auf der einen Seite und Widerstand der Orte und der Zugehörigkeiten auf der anderen Seite offenkundig. Ab 1806 brachten die neue Statistik der Départements und die Gebietskartografie die Kategorien durcheinander, mit denen die Beziehungen unter den Individuen und den Völkern innerhalb des Reiches bislang erfasst wurden. Es ging von nun an weniger darum, die Unterschiede zu beschreiben, um sie zu kennen, als vielmehr darum zu zählen, zu messen und zu klassifizieren, um neue Unterscheidungskriterien unter den Völkern oder den darin lebenden gesellschaftlichen Gruppen durchzusetzen; man wollte nicht mehr die Menschen verändern und vervollkommnen, sondern in kontrollierbaren Verhältnissen wissen; im Kaiserreich wie in den Kolonien gab es keine Bevölkerungsgruppen mehr, die hätten zivilisiert werden müssen, und auch keine »große Familie«, die man wieder zusammenführen müsste (dies hatte schon die Wiedereinführung der Sklaverei 1802 deutlich gemacht). Es gab für Napoleon nur mehr gesellschaftliche Gruppen, die zu überwachen und zu beherrschen waren. Statistik wie Geografie setzten sich als Instrumente administrativer Kontrolle durch, wobei Messungen und Buchführungen die Beschreibung der verschiedenen Milieus ersetzten. Von diesem Moment an vergrößerte sich die Distanz zwischen den Frankreich verpflichteten Verwaltern, die zunehmend einschränkendere Befehle durchzusetzen hatten, und der Bevölkerung, für die sich die kaiserliche Herrschaft auf die negativen Folgen der militärischen Besetzung beschränkte. Es kam zu einem sich stetig erweiternden »Einbürgerungs«-Prozess sozialer, nationaler, rassischer oder sexueller Differenzen und Identitäten. Das Ideal der Perfektibilität, das die Verfechter einer allgemeinen Wissenschaft vom Menschen vertraten, wurde damit aufgegeben. Die Folgen der Kontinentalbesetzung und später die verschiedenen Wirtschaftsverträge zwischen Frankreich und den übrigen Gebieten des Kaiserreiches ließen eine gestärkte Zentralorganisation entstehen, die ausschließlich die französischen Interessen im Blick hatte. Ab 1808 änderten sich die Beziehungen zwischen der Zentralmacht und den eroberten Ländern fundamental. Zwar gelang es Napoleon nicht, seine Brüder zu politischen Marionetten zu degradieren und ein französisches Modell gegen die lokalen politischen und kulturellen Besonderheiten durchzusetzen, aber er schränkte nach und nach die politische Autonomie der verschiedenen Regierungen ein und übernahm wieder die administrative, wirtschaftliche und kulturelle Führung. Es ging also nicht mehr darum, den Austausch zwischen den verschiedenen Teilen des Kaiserreiches zu fördern, sondern eine hierarchische Organisation durchzusetzen, auf die sich die

Regierung in Paris verlassen konnte. Das zivilisierende Ideal verschwand zusehends hinter dem zentralisierenden Ideal. Von der Einheit zur Uniformität, vom Willen zu »zivilisieren« zum Willen, die Völker zu domestizieren; der kaiserliche »Traum« verwandelte sich in ein Beherrschungs- und Eroberungsunternehmen zugunsten der französischen Interessen, wobei die unter Kontrolle stehenden Bevölkerungen der verschiedenen Staaten dieselben Ausprägungen von Macht und Zwang zu spüren bekamen wie das Volk in Frankreich.

In zunehmendem Maße zogen die Beamten und Militärs, die die neue Ordnung umzusetzen hatten, die Feindseligkeit der Eliten und der Bevölkerungen auf sich, die gegen diesen neuen französischen Imperialismus aufbegehrten. Die Aufstände in Spanien, Kalabrien und Tirol zeugen von dieser Feindseligkeit, die auch bei manchen Intellektuellen zum Ausdruck kam, indem sie durch das Rühmen der Ursprachen und Gründererzählungen (Nibelungen, Ossian) die lokale und nationale Identität behaupteten. Sogar in Paris blieben die Oppositionsräume (Salons, Freimaurerlogen) trotz der Anstrengungen der Polizei aktiv. Gleichzeitig machten die militärischen Schwierigkeiten und die zunehmenden Spannungen mit England den »kolonialen Traum« zunichte. Napoleon Bonaparte war zwar überzeugt, dass die Rückkehr zum wirtschaftlichen Wohlstand nur durch die Wiedereinführung der Sklaverei zu erreichen war, doch brach der Versuch, ein Kaiserreich der Meere wiederherzustellen, schnell in sich zusammen; zuerst durch den Aufstand der farbigen Bevölkerungsgruppen von Santo Domingo, die 1804 siegreich waren, dann durch die britische Marine, die einen überseeischen Stützpunkt nach dem anderen einnahm.

Doch war die Antipathie gegen das kaiserliche und imperialistische, aus der Revolution entstandene Frankreich tatsächlich der Grund für das Erwachen der Nationalitäten? Man muss angesichts der Widerstandsbewegungen und der besonders heterogenen Oppositionen vorsichtig sein. Denn diese waren ebenso sehr den militärischen und steuerlichen Maßnahmen geschuldet wie den jahrhundertealten Verbindungen zur Kirche oder zu den traditionellen Dynastien. In Deutschland entwickelte sich eine diffuse und vielgestaltige politische Aktivität, die inoffiziell vom preußischen Ministerium unterstützt und von den städtischen Vereinskammern des *Tugendbundes* weitergetragen wurde. Die Schwierigkeiten der französischen Truppen im »spanischen Morast« ließen bereits ahnen, dass sich das Nationalgefühl bald gegen die Erben der *Grande Nation* wenden würde. Nach der Völkerschlacht bei Leipzig (16.–19. Oktober 1813) ging das napoleonische Europa mit großer Geschwindigkeit seinem Untergang entgegen. Auf den Schlachtfeldern – so schildert es Jakob Meyer, ein aus Westfalen stammender Unteroffizier, in seinen Erinnerungen über die Feldzüge in Spanien und Russland (*Erzählung der Schicksale und Kriegsabenteuer*) – konnten die ausländischen Soldaten, die in der *Grande Armée* dienten, die Befehle der französischen Offiziere nicht verstehen. Die Volksaufstände und die Behauptung der Nationalitäten, die zum Sturz des Kaiserreiches führten, sollten während des gesamten 19. Jahrhunderts mächtige Destabilisierungsfaktoren in Europa darstellen. Die napoleonische Raum-Utopie hatte sich überlebt.

Anmerkungen

1   Zit. in: Lefèbvre, Georges: *Napoléon,* Paris 1965, S. 89.
2   Zit. in: Tulard, Jean, et al.: *Atlas administratif de l'Empire français,* Genf 1973, S. 16.

Bibliografie

Dwyer 2002; Boudon 2003; Chappey/Gainot 2008

Yann Potin

KUNSTBEUTE UND ARCHIVRAUB

EINIGE ÜBERLEGUNGEN ZUR NAPOLEONISCHEN KONFISZIERUNG VON KULTURGÜTERN IN EUROPA

Am 15. Februar 1810 stattete Napoleon dem Hôtel Soubise einen unerwarteten Besuch ab – das während der Französischen Revolution leergeräumte Stadtpalais war einige Jahre zuvor in den Besitz des Staates übergegangen und zum Nationalarchiv bestimmt worden. Er zeigte sich interessiert an jedem Detail der Konservierungsarbeit im Archiv und enthüllte am Ende seines Besuches seine Absicht, »die Archive der eroberten Länder nach Paris bringen zu lassen«.[1] In gewisser Weise scheint dieses Vorhaben, das schriftliche Gedächtnis Europas zu annektieren, an die Politik der Kumulierung der von Frankreich in den europäischen Hauptstädten konfiszierten Sammlungen von Gemälden, Altertümern und seltenen Büchern in Paris anzuknüpfen – dem, was man im Deutschen als »napoleonischen Kunstraub« bezeichnet. Doch man kann es nicht oft genug wiederholen: Der sogenannte »napoleonische Kunstraub« war weder rein napoleonisch noch ausschließlich auf die Kunst konzentriert. Die großangelegten Konfiszierungskampagnen, die Frankreich ab 1794 in allen von ihm besetzten Ländern Europas durchführte, waren zunächst eine Erfindung des Konvents, ein Beschluss der gesamten Nation, ein republikanischer Akt gegen die vermeintliche Gewaltherrschaft der Fürsten, und sie betrafen neben Kunstwerken auch naturkundliche Sammlungen und ganze Bibliotheken. Nach Napoleons Sturz erfolgte 1814/15 die größte Restitutionsaktion der Neuzeit. Zwar blieben einzelne Kunstwerke, Bücherbestände und Archivalien in Frankreich, im Prinzip aber erhielten die legitimen Eigentümer ihre – man würde heute sagen: Kulturgüter zurück. Und dennoch veränderte dieser erzwungene Transfer die kulturelle Geografie in Europa nachhaltig. Viele beschlagnahmte und restituierte Objekte wurden fortan zu Projektionsflächen für patriotische Bestrebungen; in vielen Hauptstädten Europas verwandelten sich Museen und Bibliotheken nach 1815 in Orte einer neuen nationalen Affirmation. Mag es daher auch so scheinen, als sei die Konzentration der Archive Europas in Paris eine Fortsetzung der Beschlagnahmung von Kunstwerken, die in der Republik des Jahres II ihren Anfang genommen hatte und durch den siegreichen Imperator noch vervielfacht wurde, so stellt sich doch auch die Frage, inwiefern die beiden Vorgehensweisen – die Konfiszierung von Bibliotheken und Kunstwerken einerseits, die Verschleppung ganzer Archive andererseits – miteinander zusammenhängen. Ist der Rückblick auf eine lange Geschichte der Konfiszierungen nicht möglicherweise trügerisch?

Die Rückkehr des Verdrängten

Drei Jahre nach dem Fall der Berliner Mauer trat Europa schlagartig die Existenz eines faszinierenden und schwindelerregenden Archiv-Erbes ins Bewusstsein: Der Fall der UdSSR enthüllte nicht nur die Existenz gut erhaltener Archivsammlungen, Kunstwerke und Bibliotheken, die die Rote Armee 1945 aus den besetzten deutschen Städten mitgenommen hatte (darunter auch der legendäre Schatz des Priamos), sondern ebenso die Existenz wichtiger Kunst- und Büchersammlungen sowie Archive, die die Nazis in ganz Europa Juden, kommunistischen und sozialistischen Organisationen und den vom Dritten Reich unterworfenen Staaten weggenommen und gesammelt hatten – Objekte also, die schon einmal Raubgut waren, bevor die Sowjets sie ihrerseits im besiegten Deutschland beschlagnahmten und im Jahre 1945 als Kriegsbeute in die UdSSR verbrachten.

Erst vor kurzem hat die inspirierende Studie von Sophie Cœuré den Fall der »französischen Archive, die Kriegsbeute der Nazis und im Anschluss daran der Sowjets«[2] wurden, ans Licht gebracht. Die Rückkehr des Verdrängten in der Sowjetunion hat dazu beigetragen, die Aufmerksamkeit der europäischen Historiker hinsichtlich der Frage der Zwangstransfers von kulturellem Erbe und ihrer ideologischen und kulturellen Implikationen zu schärfen. Die Öffnung der Archive im Osten hat in ganz Europa einen wichtigen

Detail aus
Kat.-Nr. 224

historiografischen Bruch bewirkt, auf den bereits eine ganze Reihe von Ausstellungen und wissenschaftlichen Veranstaltungen folgte.

So wurde gewissermaßen der Weg frei für eine nicht mehr nur vergleichende, sondern transnational argumentierende Geschichte der langfristigen Plünderungen von Kultur und kultureller Identität, die weit vor das 20. Jahrhundert zurückreicht: Untersuchungen zum Französischen Kunstraub um 1800 [3] konnten zeigen, wie sehr die Erinnerung an diese Ereignisse das deutsch-französische Verhältnis bis weit ins 20. Jahrhundert prägte; Anfang 2008 erbrachte ein Kolloquium in Amsterdam einen systematischen Überblick zu den Folgen des napoleonischen Kunstraubs für die Entstehung und die Selbstdarstellung der Nationalmuseen in den großen europäischen Hauptstädten des 19. Jahrhunderts;[4] eine umfangreiche Ausstellung in Stockholm zeigte 2008, ausgehend vom noch älteren Beispiel des Dreißigjährigen Krieges, in welchem Maße das Thema der Verschleppung von kulturellem Erbe in Kriegszeiten als ein »common european cultural heritage«[5] anzusehen ist.

Während aber die Geschichte des von Frankreich in Europa um 1800 praktizierten Kunstraubs beständig bekannter wird, weiß man noch immer nichts oder doch nur sehr wenig vom napoleonischen Projekt der »Archives de l'Europe«. Inwiefern kann dieses zur Frage des Kunstraubs in Beziehung gesetzt werden?

Historische Wurzeln

Die spektakuläre Annektierung und Verschleppung von Kunstwerken über Staatsgrenzen hinweg war um 1800 kein Novum. Damit belebte das revolutionäre Frankreich bewusst eine antike Praxis wieder, die um 1800 ausgestorben zu sein schien, aber in zahlreichen antiken Quellen – von Pausanias' Reisebericht über Griechenland bis hin zum Beuterelief im Durchgang des Titusbogens in Rom – literarisch und ikonografisch dokumentiert war. Die offensichtliche Anknüpfung des revolutionären Frankreich an die antike Praxis, an deren Rhetorik und Symbolik sollte allerdings keine ununterbrochene Kontinuität suggerieren. In diesem Punkt unterscheiden sich Archivraub und Kunstraub deutlich:

Zwar gab es in nachantiker Zeit in Europa spektakuläre Kunstraubaktionen, etwa als Venedig sich 1204 Tausende von Kunstschätzen aus Konstantinopel aneignete, als in Folge des Sacco di Roma durch das Heer Karls V. im Jahre 1527 unzählige Werke der italienischen Renaissance über die Alpen nach Frankreich wanderten oder als Schweden im Dreißigjährigen Krieg systematisch ganze Kunstsammlungen aus deutschen Residenzstädten, Böhmen und Mähren, den baltischen Ländern und Ungarn nach Stockholm verbringen ließ. Aber nach diesen gewaltigen Höhepunkten gab es eine Periode von nahezu 130 Jahren, in der das Konfiszieren und Verschleppen von Kunst in Europa vergessen zu sein schien. Bis die Französische Revolution den Kunstraub wieder salonfähig machte.

Dagegen hat der Raub von Archiven in Europa eine außerordentlich lange Geschichte, die sich mit jener der Bildung der modernen Staaten seit dem 14. Jahrhundert deckt.[6] Es mag rhetorisch klingen, aber es ist nicht abwegig zu behaupten, dass das Urkundenstudium der Chartas, parallel zur Entwicklung der Gelehrsamkeit ab dem 17. Jahrhundert, stets heimliche Absprachen mit der Diplomatie pflegte und die Entwicklung eines Kräftespiels begünstigte, an dessen Ende immer Kriegserklärungen standen. Das feudale Erbe, das schwer auf den großen politischen Strukturen des modernen Europas lastet, veranlasst in der Tat eine Überlagerung von politischer Beherrschung und territorialem Eigentum, von *dominium* und *domanium*.

Folglich stößt man bei den großen territorialen Konflikten, die nach und nach bis zur Französischen Revolution der politischen Landkarte Europas ihre Gestalt verliehen, von Anfang bis Ende auf die Frage des Besitzes von Hoheitstiteln. Die Komplexität und die Verflechtung der dynastischen Linien auf europäischer Ebene, das ständige Verwirrspiel zwischen den Privatvermögen der Fürsten und dem Staatsdomänen brachte die großen Monarchien des 17. Jahrhunderts dazu, umfangreiche *bella diplomatica,* unblutige Kriege um *diplomata,* also Urkunden zu führen – im eigentlichen Sinne des Wortes diplomatische Kriege, allerdings kann man den Begriff auch mit »Titel-Kriege« oder »Kriege um Archive« übersetzen.[7] Man kommt nicht umhin festzustellen, dass es in der Territorialgeschichte Europas eine regelrechte Tradition der Titelkonfiszierung gibt, die ihrerseits in der alten feudalen und fürstlichen Praxis wurzelt, gleichzeitig mit der Annektierung von Territorien auch die entsprechenden Archive übernahm.

Verstaatlichen und Zentralisieren von Archiven, Kunst und Bibliotheken (1790–1800)

Dass das revolutionäre Frankreich die alte, erloschene, den Idealen der europäischen Aufklärung zutiefst zuwiderlaufende Praxis der gewaltsamen und massiven Aneignung von Werken der »Kunst und Wissenschaft« auf einer soliden ideologischen Basis wiederbeleben konnte, steht bei genauem Hinsehen in direktem Bezug zu einer Reihe innenpolitischer Ereignisse und symbolischer Gesten im erschütterten Frankreich der Jahre nach 1789. Diese Ereignisse betrafen sowohl die Archive als auch Kunstsammlungen und Bibliotheken.

In der ersten Phase der Französischen Revolution – noch zu Zeiten der (allerdings schon konstitutionellen) Monarchie – wurde nämlich, ausgehend vom groß angelegten Programm der Verstaatlichung kirchlicher Güter ab dem 2. November 1789, die politische Begründung für die Konfiszierung entwickelt. Es handelte sich damals nicht um Beutenahme, sondern um einen innerstaatlichen Transfer von Immobilieneigentum, der insbesondere darauf abzielte, den Staatsbankrott abzuwenden. Als Grundlage dieses neuen nationalen Besitzes, von dem ein beachtlicher Teil durch die Versteigerung des Landbesitzes schon 1791 in Umlauf gebracht wurde, waren die staatlichen Eigentumstitel von entscheidender Bedeutung. Was für viele Historiker das »wichtigste Ereignis der Revolution«[8] darstellt, ist diese umfassende Konzentration der beweglichen Güter, des künstlerischen Kulturerbes und darüber hinaus der kirchlichen Archive, die geeignet waren, einen neuen öffentlichen Staatsbesitz zu begründen, zunächst zentralisiert auf nationaler Ebene, aber im Laufe der folgenden Jahre auch in jedem Département. Es handelte sich dabei nicht – und darin besteht eine gewisse Kontinuität zu den Konfiszierungen des *Ancien Régime* – um innerstaatliche Beraubung, sondern um die Ausdehnung der Staatsdomäne auf die der Kirche (und deren Vereinigung).

Nach 1793 wurde diese konsequent betriebene Verstaatlichung von Eigentumstiteln auf das Vermögen der »Feinde der Republik« ausgeweitet, zu denen in erster Linie der König und die ehemaligen Einrichtungen des *Ancien Régime* zählten sowie der emigrierte Adel. Dutzende von Gelehrten, Agenten und Beamten beschäftigten sich fortan in ganz Frankreich damit, nationalisierte Kunst- und Naturaliensammlungen, botanische Gärten, Archive und Bibliotheken zu sichten, zu inventarisieren, in Kisten zu verpacken und an zentralen Sammelstellen neu zu sortieren, um sie dann, je nach Qualität der beschlagnahmten Objekte, unterschiedlichen Museen, Bibliotheken und Archiven zuzuweisen. So entstand bekanntlich das erste öffentliche Museum Frankreichs, das Musée central des Arts im Louvre (1793), zunächst als riesiges Kunstdepot. Und so konnte zu Beginn des Jahres 1794 der Politiker François-Antoine Boissy d'Anglas bilanzieren: »Das Ende des Despotismus hat Frankreich ein umfangreiches und prächtiges Erbe hinterlassen.«[9] Vererbung, Verstaatlichung und Zentralisierung innerhalb Frankreichs gehorchten derselben Logik.

Parallel zu diesen Wellen der Verstaatlichung innerhalb Frankreichs reifte eine Rhetorik heran, die diese staatlichen Konfiszierungen mit einem Befreiungsschlag für die Schöpfungen des Geistes gleichsetzte: Die Republik hatte »ihre« Despoten abgeschüttelt, und es galt nun, die benachbarten Nationen und ihr Kulturerbe ebenfalls zu befreien, zielte doch der republikanische Freiheitsbegriff auf Universalität. Sobald es also die militärischen Aktionen erlaubten, weitete sich das Anwendungsgebiet der republikanischen Befreiungsideologie aus: »Die Reichtümer unserer Feinde liegen gleichsam unter ihnen begraben. Literatur und Kunst sind die Freunde der Freiheit«[10] – und diese sollten in Frankreich ihre neue Heimstätte finden. Wie Edouard Pommier es formulierte, sah sich die Revolution demnach als »universalen Erbberechtigten des Kulturgutes der Menschheit«.[11] Ab 1794 gehörte somit die Annektierung von Kunst- und Büchersammlungen zum zentralen Bestandteil der Außenpolitik Frankreichs, mit und ohne Absicherung durch Friedensverträge.

Bis 1806 blieben die Archive außerhalb Frankreichs jedoch zunächst unangetastet: So hat sich die aggressive Politik des Direktoriums, die für den Aufstieg Bonapartes der entscheidende Anstoß war, mit der Konfiszierung von Archiven fast gar nicht befasst, während gleichzeitig, zumindest nach dem Frieden von Tolentino im Jahre 1797, der Transfer von Kunstwerken nach Paris zum konsequent verfolgten Bestandteil des diplomatischen Reglements wurde.

Nach 1804: die Männer am Ruder, das Doppel Daunou und Denon

Es gibt keinen Hinweis darauf, dass Napoleon selbst die Kunstraubpolitik in Europa mit besonderem Eifer geplant und durchgeführt hätte – im Gegenteil.[12] Ab 1802 aber wurde sein Berater in allen kunstpolitischen und -strategischen Angelegenheiten der berühmte Kenner und Sammler Dominique-Vivant Denon, ein geschickter Höfling und erster Generaldirektor des Musée Napoléon im Louvre (s. Abb. S. 25). Nach der Schlacht von Jena und Auerstedt im Oktober 1806 war es Denon persönlich, der die prachtvollen Gemäldegalerien in Berlin und Potsdam, Braunschweig, Kassel und Schwerin, ja die Marienkirche in Danzig und das Warschauer Schloss ausleerte (vgl. Kat.-Nr. 226), bevor er 1809 auch noch die kaiserlichen Sammlungen in Wien zum Teil nach Paris schicken ließ (s. Karten S. 99). Auch Spanien war von diesen Maßnahmen betroffen, und abermals Italien im Jahre 1811. Während in den besiegten Hauptstädten die Museen fortan halb oder völlig leer blieben, erfreute sich das zum Musée Napoléon umgetaufte Musée central des arts im Louvre einer immer größer werdenden internationalen Beliebtheit. Hier war mehr als zehn Jahre lang, bis 1814, all das an einem einzigen Ort versammelt, was die internationale Gelehrtengemeinschaft im 18. Jahrhundert nur durch mühsames Reisen quer durch Europa hatte studieren und zum Kanon der abendländischen Kultur erklären können: Raffael und Correggio, Rubens und van Dyck, die Laokoon-Gruppe (s. Kat.-Nr. 231), und der Apoll vom Belvedere – um nur einige Highlights zu nennen. Dank des Kunstraubes wurde der Louvre zu einem Tempel des freien Kunstgenusses.

Und wie sah es mit den Archiven aus? Schon im Prairial des Jahres VIII (Mai 1800) unterstellte Bonaparte das Nationalarchiv, für das bis dahin die gesetzgebende Versammlung verantwortlich gewesen war, seiner direkten Kontrolle und schuf dennoch zugleich einen eigenen, unabhängigen Aufbewahrungsort für die Dokumente der kaiserlichen Staatskanzlei. Das Nationalarchiv, im Jahr 1805 zum »Archiv de l'Empire« erklärt, wurde ›unschädlich‹ gemacht und von diesen geheimen Zentralarchiven der Staatsregierung separiert. Im November 1804, einige Tage vor der Krönung des Kaisers, wurde es Pierre-Claude-François Daunou übertragen. Daunou, weit davon entfernt ein so glatter Höfling zu sein wie Denon, war ein liberaler Republikaner und vor allem ein Gegner der Personalisierung der Macht in Gestalt des Ersten Konsuls. Seine Berufung an die Spitze einer von den politischen Archiven des kaiserlichen Kabinetts abgeschnitten Einrichtung, der man den Lebensnerv genommen hatte, war daher äußerst ambivalent: Mit ihr wurde er elegant aufs Abstellgleis gestellt. Man kann aber auch vermuten, dass er diese vermeintlich ruhmvolle Stellung annahm, um auf nationaler Ebene ein juristisches Gegengewicht zu schmieden und es der Maßlosigkeit des Kaisers entgegenzusetzen.

Die Frage der konkreten Verortung der Archive des Kaiserreiches scheint Napoleon de facto erst nach den großen Siegen der Jahre 1805 bis 1807 beschäftigt zu haben. Im März 1808 beschloss er persönlich den Kauf des Stadtpalais Hôtel Soubise im Pariser Marais-Viertel; dort sollte der Archivbestand aus den Institutionen des *Ancien Régime* untergebracht werden, die abgeschafft worden waren. Ein Jahr später, als er mit dem Vertrag von Tilsit den Grundstein nicht nur für ein französisches Kaiserreich, sondern für ein regelrecht kontinentales Imperium legte, das dem ehemaligen Weströmischen Reich nachgebildet war, entwickelte Napoleon den Plan, die konfiszierten Archive des eroberten Europa in den Archives de l'Europe als zentralem Verwahrungsort zusammenzutragen. Dieses von brennendem Ehrgeiz beseelte Vorhaben, das zehn Jahre nach der ersten großen Beschlagnahmung künstlerischer und wissenschaftlicher Objekte beschlossen wurde, stellte ein noch nie dagewesenes, mit nichts

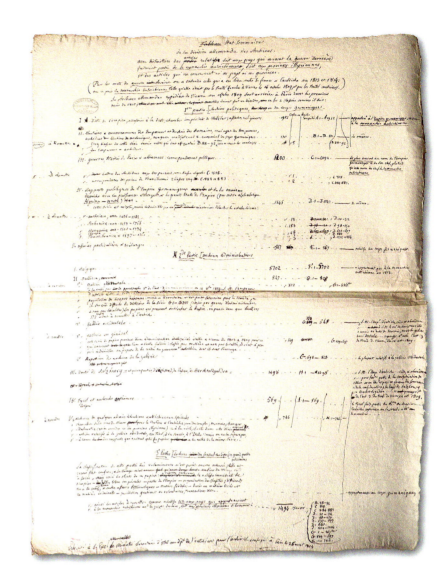

links oben
Akten über den Transport von Dokumenten zu den Archiven
Paris, Archives Nationales | Kat.-Nr. 248

oben
Akten aus dem Archiv des Kaiserreiches, deutsche Abteilung
Paris, Archives Nationales | Kat.-Nr. 249

links unten
Akten über den Transport der päpstlichen Archive
Paris, Archives Nationales | Kat.-Nr. 250

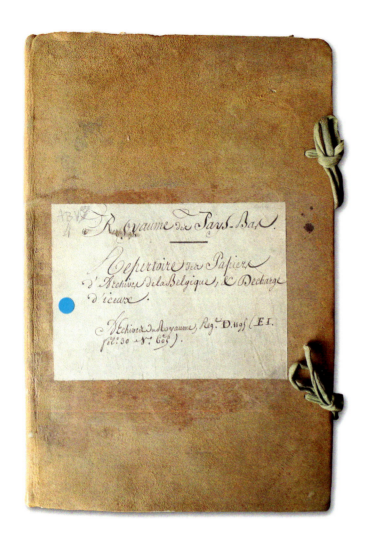

Verzeichnis über die Akten aus den belgischen Archiven
Paris, Archives Nationales | Kat.-Nr. 247

vergleichbares Unternehmen dar, auch wenn es zum Teil als Ergänzung der »Konzentrierungsaktionen« im Musée central des arts, dem Museum der universellen Künste, angesehen werden kann.

Chronologie der »Annexionen«

Am 15. Februar 1810 erklärte Napoleon seine Absicht, »die Archive der eroberten Länder nach Paris bringen zu lassen«. Er glaubte, so heißt es in der Quelle weiter, »dass die Anfertigung von Kopien der in den Archiven gelagerten Akten, die man in der Folge verlangen werde, einen beträchtlichen Geldbetrag einbringen werde«.[13] Der Plan, das schriftliche Gedächtnis Europas in Paris zu zentralisieren, bedeutete also nicht nur ein Erschleichen des Kulturerbes: Er war ausdrücklich als eine Form der außerordentlichen Besteuerung gedacht, eine Art Tribut, den die beherrschten bzw. eroberten Völker Europas für den verwaltungstechnischen Aufwand zu entrichten hatten. Die höchste Stufe der Unterwerfung des Kontinents, die darauf abzielte, die territoriale Zentralisierung des Großen Kaiserreiches auf dem ›Papierwege‹ zu verwirklichen, war erreicht, als der Transfer der europäischen Archive in der Tat Ende 1810 begann, mit mehr als 3200 aus Wien kommenden Kisten, bald darauf gefolgt von 35000 Kartons aus den verschiedenen deutschen (Klein-)Staaten. Im Jahr 1811 beauftragte der Kaiser Daunou persönlich mit der Beaufsichtigung der Überstellung der päpstlichen Archive, die etwa 12000 Kisten umfassten und komplett nach Paris verbracht wurden (Kat.-Nr. 247).

Da das Hôtel de Soubise schon mit der »französischen Abteilung« bis unters Dach gefüllt war, konnten die Tausenden von Kartons nur mehr schlecht als recht in provisorischen Baracken aus Gipskarton untergebracht werden. Napoleon verfolgte aber die Umsetzung seines Planes aus nächster Nähe, und schon im März 1812, gerade als General François-Étienne-Christophe Kellermann 500 Wagen mit einem Teil der Archive der Kastilischen Krone nach Paris schickte, trug er sich mit der Absicht, in der Nähe des Marsfeldes einen monumentalen Palast zu bauen. Das neue Gebäude war als Teil des »Napoleon-Viertels« geplant, eines umfassenden städtebaulichen Projektes, in dem auch das Palais de l'Universalité impériale (der Palast der kaiserlichen Universalität) genau gegenüber dem auf dem Chaillot-Hügel gelegenen Palast des Königs von Rom, des Sohnes Napoleons, angelegt werden sollte. Die Bauarbeiten begannen schon im August 1812, während ein erster Erlass die Tarifierung der Verkehrswege zur rechtsgültigen Verschickung von Rechtstiteln und Dokumenten für den gesamten europäischen Raum regelte.[14]

Die Klassifizierung des Bestandes wurde unmittelbar von »nationalen« Kommissionen unter der Leitung von Daunou in Angriff genommen, die aus italienischen, deutschen und spanischen Archivaren bestanden (Kat.-Nr. 248). Als Aufklärer, der er war, weitete Daunou die systematische und methodische Klassifizierung, die er für Frankreich entwickelt hatte, auf die Gesamtheit aller europäischen Archive aus (Kat.-Nr. 250). Die Konfiszierung der europäischen Archive, die mit unglaublichem Eifer und unter großem Kostenaufwand in weniger als vier Jahren durchgeführt, aber nie abgeschlossen wurde (zahlreiche Konvois blieben außerhalb der eroberten Länder liegen, namentlich die Archive der italienischen Stadtstaaten und die Archive des Königreichs Holland), stellt also im Vergleich zum Musée des Arts, das dazu bestimmt war, die universellen Werte des Kaiserreiches zu verherrlichen, ein fast gegenläufiges Projekt dar. Wenn sich also aus den zusammengeführten historischen Archive der großen Monarchien, entsprechend einem Ideal der Aufklärung, die Quelle für eine gemeinsame Geschichte ableiten und ein gemeinsames wissenschaftliches Projekt gestalten ließ, so ging es doch auch darum, durch die Zusammenführung der unterworfenen Gebiete gerade ihre nationalen, linguistischen und juristischen Besonderheiten herauszuheben. So entstand mit der »deutschen Abteilung« (Kat.-Nr. 249) über die Sprache der Dokumente eine Einheit auf dem Papier, die erst im Laufe des 19. Jahrhunderts zur geopolitischen Realität wurde.

Vergleichende (und wechselseitige) Bilanz der Restituierungen

Der erste Sturz des französischen Adlers im Jahr 1814 unterbrach die Bauarbeiten am Palais des Archives de l'Europe, das bis dahin eine Höhe von etwa zwei

Metern erreicht hatte. Die Frage der Rückgabe der Archive stand bei den Verhandlungen des Wiener Kongresses im Mittelpunkt. Die europäischen Archive waren ebenso schnell wieder auf dem Rückweg, wie sie nach Paris gekommen waren, und so gab die Annektierung ihrerseits keinen Anlass zu größeren polemischen Auseinandersetzungen. Vielmehr waren ihre Eigentümer zuweilen überrascht, einen Bestand zurückzuerhalten, der klassifiziert und wohlgeordnet war: Vom Österreichischen Kaiser erhielt Daunou zur Belohnung für seine ordnende Arbeit eine goldene Tabaksdose. Nur die spanischen Archive, die nicht nachdrücklich genug zurückverlangt wurden, sollten im Nationalarchiv in Paris bleiben – bis 1941 zwischen Pétain und Franco ein entsprechendes Abkommen geschlossen wurde. Einige päpstliche Register wurden ebenfalls unterschlagen.

Die Frage der Rückforderung von im Jahrzehnt der Revolution und unter dem Kaiserreich gewaltsam nach Paris transferierten Kunstwerken, Büchern und Manuskripten ihrerseits wurde 1814 und dann 1815 in ganz Europa zum Gegenstand lebhafter öffentlicher Debatten. Es ist bekannt, dass die Alliierten 1814 auf die Forderung der vollständigen und für alle sichtbaren Restituierung der beschlagnahmten Sammlungen verzichteten, um die Herrschaft von Ludwig XVIII., der den Thron gerade erst bestiegen hatte, nicht zu destabilisieren. Im Jahr 1815 aber, nach der Regierung der Hundert Tage, forderten die benachteiligten Staaten unerbittlich und mit vereinten Kräften die Rückgabe ihres jeweiligen kulturellen Erbes. Spektakulär inszenierte Rückgabeaktionen dienten in diesen Jahren in vielen Städten Europas den (neuen) Herrschern als Demonstration, wie intensiv sie sich für die Belange ihrer neuen Untertanen einsetzten, und als Mittel, ihre Loyalität zu gewinnen. Davon zeugen zahlreiche, nicht zuletzt ikonografische Quellen, so zum Beispiel die Darstellung der Rückführung der vier Pferde von San Marco (vgl. Kat.-Nr. 224), die die Franzosen 1798 nach Paris gebracht hatten und die 1815 von Österreich an Venedig zurückgegeben wurden. Diese Art politisch motivierter Restitutionen von geraubten Kulturgütern gehört übrigens zu den stärksten Konstanten in der Geschichte des Kunstraubes, von der Antike über die napoleonische Zeit bis ins 20. Jahrhundert. In den Jahrzehnten nach 1815 wandte sich die Aufmerksamkeit der Herrschenden überall in Europa der Kunst- und Museumspolitik zu. Auch hier ging es darum zu demonstrieren, dass eine gute Regierung auch daran zu erkennen ist, dass sie fähig und gewillt ist, ihr kulturelles Erbe angemessen zu verwalten und großzügig zu präsentieren. Konservieren und konzentrieren: Das stand nun nach 1815 auf der politischen Tagesordnung in vielen europäischen Ländern als eine tiefgreifende kulturelle Folge des »napoleonischen Kunstraubs«.

Anmerkungen

1   Taillandier, A.H.: *Documents biographiques sur PCF Daunou*, Paris 1847, S. 229.
2   Cœuré, Sophie: *La mémoire spoliée. Les archives des Français, butin de guerre nazi, puis soviétique*, Paris 2006.
3   Savoy, Bénédicte: *Kunstraub. Napoleons Konfiszierungen in Deutschland und die europäischen Folgen,* Wien/Weimar/Köln 2010.
4   Bergvelt, Ellinoor/Meeijers, Debora J./Tibbe, Lieske/van Wezel, Elsa (Hrsg.): *Napoleon's Legacy. The Rise of National Museums in Europe 1794–1830* (Berliner Schriftenreihe zur Museumsforschung, Bd. 27), Berlin 2009.
5   Nestor, Sofia (Hrsg.): *War-Booty. A common european cultural heritage,* Symposium Stockholm 2008, Stockholm 2009.
6   Eine Gesamtübersicht mit Bezug auf die zeitgenössischen Situationen s. Wallot, Jean-Pierre: »Les grands principes internationaux concernant les migrations des archives«, in: *Archives* 29, 1996–1997, S. 3–18.
7   Bautier, Robert-Henri: »Les archives et le droit international«, in: *Les archives dans la vie internationale. Actes de la VIe conférence internationale de la Table ronde des archives,* Paris 1963, S. 11–56.
8   Bodiner, Bernard/Teyssier, Eric/Antoine, François (Hrsg.): *L'évènement le plus important de la Révolution: la vente des biens nationaux en France et dans les territoires annexés (1789–1867),* Paris 2000.
9   Zitiert nach Pommier, Edouard, in: Antoine Quatremère de Quincy: *Ueber den nachtheiligen Einfluß der Versetzung der Monumente aus Italien auf Künste und Wissenschaften* (1796) (Schriften der Winckelmann-Gesellschaft, Bd. XVI, hrsg. von Édouard Pommier), Stendal 1998, S. 49.
10   Ebda., S. 53.
11   Ebda., S. 50.
12   Savoy (s. Anm. 3), S. 141ff.
13   Taillandier, A.H.: *Documents biographiques sur PCF Daunou*, Paris 1847, S. 229.
14   Eine Gesamtübersicht über das Bauprojekt liefert Duclert, Vincent: »Un palais pour les Archives. Le projet Napoléon dans l'Histoire«, in: *Sociétés et représentations* 19, 2005, S. 79–94.

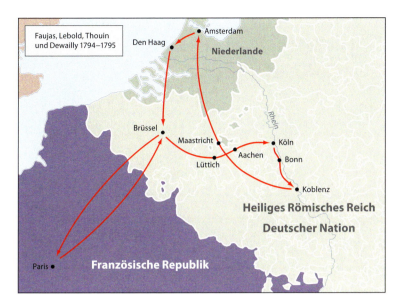
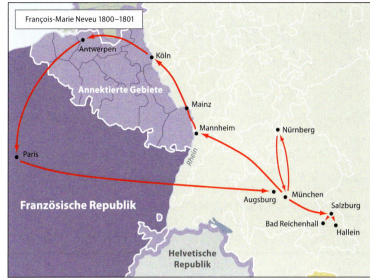
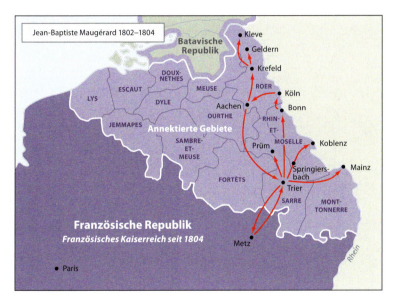
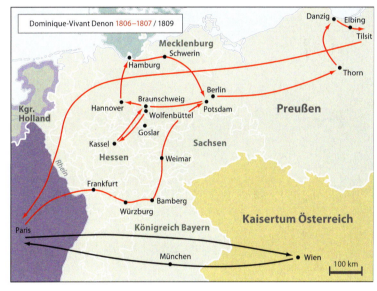

1
Die französischen Kunstraubzüge
zwischen 1794 und 1809

Uwe Fleckner

DIE WIEDERGEBURT DER ANTIKE AUS DEM GEIST DES EMPIRE. NAPOLEON UND DIE POLITIK DER BILDER

Kaum ein zweiter neuzeitlicher Herrscher sah sich wie Napoleon Bonaparte vor die Aufgabe gestellt, die zweifelhafte Rechtmäßigkeit seiner Regentschaft vor der politischen Öffentlichkeit zu rechtfertigen, kaum ein zweiter Herrscher verstand es wie er, die Macht der Bilder für seine legitimatorischen Zwecke verfügbar zu machen.[1] Bereits der Held der Schlacht an der Brücke von Arcole ließ seinen doch recht fraglichen soldatischen Triumph von 1796 wenige Jahre später von Antoine-Jean Gros in ein szenisches Dreiviertelporträt dynamischer Durchsetzungskraft überführen (Versailles, Musée National des Châteaux de Versailles et de Trianon), und fortan wurde jeder wesentliche Schritt seiner militärischen wie politischen Laufbahn von Malern, Bildhauern und Grafikern begleitet: Ungezählte Schlachten- und Ereignisbilder feierten die Erfolge des Generals, des Ersten Konsuls und später des Kaisers, von Louis-François Lejeunes *Schlacht bei Marengo* von 1801 bis zu Charles Meyniers *Einzug Napoleons in Berlin* von 1810 (beide Versailles, Musée National des Châteaux de Versailles et de Trianon); seine Begegnungen mit Potentaten und Diplomaten aus aller Welt, sein Besuch am Grab Friedrich des Großen in Potsdam (Abb. S. 143), feierliche Einzüge, Paraden und Visiten, seine Hochzeit mit Marie-Louise von Österreich wurden ebenso zum Gegenstand meist großformatiger Gemälde wie die Ereignisse rund um die Kaiserkrönung in Paris im Dezember 1804, die Jacques-Louis David in den folgenden Jahren zu einer Reihe monumental inszenierter Historien ausgearbeitet hat (Abb. S. 70/71). Repräsentative Bildnisse, oft in ganzer Figur, wurden in stellvertretender Funktion in die französischen Departments und selbst ins – freilich besetzte – Ausland entsandt, aber auch eher sentimental angelegte Bilder eines *genre historique* wie Marguerite Gérards *Die Milde Napoleons (Napoleon und die Gräfin von Hatzfeld)* von 1804 (Rueil-Malmaison, Musée national du Château de Malmaison) oder Alexandre Menjauds *Napoleon mit dem König von Rom, Marie-Louise und einer Kammerfrau* von 1812 (Abb. S. 75) trugen zur Ikonografie eines Mannes bei, in dessen Auftrag die Maler und Bildhauer alle nur denkbaren wirkungsästhetischen Anstrengungen unternahmen, um von Napoleon das Bild eines unbesiegbaren Feldherrn, eines besonnenen Regenten und menschlich tief empfindenden Gatten und Familienvaters zu zeichnen.

Die allermeisten dieser Werke wurden, bevor sie an ihre gezielt ausgewählten Bestimmungsorte gelangten, ihrer Wirkungsabsicht entsprechend zuvor im Pariser Salon ausgestellt, an jenem Ort also, an dem das städtische Publikum mit ästhetisch-politischem Räsonnement sein Urteil über die Tagesereignisse in Kunst und Gesellschaft fällte. Und schließlich erschien das Bild Napoleons und seiner Taten auf einer nicht mehr zu überblickenden Fülle von Flugblättern und Medaillen, von Alltagsgegenständen und kunstgewerblichen Objekten, die auf ein jeweils anderes Publikum zielten, nicht selten auf die bürgerlichen Massen des post-revolutionären Frankreich, mit deren plebiszitärer Zustimmung der Emporkömmling seine politische Legitimität absichern musste. Das Ausland, insbesondere England, antwortete mit einer unbändigen Produktion nicht selten scharfer und ehrverletzender Karikaturen, um den Kampf mit dem kontinentalen Feind auch im Medium des Bilderkrieges aufzunehmen (vgl. Kat.-Nr. 318 ff.). Zuletzt sollte noch über den Tod Napoleons 1821 auf Sankt Helena hinaus sein Nachleben in der Kunst einerseits für eine ubiquitäre Legendenbildung und Mythisierung des verbannten Kaisers sorgen, wie etwa Karl von Steubens *Der Tod Napoleons* von 1828–1830 (Kat.-Nr. 343) mit seiner so deutlichen wie kuriosen Anspielung auf die Ikonografie des Marientodes zeigt, aber auch zur historisierenden Domestizierung der noch immer visuell wie tagespolitisch bedrohlichen Gestalt beitragen, etwa dann, wenn Paul Delaroche in seiner Version der zuvor von David heroisch inszenierten Überquerung des Großen Sankt Bernhard von 1848 (Paris, Musée du Louvre) den Eroberer zu einem durch und durch bürgerlichen Helden macht.[2] Reicht die

Detail aus Abb. S. 113

Bezugnahme bildlicher Inszenierungen Napoleons von der Kunst des Altertums bis zur frühen Neuzeit, von mythologischen bis zu christlichen Themen, so soll im Folgenden lediglich ein thematischer Strang seiner Ikonografie an exemplarischen Kunstwerken verfolgt werden, nämlich die Wiederaufnahme antiker Themen und Motive als die wohl wichtigste Strategie im Bilderhaushalt des Konsuls und Kaisers der Franzosen.

Politische und ästhetische Legitimation

Im Juli 1803 wurde der junge französische Maler Jean-Auguste-Dominique Ingres damit betraut, ein Bildnis des Ersten Konsuls anzufertigen, und der Künstler entwarf die etwa lebensgroße und in den *costume consulaire* aus scharlachrotem und goldbrodiertem Samt gekleidete Gestalt Napoleons, wie sie die linke Hand im Gewand verborgen hält (Abb. 1). Hatte das offizielle napoleonische Bildnis von Jacques-Louis David bis Antoine-Jean Gros nur kurze Zeit zuvor den siegreichen Feldherrn in ausdrucksstarker gestischer Bewegung inszeniert, so illustriert dieses Porträt des Konsuls die grundsätzlich gewandelte politische Rolle Napoleons: Das Bildnis betont die ruhig stehende Einzelfigur und setzt mit der Hand in der Weste, erstmals überhaupt in der Ikonografie napoleonischer Gemälde, als rhetorischem Verweis auf eine maßvolle Amtsführung das gebärdensprachliche Bildzeichen der Sophrosyne ein, der besonnenen Selbstbeherrschung, das sich bis auf Standbilder antiker Rhetoren zurückführen lässt.[3] Das Motiv der moderat im Gewand verborgenen Hand, überliefert etwa in der römischen Kopie einer Skulptur des Redners Aeschines aus dem 4. Jahrhundert v. Chr. (Neapel, Museo Archeologico Nazionale), lässt sich bis in die Bildniskunst des 18. Jahrhunderts verfolgen, bevor es zu jener napoleonischen Geste schlechthin wurde, die bis heute – und unter Unkenntnis seiner antiken Herkunft und Bedeutung – das Bild Napoleons prägt, ohne dass bislang nachgewiesen werden könnte, ob der Konsul und Kaiser diese für ihn ikonische Haltung jemals außerhalb von Kunstwerken eingenommen hätte.

Die gestische Inszenierung des Bildes von Ingres entspricht der historischen wie politischen Situation, in der Napoleon auf dem Weg über das Konsulat auf Lebenszeit hin zur erblichen Kaiserwürde seine herrscherliche Legitimität unter Beweis stellen musste. Auf allen Gebieten staatlicher Organisation, in der außenpolitischen Friedenssicherung ebenso wie in der innenpolitischen Befriedung der zerrissenen Nation, strebte der Erste Konsul eine entschiedene Konsolidierung Frankreichs an. Der konsularen Bildrhetorik fiel unter diesen besonderen Bedingungen die Aufgabe zu, im Porträt des maß- und zurückhaltenden Regenten die pathetische Theatralität jener revolutionären Gebärdensprache zu überwinden, deren Ende – nicht zufällig – durch das Bild des Generals Bonaparte selbst markiert wird, das Antoine-Jean Gros 1801 vom Helden der Schlacht von Arcole entworfen hat. In den Bildnissen des Ersten Konsuls, aber auch in solchen Historiengemälden, die wenig später dem Kaiser der Franzosen als Gesetzgeber, Diplomaten und Friedensstifter gewidmet werden, findet fortan das Motiv der Hand in der Weste als gestische Entsprechung der besonnenen Regentschaft Napoleons seine propagandistische Verwendung. Ingres besinnt sich bei der Erfüllung des zunächst einmal allein politisch motivierten Bildnisauftrags auf Vorbilder der Antike, die er ikonografisch, aber auch ästhetisch evoziert. Mit seinem Rückgriff auf die abgemessene Handhaltung der alten Rhetoren entwirft der Maler das richtungweisende Modell eines formal beruhigten neoklassizistischen Ideals und macht den Betrachter so nicht zuletzt auf das Maßvolle auch der eigenen künstlerischen Arbeit aufmerksam. Politische Legitimation und die Legitimation der ästhetischen Doktrin französischer Kunst um 1800 haben in seinem konsularen Bildnis letztlich zu unverbrüchlicher Einheit gefunden.[4]

Der historisch-politische Übergang vom Feldherrn zum Konsul lieferte auch den Anlass für Antonio Canovas monumentale Statue *Napoleon als friedensbringender Mars,* die 1802 bei dem italienischen Bildhauer in Auftrag gegeben wurde (Abb. 2, Kat.-Nr. 263).[5] Das Werk war zunächst im Rahmen einer großangelegten, aber niemals realisierten Platzanlage zur öffentlichen Aufstellung in Mailand vorgesehen, der Hauptstadt der neugeschaffenen italienischen Tochterrepublik, doch insbesondere Dominique-Vivant Denon, der einflussreiche Direktor des Musée Napoléon und

1
Jean-Auguste-
Dominique Ingres
**Napoleon Bonaparte
als Erster Konsul** |
1803–1804
Lüttich, Musée d'Armes

2
Antonio Canova
**Napoleon als friedens-
bringender Mars** | 1803–1806
Possagno, Museo e Gipsoteca
Antonio Canova

3
Jean-Auguste-Dominique Ingres
Napoleon als thronender Jupiter | 1806
Paris, Musée de l'Armée,
Hôtel National des Invalides

Berater des Konsuls und Kaisers in allen Angelegenheiten der Kunst, setzte sich nach der Fertigstellung der Skulptur 1806 aufgrund der außerordentlichen ästhetischen Qualitäten des Werkes für dessen Aufnahme in das Pariser Museum ein (seit 1816 London, Apsley House).[6] Canova hat seine Statue in idealer künstlerischer Konkurrenz zum Apoll vom Belvedere (Rom, Vatikanische Museen) angelegt und zeigt die weit überlebensgroße Gestalt des unbekleideten Mannes in der Rolle des Mars, der in seiner ausgestreckten rechten Hand die Statuette einer geflügelten Viktoria hält; seine Linke umfasst eine Lanze, das Schwert ist an einen Baumstumpf gehängt, welcher der Figur materielle wie kompositorische Festigkeit verleiht. Kraftvoll, den energischen Schritt in klassischem Kontrapost verhaltend, wird Napoleon durch den mythologischen Bezug überhöht, als Kriegsgott hat er – nach den Schlachten und Friedensschlüssen der Koalitionskriege – von seinem blutigen Handwerk abgelassen, er bringt den eroberten Völkern Frieden und Wohlstand. Doch der rasche historische Wandel in der politischen Laufbahn Napoleons wollte es, dass die Figur, als sie einige Jahre nach ihrer Fertigstellung aus Rom in die französische Metropole gebracht wurde, um im Musée Napoleon einen prominenten Platz gemeinsam mit der aus Rom entführten Laokoon-Gruppe einzunehmen, auf die entschiedene Ablehnung Napoleons traf: Der inzwischen zum Kaiser avancierte Politiker bezeichnete die Formen des eigenen Konterfeis, als er es 1811 besichtigte, als »trop athlétiques« und untersagte dessen öffentliche Zurschaustellung.[7] Doch nicht etwa die antikische Nacktheit, die er in anderen Darstellungen offenbar guthieß, sondern die in der offiziellen Bildproduktion längst durch imperiale Ikonografien überlagerte Anspielung auf das Primat eines bellizistischen Heroismus dürfte die politische – und keineswegs ästhetische – Ablehnung des Werkes motiviert haben.[8]

Ikonen kaiserlicher Herrschaft

Bereits anhand dieser wenigen Beispiele wird deutlich, dass sich Napoleons Bildpolitik nicht als ein erratischer Block immer gleicher visueller Strategien verstehen lässt, vielmehr wusste er, wie auch sein ›Kulturminister‹ Vivant Denon, den Einsatz von Werken der bildenden Kunst den sich ständig verändernden politischen und historischen Bedingungen präzise anzupassen. Die Krönung Napoleons zum Kaiser der Franzosen 1804 markierte demzufolge einen tiefen Einschnitt auch in der künstlerischen Propaganda des Emporkömmlings. Mit seinem großformatigen Gemälde *Napoleon als thronender Jupiter* stellte sich beispielsweise Ingres 1806 den Herausforderungen, die mit dem politischen wie ästhetischen Paradigmenwechsel verbunden waren (Abb. 3). Das Thronbild Napoleons beeindruckt durch seinen strengen, feierlich-hieratischen Charakter, und der Kaiser der Franzosen scheint sich den Betrachter mit ernstem, durchdringendem Blick gleichsam *in effigie* unterwerfen zu wollen. Innerhalb der Bildgattung der theomorphen Porträts, derjenigen Bildnisse also, die den Menschen durch Attribut oder Kostüm in die Rolle eines Gottes versetzen wollen, lässt sich für das französische Herrscherbild seit dem 16. Jahrhundert eine Sondertradition ausmachen: die Auszeichnung des Monarchen durch seinen Vergleich mit dem Göttervater Jupiter.[9] Die Bildbeispiele, mit denen das besondere Herkommen belegt ist, den König in der Rolle des Obersten der Götter zu porträtieren, stehen dabei mit dem immer wieder vertretenen Anspruch der französischen Regenten auf das römische Kaisertum in engstem Zusammenhang. Aus der besonderen Art der Porträtdarstellung Napoleons, aus der frontalen Ansicht des Kopfes etwa, die traditionell dem Götterbild vorbehalten ist, aus der Bekränzung des Dargestellten durch den ›Nimbus‹ der Thronlehne, vor allem aber aus seiner geradezu emblematischen Körperhaltung dürfen wir schließen, dass auch Ingres den Kaiser mit seinem Gemälde in diese Tradition stellen wollte.[10] Zum unmittelbaren Vorbild für sein Bildnis hat der Künstler daher einen Kupferstich gewählt, der ihm aus dem 1752 bis 1767 erschienenen *Recueil d'antiquités égyptiennes, étrusques, grecques, romaines et gauloises* des Grafen Caylus bekannt war und die Gemme eines thronenden Jupiters in streng frontaler Ansicht wiedergibt.[11]

Die Krönung Napoleons im Dezember 1804 und mit ihr das politische Erfordernis, die neu gewonnene unumschränkte Herrschaft rechtfertigen zu müssen, fällt nicht

4
Andrea Appiani
Die Apotheose Napoleons | Um 1807/08
Fresko, Mailand, Palazzo Reale
(im Zweiten Weltkrieg teilweise zerstört)

zufällig damit zusammen, dass der Künstler das Bildprogramm seines Kaiserporträts durch Anspielungen auf den Göttervater nobilitiert hat. Die Auszeichnung des Dargestellten im *portrait historié* muss als Versuch der ikonografischen Legitimierung kaiserlicher Herrschaft angesehen werden. Mit der Aufnahme monarchischer Staatssymbolik in den Attributen des Porträts, mit den Bienen des fränkischen Königs Childerich I. im Brokat des Mantels (vgl. Kat.-Nr. 274), mit dem Schwert Karl des Großen, der *main de la justice* und dem Zepter Karls V. ruft Napoleon zudem die großen Herrscher der französischen Geschichte, in deren Tradition er gesehen werden möchte, als Zeugen der Rechtmäßigkeit seiner Herrschaft an. Als Antoine-Jean Gros 1811 seinen nicht ausgeführten Entwurf zur Ausmalung der Kuppel des Pariser Pantheons anfertigte, verfolgte er eben diese legitimatorische Strategie und setzte die großen monarchischen Garanten der Kirche paarweise ins Bild: Napoleon und Marie-Louise, begleitet vom kleinen König von Rom, begegnen auf dem hohen Wolkenband der Kuppelkalotte den Königspaaren Clovis und Sankt Clothilde, dem heiligen Ludwig und Margarete von Provence sowie Karl dem Großen und Hildegard (Paris, Musée Carnavalet).

Der Funktionswandel von höfischer Repräsentation zur ästhetischen Funktion in Salon und Kunstkritik gab dem Herrscherbild nach der Mitte des 18. Jahrhunderts die Möglichkeit, politische Wirkung durch eine Ästhetisierung des Politischen geltend zu machen. Der Zwang, seinen Herrschaftsanspruch vor der staatsbürgerlichen Öffentlichkeit rechtfertigen zu müssen, machte für den Kaiser der Franzosen die Legitimation seiner Regentschaft im Kunstwerk und durch das Kunstwerk erforderlich. Die historische Bildform der Jupiterdarstellung ist bei Ingres zu diesem Zweck von ihrem ikonografischen Vorbild gelöst und dem Porträt des Kaisers unterlegt worden. Damit konnte die herkömmliche monarchische Hoheitsform des Thronbildes zum theomorphen Porträt gesteigert werden. Die Rechtmäßigkeit monarchischer Regentschaft leitete sich im Frankreich des *Ancien Régime* ganz selbstverständlich aus der Erbfolge einer Königsfamilie ab, die ihren Herrschaftsanspruch durch göttliche Gnade gestiftet wusste. Napoleon, der keinem solchen Herrscherhaus entstammte, setzte eine erbliche Kaiserwürde ein, ohne dass er zu Beginn des 19. Jahrhunderts göttliche Gnade noch überzeugend für sich in Anspruch nehmen konnte. Eine rechtliche Regentschaftsfolge zu begründen, sollte Aufgabe eines bewussten Rückgriffs auf historische Bildformen monarchischer Hoheit sein: Der Kaiser nobilitierte sich durch die ideale Adelsreihe der großen Monarchen Frankreichs, deren Insignien im Porträt von Ingres erscheinen. Mit seiner Bilderfindung, Napoleon in der antikisierenden Gestalt des thronenden Jupiter darzustellen, verweist der Maler – wie später auch Andrea Appiani mit der 1810 gemalten *Apotheose Napoleons* für den Palazzo Reale in Mailand, die den Kaiser als weltenbeherrschenden Jupiter unter dem Zodiakus zeigt (Abb. 4) – mit den Mitteln der Kunst auf den gleichsam göttlichen Ursprung dieses imaginären napoleonischen Herrscherhauses. Die individuelle Porträtähnlichkeit Napoleons erstarrt in diesen und anderen Werken zur Ikone kaiserlicher Herrschaft.

Zahlreiche meist lebensgroße Bildnisse des Kaisers im Krönungsornat prägen den offiziellen ikonischen Auftritt Napoleons in den Jahren nach 1804. Und all diese Werke, gemalt von Künstlern wie Jacques-Louis

David, Anne-Louis Girodet oder Robert Lefèvre, verbinden die Tradition ganzfiguriger Standbilder römischer Imperatoren mit dem barocken *portrait d'apparat* der französischen Könige, das mit Hyacinthe Rigauds *Porträt Ludwigs XIV. im Krönungsornat* (Paris, Musée du Louvre) bereits 1701 seinen künstlerischen Höhepunkt gefunden hatte. Auf diese Weise zeigt, als eines von ungezählten Beispielen, das Gemälde François Gérards von 1805 (Versailles, Musée National des Châteaux de Versailles et de Trianon), von dem sich einige Repliken in Sammlungen von Dresden bis Moskau, von Neapel bis Stockholm erhalten haben, den Kaiser in aufrechter Haltung, ausgestattet mit den Insignien seiner Befehlsgewalt (Abb. 5, Kat.-Nr. 278, 279).[12] Wie in allen Werken dieser imperialen Bilderserie, deren Ikonografie identisch ist und deren kompositorische Disposition nur wenig voneinander abweicht, befindet sich der Kaiser auf einem niedrigen Podest mit Thronsessel und Baldachin. Gérard hat das in numinoser Frontalität wiedergegebene Gesicht wie eine Maske herausgearbeitet, sein strenges despotisches *en face* hält den untergebenen Betrachter auf gebührende Distanz, und der unter der schweren Draperie nahezu verschwindende Körper lässt kaum noch das antike Figurenideal erahnen, das dem Maler im Vorbild von Skulpturen wie dem Bildnis Kaiser Trajans im Harnisch von 108 n. Chr. (Paris, Musée du Louvre) begegnet ist. Und auch Marc Aurel wurde gelegentlich zum antiken ikonografischen Ahnherrn Napoleons aufgerufen, so in Joseph Charbords Reiterbild von 1810 (Abb. 6), das sich sinnstiftenderweise am berühmten Bronzebildwerk vom Kapitol orientiert, wie es den römischen Kaiser um 165 n. Chr. mit souveräner pazifikatorischer Geste zeigt (Rom, Kapitolinische Museen).

Das Nachleben einer Legende
Die Verwendung antiker Vorbilder, die Wiederaufnahme antiker Ikonografie endete aber auch nach Verbannung und Tod des Kaisers nicht. Doch wiederum musste sich der Kanon mustergültiger Themen, Motive und Formen wandeln, um der veränderten historischen Situation angemessen begegnen zu können. Auf dem fernen Eiland Sankt Helena in weitgehender Abgeschiedenheit gestorben, wurde an Napoleon und sein als tragisch empfundenes Schicksal immer wieder mit dem Verweis auf den an einen Felsen geschmiedeten Prometheus erinnert; ein Mythos wurde damit revitalisiert, der vor allem in Darstellungen Napoleons in der Literatur, in einigen Werken der Druckgrafik und Kleinkunst sein Nachleben fand. Doch auch in François Rudes Bronzemonument *Napoleon erwacht zur Unsterblichkeit,* 1845 bis 1847 für den Park der Gemeinde Fixin im Burgund geschaffen, wird Napoleon in Anspielung auf den griechischen Kulturstifter gezeigt (Abb. 7). Der verbannte Kaiser, noch sind seine Augen vom Tode geschlossen, erhebt sich auf seinem steilen Felsensockel, gesprengte Ketten und ein toter, doppeldeutiger Adler schließen den Motivkreis des antiken Mythos. Mit dem *retour des cendres,* der feierlichen Überführung der sterblichen Überreste Napoleons nach Paris im Dezember 1845, dessen Inszenierung durch ephemere Bildwerke zur politischen Domestizierung der nun bereits legendären Gestalt und zur endgültigen Aufnahme des Soldaten, Konsuls und Kaisers in die französische Staatsgeschichte beitragen sollte, hatte sich die Hoffnung des Bürgerkönigtums und seines *juste milieu* verbunden, die noch immer virulente Sprengkraft des napoleonischen Angedenkens in einem zwischen Monarchisten, Republikanern und Bonapartisten zerrissenen Land zu entschärfen.[13] Auch die vollständig entpolitisierten Bilder napoleonischer Schlachten und Ereignisse, die König Louis-Philippe zum Ruhme Frankreichs für sein Musée Historique in Versailles unter anderem bei François Gérard und Horace Vernet in Auftrag gab, bezeugen diese historisierende und teils anekdotisierende Tendenz.[14] Die ehemals militärisch wie politisch dominierende »Weltseele zu Pferde« (Georg Wilhelm Friedrich Hegel) konnte nun zu unverfänglicher Unsterblichkeit erwachen, die Figur des *petit caporal* wurde in den sentimentalen Bildervorrat des französischen Volkes eingelagert, der Kaiser zu einem tragisch gescheiterten Helden, dessen Erscheinungsbild nicht länger aus politischem Kalkül, sondern aus einem bürgerlichen Interesse an psychologisierender Einfühlung gestaltet wurde.

Auch Paul Delaroche entwarf 1845 sein Gemälde *Napoleon I. in Fontainebleau, 31. März 1814* als einfühlungspsychologisches Angebot an seinen bürgerlichen

5
François Gérard
Napoleon im Krönungsornat | 1805
Berlin, Deutsches Historisches Museum

6 links
Joseph Charbord
Napoleon zu Pferde | 1810
Rom, Museo Napoleonico Primoli

7 rechts
François Rude
Napoleon erwacht zur Unsterblichkeit | 1846
Gipsmodell für die Bronzeskulptur im Park von Fixin, 1845–1847, Paris, Musée d'Orsay

8 links
Paul Delaroche
Napoleon I. in Fontainebleau, 31. März 1814 | 1845
Leipzig, Museum der bildenden Künste

9 oben
Jean-Auguste-Dominique Ingres
Die Apotheose Napoleons I. | 1853
(Entwurf), Paris, Musée Carnavalet

Auftraggeber, einen Leipziger Kaufmann, und auch er nahm dazu – allerdings auf recht verdeckte Weise – ein antikes Thema in Anspruch (Abb. 8). Um den inneren Widerstreit Napoleons in einer historischen Situation zwischen Resignation und Aufbegehren wenige Tage vor seiner Abdankung am 6. April 1814 bildnerisch meistern zu können, griff Delaroche auf die Ikonografie des Herkules am Scheidewege zurück und gestaltete seine zwiegespaltene Figur mit Hilfe dichotomer Lichtführung sowie durch den starken Kontrast von aktiver und passiver Körperseite.[15] Die Absicht eines solchen Gemäldes, aber auch diejenige zahlreicher anderer Werke im Geiste von Restauration und Julimonarchie, etwa Horace Vernets *Abschied Napoleons von seiner Garde in Fontainebleau, 20. April 1814* von 1825 (Versailles, Musée National des Châteaux de Versailles et de Trianon) oder Karl von Steubens *Napoleon diktiert seine Lebenserinnerungen* von etwa 1830 (Privatsammlung), war darauf gerichtet, ein bürgerlich fassbares Bild des Menschen und gebrochenen Helden zu zeichnen, und erst mit dem Staatsstreich Louis Napoleons im Dezember 1851 sollte das Bild des Kaisers, seines Onkels, taktische politische Funktionen und eine entsprechende Wirkungsmacht wiedererlangen.

Als nach 1851 das baulich erweiterte Pariser Rathaus sein Ausstattungsprogramm erhalten sollte und der nun gealterte Ingres den Auftrag zu einem Deckenbild für dessen Kaisersaal erhielt, wurde als Thema des Gemäldes eine *Apotheose Napoleons I.* festgelegt (Abb. 9).[16] Die Ikonografie des Bildes, die Aufnahme des Kaisers in den Tempel der Unsterblichkeit, zielte zuletzt natürlich auf Napoleon III. als Befrieder Frankreichs und Friedenskaiser. Umgeben von acht Stadtpersonifikationen, deren Ausführung Ingres seinen Schülern überließ, zeigte das mit dem Brand des Gebäudes in den letzten Tagen der Pariser Commune im Mai 1871 untergegangene zentrale Rundbild den Kaiser der Franzosen von Personifikationen des Sieges und des Ruhmes geleitet auf einer Quadriga, während die Rachegöttin Nemesis zu seinen Füßen die Gestalten des Verbrechens und der Anarchie vertreibt. Seinem wesentlichen Bildmotiv, der Figur des Kaisers, die in triumphaler Fahrt die beiden dämonischen Gestalten überwindet, hat der Künstler noch einmal ein Vorbild aus dem Bereich der Jupiterikonografie unterlegt. Es handelte sich dabei um eine hellenistische Kamee mit dem Kampf des Gottes gegen die Giganten, die Ingres in grafischer Reproduktion bekannt geworden war.[17] Die unverhohlen auf legitimatorische Fragen des Zweiten Kaiserreiches ausgerichtete Absicht der Apotheose gab sich unmissverständlich in einer Aufschrift zu verstehen, die auf dem ausgeführten Gemälde den leeren, an zentraler Stelle eingefügten Kaiserthron begleitete: »In nepote redivivus« (»Im Neffen ist er auferstanden«).

Napoleon Bonaparte, sein Leben und seine Taten sind zum Gegenstand unzähliger bildlicher Darstellungen geworden. Sämtliche dieser Werke, Gemälde und Skulpturen, Grafiken und Medaillen, die in offiziellem Auftrag entstanden, zeichneten sich zu Lebzeiten des Mannes wie nach seinem Tode dadurch aus, dass sie ausnahmslos auf die jeweils aktuelle historische Lage antworteten und oft genug durch konkrete Konflikt- und Krisensituationen motiviert waren. Der Erste Konsul und Kaiser der Franzosen machte sich die Macht der Bilder seit Beginn seiner politischen Laufbahn zunutze; er und seine Berater in kulturellen Angelegenheiten, allen voran Vivant Denon, wussten die bildenden Künste in ihrer massenmedialen Wirkung durch öffentliche Präsentation und Distribution propagandistisch gezielt einzusetzen und griffen dabei vielfach auf Ikonografien zurück, die in der Vergangenheit ein verbindliches und allgemeinverständliches bildnerisches Idiom entwickelt hatten. Drei Bereiche historischer Bedeutungsgestaltung, oft genug eng miteinander verflochten, standen dabei im Vordergrund: die christliche Ikonografie des Mittelalters, die im Kultus um den eigens von einer willfährigen Kirche erfundenen »Saint Napoléon« gipfelte, die barocke Herrscherikonografie der französischen Könige sowie insbesondere die Ikonografie antiker Mythen und Gestalten.[18] Durch die eklektizistischen Revitalisierungsstrategien der napoleonischen Kunstpolitik kamen vormoderne Ikonografien zum Einsatz, um mit ihrer Hilfe die vormoderne Regierungsform des Kaisertums visuell zu legitimieren und in der Bevölkerung durchzusetzen, auf deren plebiszitäres Votum Napoleon seine Regentschaft gründete. Die Wiedergeburt antiker Themen und Motive, die Evokation antiker Götter und Imperatoren in der Kunst des Empire kann daher nur aus dieser spezifischen Widersprüchlichkeit der napoleonischen Herrschaft zwischen Diktatur und Volkssouveränität heraus verstanden werden.

Anmerkungen

1 Zur napoleonischen Ikonografie und Kunstpolitik vgl. Wilson-Smith, Timothy: *Napoleon and His Artists,* London 1996; Prendergast, Christopher: *Napoleon and History Painting. Antoine-Jean Gros's »La Bataille d'Eylau«,* Oxford 1997; Jourdan, Annie: *Napoléon. Héros, imperator, mécène,* Paris 1998; Telesko, Werner: *Napoleon Bonaparte. Der »moderne Held« und die bildende Kunst.* 1799–1815, Wien, Köln u. Weimar 1998; Cantarel-Besson, Yvelin/Constans, Claire/Foucart, Bruno: *Napoléon. Images et histoire. Peintures du château de Versailles (1789–1815),* Paris 2001.
2 Vgl. Foucart-Walter, Elisabeth: »Paul Delaroche et le thème du Passage du Saint-Bernard par Bonaparte«, in: *Revue du Louvre et des Musées de France* 34, 1984, S. 367–384.
3 Vgl. Fleckner, Uwe: »Napoleons Hand in der Weste. Von der ethischen zur politischen Rhetorik einer Geste«, in: *Daidalos. Architektur – Kunst – Kultur* 64, 1997, S. 122–129; ders.: »La rhétorique de la main cachée. De l'Antiquité au ›Napoléon, Premier Consul‹ de Jean-Auguste-Dominique Ingres«, in: *Revue de l'art* 130, 2000, S. 27–35.
4 Zu diesem Themenkomplex vgl. ausführlicher Fleckner, Uwe: »Le moderniste conservateur. Jean-Auguste-Dominique Ingres et l'esthétisation du politique«, in: *Ingres 1780–1867,* Ausst.-Kat. Paris, Musée du Louvre, Paris 2006, S. 33–43.
5 Vgl. Johns, Christopher M. S.: »Portrait Mythology: Antonio Canova's Portraits of the Bonapartes«, in: *Eigteenth-Century Studies* 28-1, 1994, S. 115–129; O'Brien, David: »Antonio Canova's ›Napoleon as Mars the Peacemaker‹ and the Limits of Imperial Portraiture«, in: *French History* 18-4, 2004, S. 354–378; Myssok, Johannes: *Antonio Canova. Die Erneuerung der klassischen Mythen in der Kunst um 1800,* Petersberg 2007 (Studien zur internationalen Architektur- und Kunstgeschichte, Bd. 48), S. 206ff.
6 Zu Napoleons ›Kulturminister‹ vgl. Rosenberg, Pierre (Hrsg.): *Dominique Vivant Denon. L'œil de Napoléon,* Ausst.-Kat. Paris, Musée du Louvre, Paris 1999–2000.
7 Brief von Dominique-Vivant Denon an Antonio Canova, 15. April 1811, zitiert nach Boyer, Ferdinand: *Le Monde des arts en Italie et la France de la Révolution et de l'Empire. Etudes et recherches,* Turin 1969 (Bibliothéca di Studi francesi, Bd. 4), S. 138f. Vivant Denon teilt dem Bildhauer außerdem die grundsätzliche künstlerische Wertschätzung mit, die seine Skulptur bei den französischen Kollegen erfahren hätte; vgl. ibid., S. 139.
8 Zum weiteren Schicksal des Werkes, das schließlich in die Sammlung Wellingtons gelangte, vgl. Bryant, Julius: »How Canova and Wellington Honoured Napoleon«, in: *Apollo* 524/2005, S. 38–43.
9 Zum gottesebenbildlichen Porträt vgl. Chapeaurouge, Donat de: »Theomorphe Porträts der Neuzeit«, in: *Deutsche Vierteljahrsschrift für Literaturwissenschaft und Geistesgeschichte* 42, 1968, S. 262–302.
10 Vgl. Fleckner, Uwe: »Napoléon I. als thronender Jupiter. Eine ikonographische Rechtfertigung kaiserlicher Herrschaft«, in: *Idea. Jahrbuch der Hamburger Kunsthalle* 8, 1989, S. 121–134; Porterfield, Todd/Siegfried, Susan L.: *Staging Empire. Napoleon, Ingres, and David,* University Park 2006.
11 Vgl. Mongan, Agnes: »Drawings by Ingres in the Winthrop Collection«, in: *Gazette des Beaux-Arts* 26, 1944, S. 387–412, S. 409f.
12 Vgl. Samoyault-Verlet, Colombe/Samoyault, Jean-Pierre (Hrsg.): *Château de Fontainebleau. Musée Napoléon Ier,* Paris 1986, S. 14f.
13 Vgl. Tulard, Jean: »Le retour des Cendres«, in: Pierre Nora (Hrsg.): *Les Lieux de mémoire II. La nation,* Paris 1986, 3 Bde., Bd. 3, S. 81–110; Fleckner, Uwe: »Le retour des cendres de Napoléon. Vergängliche Denkmäler zur Domestizierung einer Legende«, in: Michael Diers (Hrsg.): *Mo(nu)mente. Formen und Funktionen ephemerer Denkmäler,* Berlin 1993 (Artefacten, Bd. 5), S. 61–76.
14 Zum Musée Historique vgl. Gaehtgens, Thomas W.: *Versailles als Nationaldenkmal. Die Galerie des Batailles im Musée Historique von Louis-Philippe,* Antwerpen 1984.
15 Vgl. Bann, Stephen: *Paul Delaroche. History Painted,* London 1997, S. 251ff.; Fleckner, Uwe: »Napoleon am Scheidewege. Paul Delaroches ›Napoleon in Fontainebleau‹ und die Ikonographie des Gallischen Herkules«, in: Fleckner, Uwe/Schieder, Martin/Zimmermann, Michael F. (Hrsg.): *Jenseits der Grenzen. Französische und deutsche Kunst vom Ancien Régime bis zur Gegenwart. Thomas W. Gaehtgens zum 60. Geburtstag,* Köln 2000, 3 Bde., Bd. 2, S. 145–167.
16 Vgl. Fleckner, Uwe: »In nepote redivivus. Politische Ikonographie und ästhetisches Programm in Jean-Auguste-Dominique Ingres' ›Apotheose Napoleons I.‹«, in: Gersmann, Gudrun/Kohle, Hubertus (Hrsg.): *Frankreich 1848–1870. Die Französische Revolution in der Erinnerungskultur des Zweiten Kaiserreichs,* Stuttgart 1998, S. 121–137.
17 Vgl. ibid., S. 130, Abb. 10.
18 Zum Feiertag des sogenannten »Heiligen Napoleon«, dem Schutzpatron der Soldaten, am 15. August vgl. Hazareesingh, Sudhir: *The Saint-Napoleon. Celebrations of Sovereignty in Nineteenth-century France,* Cambridge, Mass. 2004.

Michael Thimann

BILDER AUS EISERNER ZEIT. NAPOLEON UND DIE KUNST DER BEFREIUNGSKRIEGE

Zeit der Kreuze

Zu den künstlerischen Errungenschaften der Befreiungskriege, die ein gewisses Nachleben entfaltet haben, dürfte kaum ein Gemälde, eine Plastik oder ein Denkmal gehören, die in dem vorliegenden Essay betrachtet werden sollen. Allein ein Objekt (Abb. 1), ein kleiner Gegenstand aus Eisen, der in Material und Formensprache, als silbern gerahmtes Kreuz mit ausgezogenen Ecken, von großer Schlichtheit zeugt, besitzt eine bis auf den heutigen Tag andauernde Wirkungsgeschichte: Das *Eiserne Kreuz,* vom preußischen König Friedrich Wilhelm III. am 10. März 1813 in Breslau als Auszeichnung für Tapferkeit im Freiheitskampf gegen Napoleon gestiftet, von Karl Friedrich Schinkel entworfen und ausgeführt.[1] Revolutionär an diesem neuen Orden war nicht nur die Formfindung, sondern auch seine Verleihung, da er über die Ständegrenzen hinweg prinzipiell an jeden Soldaten, egal ob Mannschaft oder Offizier, ob bürgerlich oder adlig, verliehen werden konnte. Und tatsächlich wurde das *Eiserne Kreuz* zwischen 1813 und 1815 über achttausend Mal vergeben. Die soziale Utopie, wonach sich alle Deutschen im patriotischen Freiheitskampf vereinen sollten, findet in der Stiftung des *Eisernen Kreuzes* als kollektivem Symbol, das bis heute als militärisches Hoheitszeichen verwendet wird, einen deutlicheren Ausdruck als in den Werken der Hochkunst. Das Zeichen vereinigt das religiöse Motiv des Kreuzes mit der Erinnerung an das kriegerische »eiserne« Zeitalter der Mythologie, das schon Friedrich Wilhelm III. in der Stiftungsurkunde selbst benannt hatte,[2] und verbindet sich mit einer modernen Materialikonografie – billiges Gusseisen statt ein für Orden übliches kostbares Material. Seine schlichte Form, die dem Kreuzabzeichen des Deutschen Ordens viel verdankt, weist unmissverständlich darauf hin, dass die »Freiheitskriege«, so die alte Bezeichnung, nicht nur ein politischer Krieg, sondern auch ein religiöser Kreuzzug gegen das aufgeklärte und säkularisierte Frankreich waren. Das *Eiserne Kreuz*, ein politisches Kunstwerk der Romantik? Der vorliegende Essay will eine Reihe von Bildern vorstellen, die zwischen 1813 und 1815 entstanden sind. Das *Eiserne Kreuz* mag dabei als das Leitfossil einer kunsthistorischen Ideengeschichte der Befreiungskriege dienen.

Neu-deutsche religios-patriotische Kunst

Es ist verführerisch und historisch zugleich unhaltbar, in der Reaktion auf Napoleon die Geburtsstunde der romantischen Kunst zu erkennen. Erstmals wird der Zusammenhang der Rückwendung zur alten Kunst mit den politischen Zeitumständen in derjenigen fundamentalen Kritik in eine Kausalbeziehung gesetzt, mit der Goethe und Johann Heinrich Meyer in dem Aufsatz *Neu-deutsche religios-patriotische Kunst* von 1817 die künstlerischen Bestrebungen der jüngeren Generation bedenken. Alle nichtklassizistischen Kunstrichtungen von Caspar David Friedrichs Landschaftsmalerei über Runges Sinnbildkunst bis zur religiösen Malerei der Nazarener werden in der berüchtigten Abhandlung als Abweichungen vom Weg des Ideals gegeißelt.[3] Verständlich wird diese gnadenlose Kritik vor dem Hintergrund des gescheiterten Weimarer Kunstprogramms, das mit den letzten, kaum noch öffentliches Aufsehen erregenden Preisaufgaben von 1805 sein Ende gefunden hatte.[4] Die vorgeschlagenen Bildgegenstände aus der griechischen Mythologie boten kaum die Möglichkeit, »sich selbst auszusprechen«, sondern endeten meistens in ängstlich dem Buchstaben folgender Textillustration. Das Projekt einer auf universal gültigen Regeln basierenden Kunstpraxis, die Homer als »Vater der Künste« zum dogmatischen Vorbild erhob, war gescheitert. Verständlich wird die von Goethe lancierte Abrechnung mit der *Neu-deutschen religios-patriotischen Kunst* aber auch angesichts der sich nach 1810/15 zunehmend konsolidierenden romantischen Bildpraxis mit Schwerpunkten auf nationalen und religiösen Themen, wie sie gerade durch die Freiheitskriege stimuliert worden war. Goethe, der

Detail aus Kat.-Nr. 315

1
Karl Friedrich Schinkel
Entwurf zum Eisernen Kreuz und Original | 1813
Berlin, Staatliche Museen zu Berlin, Kupferstichkabinett

Bewunderer Napoleons, der diesen 1826 gegenüber Eckermann als »Kompendium der Welt« bezeichnete,[5] hat diesen Zusammenhang gesehen und seine Sicht auf die romantische Kunst dahingehend historisiert:

»Erheben wir uns endlich noch auf den höchsten, alles übersehenden Standpunkt, so lässt sich die betrachtete patriotische Richtung des Kunstgeschmacks wohl billig als ein Teil, oder auch als Folge der mächtigen Regung betrachten, von welcher die Gesamtheit aller zu Deutschland sich rechnenden Völker begeistert das Joch fremder Gewalt großmütig abwarf, die bekannten ewig denkwürdigen Taten verrichtete, und aus Besiegten sich zu Überwindern emporschwang. Wir sind dieser Ansicht um so mehr geneigt als sie unser Urteil gegen die Teilnehmer an besagtem Kunstgeschmack mildert, den Schein willkürlicher Irrung großen Teils von ihnen abwälzt; denn sie fanden sich mit dem gewaltigen Strom herrschender Meinungen und Gesinnungen fortgezogen. Da aber jener National-Enthusiasmus, nach erreichtem großen Zweck, den leidenschaftlichen Charakter, wodurch er so stark und tatfertig geworden, ohne Zweifel wieder ablegen und in die Grenzen einer anständigen würdigen Selbstschätzung zurücktreten wird, so kann sich alsdann auch die Kunst verständig fassen lernen und die beengende Nachahmung der älteren Meister aufgeben, ohne doch denselben und ihren Werken die gebührende und auf wahre Erkenntnis gegründete Hochachtung zu entziehen.«[6]

Polemisch ist Goethes Strategie, die aktuelle, auf große Akzeptanz treffende romantische Kunst radikal zu historisieren und als abgeschlossene Epoche gleichsam in die Ferne zu entrücken. Seine eigentliche Kritik gilt den Nazarenern mit ihrem forcierten Historismus und der programmatischen Beschränkung auf religiöse und »vaterländische« Themen. Nach seinem Wunsch sollte der Aufsatz, ganz im martialischen Stil der Zeit formuliert, »als eine Bombe in den Kreis der Nazarenischen Künstler hinein plumpen«.[7] Doch verkannte Goethe offensichtlich das versiegende Potential seiner eigenen Kunstanschauung, wenn er resümierte, dass die Rückbesinnung auf die nationale Tradition angesichts der französischen Besatzung natürlich notwendig gewesen sei, man aber nun doch wieder zum Geschäft einer autonomen, sich im »Charakteristischen, Tüchtigen, Kräftigen«[8] erschöpfenden Kunst zurückkehren könne, wie sie in den *Propyläen* theoretisch entworfen worden war und durch die Preisaufgaben in Deutschland verwirklicht werden sollte. Diesen Weg konnte nach 1815 kaum ein deutscher Künstler mehr gehen. Religion und Nation wurden bis tief in den Verlauf des 19. Jahrhunderts hinein die zentralen Stichworte, mit denen sich die Künstler auseinandersetzen sollten.

Kunst der Befreiung

Es gibt keine Kunst der Befreiungskriege.[9] Zumindest sind die Befreiungskriege nicht für die Neuschöpfung eines künstlerischen Stils – hier käme wohl am ehesten der »neugotische Stil« in den Sinn – verantwortlich zu machen. Wir wissen längst – auch Goethe und Meyer verhehlen diesen Sachverhalt nicht –, dass das kunsthistorische Interesse für die alte Kunst und die »vaterländischen« Denkmäler schon weit ins 18. Jahrhundert zurückreichte und sich eher als Phänomen des beginnenden ästhetischen Historismus denn als eine dezidiert politische Positionsbestimmung beschreiben lässt. Im Zuge der Ausweitung ihrer kunsthistorischen Studien wandten sich auch die Weimarer Kunstfreunde (»W.K.F.«) verstärkt der mittelalterlichen Kunst zu. Doch war dies Ausdruck eines wissenschaftlichen Interesses am ›Ganzen‹ der Kunst;[10] die alte Kunst sollte keineswegs – insbesondere nicht als religiöser Impetus

– in die Wirklichkeit der gegenwärtigen Kunstdebatte hineinreichen. Für Goethe war eine »patriotische Kunst« schlicht undenkbar.[11]

Im Gegensatz zur affirmativen politischen Ikonografie Napoleons und seiner offiziellen Staatskunst[12] hat sich auf der Seite der Napoleon-Gegner keine konsistente Bildwelt ausgeprägt. Selbst der kleinste gemeinsame Nenner, die Darstellung des Usurpators selbst, lässt sich nicht als ikonografische Konstante ausmachen. Napoleon kommt – außer in der Karikatur – in Deutschland nur selten *in effigie* zur Darstellung.[13] Die Gründe dafür liegen auf der Hand. Zwar lassen sich antinapoleonische Bildthemen in Deutschland schon seit 1807, nach Besetzung Preußens und dem Abschluss des Tilsiter Friedens nachweisen, der ein französischer Diktatfrieden war und zum wirtschaftlichen, militärischen und territorialen Zusammenbruch der Hohenzollernmonarchie führte. Jede bildliche Kritik, antinapoleonische Bildpropaganda oder Darstellung von Unternehmungen gegen die napoleonische Herrschaft war durch die strenge Zensur jedoch unmöglich.[14] Runges Federzeichnung *Fall des Vaterlandes* (1809), entstanden als Umschlagentwurf für das *Vaterländische Museum,* wurde 1810 von dem Verleger Friedrich Perthes aus der Angst zurückgehalten, eine zu eindeutige Allegorie auf Vaterlandsliebe und den Wunsch nach politischer Veränderung zu sein, die sich wie im Bild sinnfällig auf dem Nährboden der Opfer napoleonischer Herrschaft vollziehen mag.[15] In der Karikatur und verwandten Bildmedien lässt sich erst ab 1813, dem Ausbruch der Kämpfe, eine offene Auseinandersetzung mit Napoleon verzeichnen. Der *Triumph des Jahres 1813* (Abb. 2, Kat.-Nr. 316), ein berühmtes, den »Deutschen« gewidmetes Blatt, das den Gebrüdern Henschel zugeschrieben wird und in verschiedenen Varianten in ganz Europa gedruckt wurde, wäre zuvor undenkbar gewesen.[16] Es zeigt als Profilbildnis Napoleons einen Leviathan-artigen Kompositkörper, dessen Gesicht aus nackten Leichen besteht. Erst jetzt, nach der Leipziger Völkerschlacht, konnte solch ein »wahres« Bild des Kaisers ungestraft zirkulieren. Doch lassen sich neben der Gattung Karikatur eine Reihe von Bildkonzepten und stilistischen Phänomenen mit den Befreiungskriegen verbinden, ohne ein einheitliches

2
Gebrüder Henschel
Triumph des Jahres 1813. Den Deutschen zum Neuenjahr 1814 | 1813
Kat.-Nr. 316

Gesamtbild zu ergeben. Vielfältig sind auch die Bildgattungen, die der ausgeprägten Memorialkultur Rechnung tragen: Erinnert wird an siegreiche Taten und große Persönlichkeiten, an Opfer des Krieges und politische Entscheidungen. Die Selbsthistorisierung der Befreiungskriege setzt bereits unmittelbar in ihrem Verlauf, im großen Stil aber sofort nach Abschluss der Kampfhandlungen ein und ergreift alle Bildmedien, neben Gemälden und Denkmälern vor allem auch Werke der Dekorations- und Kleinkunst. Die Kritik an Napoleon kann als motivische Rückbesinnung auf »Vaterländisches« oder im Rekurs auf einen bestimmten Stil, den »altdeutschen« Stil, artikuliert werden. Die Stilwahl kann, wie im Fall der Neugotik, politisch motiviert sein und mit Bedeutung aufgeladen werden, ist es aber nicht *per se*. Heterogene Bilder reagieren auf äußerst wandelbare politische Prozesse und auf eine schwer überschaubare historische Situation, in der sich Affirmation und Kritik Napoleons abwechseln und erst ab 1813 in den Bilderkampf der Freiheitskriege einmünden, bei dem sich, namentlich in der Karikatur, wieder eindeutige Bildkonzepte beschreiben lassen.[17] Was den Napoleon-Gegnern im Vergleich mit der französischen Staatskunst jedoch fehlt, ist die Ikone. Dieser Mangel einer zentralen figürlichen Referenz für das Gedankengut des Freiheitskampfes wird durch Allegorien und ubiquitär verwendete symbolische Zeichen wie Eichenlaub und *Eisernes Kreuz* nur unzureichend kompensiert.

Mobilmachung

Die Haltung der Künstler zum Krieg bleibt ambivalent. Zweifellos gibt es die Handlungsgehemmten, die den allgemeinen Enthusiasmus zwar teilen, aber nicht zur Tat schreiten. So scheiterte der Plan von Peter Cornelius, von Rom nach Deutschland zu gelangen, um an den Kämpfen teilzunehmen. Gerade für die deutsch-römischen Künstler blieb die räumliche Ferne von den Vorgängen der Weltpolitik integraler Teil ihrer Existenz. Auf die Nachrichten von den Wirren am Ende der napoleonischen Herrschaft, durch die auch die Heimatstadt Lübeck gleich zweimal der Plünderung anheimgefallen war, antwortet Friedrich Overbeck dem Vater: »ach! unser eins vernimmt so wenig von dem was in der Welt vorgeht, sitzt in seiner Kammer so ruhig als ob noch Saturnus regierte, während draußen vielleicht Reiche fallen und Völker geopfert werden; ach! und dankt im Grunde Gott dafür, daß er so wenig davon vernimmt, da er uns doch einmal nicht helfen kann.«[18] Der Fall menschlicher Hybris wurde mit dem Sturz Napoleons und der Rückkehr von Papst Pius VII. im Jahr 1814 in Rom schnell zur politischen Realität. Auch die Lukasbrüder teilten die in der deutschen Künstlerschaft verbreitete Franzosen-Feindlichkeit. Berühmt ist das von den deutschen Künstlern anlässlich der Niederlage Napoleons ausgerichtete Fest, für dessen Dekoration Overbeck und Cornelius ephemere Transparente mit Allegorien der *Stärke* und der *Gerechtigkeit* anfertigten. Mit der Wahl dieser Personifikationen hatten sich auch die religiös orientierten Lukasbrüder auf das Gebiet der politischen Ikonografie gewagt. Mit dem Eintreffen Carl Philipp Fohrs, der 1815/16 in Heidelberg in national gesinnten Studentenkreisen verkehrte und in Rom den ›deutschen Rock‹ einführte, politisierte sich auch die römische Künstlerrepublik zunehmend. Echte Kriegsbegeisterung machte sich aber namentlich im Lager der Wiener Künstler breit, die mit dem Lukasbund in Verbindung standen. Philipp Veit, der Stiefsohn Friedrich Schlegels, trat 1813 mit Theodor Körner und Joseph von Eichendorff dem Lützowschen Freikorps bei, wo der Maler Sekretär des Kompaniechefs Friedrich Ludwig Jahn wurde;[19] die Brüder Heinrich und Friedrich Olivier zogen ebenfalls in den Krieg, während ihr Bruder Ferdinand aufgrund seiner Heirat mit Margaret Velpy, die drei Kinder in die Ehe brachte, schweren Herzens auf die Teilnahme verzichten musste und in Wien blieb.[20]

Auch die Brüder Ludwig Sigismund und Julius Eugen Ruhl meldeten sich 1813 freiwillig, Friedrich August von Klinkowström trat in den militärischen Verwaltungsdienst ein, Adam Weise aus Weimar nahm von 1813 bis 1815 als Freiwilliger Weimarischer Jäger an den Kämpfen teil, und der Porträtist und Blumenmaler Adolf Senff zog in den Krieg, ohne jemals an Kampfhandlungen beteiligt zu sein. Georg Friedrich Kersting folgte begeistert seiner patriotischen Überzeugung und trat im April 1813 als Freiwilliger dem Lützowschen

3 A

3 B

3A UND B
Georg Friedrich Kersting
Auf Vorposten/Die Kranzwinderin | 1815
Berlin, Alte Nationalgalerie

Freikorps bei. Er erwarb sowohl das *Eiserne Kreuz* wie den russischen St. Georgs-Orden und stellte sich wiederholt in der Uniform der Freiheitskriege dar. Mehrere Gemälde widmete er diesem thematischen Komplex. Das bedeutendste dieser Bilder enthält zwar kein Selbstporträt, ist aber *post festum* ein Zeugnis der Mobilmachung, die gerade auch Künstler und Intellektuelle ergriff. Das Gemäldepaar *Auf Vorposten/ Die Kranzwinderin* (Abb. 3) entstand 1815 als Gedenkdiptychon.[21] Das linke Bild zeigt – von links nach rechts – Kerstings Kameraden Heinrich Hartmann, Theodor Körner und Karl Friedrich Friesen auf morgendlichem Vorposten in einem Eichenwald. Mit einem bemerkenswerten Detailrealismus wiedergegeben sind die schwarzen Uniformen – es handelte sich bei dieser Freiwilligeneinheit der preußischen Armee in der Regel um eingefärbte Privatkleidung – mit roten Aufschlägen und goldenen Messingknöpfen. Auch die typischen Waffen Säbel und Büchse wurden privat organisiert, da die Freiwilligen keinen Sold erhielten und sich selbst ausrüsten mussten. Die Soldaten tragen hier nicht wie üblich den Tschako, sondern das altdeutsche Barett als Bekenntnis zur deutschen Nationaltracht.[22] Bedeutsam blitzt das *Eiserne Kreuz* als hohe Kriegsauszeichnung an der Brust des liegenden Hartmann. Auf eine Handlung, etwa eine Heldentat der Lützower Jäger, hat der Maler verzichtet und stattdessen versucht, einen Moment der Gewohnheit einzufangen. Durchaus unterschiedlich hat Kersting die einzelnen Charaktere von Versunkenheit bis zu gespannter Aufmerksamkeit gezeichnet. Alle drei Dargestellten starben im Kampf, zwei von ihnen, Körner und Friesen, gehörten zu den berühmtesten Lützower Jägern. Besonders Theodor Körner, dessen Tod am 26. August 1813 beim mecklenburgischen Gadebusch Kersting unmittelbar miterlebt hatte, wurde durch seine posthum erschienene Gedichtsammlung *Leyer und Schwert* (1814) (Kat.-Nr. 304) eine zentrale Identifikationsfigur für die deutschen Freiheitskämpfer gerade unter Studenten, Intellektuellen, Beamten und Künstlern, die sich wie Joseph von Eichendorff, Philipp Veit und Friedrich Olivier bei den Lützower Jägern sammelten. In dem idyllischen, eher nach klassizistischen Vorlagen gestalteten Gegenbild der *Kranzwinderin* wird das Gedächtnis an die Gefallenen auf eine metaphorische Ebene gehoben: Die im reinen Weiß der Unschuld wie eine Braut gekleidete blonde Frau, deren Kleid altdeutsche Züge aufweist, flicht drei Eichenkränze zu Ehren der Kämpfer, deren Namen in die Eichenstämme eingeritzt sind. Tatsächlich wurde dem aufgebahrten Leichnam Körners, wie eine Zeichnung Friedrich Oliviers zeigt, ein Eichenkranz, gleichsam als vaterländisches Helden- und Dichterattribut, aufgesetzt. Dienen die Eichenkränze als Lohn für die vollbrachten Taten, so sind auch die den Eichen eingegrabenen Namen Liebesgaben, denn das Einritzen von Namen in Bäume ist eine Erinnerungs- und Liebesgeste, die bereits in der Weltliteratur, etwa bei Ariost und Tasso, formuliert worden war.[23] Ein direkter ikonografischer Bezug auf die Befreiungskriege ist hier durch die Eichen gegeben, die symbolisch für die Tugenden der deutschen Nation und im Besonderen für die Verdienste der Gefallenen stehen. Der dichte Eichenwald ist ganz in Körnerscher Stimmung gehalten, hatte der Dichter doch 1811 selbst ein Gedicht *Die Eichen* verfasst, in dem die Bäume als Zeugen der Vorzeit angerufen werden, die in der Zeit der Erniedrigung Deutschlands durch den »Wüthrich« Napoleon grünen und aufrecht stehen:

> Abend wird's, des Tages Stimmen schweigen,
> Röther strahlt der Sonne letztes Glühn;
> Und hier sitz' ich unter euren Zweigen,
> Und das Herz ist mir so voll, so kühn!
> Alter Zeiten alte, treue Zeugen
> Schmückt euch doch des Lebens frisches Grün,
> Und der Vorwelt kräftige Gestalten
> Sind uns noch in eurer Pracht erhalten.
>
> Viel des Edlen hat die Zeit zertrümmert,
> Viel des Schönen starb den frühen Tod;
> Durch die reichen Blätterkränze schimmert
> Seinen Abschied dort das Abendroth.
> Doch um das Verhängnis unbekümmert,
> Hat vergebens euch die Zeit bedroht,
> Und es ruft mir aus der Zweige Wehen:
> Alles Große muß im Tod bestehen![24]

In Körners Kriegslyrik sind die Eichen ein fester Bestandteil der Ikonografie und dienen auch als Sinnbild der Treue. Drei Eichen wachsen in *Auf Vorposten* zu einer gemeinsamen Baumkrone zusammen, womit die »grüne Halle« des Waldes, wie es bei Eichendorff heißt, zum Verweis auf das deutsche Vaterland wird.[25] Die Lichterscheinung des dämmernden Tages ist zudem als politische Metapher der Hoffnung zu verstehen. Die Gemälde spielen in ihrer Stille und Handlungslosigkeit elegisch auf den Tod der Soldaten und dessen Überwindung im patriotischen Ehrengedenken an.

Heilige Allegorie
Die »Freiheitskriege« sind gerade von den romantischen Intellektuellen und Künstlern als religiöser Krieg verstanden worden, als christlicher Kreuzzug gegen das säkularisierte Frankreich. Theodor Körner, in dessen über die Maßen populärer Kriegslyrik sich die politisch-nationale mit der protestantisch-religiösen Ebene untrennbar verbunden hat, ruft direkt zum Kreuzzug auf: »Es ist kein Krieg, von dem die Kronen wissen;/Es ist ein Kreuzzug, 's ist ein heil'ger Krieg!«[26] Einer großen Idee war hier auch bildlich Ausdruck zu verleihen, doch waren adäquate Bildformulare nicht vorhanden. Pointiert formuliert, werden die Künstler selbst Opfer derjenigen Säkularisierung, die sie mit ihrem religiösen Enthusiasmus gerade bekämpften, da sie in der Regel sakrale Bildformulare nutzen mussten, um sie mit profanen politischen Gehalten (in die sich freilich auch immer eine religiöse Bedeutung einschreiben konnte) zu füllen. Schon der Rekurs auf die Formensprache des Mittelalters, die ja weniger die profane Welt des Rittertums als diejenige der gotischen Kathedralen war, entsprach dieser sakralisierenden Tendenz. Religiöse Bildformulare wie das Altarbild, die im Zuge der Säkularisierung an Relevanz verloren hatten, konnten mit nationaler Bedeutung aufgeladen werden.

Ein besonders eindrucksvolles Beispiel ist der seit 1945 verschollene monumentale *Altar des Vaterlands* (oder *Denkmal der Vaterlandsliebe des preußischen Volks im Jahre 1813 und 1814*) von Friedrich Georg Weitsch von 1814 (Abb. 4), der sich seit 1821 als Stiftung des Künstlers im Vereinigten Königlichen und Stadtgymnasium in Stettin (später im Marienstiftsgymnasium) befand, aber vom Maler »zur Aufstellung in irgend einem dazu schicklichen öffentlichen Gebäude dieser Haupt- und Residenzstadt [= Berlin]« bestimmt war.[27] Um einen Altarblock haben sich Repräsentanten der preußischen Stände – Adel, Bauer und Bürger, der hier zudem als Student oder Gelehrter akzentuiert ist – versammelt und reichen sich die rechte Hand zum Schwur über den Waffen. Eine andere Sphäre bezeichnet das ›Bild im Bild‹ einer im Bildformular des *Engelssturzes* gestalteten Kreuzeserscheinung als Lichtvision, auf der ein militanter Engel mit Flammenschwert die Teufel in den Abgrund stürzt. Ergriffen blicken die Schwörenden nach oben, wo das Kreuz von einem Strahlenkranz ausgezeichnet wird. Die Botschaft dieser profanen Allegorie ist deutlich: Sie vermittelt neben dem tagespolitischen Anlass des Freiheitskampfes eine Idee der Nation. Die Standesgrenzen werden überschritten, um in den Kampf für das Vaterland einzutreten, der nicht nur ein patriotischer, sondern auch ein protestantischer Glaubenskampf ist. »Mit Gott für König und Vaterland« lautet die unmissverständliche Eidesformel auf dem Altar, die zur Losung des Befreiungskampfes wurde. Weitsch wollte die einfache Verständlichkeit seiner Bildallegorie gewahrt wissen und hat ihr ganz bewusst eine strenge, geradezu sakral wirkende Achsensymmetrie verliehen. Der weitgehende Verzicht auf allegorisches Beiwerk sollte eine realistische Bildsprache garantieren, die dennoch sinnbildliche Bedeutung anstrebt. Von dem auf der Berliner Kunstausstellung gezeigten Gemälde hat sich eine ausführliche Beschreibung erhalten, in der sich nationales Pathos mit dem Versuch einer Erklärung der Allegorie verbindet:

»Ergriffen von dem Gedanken, daß die Feier der großen Thaten und Begebenheiten der Nazion eine der würdigsten und heiligsten Bestrebungen der Kunst sey, hat der Künstler versucht in diesem Gemälde den erhabenen Moment darzustellen, in welchem alle Stände des preußischen Volks von der heiligsten Freiheits- und Vaterlandsliebe entflammt und von dem unbedingten Vertrauen auf Gottes allmächtigen Beistand gestärkt, nach erfolgtem Aufrufe des Königs, die Waffen

4
Friedrich Georg Weitsch
Denkmal der Vaterlandsliebe des preußischen Volks im Jahre 1813 und 1814 | 1814
Stettin, Marienstiftsgymnasium, 1945 verschollen

König als Altarbild für die Berliner Garnisonkirche anbot, politisch nicht mehr opportun war, da es die konstitutionelle Beteiligung der Stände an der Regierung zum Gegenstand hatte und zudem als profane Allegorie völlig unbrauchbar für den Altar war.[29]

Ältere Bildvorlagen im neugotischen Stilidiom nutzt auch Heinrich Olivier 1815 für seine in Aquarell und Deckfarben auf Papier, also vermutlich für einen privaten Zweck, ausgeführte *Heilige Allianz* in der Anhaltischen Gemäldegalerie in Dessau (Abb. 5).[30] Nach dem Studium in Dresden und einem längeren Aufenthalt in Paris, wo er zusammen mit seinem jüngeren Bruder Ferdinand die alte Kunst im Musée Napoléon studiert hatte, beteiligte sich der Dessauer Maler an den Befreiungskriegen, trat 1813 als Offizier in die deutsche Legion ein und wurde mit dem *Eisernen Kreuz* ausgezeichnet, ehe er 1814 für drei Jahre zu seinem Bruder nach Wien zog. Dort, in einem der Zentren antinapoleonischer Bewegung, im intellektuellen Umfeld Friedrich Schlegels, der sich als Dichter und Publizist für die deutsche Sache einsetzte, entstand die Gouache der *Heiligen Allianz,* zu deren singulärem Bildsujet ihn die am 26. September 1815 in Paris geschlossene Allianz der drei Monarchen Russlands, Österreichs und Preußens inspiriert hatte. Sie war offizieller Ausdruck des Willens, die europäische Politik in Zukunft in überkonfessioneller Perspektive auf die Grundlage des christlichen Glaubens zu stellen und wurde daher von den Romantikern zunächst begrüßt. Das eigentliche politische Ziel des Bündnisses war allerdings die Aufrechterhaltung der monarchischen Ordnung, des Gottesgnadentums des Herrschers und des auf dem Wiener Kongress geschaffenen staatlichen Systems in Europa. Man verpflichtete sich zu gegenseitigem Beistand, sollte diese Ordnung wieder bedroht werden, wobei die Bedrohung vor allem von den nationalstaatlichen Einigungsbewegungen zu befürchten war. Die Heilige Allianz ist damit Dokument der unmittelbar nach dem Sieg über Napoleon einsetzenden Restauration, da sie die Hoffnungen der Deutschen auf einen geeinten Nationalstaat mit einer liberalen demokratischen Verfassung zunichtemachte. In seiner Gouache hat Olivier das Ereignis, dessen Bedeutung er offensichtlich romantisch-idealistisch fehlverstanden hat, allegorisch überhöht

ergriffen, um das Vaterland von fremder Tyrannei und Feindesgewalt zu befreien und ihm und dem übrigen Deutschlande, ja dem ganze Europa Ruhe und Freiheit mit erringen zu helfen.«[28]

Weitschs *Denkmal der Vaterlandsliebe* fand nicht die vom Künstler erhoffte öffentliche Aufstellung in Berlin. Dies mag daran liegen, dass es in seiner egalitären Auffassung der Stände vermutlich schon 1814, sicher aber nach dem Wiener Kongress 1818, als Weitsch es dem

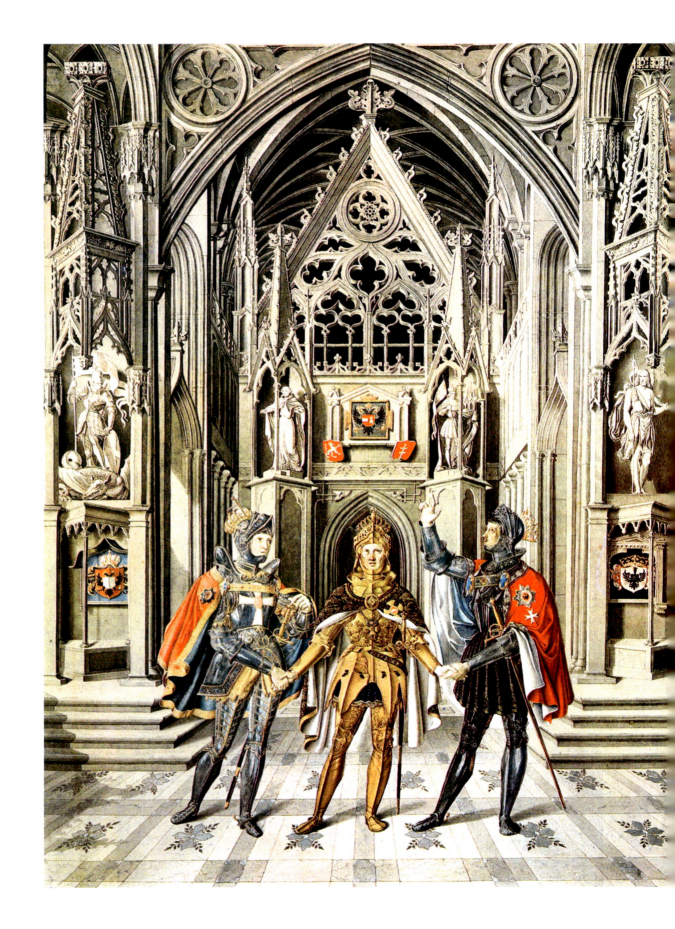

5
Heinrich Olivier
Die Heilige Allianz | 1815
Dessau, Anhaltische Gemäldegalerie

und in ein fantasievolles Mittelalter zurückversetzt. In einem gotischen Kirchenraum in der Formensprache der Dessauer Neugotik – ein zweifellos patriotisch konnotierter Stil – reichen sich die drei Monarchen, in mittelalterliche Rüstungen gekleidet, die Hände zum Bund. Zentral in der Mittelachse steht Kaiser Franz I. von Österreich, links der russische Zar Alexander I. und auf der rechten Seite der preußische König Friedrich Wilhelm III., der die rechte Hand feierlich zum Schwur erhoben hat. Den drei Herrschern sind die in gotische Tabernakel eingestellten Figuren christlicher Heiliger zugeordnet: dem Kaiser die Heiligen Franz und Leopold mit dem Kaiserwappen in der Mitte, dem Zaren der heilige Georg, da er Oberhaupt des russischen Ordens der Georgsritter war, dem preußischen König als Stifter des Johanniterordens die Figur Johannes des Täufers. Olivier präsentiert die Monarchen als christliche Ritter in sakraler Architektur. Damit verdeutlicht er nicht nur seinen und vieler Romantiker Wunsch nach einer auf mittelalterlicher Tradition gegründeten Verbindung von Staat und Kirche, sondern nimmt auch auf die aktuelle Situation Bezug. Denn mit dem Schluss der Allianz wurde festgelegt, dass die zukünftige europäische Politik auf Gebote und Grundsätze des Christentums – protestantisch, römisch-katholisch und russisch-orthodox – verpflichtet werde. Olivier hatte vermutlich schon »im März 1813«, so die möglicherweise eigenhändige Beschriftung, eine ähnliche Komposition entworfen.[31] Dort sind es aber nur zwei ritterlich gekleidete Figuren, die sich die Hände zum Treueschwur reichen. Ihnen fehlt zudem die Porträtähnlichkeit, womit sie eher als Personifikationen zweier Völker zu deuten sind. Möglicherweise wollte Olivier auf den russisch-preußischen Vertrag von Kalisch aus demselben Jahr anspielen. Die bildinterne Inschrift »Zum Kampf f(ür) die Frei(heit)« verweist auch hier auf den ideengeschichtlichen Kontext vom Beginn der Befreiungskriege, als diese Allianz gegen Napoleon geschlossen wurde. Es ist wahrscheinlich, dass sich Olivier für seine bildliche Formulierung der Heiligen Allianz von 1815 zusätzlich auf eine Darstellung des realen Ereignisses wie diejenige des Nürnberger Kupferstechers Johann Carl Bock (Abb. 6) gestützt hat, die der Verbreitung der Kenntnis vom »Heiligen

6
Johann Carl Bock
Die Heilige Allianz | 1815
Berlin, Staatliche Museen zu Berlin, Kunstbibliothek

Bund« diente. Auch dieser Kupferstich steht wie die Gouache von Olivier in der Tradition des Allianzbildes, das noch in der französischen Revolutionszeit fortlebte, wie eine Darstellung des *Republikanischen Triumvirats (Barras, Reubell und La Revellière-Lépeaux)* belegt.[32] Mit dem erhobenen Arm des preußischen Königs zitiert Olivier zudem den Typus des Schwurbildes, wie er mit Füsslis *Rütlischwur* (1779/81) bekannt geworden ist. Olivier hat seine Figuren nahezu identisch angeordnet, sie aber dem Zeitkostüm enthoben und damit historisch transzendiert. Er fasst die Heilige Allianz damit nicht nur als ein temporäres Ereignis, sondern als ein metahistorisches Wunschbild auf, das ganz der romantisch-nazarenischen Utopie von der Wiedervereinigung von Kirche und Staat, von Religion, Politik und dem öffentlichen Leben entsprach.

Schlacht

Auch das Schlachtenbild erfuhr im Zuge der Befreiungskriege eine neue Aufmerksamkeit, sei es als topografisch exakte Überschaulandschaft oder als anspruchsvolles Figurenbild in der Tradition frühneuzeitlicher Schlachtenmalerei. Das Schlachtfeld ist konstitutiv für die Erinnerung an die Befreiungskriege. Die Leipziger Völkerschlacht vom 16. bis 19. Oktober 1813 war die bis dahin größte Schlacht der Menschheitsgeschichte. Darstellungstechnisch war sie mit den Mitteln der akademischen Historienmalerei kaum zu bewältigen, doch zeichnet sich die Schlachtenmalerei der Zeit generell nicht durch Innovationen aus, die gerade im Fall von Leipzig auf die Modernisierung der Kriegsführung, die kilometerlange Erstreckung des Schlachtfeldes und den Einsatz von mehreren Hunderttausend Soldaten reagieren würden. Die erhaltenen Schlachtenbilder sind auch keine realistische Berichterstattung, sondern Kompositionen, die sich eher aus festen Bildtraditionen als aus persönlicher Augenzeugenschaft der Maler speisen. Eine Ausnahme, ja ein Fall »konstruierter Augenzeugenschaft« mag hier das erst 1840 entstandene Gemälde *Napoleon vor Regensburg* sein, dessen Maler Albrecht Adam als junger Mann die Vorgänge um die französische Eroberung von Regensburg am 23. April 1809 beobachtet hatte.[33] Auch der künstlerisch bedeutendste Schlachtenzyklus in der deutschen Malerei, den Wilhelm Kobell zwischen 1808 und 1817 ausführte, entstand teilweise erst Jahre nach Abschluss der Kämpfe, erhebt aber dennoch den Anspruch auf Autopsie.[34] 1807 hatte Kobell von Kronprinz Ludwig von Bayern den Auftrag erhalten, die militärischen Erfolge Bayerns während der napoleonischen Koalitionskriege in einer Folge von zwölf großformatigen Schlachtengemälden darzustellen. Bayern hatte sowohl auf Seiten Frankreichs wie nach 1813 auf Seiten der Alliierten gekämpft. Für den sukzessive entstandenen Zyklus wählte Kobell einen gleichbleibenden Darstellungstypus. Wie im Falle der am 27. Februar 1814 von der bayerischen Infanterie gegen die Franzosen siegreich ausgetragenen *Schlacht von Bar-sur-Aube* (Abb. 7) in der Champagne eröffnet sich auf dem 1817 ausgeführten Gemälde vor dem Betrachter eine Überschaulandschaft unterhalb der vergleichsweise hoch ansetzenden Horizontlinie (vgl. dagegen *Die Belagerung von Cosel*, 1808). Auf der verschneiten Bildbühne des Vordergrundes lassen sich akribisch beobachtete Details der Waffen und Uniformen sowie Porträts der beteiligten Offiziere, allen voran der Divisionsgeneral Prinz Carl von Bayern, ausmachen. Dagegen läuft der Bildhintergrund in einen geradezu kartografisch aufgefalteten Prospekt aus, der die entscheidenden Formationen der Schlacht zur Anschauung bringt. Etwa in der Bildmitte liegt die von der bayerischen Artillerie beschossene Stadt Bar-sur-Aube, aus der Rauchwolken emporsteigen. Kobell gestaltete dieses altertümliche Schema für Schlachtenbilder mit einem hohen Maß malerischer Illusion. Die meisten Schauplätze der Schlachten nahm er selbst in Augenschein und versuchte damit die Zuverlässigkeit seiner Darstellungen *post festum* zu untermauern.

Triumph

Karl Friedrich Schinkels *Mittelalterliche Stadt an einem Fluss* von 1815 (Abb. 8) ist Architekturfantasie und politische Allegorie zugleich.[35] Ja, das Gemälde dürfte als eines der bedeutendsten Kunstwerke gelten, die in direkter Reaktion auf den siegreichen Ausgang der Befreiungskriege entstanden sind. Die Lösung Preußens von der französischen Fremdherrschaft hat er aber nicht als Zeitgeschichte illustriert, sondern in der Utopie eines deutschen Mittelalters aktualisiert, das Vergangenheit und Zukunft zugleich ist. Majestätisch erhebt sich ein noch unvollendeter Dom über einer mittelalterlichen Stadt. Die Kathedrale ist in gotischem Baustil dargestellt, der für Schinkel um 1800 als charakteristisch deutscher Stil und Symbol der erstrebten nationalen Einheit galt, wie es schon Goethe in *Von deutscher Baukunst* (1773) dargelegt hatte. Die genuine kunsthistorische Herkunft der gotischen Formensprache aus Frankreich war noch nicht erkannt. Auch die Landschaft mit ihren Eichen hat Schinkel als ›deutsch‹ gekennzeichnet. Der vom Volk bejubelte Einzug des Herrschers, eine deutliche Anspielung auf den siegreich aus den napoleonischen Kriegen heimgekehrten preußischen König Friedrich Wilhelm III., zeigt den eben vollzogenen Machtwechsel an. Als Sieger wird er in den deutschen Dom einziehen, der nicht zufällig große Ähnlichkeit mit Schinkels Ent-

7
Wilhelm von Kobell
Die Schlacht von Bar-sur-Aube | 1817
München, Neue Pinakothek

8
Karl Friedrich Schinkel
Mittelalterliche Stadt an einem Fluss | 1815
Berlin, Alte Nationalgalerie

würfen für ein Nationaldenkmal der Freiheitskriege hat, das in Form eines gigantischen neugotischen Domes vor dem Brandenburger Tor realisiert werden sollte. Dem politischen Umschwung entspricht auf metaphorischer Ebene auch die meteorologische Wende eines abziehenden Gewitters: Der Himmel reißt auf und ein Regenbogen, Zeichen der Veränderung und der Versöhnung Gottes mit den Menschen, erscheint und spannt sich von der Kaiserpfalz über den Dom bis zu der im Tal an einem Fluss liegenden Stadt. Der Sieg über Napoleon gleicht einem göttlichen Strafgericht. Die Verschiebung der Zeitgeschichte in ein fantastisches deutsches Mittelalter stellt die Hoffnung der Romantiker auf eine künftige nationale Einheit nach Vorbild des Heiligen Römischen Reiches Deutscher Nation heraus, das 1806 aufgelöst worden war. Zeitgleich propagierte Joseph Görres 1814 die Vollendung des Kölner Doms als Symbol für die nationale Einigung. Das verschollene Pendant, die *Griechische Stadt am Meer* (ehemals Berlin, Nationalgalerie), dokumentierte die beiden Pole von Schinkels romantischer Kunstkonzeption. Als metahistorisches Konstrukt werden zwei Kulturlandschaften einander gegenübergestellt, ein Morgen griechischer Kulturblüte und ein streng patriotisch aufgefasstes deutsches Mittelalter. Schinkels malerisches Werk ist von einem konsequenten Dualismus rückgewandter Utopien gekennzeichnet. Neben das klassische Griechenland tritt aber gerade während der Befreiungskriege gleichrangig das deutsche Mittelalter mit seinen gotischen Architekturfantasien als Projektionsfläche nationaler Identität.[36]

Verlorene Illusionen

Der Kriegsemphase folgte auf Künstlerseite oft die Desillusionierung. Die Freiwilligen sahen ihre Pflicht erfüllt und nahmen schnell ihren Abschied von der Armee, sobald die Kämpfe beendet waren. Frustrierend war auch, gar nicht an den Schlachten selbst teilgenommen zu haben, aber trotzdem mit dem Grauen und dem Elend des Krieges, ermüdenden Wechseln von Position und Taktik sowie Märschen durch halb Europa – Friedrich Olivier gelangte bis London und Paris – konfrontiert worden zu sein. Philipp Veit, der an sieben Schlachten teilgenommen und in Leipzig, Laon und Paris selbst gekämpft hatte, verleiht in einem Brief vom 12. Mai 1814 aus der Picardie seiner Kriegsmüdigkeit Ausdruck: »Glaube mir, liebe Mutter, Krieg bleibt Krieg und stets ein Recht, das man sich selber schafft; und dabei, was ist nun gewonnen und durch so vieler Christen Leben erkämpft?«[37] In Caspar David Friedrichs Gemälde *Der Chasseur im Walde* von 1814 (Abb. 9) wird den verlorenen Illusionen auf ganz andere Weise Ausdruck verliehen. In dem Gemälde wurde immer wieder zu Recht ein Kommentar des erklärten Napoleon-Gegners Friedrich zu den Befreiungskriegen gesehen.[38] Ein einsamer Soldat mit Kürassierhelm, Mantel und Säbel steht scheinbar orientierungslos vor einem bedrohlich den Horizont verschließenden winterlichen Fichtenwald. Einen Ausweg aus dieser Situation scheint es für ihn nicht zu geben, denn der verschneite Weg endet vor der Wand aus Bäumen. Den aktuellen Zeitbezug verbürgt die Tatsache, dass das Gemälde, das wahrscheinlich schon im Frühjahr 1814 auf einer patriotischen Ausstellung in Dresden ausgestellt war, im Oktober desselben Jahres auf der Berliner Akademie-Ausstellung gezeigt wurde. Die überzeugende Lesart als politische Allegorie resultiert aus der patriotisch motivierten Beschreibung des Soldaten als französischer Kürassier in der *Vossischen Zeitung* vom 7. Dezember 1814: »Einem französischen Chasseur, der einsam durch den beschneiten Wald geht, singt ein auf einem alten Stamm sitzender Rabe ein Sterbelied.« Nach Napoleons Niederlagen von 1813/14 war die Darstellung des Verhängnisses, das den Franzosen als ehemaligen Besatzern im deutschen Winterwald drohte, für die Zeitgenossen also durchaus verständlich. Jüngere Forschungen haben nun Zweifel an der Nationalität des Kürassiers angemeldet und für eine offenere Deutung plädiert, der zufolge das Bild keine eindeutige patriotische Aussage besitze, sondern eher auf das allgemeingültige Schicksal des Soldaten, auf die Verlassenheit angesichts von Einsamkeit und Tod, verweise.[39] Die bedrohliche Stimmung des ins undefinierte Dunkel führenden Waldwegs und ikonografische Details wie die Krähe legen auch eine solche Deutung zumindest nahe, doch bleibt zu diskutieren, ob der Franzosen-Feind Friedrich in diesem Fall nicht doch eine konkrete politische Bedeutung im Sinn hatte, für die er ein passendes

9
Caspar David Friedrich
Der Chasseur im Walde | 1814
Privatbesitz

Bildformular im Medium seiner bevorzugten Gattung, der Landschaftsmalerei, entwickelt hat. Die Radikalität seines Landschaftskonzepts besteht in der Negation der klassischen Staffelung in Gründe und der mit wenigen Motiven evozierten winterlichen Trostlosigkeit, in der sich der Neubeginn nur zögerlich in der kleinen Tanne am vorderen Bildrand andeuten mag.

Erinnerungslandschaft

Mit den Befreiungskriegen gelangte eine Bildgattung nach der Lösung aus feudalen Repräsentationszwecken eigentlich erst zu ihrer neuen Bestimmung: das Denkmal. Fast überall, wo gegen Napoleon gekämpft wurde oder Ereignisse stattfanden, die den Gang der Befreiungskriege bestimmt haben, wurden Denkmäler errichtet.[40] Dabei handelt es sich vornehmlich um Kriegerdenkmäler, Grabmäler für Offiziere und hohe Persönlichkeiten, Massengrabsteine auf den Schlachtfeldern und Erinnerungsmale für Privatpersonen. Wichtige Künstler beteiligten sich an den Entwürfen für Kriegerdenkmäler, die etwa im Schaffen Caspar David Friedrichs, zusammen mit den bildlichen Darstellungen von Gräbern und Denkmälern der Vorzeit, einen eigenen Komplex bilden (vgl. Kat.-Nr. 297–300).[41] Zunächst vornehmlich auf die *memoria* an bestimmte Personen beschränkt, wurde im Verlauf des 19. Jahrhunderts immer öfter an die Schlachten selbst erinnert, gipfelnd in dem monumentalen Leipziger *Völkerschlachtdenkmal* aus wilhelminischer Zeit (1898–1913). Neben den berühmten Monumenten wie Schinkels Berliner *Kreuzbergdenkmal* (1817–1821), das als preußisches Nationaldenkmal dem kollektiven Gedächtnis an ruhmreiche Taten dienen sollte, jedoch als königliche Stiftung ein weitgehend monarchisch-dynastisches Monument des preußischen Herrscherhauses geworden ist, sind vor allem die kleinen, privaten Erinnerungssteine bemerkenswert, die nach Ende der Kriegshandlungen entstanden. So unterschiedlich in den Einzelformen, so ähnlich sind diese Denkmäler in struktureller Hinsicht. Oft dienen sie der Erinnerung an die Taten eines Einzelnen und stiften Gedenken für einen heldenhaften oder tragischen Tod. Auch dies folgt wieder der Ökonomie einer auf die Zeitbedürfnisse abgestimmten Memorialkultur: Nicht an die

Taten des Fürsten wird erinnert, sondern das Prinzip der Individualität bestimmt den Denkmalsdiskurs. Wie jeder einzelne Deutsche seinen Beitrag zur Befreiung geleistet hat, so ist er auch eines Denkmals würdig. In dieser Perspektive wurde 1820 in Lübeck ein schlichtes klassizistisches Denkmal (Abb. 10) errichtet, das an den Fleischermeister Jürgen Paul Prahl erinnert, der bei der zweiten Besetzung Lübecks durch die Franzosen am 7. Juli 1813 ums Leben kam.[42] Aufgrund eines Zwischenfalls bei einer Truppenparade auf dem Marktplatz wurde Prahl verhaftet, kurzerhand verurteilt und standrechtlich erschossen, da er sich öffentlich über die Franzosen lustig gemacht hatte. Das Denkmal, dessen Entwurf der Lübecker Stadtbaumeister Joseph Christian Lillie seine letzte Form gab, wurde auf Betreiben der Handwerker-Ämter an der Stelle von Prahls Hinrichtung auf der Bastion Schwansort am Mühlentor errichtet (erst 1898 wurde es um 50 Meter an seinen heutigen Standort auf dem Mühlenwall versetzt). Es stiftete also ein Namens- und ein Ortsgedächtnis, da Prahl dort erschossen und auch verscharrt worden war. Die Formensprache ist betont schlicht. Obgleich Lillie einen Obelisken für ein Kriegerdenkmal für angemessener hielt und für ein

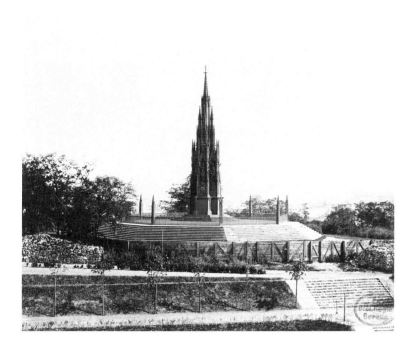

10 links
Joseph Christian Lillie (Ausführung von G. P. Remé)
Denkmal für Jürgen Paul Prahl | 1820
Lübeck, Wallanlagen

11 rechts
Karl Friedrich Schinkel
Denkmal für die Schlachten der Befreiungskriege (Kreuzbergdenkmal) | 1817–1821
Berlin, Kreuzberg

ziviles Opfer wie Prahl einen einfachen Grabstein favorisierte, beugte er sich der Kommission und wandelte seinen Entwurf in Richtung einer Obelisken-Stele ab, die nur ein Kranz aus Zypressenlaub und eine Schleife schmückt. Die entscheidende Botschaft wird im Medium der Epigrafik geäußert: »Waffengewalt erkohr zum Opfer den friedlichen Bürger«. Das Denkmal schreibt nicht nur die Opferrolle des Unschuldigen fest, sondern erinnert auch an die Bürgertugend des Hansestädters. Die Inschrift enthält somit *in nuce* ein politisches Programm der Stadtrepublik Lübeck, die unter napoleonischer Fremdherrschaft ihre Eigenständigkeit verloren hatte und erst 1813 wiedererlangte.

Derartige Denkmäler finden sich in vielen deutschen Dörfern, Städten und auf den ehemaligen Schlachtfeldern. Ihnen eigen ist ein gewissermaßen anikonischer Zug, da häufig allein Inschriften, seltener aber Bilder – die natürlich auch höhere Produktionskosten bedeuteten – das Gedächtnis stiften. Im Zusammenspiel erzeugen die Denkmäler eine Erinnerungstopografie, als deren idealer Fluchtpunkt in der Hauptstadt Berlin das *Kreuzbergdenkmal* (Abb. 11) entstand. Friedrich Wilhelm III. hatte selbst angeordnet, dass auf den einzelnen Schlachtfeldern Monumente errichtet werden sollten sowie »bei der Residenzstadt des Reiches [Berlin, M.T.] ein großes Monument die gesamten Begebenheiten jener denkwürdigen Jahre bezeichnen« und damit die Tendenzen der preußischen Erinnerungspolitik bündeln sollte.[43] Schinkel plante 1818 zunächst, eine hohe Denksäule in klassischen Formen auf dem Templower Berg vor dem Halleschen Tor zu errichten. Der Kronprinz (der spätere Friedrich Wilhelm IV.) soll dann den entscheidenden Anstoß zur gotischen Form gegeben haben. Im »Stile des Mittelalters« ausgeführt, lehnt sich das Denkmal an spätgotische Vorbilder an. Durchweg modern ist aber die Ausführung in Gusseisen durch die Königliche Eisengießerei sowie der Grundriss in Form des von Schinkel entworfenen *Eisernen Kreuzes,* das als Abschluss der sich verjüngenden Spitze wiederkehrt und die siegreichen Schlachten unter diesem Zeichen vereint. Der für die Aufstellung gewählte Hügel trägt bis heute von ihm seinen Namen: Kreuzberg. Das ikonografische Programm ist von der Hegemonie Preußens bestimmt. In Tabernakeln befinden sich zwölf Allegorien von Schlachtfeldern, wobei in den Hauptachsen die vier wichtigsten Schlachten von Groß-Görschen,

Leipzig, Paris und Belle-Alliance herausgestellt werden. Der Genius der Schlacht von Paris ließe sich als Höhepunkt des Programms bezeichnen, denn die »hohe weibliche Gestalt« trägt neben einer Quadriga mit Viktoria den Stab mit Eichenkranz und *Eisernem Kreuz* und besitzt, Rauch zufolge, die Gesichtszüge der Königin Luise. Sie markiert die Niederlage Napoleons durch den Einzug der Alliierten in Paris. Das Monument stiftet also kein spezifisches Ortsgedächtnis an eine auf dem Templower Berg ausgetragene Schlacht, sondern repräsentiert die Summe aller siegreichen Schlachten. Das Hauptproblem des Denkmals sind seine Personifikationen. Neben dem offenkundigen Stilpluralismus – die von Rauch, Tieck und Wichmann angefertigten Schlachtengenien sind klassizistische Allegorien, die teilweise in zeitgenössischen Landwehruniformen und in gotischen Nischen erscheinen – sind die Personifikationen mit männlichen Physiognomien, nämlich den Porträts der für die Schlacht entscheidenden Militärs, ausgezeichnet. Hier tritt einerseits deutlich zutage, dass sich der neugotische Stil nur bedingt für die Stiftung kollektiver Erinnerung einsetzen ließ und gerade im Medium der figürlichen Skulptur als ungeeignet erschien. Andererseits wird das Kreuzbergdenkmal mit der Personifikation der Schlachten durch Angehörige des preußischen Königshauses und Militärs zum dynastischen Monument der wiederhergestellten Monarchie. Das *Eiserne Kreuz* markiert das Nationaldenkmal zwar als Kriegs- und Freiheitsmal des deutschen Volkes, das in egalitärer Weise kämpfte, die Erinnerung an die Befreiung des Vaterlandes wird aber unmissverständlich an den politischen Erhalt der Monarchie gekoppelt.

Ein Resümee dieser Bildgeschichte der Freiheitskriege muss beim gegenwärtigen Stand der Forschung knapp ausfallen. Die lang anhaltende Konzentration auf das Bild Napoleons hat die von ihm provozierten Gegenbilder, mit Ausnahme der Karikaturen, noch nicht einer zusammenhängenden Würdigung wert erscheinen lassen. Allein die spezifische deutsche Situation offenbart, dass damit über die Fragen von Gattung, Ikonografie und Stil hinaus aber auch grundlegende Bildprobleme des Politischen im 19. Jahrhundert in den Blick kommen.

Anmerkungen

1 Zu Schinkels Entwurf, der auf eine Ideenskizze des Königs zurückgeht, siehe Rave, Paul Ortwin: *Berlin,* Dritter Teil: *Bauten für Wissenschaft, Verwaltung, Heer. Wohnbau und Denkmäler,* Berlin 1962 (Karl Friedrich Schinkel. Lebenswerk, 3), S. 259–260; Hütte, Werner Otto: *Die Geschichte des Eisernen Kreuzes und seine Bedeutung für das preußische und deutsche Auszeichnungswesen von 1813 bis zur Gegenwart,* Phil. Diss., Bonn 1967; Münkler, Herfried: *Die Deutschen und ihre Mythen,* Berlin 2009, S. 257–274.
2 Die königliche Stiftungsurkunde für das *Eiserne Kreuz* vom 17. März ist auf den 10. März 1813, den Geburtstag der drei Jahre zuvor verstorbenen Königin Luise, zurückdatiert, hier zitiert nach Zobeltitz, Hanns von: *Das Eiserne Kreuz,* Bielefeld / Leipzig 1915 (Volksbücher der Geschichte, 123), S. 2–6.
3 Meyer, Johann Heinrich / Goethe, Johann Wolfgang: »Neu-deutsche religios-patriotische Kunst«, in: *Ueber Kunst und Alterthum in den Rhein- und Maingegenden I.2, 1817,* zitiert nach: Goethe, Johann Wolfgang: *Sämtliche Werke nach Epochen seines Schaffens,* Münchner Ausgabe, Bd. 11.2, München 1994, S. 319–350. Zum Problem vgl. Büttner, Frank: »Der Streit um die ›Neudeutsch religios-patriotische Kunst‹«, in: *Aurora. Jahrbuch der Eichendorff-Gesellschaft* 43, 1983, S. 55–76; Büttner, Frank: »Abwehr der Romantik«, in: Schulze, Sabine (Hrsg.): *Goethe und die Kunst,* Ausst.-Kat. Frankfurt am Main 1994, S. 456–467; Osterkamp, Ernst: »Die Geburt der Romantik aus dem Geiste des Klassizismus. Goethe als Mentor der Maler seiner Zeit«, in: *Goethe-Jahrbuch* 112, 1995, S. 135–148.
4 Zu den Weimarer Preisaufgaben siehe vor allem Scheidig, Walther: *Goethes Preisaufgaben für bildende Künstler 1799–1805,* Weimar 1958 (Schriften der Goethe-Gesellschaft, 57); Osterkamp, Ernst: »Aus dem Gesichtspunkt reiner Menschlichkeit«. Goethes Preisaufgaben für bildende Künstler 1799–1805, in: Schulze (s. Anm. 3), S. 310–322.
5 Zu Goethes Napoleon-Verehrung, die ihn auch dem nationalen Pathos der Befreiungskriege gegenüber skeptisch verharren ließ, vgl. zuletzt mit älterer Literatur: Seibt, Gustav: *Goethe und Napoleon. Eine historische Begegnung,* München 2008.
6 Meyer / Goethe (s. Anm. 3), S. 340–341.
7 Goethe an Knebel, 17. März 1817; zitiert nach Meyer / Goethe (s. Anm. 3), S. 987.
8 Meyer / Goethe (s. Anm. 3), S. 319.
9 Das Thema ist kunsthistorisch keineswegs systematisch erschlossen. Grundlegende Materialsammlungen sind die jeweils mit politischem Implikationen unterschiedlicher Ideologien zusammengestellten Kataloge: *1813 bis 1815. Großdeutschlands Freiheitskampf,* Ausst.-Kat. Berlin 1940; *1813. Die Zeit der Befreiungskriege und die Leipziger Völkerschlacht in Malerei, Graphik, Plastik,* Ausst.-Kat. Leipzig 1988. Eine kaum erschöpfende Sektion »Napoleonverehrung und Freiheitskriege« in Plessen, Marie-Louise von (Hrsg.): *Marianne und Germania 1789–1889. Frankreich und Deutschland. Zwei Welten – eine Revue,* Ausst.-Kat. Berlin 1996, S. 193–234. Das umfangreichste Repertoire von nahezu 600 Abbildungen von Kircheisen, Friedrich M.: *Napoleon I. und das Zeitalter der Befreiungskriege in Bildern,* München / Leipzig 1914.
10 Vgl. dazu die Beiträge in: Grave, Johannes / Locher, Hubert / Wegner, Reinhard (Hrsg.): *Der Körper der Kunst. Konstruktionen der Totalität im Kunstdiskurs um 1800,* (Ästhetik um 1800, 5) Göttingen 2007.
11 Goethe, Johann Wolfgang: »Maximen und Reflexionen, Nr. 690«, in: Goethe, Johann Wolfgang: *Sämtliche Werke nach Epochen seines Schaffens,* Münchner Ausgabe, Bd. 17, München 1991, S. 844: »Es gibt keine patriotische Kunst und keine patriotische Wissenschaft. Beide gehören, wie alles hohe Gute, der ganzen Welt an, und können nur durch allgemeine freie Wechselwirkung aller zugleich Lebenden, in steter Rücksicht auf das was uns vom Vergangenen übrig und bekannt ist, gefördert werden.«
12 Vgl. den Beitrag Fleckner, hier S. 101ff.
13 Auch das Bildnis Napoleons der Brüder Olivier ist nicht *das* nazarenische Napoleon-Bild, wie es Thomas W. Gaehtgens formuliert hat, sondern ist ein affirmatives, im Auftrag des Fürsten von Anhalt-Dessau entstandenes stellvertretendes Herrscherporträt, das Charakteristika der offiziellen Napoleon-Ikonografie vereinigt; vgl. Gaehtgens, Thomas W.: »Das nazarenische Napoleonbildnis der Brüder Olivier«, in: Kern, Margit / Kirchner, Thomas / Kohle, Hubertus (Hrsg.): *Geschichte und Ästhetik. Festschrift für Werner Busch zum 60. Geburtstag,* München / Berlin 2004, S. 296–312; dagegen Savoy, Bénédicte: »Das Napoleonbildnis der deutschen Romantik«? Ferdinand und Heinrich Oliviers Napoleon, 1808, Vortrag auf dem Studientag »An den Wassern Babylons saßen wir«. Figurationen der Sehnsucht in der Malerei der Romantik. Ferdinand Olivier und Eduard Bendemann, Lübeck, Museum Behnhaus Drägerhaus, 9. Januar 2010 (Akten im Druck).

14 Vgl. Hartleb, Renate: »Das Zeitalter der Befreiungskriege und die Leipziger Schlacht: Darstellung und Reflexion in der bildenden Kunst«, in: Ausst.-Kat. Leipzig 1988 (s. Anm. 9), S. 25–34.

15 Zu dem Blatt in der Hamburger Kunsthalle vgl. Traeger, Jörg: *Philipp Otto Runge und sein Werk. Monographie und kritischer Katalog,* München 1975, S. 76, 451, Kat.-Nr. 467; *Von Runge bis Menzel. 100 Meisterzeichnungen aus dem Kupferstichkabinett der Hamburger Kunsthalle,* Ausst.-Kat. Hamburg 2003, S. 24–25, Kat.-Nr. 7 (Peter Prange).

16 Zu dem Blatt vgl. zuletzt Mathis, Hans Peter (Hrsg.): *Napoleon I. im Spiegel der Karikatur. Ein Sammlungskatalog des Napoleon-Museums Arenenberg mit 435 Karikaturen über Napoleon I.,* Zürich 1998, S. 544–545, Kat.-Nr. 340; Vetter-Liebenow, Gisela (Hrsg.): *Napoleon – Genie und Despot. Ideal und Kritik in der Kunst um 1800,* Ausst.-Kat. Berlin 2006, S. 124–125, Kat.-Nr. 86.

17 Zum allgemein ideengeschichtlichen und literarischen Kontext vgl. Wülfing, Wulf: »›Heiland‹ und ›Höllensohn‹. Zum Napoleon-Mythos im Deutschland des 19. Jahrhunderts«, in: Berding, Helmut (Hrsg.): *Mythos und Nation,* Frankfurt am Main 1996 (Studien zur Entwicklung des kollektiven Bewusstseins in der Neuzeit, 3), S. 164–184; Beßlich, Barbara: *Der deutsche Napoleon-Mythos. Literatur und Erinnerung 1800–1945,* Darmstadt 2007.

18 Lübeck, Stadtbibliothek, Nachlass Overbeck V/8, Friedrich Overbeck an den Vater, Ariccia, 20. August 1812.

19 Suhr, Norbert: *Philipp Veit (1793–1877). Leben und Werk eines Nazareners,* Weinheim 1991, S. 21–23.

20 Grote, Ludwig: *Die Brüder Olivier und die deutsche Romantik,* Berlin 1938 (Neudruck Berlin 1999), S. 103–114.

21 Vgl. Gehrig, Oscar: *Georg Friedrich Kersting. Ein mecklenburgischer Maler aus der Zeit der Befreiungskriege,* Schwerin 1931², S. 24–36; Gärtner, Hannelore: *Georg Friedrich Kersting,* Leipzig 1988, S. 89–103; Schnell, Werner: *Georg Friedrich Kersting (1785–1847). Das zeichnerische und malerische Werk mit Œuvrekatalog,* Berlin 1994, S. 183–207, Kat.-Nr. A 65, A 66; Beyer, Andreas (Hrsg.): *Geschichte der bildenden Kunst in Deutschland,* Bd. 6: *Klassik und Romantik,* München/Berlin/London/New York 2006, S. 416–417, Kat.-Nr. 297 (Iris Wenderholm).

22 Vgl. dazu Schneider, Eva Maria: *Herkunft und Verbreitungsformen der »Deutschen Nationaltracht der Befreiungskriege« als Ausdruck politischer Gesinnung,* 2. Bde., Phil. Diss., Bonn 2002.

23 Vgl. zu der daraus resultierenden Bildtradition Lee, Rensselaer W.: *Names on Trees. Ariosto into Art,* Princeton 1977 (Princeton Essays on the Arts, 3).

24 Körner, Theodor: *Leyer und Schwert,* Berlin 1814², S. 4.

25 Zur Symbolik von Baum und Wald auf den Gemälden siehe Schnell (s. Anm. 21), S. 193–194.

26 So in dem Gedicht *Aufruf* (1813), in: Körner (s. Anm. 24), S. 37. Vgl. Portmann-Tinguely, Albert: *Romantik und Krieg. Eine Untersuchung zum Bild des Krieges bei deutschen Romantikern und »Freiheitssängern«: Adam Müller, Joseph Görres, Friedrich Schlegel, Achim von Arnim, Max von Schenkendorf und Theodor Körner,* (Historische Schriften der Universität Freiburg, 12) Freiburg (CH) 1989. Siehe auch Beßlich (s. Anm. 17), v.a. S. 61–117 mit weiterer Literatur.

27 Vgl. Lacher, Reimar F.: *Friedrich Georg Weitsch (Braunschweig 1758–1828 Berlin). Maler, Kenner, Akademiker,* Berlin 2005, S. 180–187, 288–289, Kat.-Nr. W 274.

28 *Verzeichniß derjenigen Kunstwerke, welche von der königlichen Akademie der Künste in den Sälen des Akademie-Gebäudes auf der Neustadt den 9ten Oktober und folgende Tage täglich von 11 bis 5 Uhr öffentlich ausgestellt sind,* Berlin 1814, S. 63–68.

29 Lacher (s. Anm. 27), S. 185–187.

30 Vgl. Grote (s. Anm. 20), S. 113–115; Schoch, Rainer: *Das Herrscherbild in der Malerei des 19. Jahrhunderts,* München 1975, S. 126–127; Gassen, Richard W./Heise, Helga (Hrsg.): *Die Brüder Olivier. Gemälde, Zeichnungen und Druckgraphik aus der Staatlichen Galerie Dessau,* Ausst.-Kat. Ludwigshafen 1990, S. 18–19, 107, Kat.-Nr. 3; Beyer (s. Anm. 21), S. 417, Kat.-Nr. 298 (Markus Bertsch) mit älterer Literatur.

31 Unter dem apokryphen Titel *Der Treueschwur* in der Hamburger Kunsthalle; vgl. Schoch (s. Anm. 30), S. 126. Heise, Carl Georg: »Heinrich Olivier, 1783–1848. Der Treueschwur«, in: *Jahrbuch der Hamburger Kunstsammlungen* 2, 1952, S. 28–29.

32 Kircheisen (s. Anm. 9), S. 26.

33 Vgl. Hattendorff, Claudia: »Augenzeugenschaft – Erinnerung – Überhöhung. ›Napoleon vor Regensburg‹ von Albrecht Adam«, in: *Niederdeutsche Beiträge zur Kunstgeschichte* 42, 2003, S. 193–208.

34 Zum Zyklus vgl. Lessing, Waldemar: *Wilhelm von Kobell,* München 1923, S. 99–134; Wichmann, Siegfried: *Wilhelm von Kobell. Monographie und kritisches Verzeichnis der Werke,* München 1970, S. 388–389, Kat.-Nr. 1051 (*Die Schlacht von Bar-sur-Aube*); Vignau-Wilberg, Thea (Hrsg.): *Spätklassizismus und Romantik. Vollständiger Katalog. Bayerische Staatsgemäldesammlungen. Neue Pinakothek/München,* München 2003, S. 246–258, Kat.-Nr. 3823.

35 Berlin, Nationalgalerie. Zum Gemälde vgl. Schulze (s. Anm. 3), S. 474–475 (Frank Büttner); Wesenberg, Angelika (Hrsg.): *Nationalgalerie Berlin. Das XIX. Jahrhundert. Katalog der ausgestellten Werke,* Berlin/Leipzig 2001, S. 374; Beyer (s. Anm. 21), S. 417–418, Kat.-Nr. 299 (Iris Wenderholm); Börsch-Supan, Helmut: *Bild-Erfindungen,* (Karl Friedrich Schinkel. Lebenswerk, 20) München/Berlin 2007, S. 397–401, Kat.-Nr. 245, 1–2.

36 Vgl. dazu zuletzt die Beiträge in Dorgerloh, Annette/Niedermeier, Michael/Bredekamp, Horst (Hrsg.): *Klassizismus – Gotik. Karl Friedrich Schinkel und die patriotische Baukunst,* München/Berlin 2007.

37 Zitiert nach Suhr (s. Anm. 19), S. 23.

38 Zu dem Gemälde in Privatbesitz siehe Börsch-Supan, Helmut/Jähnig, Karl Wilhelm: *Caspar David Friedrich. Gemälde, Druckgraphik und bildmäßige Zeichnungen,* München 1973, S. 327–328, Kat.-Nr. 207; Bachtler, Monika (Hrsg.): *Sammlerlust. Europäische Kunst aus fünf Jahrhunderten. Gemälde, Zeichnungen und Kunsthandwerk aus einer westfälischen Privatsammlung,* Ausst.-Kat. Münster 2003, S. 199, Kat.-Nr. 125; Beyer (s. Anm. 21), S. 416, Kat.-Nr. 296 (Michael Thimann).

39 Vgl. Schulze (s. Anm. 3), S. 472, Kat.-Nr. 317 (Jutta Müller-Tamm); Busch, Werner: *Caspar David Friedrich. Ästhetik und Religion,* München 2003, S. 97–98.

40 Vgl. vor allem Bischoff, Ulrich: *Denkmäler der Befreiungskriege,* 2 Bde., Phil. Diss., Berlin 1977; Lurz, Meinhold: *Kriegerdenkmäler in Deutschland,* Bd. 1: *Befreiungskriege,* Heidelberg 1985; Kretzschmar, Karl-Heinz: »Gedenkstätten der Völkerschlacht«, in: Ausst.-Kat. Leipzig 1988 (s. Anm. 9), S. 35–40.

41 Siehe Kluge, Hans Joachim: *Caspar David Friedrich. Entwürfe für Grabmäler und Denkmäler,* Berlin 1993.

42 Knoke, Hans: »Prahls Denkmal in Lübeck«, in: *Lübeckisches Jahrbuch der Vaterstädtischen Blätter* 1913, S. 157–158, 163–164, 166–168; Bülow, Ilsabe von: *Joseph Christian Lillie (1760–1827). Ein Architektenleben in Norddeutschland,* München/Berlin 2007, S. 190–192.

43 Das Zitat von Karl Friedrich Schinkel in der *Sammlung architectonischer Entwürfe,* 3. Heft (1823). Zum Denkmal siehe Rave (s. Anm. 1), S. 270–296; Bloch, Peter: »Das Kreuzbergdenkmal und die patriotische Kunst«, in: *Jahrbuch Preußischer Kulturbesitz* 11, 1973, S. 142–159; Nungesser, Michael: *Das Denkmal auf dem Kreuzberg von Karl Friedrich Schinkel,* Berlin 1987; Beyer (s. Anm. 21), S. 254–255, Kat.-Nr. 56 (Klaus Jan Philipp).

Etienne François

NATION UND EMOTION

Wie ein riesiger Schatten erstreckt sich bis heute die Erinnerung an Napoleon und an seine Zeit über ganz Europa. Diese Erinnerung entstand im Kontext der sich formierenden modernen Nationen und entwickelte sich dann in einem überwiegend nationalen Rahmen. Es überrascht daher nicht, dass sich die Aufmerksamkeit lange Zeit auf ihre trennende Wirkung wie auch auf ihre Rolle bei der Herausbildung und Tradierung der nationalen Erinnerungskulturen in ihren Unterschieden und Gegensätzen richtete. Für die meisten europäischen Länder ist in der Tat die Erinnerung an die napoleonische Zeit zu einem festen Bestandteil ihrer jeweiligen Ursprungsmythen geworden.

Die napoleonische Zeit als paradigmatischer Erinnerungsort

Dadurch ist sie nichts anderes als ein Erinnerungsort *par excellence*. *Lieux de mémoire* bzw. Erinnerungsorte sind, um auf die inzwischen allgemein akzeptierte Definition von Pierre Nora zurückzugreifen, »Fixpunkte in der Vergangenheit, die zu symbolischen Figuren gerinnen, an die sich die Erinnerung heftet. Sie sind langlebige, Generationen überdauernde Kristallisationspunkte kollektiver Erinnerung und Identität, die in gesellschaftliche, kulturelle und politische Zusammenhänge eingebunden sind und sich in dem Maße verändern, in dem sich die Art und Weise ihrer Wahrnehmung und Aneignung, Anwendung und Übertragung verändert.«[1]

Eine solche Definition trifft in der Tat ganz besonders auf die napoleonische Zeit zu. In erster Linie, weil die Erfahrungen, die die Erinnerungen daran hervorbrachten, von Millionen von Menschen in ganz Europa geteilt worden sind: »Die ersten fünfzehn Jahre des 19. Jahrhunderts«, bemerkte Tolstoi in *Krieg und Frieden,* »zeigen in Europa eine ungewöhnliche Bewegung von Millionen von Menschen. Die Menschen verlassen ihre gewohnten Beschäftigungen, streben von einer Seite Europas nach der anderen, berauben und schlagen einander tot, triumphieren und verzweifeln; der ganze Gang des Lebens ändert sich für ein paar Jahre und zeigt eine verstärkte Bewegung, die zuerst anwächst und dann wieder abnimmt.«[2] In zweiter Hinsicht, weil diese Erinnerungen in unzählige Leidenschaften und Traumata, Heldentaten und Ruhmeserfahrungen, Abenteuer und Liebschaften, Hass- und Bewunderungsgefühle, Träume und Hoffnungen eingebettet wurden, d.h. in die tiefen und ursprünglichen Emotionen, die für jede Gedächtniskultur konstitutiv sind. Drittens, weil sich diese Erinnerungen vor allem um Bilder (im wörtlichen und übertragenen Sinne) kristallisiert haben, die Fantasie und Vorstellungen besonders ansprechen, um Personen aus Fleisch und Blut, die in der Lage sind, Menschen ganz unterschiedlicher Herkunft zu faszinieren (im positiven wie auch im negativen Sinne), wie auch um Szenen, die sich in die Imagination einprägen und unablässig vergegenwärtigen lassen. Dies erklärt, warum der Übergang von den Erinnerungen der Zeitgenossen zu den Erinnerungen der nachkommenden Generation, d.h. der Übergang von dem »kommunikativen« zum »kulturellen Gedächtnis« (Jan und Aleida Assmann), weit entfernt davon ist, zu einer Schwächung der Erinnerung an die napoleonische Zeit beizutragen, ihr im Gegenteil eine immer neue Aktualität verliehen hat. Zwei Beispiele, die mehr als ein Jahrhundert nach dem historischen Ereignis datieren, illustrieren dies auf überzeugende Weise.

Als Erstes sei auf eine Ausstellung verwiesen, die 1998 unter dem Titel *Mythen der Nationen* im Deutschen Historischen Museum in Berlin gezeigt wurde. Sie hatte sich zum Ziel gesetzt, die fünf zentralen historischen Mythen (im konkreten Sinne des Wortes) von 18 europäischen Nationen während der zweiten Hälfte des 19. Jahrhunderts herauszuarbeiten und bildlich darzustellen. Dabei stellte sich heraus, dass unter den Ereignissen der jüngeren Vergangenheit, die in die verschiedenen nationalen Mythologien Eingang gefunden

Detail aus Kat.-Nr. 292

hatten, das Zeitalter der Französischen Revolution und des Ersten Kaiserreiches alles andere an Wichtigkeit übertraf: Mit sieben direkten Erwähnungen (Frankreich, Deutschland, Belgien, Großbritannien, Österreich, Spanien und Polen) und elf indirekten stellte diese Epoche allein ein Achtel der führenden historischen Mythen der Ausstellung dar. Einhellig als ein entscheidender Bruch und eine unumkehrbare Wende empfunden, ist die Französische Revolution mit dem sie erfüllenden napoleonischen Zeitalter der eigentliche historische Mythos der europäischen Nationen im späten 19. Jahrhundert.[3]

Das zweite Beispiel ist den Ergebnissen einer repräsentativen Meinungsumfrage entnommen, die im Januar 2003 in den sechs größten europäischen Ländern (Deutschland, Frankreich, Großbritannien, Italien, Polen und Spanien) durchgeführt wurde. Dabei sollten die historischen Persönlichkeiten genannt werden, die die heutigen Europäer als die wichtigsten Gestalten der europäischen Geschichte betrachten. Hier stand für das 19. Jahrhundert Napoleon an erster Stelle, und zwar nicht nur in den Ländern, die eine eher positive Erinnerung an ihn haben, wie Frankreich, Italien oder Polen, sondern auch in Ländern wie Deutschland, Großbritannien und Spanien, für die er eine eher negative Gestalt ist. In Zahlen ausgedrückt manifestierte sich dies durch folgende Werte: Unter hundert Befragten, die in Napoleon eine zentrale Persönlichkeit der europäischen Geschichte sahen, waren zwar 27 Franzosen und 26 Italiener, aber auch 17 Deutsche, 13 Briten, 11 Spanier und 6 Polen.[4]

Europa als geteilte Erinnerungslandschaft

Die europaweite Verbreitung der Erinnerung an Napoleon und seine Zeit ist allerdings alles andere als konsensual. Sie beruht vielmehr auf einem bis heute zu beobachtenden Wechselspiel zwischen Abgrenzung und Verflechtung. Und wenn man in der Tat von einer spezifisch europäischen Erinnerung an die napoleonische Zeit sprechen kann, so hat man es hier mit einer geteilten Erinnerung zu tun, deren Ursprung nicht selten in dem Bemühen der jeweiligen Erinnerungskulturen zu suchen ist, sich voneinander zu differenzieren und zu trennen. Eine erste Erklärung für diese bisweilen überraschende Behauptung liegt in der Tatsache, dass nicht wenige Symbole, um die sich die jeweiligen nationalen Erinnerungskulturen kristallisierten, in Abhängigkeit voneinander stehen und sich in Bezug aufeinander entwickelten, in einem Wechselspiel von Zirkulation und Transfer, Aneignung und Abgrenzung. Frankreich und Deutschland sind in dieser Hinsicht ein besonders aufschlussreicher Fall, wie man es am Beispiel ihrer Fahnen beobachten kann.

Die französische Trikolore entstand, wie man weiß, in einem zuerst rein innerfranzösischen Kontext, als Ausdruck der neuen Verbundenheit zwischen dem Pariser Volk (stellvertretend für das ganze französische Volk) und der Monarchie. Die Durchsetzung der neuen Fahne und ihre Sakralisierung vollzogen sich allerdings erst einige Jahre später, im Kontext des Krieges: zuerst bei der Schlacht von Valmy gegen die Preußen im September 1792, dann in Zusammenhang mit der *levée en masse,* um das gefährdete Vaterland zu retten, und vor allem während der fast ununterbrochenen kriegerischen Auseinandersetzungen, die die französischen Truppen mit ihrer Fahne zwischen 1792 und 1815 durch ganz Europa und darüber hinaus führten (Abb. 1). Erst dadurch wurde die Trikolore zum sakralen Sinnbild der Heldentaten und des Ruhms, der Siege und der Opfer der durch die Revolution und das Erste Kaiserreich neu gegründeten Nation. Dies erklärt den späteren Triumph der Trikolore nicht nur über die durch die Restauration wieder eingeführte weiße Fahne des *Ancien Régime,* sondern auch über die rote Fahne der Aufständischen zu Beginn der 1848er Revolution wie die Übernahme des französischen Beispiels durch mehrere neue Nationen des 19. Jahrhunderts (Belgien, Italien, Ungarn, Rumänien).[5]

Die Übernahme des französischen Vorbildes vollzog sich aber auch bei Gegnern des napoleonischen Frankreich – um besser gegen das Land kämpfen zu können. In der Tat geht der Ursprung der »deutschen Trikolore« auf die Zeit der Befreiungskriege zurück, speziell auf die schwarz-rote Fahne mit goldenen Fransen, die Anfang 1813 für die Freiwilligen des Lützower Korps angefertigt wurde und die das Wahrzeichen der Volksaufstände gegen die französische Besatzung in West- und Süd-

1
Charles Meynier
Marschall Ney gibt den Soldaten des 76. Linienregiments ihre Fahnen zurück, die am 7. November 1805 zurückerobert wurden | 1808
Versailles, Musée National des Châteaux de Versailles et de Trianon

deutschland sein sollte. Vier Jahre später wurden die Farben Schwarz-Rot-Gold von der Jenaer Burschenschaft wieder aufgenommen, um am 18. Oktober 1817 auf der Wartburg den Jahrestag der Völkerschlacht bei Leipzig zusammen mit dem 300. Jahrestag der Reformation zu zelebrieren. Die eigentliche Durchsetzung dieser Farben als deutsche Fahne kam schließlich 1832 beim Hambacher Fest mit dem von allen Teilnehmern geleisteten Schwur: »Pflanzt die schwarz-rot-goldene Fahne auf die Höhe des deutschen Gedankens, macht sie zur Standarte des freien Menschentums, und ich will mein bestes Herzensblut für sie hingeben« (Abb. 2). Erfunden im Kampf gegen Frankreich, gestaltete sich die deutsche Trikolore in unmittelbarem Bezug zur französischen Trikolore, in einem paradoxen Verhältnis von Abhängigkeit und Abgrenzung.[6]

Die vergleichende Analyse der symbolischen Topografie der europäischen Hauptstädte stellt ein weiteres Beispiel für die bleibende Gegenwart der Erinnerung an Napoleon und an seine Zeit als gemeinsames und geteiltes Kulturerbe dar. Dies gilt in erster Linie für Paris. In dieser Stadt, deren Herz lange Zeit links schlug und die deswegen eine Hochburg der republikanischen Ideen war, gibt es zwar keine einzige Straße, die den Namen Napoleons trägt: Die einzige Straße, die explizit an ihn erinnert, ist die bescheidene, dafür aber hochelegante »Rue Bonaparte« (vormals »Rue du pot de fer«), die schon in ihrer Benennung deutlich macht, dass man sich offiziell lieber an den General der Revolution als an den selbsternannten Kaiser erinnern wollte. Seine sterblichen Überreste aber ruhen seit 1840 in der Krypta des Invalidendoms in einem gewaltigen Sarkophag aus Schoksha-Quarzit, d. h. »an den Ufern der Seine, in der Mitte des französischen Volkes, das ich so geliebt habe«, wie er es sich auf seinem Sterbebett gewünscht hatte. Im Ehrenhof der Invaliden begrüßt er als überlebensgroße Statue die zahlreichen Besucher und Pilger, die unablässig zu seinem Grab strömen, und das dort ebenfalls untergebrachte Musée de l'Armée sieht seine erste Aufgabe in der Verherrlichung der Leistungen, Uniformen und Siege der *Grande Armée*. Darüber hinaus erstreckt sich über die ganze Stadt ein dichtes Netz von Zeichen, die die hauptstädtische Topografie markieren und die Erinnerung an ihn und an seine Legende wachhalten – ob es sich um den Triumphbogen des Karussells im Garten der Tuilerien oder um den Triumphbogen am oberen Ende der Champs-Elysées mit den großen Avenuen, die sternförmig dorthin führen, handelt (Avenue de la Grande Armée, de Friedland, d'Iéna, de Wagram usw.), oder um die Vendôme-Säule, die Boulevards, die um die Stadt führen und die Namen der Feldmarschälle Napoleons tragen, um die Brücke, die Avenue und den Gare d'Austerlitz, um die Rue de Rivoli, um die Metro-Stationen Pyramides und Campo Formio – um nur die wichtigsten zu nennen.

Was aber für Paris gilt, gilt gleichermaßen für die Hauptstädte der gegen das revolutionäre und kaiserliche Frankreich verbündeten Mächte. Nach dem Ende des napoleonischen Abenteuers verwandelten sie sich nach demselben Muster zu Erinnerungsorten, die durch Denkmäler, Triumphbögen und Säulen, Straßen-, Plätze-, Brücken- und Bahnhofnamen die Erinnerung an den siegreichen Kampf in Europa und in Übersee festhielten. Wie in Paris markieren in London die Nelson-Säule, der Trafalgar Square, die Waterloo-Brücke, der Waterloo-Bahnhof und der Wellington-Bogen die symbolische Topografie der britischen Hauptstadt, während die preußische Hauptstadt Berlin durch den Pariser, Leipziger, Alexander und Belle-Alliance (heute Mehring) Platz, das Kreuzberg-Denkmal, die Blücher-, Gneisenau-, Scharnhorst- und Großbeerenstraße sowie das Waterloo-Ufer gekennzeichnet ist. Dadurch entstand in den europäischen Hauptstädten eine verflochtene und verzahnte Erinnerungslandschaft, die bis heute das Andenken an die wichtigsten Namen, Orte und Ereignisse der napoleonischen Zeit konserviert. Wie in einem Spiegelkabinett nehmen diese Gedächtniszeichen Bezug aufeinander – meistens allerdings unter umgekehrten Vorzeichen, da die Siege der einen notwendigerweise die Niederlagen der anderen sind. Je nach Land unterscheiden sich die erinnerten Elemente der gemeinsamen Geschichte, in ihrem Inhalt wie auch in ihrer Bewertung. Gleichwohl sind sie alle konstitutiv miteinander verbunden und lassen sich nicht voneinander trennen. Sie sind nichts anderes als die komplementären/einander ergänzenden Seiten derselben Medaille.[7]

2
Fahne zum Hambacher Fest | 1832

3
Caran d'Ache
Nos Soldats du Siècle, Buchumschlag | Paris 1889

Von seinem Leben soll Napoleon behauptet haben, es sei ein Roman. Und nicht zufällig brach das goldene Jahrhundert des europäischen Romans just nach dem Ende des napoleonischen Zeitalters an, als seine Konsequenz und als weiterer Ausdruck einer sich formierenden europäischen Erinnerungskultur. »Le XIXe siècle«, bemerkt zu Recht Milan Kundera: »Das 19. Jahrhundert wurde in jenen Jahrzehnten explosiver Ereignisse geboren, die ganz Europa mehrfach und von Grund auf verwandelten. Im Leben des Menschen änderte sich damals auf Dauer etwas Wesentliches: die Geschichte wurde zur Erfahrung jedes einzelnen [...]. Ein neues Sternbild ist am Himmel über der Straße des Romans aufgeleuchtet, der in sein großes Jahrhundert eingetreten ist, das Jahrhundert seiner Popularität, seiner Macht; eine ›Vorstellung davon, was der Roman ist‹ hat sich damals eingebürgert und wird bis Flaubert, Tolstoj, Proust über die Kunst des Romans herrschen.«[8] Zwischen 1815 und 1945 erschienen in Großbritannien, Frankreich, Deutschland, Österreich, Polen und Russland nicht weniger als 1700 historische Romane, die sich mit den Kriegen der Französischen Revolution und der napoleonischen Zeit befassten. Die größten Schriftsteller wetteiferten dabei miteinander – von Walter Scott, Frederik Marryat und Arthur Conan Doyle über Balzac und Stendhal, Victor Hugo und Anatole France, Fontane und Thomas Mann bis hin zu Mieckiewicz und Tolstoi. Alle konzentrierten sich auf dieselben Personen und Orte, alle nahmen aufeinander Bezug, und der Beitrag dieser gewaltigen Romanproduktion zur Entwicklung einer genuin europäischen Erinnerungskultur wurde um so größer, als viele dieser Romane anschließend in weitere europäische Sprachen übersetzt wurden, und zwar nicht nur von West nach Ost, sondern auch von Ost nach West: *Pan Tadeusz* wurde im 19. Jahrhundert in fünf und *Krieg und Frieden* bis 1910 sogar in 15 verschiedene Sprachen übersetzt.[9]

Eine Gestalt, an der sich die Geister scheiden

Die bleibende Erinnerung an Napoleon verdankt sich schließlich der Tatsache, dass seine Gestalt nie gleichgültig blieb, sondern immer verehrt und umstritten war. Und dies nicht nur zwischen den jeweiligen nationalen Erinnerungskulturen, sondern noch stärker innerhalb dieser Kulturen selbst.

Wie zu seinen Lebzeiten, so schaffte es Napoleon auch nach seinem Tode nie, sehr viele Franzosen hinter sich zu vereinen. Die Liste der Schriftsteller, Publizisten und Künstler, die während des gesamten 19. Jahrhunderts und darüber hinaus an seiner Verherrlichung und an seiner Legende arbeiteten – von Alfred de Vigny und Stendhal bis Erckmann und Chatrian, von den Gebrüdern Pellerin mit ihren kolorierten Bilderbögen bis zu den Zeichnern Charlet, Raffet und Caran d'Ache (Abb. 3), von Géricault bis Delaroche und Detaille, um nur einige Namen zu nennen – ist fast unüberschaubar. Das Register derer aber, die sich seiner Faszination entzogen und ihn sogar dezidiert ablehnten, ist mindestens genauso lang. Bereits während er noch lebte, gehörten

Heinrich Hoffmann
Adolf Hitler besucht das Grab Napoleons am 28. Juni 1940
Fotografie, Berlin, Staatliche Museen zu Berlin, Preußischer Kulturbesitz |
Kat.-Nr. 374

4
Ponce-Camus Marie Nicolas
Napoleon besucht das Grab Friedrichs II. in der Potsdamer Garnisonskirche | 1808
Versailles, Musée Nationale des Châteaux
de Versailles et de Trianon

Madame de Staël und Chateaubriand zu den Schriftstellern, die ihn am schärfsten verurteilten. Der 1802 als Sohn eines kaiserlichen Generals geborene Victor Hugo beteiligte sich zwar aktiv an der Weiterentwicklung der napoleonischen Legende, er tat dies aber vor allem, um seinen Neffen, den er voll Verachtung »Napoleon den Kleinen« nannte, umso entschiedener und kompromissloser zu bekämpfen. Und wenn der geniale Filmemacher Abel Gance ein Jahrhundert später seine ganze Schaffenskraft Napoleon widmete, so beschränkte er sich dabei bewusst auf dessen Jahre als Soldat und General der Revolution, ohne die spätere Zeit als Kaiser, die er als Verrat der Revolution verurteilte. Unter den vielen politischen Regimen, die in Frankreich seit 1815 aufeinander folgten, bekannten sich nur zwei, die Julimonarchie zwischen 1830 und 1848 und das Zweite Kaiserreich zwischen 1852 und 1870, offen zu Napoleon, während ihm alle anderen zurückhaltend und kritisch gegenüberstanden. Das Umstürzen der Vendôme-Säule gehörte zu den ersten Maßnahmen der Pariser Kommune, nach der französischen Niederlage im Krieg von 1870/71 verschwand der Bonapartismus als politische Kraft, und die Entscheidung von Staatspräsident Chirac, des 200. Jahrestages der Schlacht von Austerlitz nicht zu gedenken, steht in krassem Gegensatz zu den zahlreichen Gedenkveranstaltungen, die aus Anlass des 200. Jahrestages der Französischen Revolution unter der Präsidentschaft von François Mitterrand staatlicherseits organisiert wurden.[10]

Wie die französische, so war auch die deutsche Öffentlichkeit von Napoleon fasziniert – im positiven wie auch im negativen Sinne. An ihm schieden sich auch in Deutschland die Geister, wie Hagen Schulze gezeigt hat: Zu Lebzeiten war (bis 1812) die Zahl seiner Anhänger und Bewunderer – von den Königen und Regenten des Rheinbundes über Goethe bis hin zur linksrheinischen Bevölkerung – mindestens so groß wie die der Enttäuschten (Joseph Görres, Beethoven) und Gegner (Kleist, Arndt, Fichte, Königin Luise und die deutschen Patrioten). Während der ersten Hälfte des 19. Jahrhunderts befanden sich beide Lager im Gleichgewicht, wobei die Anhänger Napoleons nicht nur Nostalgiker der *Grande Armée* waren (linksrheinisch zählte man mindestens 35 Veteranenverbände, die ihre Banketts mit dem Toast »Vive l'Empereur!« begannen und beendeten), sondern auch Vertreter der jüngeren Generation wie Heine oder Grillparzer. Nach der Rheinkrise von 1840 und dem Deutsch-Französischen Krieg von 1870/71 nahm die Zahl der Gegner (von links – wie Karl Marx – wie von rechts – wie Heinrich von Treitschke) immer stärker zu, und die deutsche Filmindustrie der Weimarer Republik und der NS-Zeit kämpfte unermüdlich gegen Napoleon – bis hin zum letzten Film der UFA, *Kolberg*, der in den letzten Monaten des Krieges gedreht wurde. Der morgendliche Besuch, der Hitler Ende Juni 1940 in den leeren Pariser Invalidendom führte, damit er dem Grab Napoleons seine Aufwartung machen konnte (Kat.-Nr. 374) (in Wiederholung des Besuchs, den Napoleon nach der Schlacht von Jena und Auerstedt in der Gruft der Potsdamer Garnisonskirche dem Grab Friedrichs II. abstattete, Abb. 4), zeigt aber, dass bei Hitler (wie auch bei vielen anderen Deutschen) Bewunderung und Feindschaft nicht voneinander zu trennen waren.[11]

Nicht unerwähnt sollte schließlich eine weitere überraschende Wirkung der europäischen Erinnerung an die napoleonische Zeit bleiben. Die durch Memoiren, die Literatur und die Künste immer wieder ins Gedächtnis gerufene traumatische Erinnerung an die mörderischen Gemetzel dieser Zeit blieb bis zu Beginn des 20. Jahrhunderts jedem Regenten, Herrschenden und Diplomaten eine Mahnung, alles daran zu setzen, dass sich eine erneute zerstörerische Entfesselung der nationalen Leidenschaften nicht wiederhole. In der Innenpolitik griffen die Herrschenden zwar nicht selten auf die Erinnerung an die napoleonische Zeit zurück, um ihre Macht zu stärken, wie der Bürgerkönig Louis Philippe, oder sogar, um an die Macht zu kommen, wie der künftige Napoleon III. In der Außenpolitik aber hütete man sich bewusst und übereinstimmend, diese gefährlichen und unberechenbaren Emotionen zu instrumentalisieren. Im Vergleich zu den Jahrhunderten vor 1815 wie auch zum späteren »Jahrhundert der Extreme« (E. Hobsbawm) zählte das europäische 19. Jahrhundert erstaulich wenige Kriege, und auch wenn nicht alle vermieden werden konnten, so blieben ihre zeitliche Ausdehnung sowie die Zahl der Opfer, die sie forderten, sehr begrenzt. Als ob es dem europäischen 19. Jahrhundert am besten gelungen wäre, das »Ungeheuer des Krieges«, dessen Theorie unmittelbar nach den napoleonischen Kriegen der preußische General Carl Clausewitz in seinem großartigen Buch *Vom Kriege* (Berlin 1832–1834) entworfen hatte, in Zaum zu halten. So erklärt sich zum Beispiel, warum Frankreich und Großbritannien, die sich im 18. und zu Beginn des 19. Jahrhunderts bis zum Äußersten bekämpft hatten, nach 1815 auf ihre Erzfeindschaft verzichteten, bei allen gegensätzlichen Interessen nie wieder Krieg gegeneinander führten und mit der *entente cordiale* zu den stabilsten Verbündeten in der europäischen und Weltpolitik des 19. und 20. Jahrhunderts wurden.

Ein immer noch lebendiges Gedächtnis?

Fest verankert im kulturellen Gedächtnis der Europäer, ist Napoleon bis heute eine zentrale Gestalt des historischen Pantheons unserer Länder. Er ist allen Menschen bekannt, und auch wenn viele von ihm schwärmen, so ist die Zahl derer, die ihn verabscheuen, nicht geringer (s. auch Limbach, hier S. 19 ff., Rosenberg, hier S. 23 ff.). Seine andauernde Beliebtheit bis in die modernsten Medien hinein (von den Comics und Gesellschaftsspielen bis zum Internet) gibt sogar Anlass zu glauben, es sei ihm gelungen, die Zäsuren, Brüche und Beschleunigungen der jüngsten europäischen Geschichte erfolgreich zu bewältigen.

Wie lebendig aber ist diese Erinnerung, und wie tief reicht sie noch? Die Sehnsucht nach dem charismatischen Retter, dem genialen Führer und dem Welteroberer, die über Generationen hinweg sein Andenken am Leben erhalten hat, ist seit langem, spätestens seit dem Selbstmord von Hitler im April 1945, aus der Vorstellungswelt und vom Erwartungshorizont der Europäer verschwunden. Und auch wenn jedes Jahr Tausende von Männern (und einige Frauen) in Austerlitz, Leipzig und Waterloo die großen Schlachten des napoleonischen Abenteuers mit Begeisterung nachstellen und dafür weder Kosten noch Mühe scheuen, so handelt es sich dabei doch nur um Kriegsspiele, die an den berühmten Spruch von Karl Marx erinnern, wonach die Geschichte sich nie wiederholt, es sei denn als Farce. Auch in Frankreich, wo jedes Jahr Hunderte von Bücher über Napoleon erscheinen, während drei unterschiedliche Vereine miteinander wetteifern, sich der Pflege seines Gedächtnisses zu widmen, verliert er seit dem Ende des Zweiten Weltkrieges kontinuierlich an Bedeutung. In einer 1948 durchgeführten repräsentativen Meinungsumfrage stand Napoleon noch an erster Stelle im historischen Pantheon der Franzosen; Anfang der 80er Jahre wurde er von General de Gaulle überholt, der seine Führungsposition seitdem ausgebaut hat, während Napoleon nur noch auf dem zweiten bzw. dritten Platz rangiert.[12]

Napoleon hat längst aufgehört, ein Gespenst unserer Gegenwart zu sein. Entblößt von jeder Form von posthumer Zeitgenossenschaft, gehört er nur noch der Vergangenheit und der Geschichte an. Soll man das bedauern?

Anmerkungen

[1] François, Etienne/Schulze, Hagen: »Einleitung«, in: dies. (Hrsg.): *Deutsche Erinnerungsorte,* München 2001, Bd. 1, S. 17–18.
[2] Tolstoi, Leo: *Krieg und Frieden,* aus dem Russischen von Erich Boehme, III, 3, 1, Zürich 1991, S. 383.
[3] Flacke, Monika: *Mythen der Nationen, Ein europäisches Panorama,* München/Berlin 2001².
[4] Jeanneney, Jean-Noël/Joutard, Philippe (Hrsg.): *Du bon usage des grands hommes en Europe,* Paris 2003.
[5] Girardet, Raoul: »Les trois couleurs«, in: Pierre Nora (Hrsg.): *Les lieux de mémoire,* Bd. I: *La République,* Paris 1984, S. 5–35.
[6] Reichel, Peter: *Schwarz Rot Gold Kleine Geschichte deutscher Nationalsymbole nach 1945,* München 2005, S. 15–31.
[7] Zu Waterloo als europäischer Erinnerungsort, vgl. Blanning, Tim: »18. Juni 1815: Waterloo«, in: François, Etienne/Puschner, Uwe (Hrsg.): *Erinnerungstage,* München 2010, S. 163–185.
[8] Kundera, Milan: *Le rideau,* Paris 2005, S. 27–28, deutsch: *Der Vorhang,* München 2005, S. 26.
[9] Ich danke Frau Prof. Dr. Ruth Leiserowitz, stellvertretende Direktorin des Deutschen Historischen Instituts Warschau, für diese Angaben. Sie sind entnommen aus einem DFG-Forschungsprojekt über die Europäische Erinnerung an die Kriege der Französischen Revolution und des napoleonischen Zeitalters, das sie koordiniert hat.
[10] Petiteau, Natalie: *Napoléon, de la mythologie à l'histoire,* Paris 1999.
[11] Schulze, Hagen: »Napoleon«, in: François/Schulze (s. Anm. 1), Bd. II, S. 28–46.
[12] *L'Histoire* 242, April 2000, »dossier les héros et la mémoire nationale«, S. 31–55.

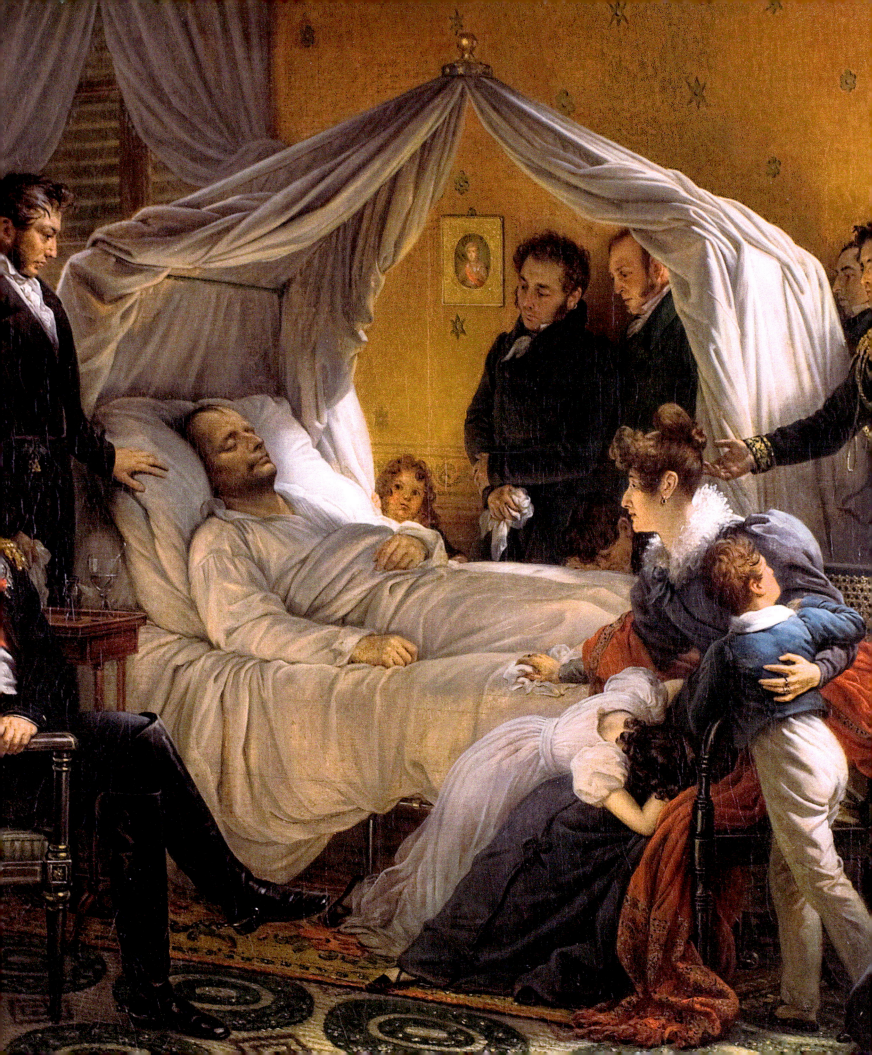

Johannes Willms

NAPOLEON UND EUROPA: DAS VERPASSTE RENDEZVOUS

Der Historiker Jacob Burckhardt sagte einmal über Napoleon, er werde »ein wahres Mysterium der Weltgeschichte« bleiben. Tatsächlich hält bis heute das Mutmaßen über die Motive an, die Napoleon umtrieben, als er in rund zwei Jahrzehnten fast ganz Kontinentaleuropa unterwarf. An diesen konkurrierenden Interpretationen hat Napoleon selbst erheblichen Anteil, denn über seine Absichten verbreitete er sich erst, nachdem er gescheitert war. Jetzt sah er sich mit dem Weltgericht konfrontiert, als das seinen Zeitgenossen Hegel und Schiller die Weltgeschichte galt. Sein Plädoyer vor dieser Instanz sind die Monologe, die nachträglich seinem Handeln einen zukunftsweisenden Sinn verleihen sollten. In diesem »Evangelium von St. Helena« entwarf sich Napoleon geradezu als der »Messias der Völkerfreiheit«, eine Rolle, die ihm als Vollender und Überwinder der Französischen Revolution zugefallen sei. Diese Behauptung verschaffte Napoleons Rollenbesetzung den Anschein der Plausibilität, denn er musste die Handlungsmaximen seiner unbestreitbar erfolgreichen Herrschaft über Frankreich nur dem größeren europäischen Maßstab anpassen. Hier wie dort galt es, Gegenwart und Vergangenheit, Revolution und *Ancien Régime,* die legitimen Rechte und Ansprüche der Völker und die ihrer traditionellen Herrscher miteinander zu verbinden, sie zu einer gesellschaftlichen und politischen Synthese zu formen. Diese gewaltigen Veränderungen, die durch die Verheißung einer neuen, friedlichen und stabilen Harmonie gerechtfertigt waren, ins Werk zu setzen, bezeichnete er als seine Bestimmung.

Über sein Programm äußerte sich Napoleon gegenüber Las Cases am 11. November 1816 folgendermaßen: »Einer meiner größten Gedanken war die Zusammenführung gewesen, die Konzentration derselben geografischen Völker, welche von den Revolutionen und der Politik auseinandergetrieben oder verstreut worden waren. Man zählt in Europa, wenngleich verstreut, mehr als dreißig Millionen Franzosen, fünfzehn Millionen Spanier, fünfzehn Millionen Italiener und dreißig Millionen Deutsche. Ich hatte aus jedem dieser Völker eine einzige Nation machen wollen.« Zu Montholon, einem anderen seiner Begleiter auf St. Helena, bemerkte er drei Wochen vor seinem Tod am 17. April 1821: »Es gibt nationale Bestrebungen, die früher oder später befriedigt werden müssen, und es ist dieses Ziel, das es anzustreben gilt.« Über Deutschland, dessen nationalstaatliche Einigung den Musterentwurf seiner vermeintlichen Absichten vorgestellt haben könnte, äußerte er sich jedoch nur sehr verhalten. Am 16. April 1816 notierte Las Cases die Aussage: »Ich hegte für die Deutschen große Absichten [...]. Aber ich bin damit gescheitert, und vor allem, ich habe mich geirrt.« Dieses für ihn erstaunliche Eingeständnis seines Scheiterns erläuterte Napoleon mehr als ein Jahr später, am 11. November 1816, gegenüber Las Cases: »Der staatliche Zusammenschluss der Deutschen erfordert größere Langsamkeit, auch wenn es mir gelungen ist, ihre monströse Unordnung zu vereinfachen. Nicht, dass sie für eine Zentralisation noch nicht vorbereitet wären. Ganz im Gegenteil, aber sie hätten sich blindlings gegen uns gewandt, noch bevor sie unsere Absichten begriffen. [...] Wie auch immer, diese staatliche Einigung wird früher oder später durch die Macht der Umstände herbeigeführt werden. Der Anstoß dazu ist bereits gegeben, zumal ich überzeugt bin, dass nach meinem Sturz und dem Untergang meines Systems in Europa kein anderes großes Gleichgewicht möglich ist als jenes, das auf der staatlichen Zusammenführung und der Konföderation der großen Völker basiert. Der Souverän, der sich während der ersten großen Unordnung die Sache der Völker zu eigen macht, wird sich an der Spitze von ganz Europa finden und er wird alles, was er will, unternehmen können.«

Die Vision einer europäischen Zukunftsordnung, die Napoleon auf St. Helena entwarf, zeigt eine verblüffende Ähnlichkeit mit jenem »Europa der Vaterländer«, das General de Gaulle vorschwebte. Allein das macht deutlich, wie sehr das vermeintliche Wollen Napoleons ein Erbe an die europäische Zukunft darstellt, dessen Potential so weit reicht, wie es umstritten bleibt. Das wie der Umstand, dass seine Herrschaft über Europa bis zu ihrem Ende, als sie von einer Mächtekoalition bezwungen wurde, erstaunlich wenig Widerstand oder Unruhen provozierte, sie nicht selten sogar von vielen mit Enthusiasmus begrüßt wurde, verschaffte nicht nur manchen Zeitgenossen die Gewissheit, Napoleon verkörpere den »Weltgeist«, als den ihn Hegel identifizierte, Goethe oder Heinrich Heine verehrten. Diese Sicht wirkt bis heute nach. Sie ist eine wichtige Ursache für die anhaltende Faszination und Irritation, die Napoleon wie keinem anderen großen Beweger der Weltgeschichte eigentümlich ist. In ihr liegt das Geheimnis jenes »wahren Mysteriums«, das ihm Jacob Burckhardt vindizierte und dessen Gehalt jede Zeit in Übereinstimmung mit ihren Erwartungen und Perspektiven aktualisiert.

Der europäischen Vision, die Napoleons Handeln angeblich inspirierte, eignet dabei der Rang eines Klassikers, den nicht zuletzt die Nationalsozialisten nach 1940 propagandistisch auszunutzen suchten. Ein anderes, weit weniger abstoßendes Beispiel liefert die napoleonische Kontinentalsperre, die im November 1806 gegen das »perfide Albion« verhängt wurde und in der manche den Versuch zu erkennen meinen, eine integrierte kontinentaleuropäische Wirtschaftsordnung zu schaffen, die, richtig gehandhabt, die wirtschaftliche Entwicklung Europas erheblich gefördert hätte. Diese Sicht ist jedoch irrig, denn sie betont einerseits über Gebühr das Wachstum einiger weniger Wirtschaftszweige in einzelnen Regionen, das durch die Kontinentalsperre angeregt wurde, übersieht andererseits aber geflissentlich, wie viele andere dadurch in den Ruin gestürzt wurden. Ferner war der Protektionismus des Kontinentalsystems so ausgelegt, dass von dem damit geschaffenen Binnenmarkt vor allem die französische Wirtschaft zum bisweilen gravierenden Nachteil jener Länder profitierte, die unter Napoleons Kuratel standen. Schließlich, und das ist ganz entscheidend, war dieses System gar nicht darauf angelegt, die wirtschaftliche Integration Kontinentaleuropas zu fördern; seine leitende Absicht wie seine Essenz war vielmehr geradezu anti-ökonomisch, insofern dieses Kontinentalsystem allein dazu diente, die andauernden napoleonischen Kriege zu ermöglichen. Das erhellt den Charakter dieses Systems als Kommandowirtschaft, die marktwirtschaftliche Prinzipien zerstörte, um das wirtschaftliche Handeln jener Befehlsstruktur zu unterwerfen, die für Napoleons Politik und Kriegführung galt. Dies war ein unmögliches, ein zutiefst widersprüchliches und irrationales Unterfangen, dessen vorhersehbarer Zusammenbruch sich nur durch die Aufbietung von immer mehr Machtmitteln und stetiger Ausdehnung stunden ließ. Der fatale Russlandfeldzug von 1812, jener »Anfang vom Ende« der napoleonischen Herrschaft, entsprang ebenso wohl deren Logik wie diesem Zwang.

Die mit dem Kontinentalsystem angestrebte Wirtschaftsordnung ist ein genaues Spiegelbild jener Prinzipien, nach denen Napoleon seine Herrschaft über Europa zu organisieren suchte. Das napoleonische Empire war nichts anderes als ein Kolonialreich: Das jeweils eroberte Gebiet wurde mit überlegener militärischer Macht besetzt, durch harsche Diktatfrieden geschwächt, wirtschaftlich unterworfen und der permanenten unmittelbaren oder mittelbaren Kontrolle des Siegers unterstellt. Gleichgültig ist es dabei, welche Form diese koloniale Abhängigkeit jeweils hatte, denn die politische Handlungsfreiheit eines verbündeten Staates war ebenso illusionär wie die eines Protektorats, eines Satelliten oder eines annektierten Territoriums. Dem kolonialen Charakter des napoleonischen Empires widerspricht auch nicht, dass dessen Herrschaft gewisse Fortschritte in den eroberten Gebieten bewirkte, etwa die vollständige oder teilweise Übernahme des napoleonischen Rechtssystems oder die große »Flurbereinigung« in der deutschen Staatenwelt durch den Reichsdeputationshauptschluss, zu dem Napoleon mittelbar den Anstoß gab, als die Milchstraße der kleinen geistlichen und reichsritterschaftlichen Territorien im weiten Magen der Mittelstaaten verschwand, die damit erst in Erscheinung traten.

Diese explizit kolonialistische Anlage des napoleonischen Empire ist die Hauptursache dafür, dass Napoleon das Rendezvous mit Europa verpasste (Abb. 1), das die Französische Revolution ganz entscheidend vorbereitet hatte und dessen Gelingen er sich nach seinem unvermeidbaren Scheitern in den Monologen des »Evangeliums von St. Helena« ausmalte. Der entscheidende Fehler Napoleons, der darin zum Vorschein kommt, war, dass er Europa nicht begriff und er deshalb außerstande war, die Macht Frankreichs mit dem europäischen Staatensystem in Einklang zu bringen. Dieses Unvermögen war nichts anderes als politische Blindheit, die seinem strategisch-militärischen Ingenium komplementär ist. Auf diesen Widerspruch lässt sich das »wahre Mysterium«, das er vorstellt, reduzieren: Napoleon handelte so, wie er handelte, weil er Napoleon war.

Das nimmt sich zwar banal aus, liefert aber gleichwohl den Schlüssel dafür, Napoleons Scheitern plausibel damit zu erklären, dass dieses in seinem Wollen von Anfang an angelegt war. Bis zuletzt war es nie seine Absicht, den Bestand des Empire auf Dauer zu gewährleisten. Unabdingbare Voraussetzung dafür wäre gewesen, es in das europäische Staatensystem einzupassen und ihm die Anerkennung der anderen Staaten zu verschaffen. Dazu riet Talleyrand 1805 und 1806 ebenso vergebens wie Caulaincourt noch in der letzten Phase der napoleonischen Herrlichkeit, als die Armeen der Alliierten im Winter 1814 bereits in Frankreich standen. Der eine wie der andere hatte jene politische Einsicht, der sich Napoleon im Zenit seiner Macht wie auch angesichts ihres unvermeidlichen Endes schlicht verweigerte, denn sie verlangte von ihm etwas, dem er sich stets widersetzte: Frieden zu schließen. Die Erklärung, die Napoleon dafür gab, lautete immer, es sei ihm im Unterschied zu den anderen europäischen Monarchen, die durch Tradition und Legitimität geschützt seien, unmöglich, nach einer Niederlage Frieden zu schließen, denn die Zustimmung zu seiner Herrschaft gründe sich ausschließlich auf militärische Macht und Ruhm.

Das kann als Argument nicht überzeugen, denn einschließlich des ägyptischen Abenteuers und der letzten Kampagne, die mit Waterloo endete, verlor Napoleon sechs der insgesamt zwölf Feldzüge, die er, als Parvenu zur Herrschaft in Frankreich gelangt, begonnen hatte – davon allein vier in ununterbrochener Folge: Spanien, Russland, der Feldzug in Deutschland von 1813 und der in Frankreich von 1814. Zu diesen Niederlagen gesellten sich noch die hinzu, die er im Seekrieg (Trafalgar) wie im Handelskrieg (Kontinentalsperre) gegen England erlitten hatte. Dies waren ausnahmslos Desaster, die Frankreich große, ja verheerende Verluste beibrachten, aber keine dieser Niederlagen, geschweige alle zusammen, konnten der Zustimmung zu seiner Herrschaft etwas anhaben. Dies gilt im Übrigen auch für die Anerkennung, die sein Regime und die von ihm gegründete Dynastie bis zuletzt seitens der anderen europäischen Mächte erfuhren.

Wahr ist an dieser oft vorgetragenen Behauptung Napoleons nur so viel, dass erfolgreiche Kriegführung für ihn die Bedingung der Möglichkeit gewesen war, sein Regime zu installieren. Daraus aber die *conditio sine qua non* seiner Bestandswahrung abzuleiten, erwies sich als Lebenslüge, die dessen Untergang unvermeidlich machte. Das zeigt das Geschehen von 1814, als viele Angehörige jener zivilen und militärischen Eliten, die loyal zu ihm gestanden hatten, ihre weitere Gefolgschaft aufkündigten. Dies geschah nicht wegen seiner sich häufenden Niederlagen oder weil er deswegen die Aura seiner Unbesiegbarkeit eingebüßt hätte, sondern allein deshalb, weil Napoleon sich als ein unüberwindbares Hindernis erwies, das den Frieden vereitelte.

Das galt, *mutatis mutandi,* auch für Europa, mit dessen geschlossener Gegnerschaft sich Napoleon zuletzt konfrontiert sah, was seinen Untergang unvermeidlich machte. Das als französisches Kolonialreich organisierte Empire erwies sich als unvereinbar mit der europäischen Staatenwelt. Erst nach dessen Überwindung entstand jene europäische Ordnung, deren Bestandsgarantie das Gleichgewicht der europäischen Staaten war. Dies war die Leistung des Wiener Kongresses, der es den einzelnen souveränen Staaten freistellte, bestimmte Änderungen, die mit der Epoche der Revolution und der napoleonischen Herrschaft ihren Einzug genommen hatten, zu konsolidieren und weiter zu entwickeln.

1
Anonym
La Chute du Titan moderne
Salenstein, Napoleonmuseum Thurgau,
Schloss und Park Arenenberg

La Chute du Titan moderne.

KATALOG

1
GENERATION BONAPARTE

Napoleon Bonaparte war ein typischer Vertreter jener *novi homines* (»neue Männer«), dessen kometenhafte Karriere durch die neue soziale, geografische und psychologische Mobilität der Jahre nach 1789 ermöglicht wurde. Nach der Französischen Revolution war der schnelle Aufstieg an der Tagesordnung, das Überwechseln ganzer Gruppen und Individuen in andere soziale Schichten, gerade in die Führungsschicht. Für den Historiker Pierre Nora gehört das »eruptive Hereinbrechen der Jugend auf die politische Bühne«, die plötzliche »Verjüngung des historischen Akteurs« zu den spektakulärsten, wenn auch von der Geschichtsschreibung bisher wenig beachteten Merkmalen der Zeit. Auch die Sichtbarkeit junger Frauen erhöhte sich in allen Lebenssphären schlagartig. Nicht nur in Frankreich, sondern in ganz Europa – wo ja die Ständegesellschaften meist erhalten blieben – elektrisierte der Zusammenbruch der absoluten Monarchie, das Ende der politischen Privilegien von Adel und Klerus, die neue Zeitrechnung und der stilisierte Triumph von »Gleichheit und Freiheit« die Geister. Und polarisierte sie auch zunehmend. Wer 1789 zwanzig Jahre alt war – hier seien lediglich Alexander von Humboldt, Beethoven, Hegel und Hölderlin als exakte Altersgenossen Bonapartes genannt –, lebte in entscheidenden Jahren mit der geschichtlichen Erfahrung einer ungeheuren Beschleunigung der Zeit sowie mit dem brutalen Auftreten der Nation als moralische und politische Kategorie. Sozial unangepasste, »wilde Lebensläufe«, wie der Germanist Conrad Wiedemann sie nennt, prägten zunehmen das Erscheinungsbild der europäischen Großstädte, die Bereitschaft zum biografischen Risiko wuchs. Während die etablierten Künstler und Denker der Zeit (Goethe, Alfieri, Goya, Füssli, Jacques-Louis David) zur Vätergeneration gehörten, hatten viele politische Akteure des napoleonischen Jahrzehnts (Zar Alexander I., Königin Luise von Preußen) nicht einmal das dreißigste Lebensjahr erreicht, als Bonaparte sich fünfunddreißigjährig zum Kaiser krönen ließ. Immanuel Kant – er hätte ein Großvater dieser Menschen sein können – zählte ebenso wie Rousseau zu den kollektiven und transnationalen Leseerfahrungen der »Generation Bonaparte«. Dazu gehörte die eifrig betriebene ästhetische und wissenschaftliche Erforschung der Antike, ein sehnsuchtsvolles Verlangen nach neuen Mythologien (Ossian und die Ägypter), das Experimentieren mit Naturphänomenen, nicht zuletzt mit der Elektrizität – nicht selten am eigenen Körper. Im Herbst 1801 führte der italienische Physiker Alessandro Volta Bonaparte in Paris die erste funktionierende Batterie vor. Genau zu diesem Zeitpunkt verschickte die britische Armee den von einem französischen Offizier in Ägypten entdeckten Stein von Rosetta als Kriegstrophäe nach London und eröffnete damit eines der spannendsten paneuropäischen Kapitel der abendländischen Wissensgeschichte. Die Voltaische Säule und der Stein von Rosetta, die Elektrizität und der verheißungsvolle Schlüssel zu den Ursprüngen der Zivilisation – zwei Ikonen eines neu anbrechenden Zeitalters.

Bénédicte Savoy

Detail aus Kat.-Nr. 15

1

Stein von Rosetta | 1803–1855 (Original 196 v. Chr.)
Gips, mit Rahmen, 90 × 78,5 cm
Cambridge, The Fitzwilliam Museum | Inv.-Nr. E.I.1855

Im Juli 1799, während der Ägyptenexpedition Bonapartes, machte der junge Ingenieur Pierre-François-Xavier Bouchard im alten Fort Qaitbay in Er-Rashid (Rosetta) eine bahnbrechende Entdeckung: eine halbrunde, steinerne Stele mit einem in drei Schriften (Altgriechisch, Demotisch, Hieroglyphen) eingemeißelten Priesterdekret zu Ehren des ägyptischen Königs Ptolemaios V. sowie seiner Ehefrau und deren Ahnen aus dem Jahr 196 v. Chr. Dieser Text bildete 1822 die Grundlage für die Entzifferung der ägyptischen Hieroglyphen, die in einem europäischen Wettstreit dem französischen Sprachwissenschaftler Jean-François Champollion (1790–1832) gelang. Mit der Erstellung eines vollständigen Systems zur Entzifferung der Hieroglyphen begann die systematische wissenschaftliche Beschäftigung mit dem alten Ägypten: Die moderne Ägyptologie war geboren. | Lisa Sophie Hackmann

Literatur: Solé 1999; Hölzl 2009

2

1

2
Alessandro Volta (1745–1827)
Voltaische Säule | 1799–1814
Glas, Messing, Scheiben: Zink, Kupfer, Konnektor: Kupfer, Messing, H 80,5 cm
Paris, Musée des Arts et Métiers | Inv.-Nr. 01701-0003-001, 01701-0003-002

3 vgl. Abb. S. 78
Turgis
Alessandro Volta führt dem Ersten Konsul im Jahre 1800 die elektrische Säule vor | 19. Jahrhundert
Stich, koloriert, 10 × 12 cm
Rom, Museo Storico delle Poste e delle Telecomunicazioni

Politiker umgeben sich gerne mit Geistesgrößen. Durch die Kontroverse mit Luigi Galvani war Alessandro Volta (1745–1827) in Wissenschaftskreisen in ganz Europa bekannt. Zwischen April 1799 und Juni 1800 entwickelte Volta in Como die nach ihm benannte Säulenbatterie, aber erst im September 1801 begab er sich nach Paris, um seine Erfindung dort vorzustellen. Am 6. November wurde er durch Repräsentanten der Cisalpinischen Republik Bonaparte vorgestellt. Am folgenden Tag nahm der Erste Konsul an der ersten von drei Lesung Voltas am Institut national de France teil. Im Anschluss an die zweite Lesung (12. November) führte Volta Bonaparte und ausgewählten Mitgliedern des Instituts dann einige zuvor nur beschriebene Experimente vor. Auch an der abschließenden Lesung über Galvanismus (22. November) nahm Bonaparte teil. | René Hartmann

Literatur: Fischer 1988; Pancaldi 2003

4
Georg Friedrich Adolph Schöner (1774–1841)
Johann Heinrich Pestalozzi (1746–1827) | Um 1804
Öl auf Leinwand, 81 × 56,9 cm
Halberstadt, Gleimhaus | Inv.-Nr. AN 142-12/15

Als die französische Nationalversammlung dem Schweizer Pädagogen und Sozialreformer Johann Heinrich Pestalozzi 1792 die Ehrenbürgerschaft verlieh, galt das vor allem seinem schriftstellerischen Werk, insbesondere dem Erfolgsroman *Lienhard und Gertrud* (1781–1787). Pestalozzi liebäugelte zeitweilig mit einer Übersiedlung ins revolutionäre Frankreich, engagierte sich für die Helvetische Republik und wirkte anschließend einflussreich als Erzieher in Yverdon. | Malte Lohmann

5
Christian Horneman (1765–1844)
Ludwig van Beethoven (1770–1827) | 1802
Aquarell und Gouache auf Elfenbein, gefasst, 6,1 × 4,7 cm
Bonn, Beethoven-Haus Bonn, Sammlung H. C. Bodmer | Inv.-Nr. HCB Bi 1

Lediglich das markante Grübchen am Kinn und der konzentrierte Blick unter buschigen Augenbrauen verweisen auf spätere Beethoven-Darstellungen. Vielmehr zeigt der dänische Porträtist Christian Horneman einen jungen, aufstrebenden Künstler, der mit seiner zeittypischen Kleidung – blauer Frack mit weißem Halstuch – und seinem modischen Kurzhaarschnitt offenkundig um Eleganz bemüht ist. Beethoven selbst scheint die Miniatur gefallen zu haben, sandte er sie doch 1804 seinem Bonner Jugendfreund Stephan von Breuning als Versöhnungsgeschenk. | Malte Lohmann

Literatur: Kämpken/Ladenburger 2006, S. 206–209

5

4

6

7

6

Johann Friedrich August Tischbein (1750–1812)
Kronprinzessin Luise von Preußen | Dessau 1796/97
Öl auf Leinwand, 69 × 55 cm
Wesel, Preußen-Museum NRW, Museum für preußische Geschichte im Rheinland
(Dauerleihgabe Hofrat Simon Heinrich Sack'sche Familienstiftung) | Inv.-Nr. R 64

Luise von Mecklenburg-Strelitz wurde nach ihrer Hochzeit mit dem preußischen Thronfolger zu einer von der Öffentlichkeit verehrten Persönlichkeit und zum Typus der tugendhaften und »bürgerlichen« Prinzessin und Mutter stilisiert. Ihre Begegnung mit Napoleon anlässlich des Friedens von Tilsit 1807 wurde folgerichtig zu einer Art Aufeinandertreffen von Tugendhaftigkeit und Despotismus. | David Blankenstein

Literatur: De Bruyn 2001, S. 76

7

Johann Friedrich August Tischbein (1750–1812)
**Anna Amalia, Herzogin von Sachsen-Weimar und Eisenach,
geb. Prinzessin von Braunschweig-Wolfenbüttel** | 1795
Öl auf Leinwand, 47 × 39 cm
Halberstadt, Das Gleimhaus | Inv.-Nr. A/110

Nach dem frühen Tod ihres Gatten im Jahr 1758 übernahm die 19-jährige Anna Amalia (1739–1807) bis zur Volljährigkeit ihres Sohnes Carl August die Weimarer Regierungsgeschäfte. Sie machte die kleine Residenz zu einem kulturellen Zentrum Deutschlands, indem sie bürgerliche Geistesgrößen wie Wieland oder Goethe mit dem Angebot auch politischer Wirkungsmöglichkeiten an den Hof band. | Malte Lohmann

Literatur: Salentin 1996; Berger/Berger 2006; Seemann 2007

8
Gottfried Döbler
Immanuel Kant | 1791
Öl auf Leinwand, 33 × 28,5 cm
Duisburg, Museum Stadt Königsberg | Inv.-Nr. 74

Die Kaiserkrönung Napoleons sollte der berühmte Philosoph Immanuel Kant (1724–1804), ein starker Befürworter der französischen Revolution, nicht mehr erleben. Er starb hochbetagt wenige Monate zuvor im Februar 1804. | Lisa Sophie Hackmann

Literatur: Ritzel 1985, 689f.; Schlüter 1999, S.131

9 ohne Abb.
Franz Karl Hiemer (1768–1822)
Friedrich Hölderlin | 1792
Pastell, 56,5 × 39,5 cm
Marbach am Neckar, Schiller-Nationalmuseum und Deutsches Literaturarchiv

Früh begeisterte sich Friedrich Hölderlin (1770–1843) als Student für die Ideen der Französischen Revolution, mit denen er die Hoffnung auf politische Veränderungen im eigenen Land verband. Von Napoleon bis zu dessen Staatsstreich am 18. Brumaire VIII (9. November 1799) fasziniert, macht er ihn mehrmals zum Gegenstand seiner Dichtung: etwa in dem Fragment gebliebenen Odenentwurf *Buonaparte* oder der Hymne *Dem Allbekannten,* einer Reflexion über den Friedensstifter und Versöhner Europas, als der Napoleon seit dem Frieden von Campo Formio (17. Oktober 1797) wahrgenommen wurde. | Nina Struckmeyer

Literatur: Kreuzer 2002, S.14–19

8

10 ohne Abb.
Charles Willson Peale (1741–1827)
Alexander von Humboldt | 1804
Öl auf Leinwand, 60 × 49 cm
Philadelphia, Mütter Museum, College of Physicians of Philadelphia

Das Porträt des jungen Alexander von Humboldt (1769–1859) entstand im Atelier des Künstlers und Ornithologen Charles Willson Peale in Philadelphia, kurz bevor der preußische Forscher und sein französischer Begleiter Aimé Bonpland 1804 die Rückfahrt nach Europa antraten. Die Neugier und Begeisterung, mit der Humboldt in den USA empfangen worden war, erfuhr er auch bei seiner Rückkehr nach Europa, seine Expeditionsreise machte ihn schnell zu einer der bekanntesten Persönlichkeiten seiner Zeit. Der im selben Jahr wie Napoleon geborene Berliner, der in Paris die besten Bedingungen für seine Forschungen vorfand und lange Jahre in der französischen Hauptstadt lebte, zeitweise als preußischer Diplomat, war aufgrund seiner weitreichenden internationalen Beziehungen eine wichtige Mittlerfigur für wissenschaftlichen und kulturellen Austausch vor allem zwischen Frankreich und Preußen. Napoleon selbst hat Alexander von Humboldt anscheinend nur einmal sehr kurz getroffen, Humboldt sollte später berichten: »Der Kaiser war von eisiger Kälte gegen Bonpland, voll Hass gegen mich.«
David Blankenstein

Literatur: Krätz / Kinder 1997, Zitat S.129

11 ohne Abb.
Peter Friedel (1772/73–1814)
Heinrich von Kleist | 1801
Pastell auf Elfenbein, 7 × 5,5 cm
Berlin, Staatsbibliothek zu Berlin – Stiftung Preußischer Kulturbesitz | Inv.-Nr. Nachl. Kleist Bild 1

Bezeichnet Kleist (1777–1811) Napoleon 1802 noch spöttelnd als »Allerwelts-Konsul«, fragte er einen Freund drei Jahre später, bereits mit einer dauerhaften französischen Hegemonie rechnend: »Warum sich nur nicht einer findet, der diesem bösen Geiste der Welt [Napoleon] die Kugel durch den Kopf jagt.« Kleists literarische Auseinandersetzung mit dem nur wenige Jahre älteren Napoleon changiert zwischen Faszination und tiefer Abneigung: Die Napoleonbezüge seines Dramenprojekts *Robert Guiskard*, das um die Legitimität von Herrschaft kreist, sind unübersehbar. Unter dem Eindruck der napoleonischen Besatzung vollendete Kleist die *Hermannschlacht;* wie diese sollten propagandistische Aufsätze und Gedichte die nationale Freiheitsbewegung der Deutschen befördern. | Lisa Sophie Hackmann

Literatur: Grathoff 2000, S.175–197; George / Rudolph 2008

12 ohne Abb.
Franz Gerhard von Kügelgen (1792–1820)
Johann Wolfgang von Goethe | 1808/09
Öl auf Leinwand, 72,5 × 63,5 cm
Tartu (Dorpat), University of Tartu Art Museum | Inv.-Nr. M1

Goethe war sein Leben lang von Napoleon fasziniert, der in seinen Augen eine außergewöhnliche Symbiose aus Geist und Macht verkörperte. Der rasche Aufstieg des begnadeten Militärhelden und Politikers, der ganz Europa umgestaltet hatte, sowie dessen endgültiger Sturz hatten für Goethe das Signum des schlechthin Außerordentlichen. Dass er am Rande des Erfurter Fürstenkongresses von Napoleon, der sich auf dem Höhepunkt seiner kontinentaleuropäischen Machtentfaltung befand, zur persönlichen Audienz geladen wurde (2. Oktober 1810), galt Goethe als einer der Höhepunkte seines Lebens. Der französische Kaiser, der den *Werther* siebenmal gelesen haben will, soll Goethe mit dem bekannten Ausruf »Vous êtes un homme!« empfangen haben, und er ehrte den weltberühmten Dichter mit der Verleihung des Kreuzes der Ehrenlegion (14. Oktober 1808) (s. auch Kat.-Nr. 220). Es kam zu weiteren Begegnungen der beiden Männer in Weimar (6. / 10. Oktober 1808) und Dresden (14. August 1813). | Nina Struckmeyer

Literatur: Hellermann 2001, 232–234; Paas / Mertens 2003, S. 351–352; Seibt 2008, S. 87–159, 201–202

13 ohne Abb.

Friedrich Remde (1801–1878)
nach Ferdinand Karl Christian Jagemann (1780–1820)
Christoph Martin Wieland
Öl auf Leinwand, 68 × 54,5 cm
Weimar, Klassik Stiftung Weimar

Christoph Martin Wieland (1733–1813), seinerzeit der berühmteste deutsche Autor der Aufklärung und 1772 als Prinzenerzieher nach Weimar gekommen, verfolgte das revolutionäre Geschehen in Frankreich aufmerksam und verkündete bereits 1798 in seiner Zeitschrift *Der Neue Teutsche Merkur:* »Buonaparte Diktator der großen Nazion! Der Vorschlag hat etwas Einleuchtendes.« Am 6. September 1808 gewährte ihm Napoleon während des Weimarer Hofballs eine zweistündige Audienz, bei der der Kaiser laut Wieland »nichts weiter als ein gebildeter Mann sein« wollte; einen Monat später erhielt er zusammen mit Goethe das Kreuz der französischen Ehrenlegion (s. auch Kat.-Nr. 12, 220). | Malte Lohmann

14

Kopie nach François Baron Gérard (1765–1837)
Germaine de Staël | Um 1810
Öl auf Leinwand, 70 × 60 cm
Coppet, Château de Coppet

Die Schriftstellerin Anne-Louise-Germaine de Staël-Holstein (1766–1817) war eine der schärfsten Kritikerinnen Napoleons. Als Tochter Jaques Neckers, Finanzminister im *Ancien Régime,* und Frau des Schwedischen Botschafters in Paris verkehrte sie mit der politischen Elite des Landes. Wie viele liberale Adelige sympathisierte sie zunächst mit den Revolutionären und führte einen einflussreichen Salon. Seit 1792 wurde sie jedoch aufgrund ihrer politischen Einflussnahme immer wieder der Hauptstadt verwiesen und musste schließlich 1802 bis zum Ende des Kaiserreiches Paris verlassen. Sie war eine Hauptfigur im Widerstand gegen Napoleon und sein sich zunehmend usurpatorisch entwickelndes Regime. | Nina Struckmeyer

Literatur: Tulard 1999, Bd. 2, S. 797–801

15

Antoine-Jean Gros (1771–1835)
General Bonaparte auf der Brücke von Arcole am 17. November 1796 | 1796
Öl auf Leinwand, 130 × 94 cm
Salenstein, Napoleonmuseum Thurgau, Schloss und Park Arenenberg | Ohne Inv.-Nr.

Dieses Porträt Bonapartes, das er selbst in Auftrag gegeben hatte, war die erste heroisierende Darstellung des jungen Generals. Während des Italienfeldzugs kam es in den Sümpfen bei Arcole zu einer erbitterten, drei Tage dauernden Schlacht der französischen Armee gegen die zahlenmäßig überlegenen Österreicher, die am 17. November 1796 in die Flucht geschlagen werden konnten. Bonaparte soll im Kampf die Fahne eines tödlich verwundeten Soldaten ergriffen haben und mit ihr auf die umkämpfte Brücke gestürmt sein. Dieser erneute Triumph unterstrich Bonapartes Führungsanspruch der Italienarmee, und das Direktorium in Paris bekam seine Macht zu spüren. | Nina Struckmeyer

Literatur: Tulard 1999, Bd. 1, S. 915–917; Paas/Mertens 2003, S. 145–146

14

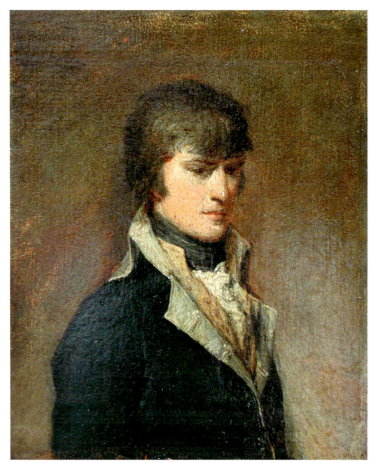

16

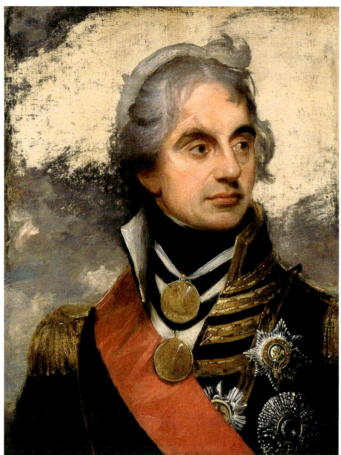

17

16
Francesco Cossia (aktiv 1797)
Napoleon als junger Mann
Öl auf Leinwand, auf Holz aufgezogen, 18 × 14,9 cm
London, Sir John Soane's Museum | Inv.-Nr. P 115

Dieses Bildnis des 27-jährigen Bonaparte zählt zu den ersten Porträts des jungen Generals. Es konnte erst kürzlich dem heute unbekannten Venezianischen Künstler Francesco Cossia zugeschrieben werden. Ein Briefwechsel gibt darüber Auskunft, dass es nach einer am 15. März 1797 in Verona angefertigten Ölskizze entstand. Die in London lebende Malerin Maria Cosway (1759–1838) und frühe Bewunderin Bonapartes hatte es im selben Jahr in Auftrag gegeben. Es war das erste Porträt Bonapartes, das nach Großbritannien gelangte und zeugt von der dort existierenden Begeisterung für den französischen General. | Nina Struckmeyer

Literatur: Salomon/Woodward 2005

17
Sir William Beechey (1753–1839)
Horatio Viscount Nelson | 1800
Öl auf Leinwand, 62,3 × 48,3 cm
London, National Portrait Gallery | Inv.-Nr. NPG 5798

Horatio Lord Nelson (1758–1805), der britische Admiral und spätere Oberbefehlshaber der Mittelmeerflotte, gilt als der größte Widersacher und Rivale Napoleons. Dem genialen Strategen gelang es nicht nur, die gesamte französische Flotte in der Seeschlacht von Abukir 1798 zu vernichten und so Napoleons Siegeszug am Nil zu stoppen, sondern er konnte auch einige Jahre später den entscheidenden – und für ihn letzten – Sieg bei Trafalgar erringen: Nelson selbst wurde in dieser Schlacht tödlich verwundet und erlag am 21. Oktober 1805 im Alter von erst 47 Jahren, kurz nach Verkündigung des Sieges über die französisch-spanische Flotte, seinen Verletzungen. Doch auch abseits der Kriegsschauplätze trugen die beiden Rivalen ihre Kämpfe aus: Zum persönlichen Feind Napoleon Bonapartes, des »Corsican tyrant«, wird Nelson durch die Veröffentlichung privater Briefe des Kaisers an seine Frau Josephine. Als die Franzosen Jahre später Briefe seiner Geliebten Lady Emma Hamilton abfingen, befürchtete Nelson eine ebensolche Veröffentlichung, die jedoch ausblieb. Das Porträt Nelsons aus dem Jahr 1800 war wahrscheinlich privater Natur: Nach Fertigstellung verblieb es lange Zeit im Atelier des Malers, der es später an seinen Sohn und das Patenkind von Horatio Nelson, Capitain William Beechey, weitergab. | Julia Aschlener

Literatur: Ausst.-Kat. London 2005, S. 95

18

19

18
Louis Léopold Boilly (1761–1845)
François-Joseph Talma | Um 1800
Öl auf Papier, auf Leinwand aufgezogen, 20,8 × 17,5 cm
Lille, Musée des Beaux-Arts | Inv.-Nr. P 377

François Joseph Talma (1763–1826) war der Lieblingsschauspieler Napoleons und gefeierter Theaterstar im *Premier Empire*. Die Zeitgenossen bewunderten besonders sein natürliches und wahrhaftiges Spiel. Das skizzierte Porträt diente dem Künstler Boilly zur Vorbereitung seines berühmten Gruppenporträts *Réunion d'artistes dans l'atelier d'Isabey* (Salon 1798). | Eva Knels

Literatur: Ausst.-Kat. Lille 1988, S. 57, 78f.

19
Thomas Lawrence (1769–1830) (Umkreis)
Der Bildhauer Antonio Canova | Frühes 19. Jahrhundert
Öl auf Leinwand, 59 × 47 cm
Parma, Fondazione Museo Glauco Lombardi | Inv.-Nr. 17

Der aus der italienischen Provinz Vicenza stammende Bildhauer Antonio Canova (1757–1822) war einer der berühmtesten europäischen Künstler seiner Zeit. Wie Jacques-Louis David (1748–1825) in der Malerei strebte Canova in seinem Schaffen nach einer frei die Antike interpretierenden Formensprache und gilt als einer der Begründer des Klassizismus in der bildenden Kunst des späten 18. und frühen 19. Jahrhunderts. Einer seiner wichtigsten Mäzene war Joachim Murat, der Schwager Napoleon Bonapartes, durch den dieser auf den Bildhauer aufmerksam wurde und eine Büste bei ihm in Auftrag gab. Von Canovas Wertschätzung in der französischen Hauptstadt zeugt nicht nur die Freundschaft zu dem Archäologen und Kunsthistoriker Quatremère de Quincy (1755–1849) und die Bekanntschaft Jacques-Louis Davids und François Gérards (1770–1837), der Canova bei dessen erstem Parisaufenthalt 1802 porträtierte. Dem italienischen Bildhauer wurde sogar die Direktion des Museums im Louvre angetragen, die dieser allerdings ablehnte. Nach dem Sturz Napoleons kehrte Canova 1815 als Oberaufseher der Kunstsammlungen des Vatikans nach Paris zurück, mit der Rückführung der nach Paris verschleppten italienischen Kunstschätze beauftragt. | David Blankenstein

20

Elisabeth Vigée-Lebrun (1755–1842)
Stanislaus August Poniatowski | 1797
Öl auf Leinwand, 101,5 × 86,5 cm
Kiew, The Bohdan and Varvara Khanenko Museum of Arts | Inv.-Nr. 55 ЖК

Sich als revolutionsflüchtige Pariser Berühmtheit zwischen 1795 und 1801 in Sankt Petersburg aufhaltend, porträtierte die Malerin Vigée-Lebrun Vertraute der Zarenfamilie, wie den hier gezeigten polnischen Ex-König Stanislaus Poniatowski (1732–1798). Nach der dritten polnischen Teilung hatte dieser 1795 abgedankt und lebte seit 1796 in Sankt Petersburg. Für die Familie Poniatowskis entstand dieses Rollenporträt des Königs »en costume Henri IV«. Von dem polnischen Ex-König, dem ersten männlichen Monarchen, den die Künstlerin bis dahin porträtiert hatte, malte Vigée-Lebrun im gleichen Jahr noch ein zweites Bildnis, das in ihrem Besitz verblieb. | Lisa Sophie Hackmann

Literatur: Walczak 2004, S. 57

21

Jean Voilles (1744–1796)
Der zukünftige Zar Alexander I.
Öl auf Leinwand, 19 × 14 cm
Paris, Fondation Napoléon (Schenkung Lapeyre) | Inv.-Nr. 775a

Alexander I. (1777–1825), der 1802 nach der Ermordung seines Vaters den russischen Zarenthron bestieg, verfolgte zunächst eine defensive Friedens- und Bündnispolitik und trat in enge politische Beziehungen mit Napoleon. 1804 kam es zum Bruch mit Frankreich. In den folgenden Jahren wechselte sich der Status des politischen Gegners und des Verbündeten ab: Die russische Armee unterlag in der Schlacht bei Austerlitz (1805); im Frieden von Tilsit (1807) wurde das französisch-russische Bündnis erneuert und auf dem Erfurter Fürstenkongress (1808) gefestigt, bis es schließlich 1812 zum endgültigen Bruch und zum französischen Russlandfeldzug kam. | Nina Struckmeyer

Literatur: Tulard 1999, Bd. 1, S. 62–64

22

Louis François Gerard van der Puyl (1750–1824)
Porträtstudien von 16 Generälen | 1. Viertel 19. Jahrhundert
Öl auf Leinwand, 63,7 × 48,5 cm
Calais, Musée des Beaux-arts | Inv. Nr. 951.24.1.

Der Kriegszug, den Napoleon am längsten und intensivsten vorbereitete, die Invasion Englands, wurde nie unternommen. In den Jahren 1803 bis 1805 konzentrierte Napoleon über 100 000 Soldaten an der französischen Küste bei Boulogne. Mit einem großen Gespür für den individuellen, lebensnahen Ausdruck vereint van der Puyl die Porträtstudien verschiedener Generäle der »Armée d'Angleterre« in einer ungewöhnlichen Komposition.
Lisa Sophie Hackmann

Literatur: Ausst.-Kat. Paris 1969, S. 147; Lincoln 2005, S. 132

20

21

22

GENERATION BONAPARTE

23
Antoine-Jean Gros (1771–1835)
General Lariboisière nimmt zu Beginn der Schlacht an der Moskwa am 7. September 1812 Abschied von seinem Sohn, Leutnant im 1. Karabinier-Regiment | Um 1814
Öl auf Leinwand, 294 × 235 cm
Paris, Musée de l'Armée, Hôtel National des Invalides (Schenkung des Grafen von Lariboisière, 1889) | Inv.-Nr. 4990 I, Ea 156

Jean-Ambroise Baston, Graf von Lariboisière (1759–1812), freundete sich im Regiment la Fère mit Bonaparte an. Er war ein herausragender Artillerist und wurde im Jahre 1801 zum General ernannt, dann zum General des Artillerieparks der *Grande Armée*. In den Schlachten bei Austerlitz, Jena, Eylau, Danzig und auf dem Spanien- und Russlandfeldzug – hier kämpfte er bei Smolensk und an der Moskwa (bei Borodino) – hatte seine Teilnahme entscheidenden Einfluss. Am Morgen des 7. September 1812 kurz vor 6 Uhr eröffnet die französische Artillerie 150 Kilometer vor Moskau das Feuer auf russische Stellungen südlich des Flusses Moskwa. Trotz des abschließenden Beschusses der feindlichen Linien zogen sich die russischen Überlebenden nach Moskau zurück. Nach dieser blutigen Schlacht blieben annähernd 50 000 russische und etwa 30 000 französische Verletzte und Tote zurück – zur Zahl der Opfer gibt es unterschiedliche Angaben. Unter den Toten befand sich auch der jüngste Sohn von General Lariboisière, der etwa zwanzigjährige Ferdinand, Leutnant des 1. Karabinier-Regiments. Vor Erschöpfung und Kummer erkrankte der General während des Rückzugs in Vilnius und starb drei Monate später in Königsberg. Um 1814 malte Baron Jean-Antoine Gros auf Bitte der Familie ein posthumes Doppelporträt, das den General und seinen Sohn im Augenblick des Abschieds zeigt. Anders als Baron Lejeune in seinem Gemälde *Schlacht an der Moskwa* zeigt Gros nicht, wie der Leutnant verletzt wird, sondern den Händedruck vor der militärischen Konfrontation. Die sterblichen Überreste des Generals und seines Sohnes wurden aus Russland nach Paris gebracht und ruhen seit 1814 in der Kirche des Hôtel des Invalides, wo ihnen auf Wunsch des Kaisers die letzte Ehre erwiesen wurde. | Sylvie Le Ray-Burimi

23

GENERATION BONAPARTE

2
FASZINATION UND ABSCHEU

»Den Kaiser – diese Weltseele – sah ich durch die Stadt zum Rekognoszieren hinausreiten; es ist eine wunderbare Empfindung, ein solches Individuum zu sehen, das hier auf einen Punkt konzentriert, auf einem Pferde sitzend, über die Welt übergreift und sie beherrscht. [...] Von Donnerstag bis Montag sind solche Fortschritte nur diesem außerordentlichen Manne möglich, den es nicht möglich ist, nicht zu bewundern.« Dies schrieb G. W. F. Hegel, damals frisch ernannter Professor an der Universität Jena und wie so viele junge Europäer seiner Generation ein begeisterter Anhänger der Französischen Revolution, am 13. Oktober 1806. Am nächsten Tag erlitt Preußen genau dort, in der Schlacht von Jena und Auerstedt, die schwerste Niederlage seiner militärischen Geschichte. Der blitzartig geführte Krieg Napoleons, seine spätestens seit dem Italienfeldzug (1796) und dem ägyptischen Abenteuer (1799) in ganz Europa verbreitete Aura des Unbesiegbaren, des unerbittlichen militärischen Armes der Revolution, führte dazu, dass selbst unter den Opfern seiner Schlachten die Faszination zunächst anhielt. Als ein Prometheus, der das Licht der Revolution gegen den Widerstand der alten Gewalten unter die Menschen brachte, hatte ihn bereits 1797 der italienische Dichter Vincenzo Monti beschrieben; seine Widmung lautete unmissverständlich: »Dem wunderbarsten Krieger der modernen Geschichte wird hier die berühmteste Persönlichkeit der antiken Mythologie präsentiert« – eine Gleichsetzung, die bald zu einem verbreiteten Topos der anbetenden Napoleonliteratur wurde. Zu dem Titan gesellten sich in huldigenden Dichtungen und Bildern der darauffolgenden Jahre weitere Götter und gottähnliche Gestalten: Als Jupiter (Ingres), als friedensbringender Mars (Canova), als christlicher Heilsbringer (Gros), als Bildträger unzähliger Apotheosen (Appiani) wurde Napoleon Bonaparte spätestens nach den Friedensabkommen von Lunéville (9. Februar 1801) und Amiens (25. März 1802), die dem seit zehn Jahren währenden Krieg in Europa ein (nur kurzfristiges) Ende bereiteten, gefeiert. Zwar soll Beethoven schon 1804, angeblich aus Wut über die Nachricht von der Krönung des Ersten Konsuln zum Kaiser, das gerade auf seinem Schreibtisch liegende Titelblatt seiner dritten, bis dahin Bonaparte gewidmeten Symphonie zerrissen haben. Doch übertönte bis 1807 in ganz Europa die Faszination für Napoleon die kritischen Stimmen. Diese allerdings verbreiteten sich schlagartig über die nationalen Grenzen hinweg. Sie bedienten sich aus dem gleichen Fundus mythologischer Gestalten und Ungestalten: Ein menschenfressender Koloss (Goya, Gillray), »Satans ältester Sohn« (Arndt), ein »entfesselter Drache« (E. T. A. Hoffmann) ... Und bezeichnenderweise lieferte der Prometheus-Stoff auch um 1814/15 zum Sturz des verhassten Tyrannen das passende Bild. Nicht mehr lichtbringend, wie fünfzehn Jahre zuvor, sondern angekettet und zerfleischt inszenierten ihn nun Dichter und Künstler. Die Prometheus-Ode von Lord Byron (1816) ist ein Höhepunkt des Genres, in *The Age of Bronze* kam er einige Jahre später auf das prägnante Motiv zurück:

Oh dull Saint Helen! with thy gaoler nigh
Hear! Hear Prometheus from his rock appeal
To earth, air, ocean, all that felt or feel
His power and glory, all who yet shall hear
A name eternal as the rolling year;
He teaches them the lesson taught so long,
So oft, so vainly – – – learn to do no wrong!

Bénédicte Savoy

Detail aus
Kat.-Nr. 30

24
Engelbert Willmes (1786–1866) nach Jacques-Louis David (1748–1825)
Bonaparte überquert den Großen St. Bernhard (1800) | Um 1810
Öl auf Leinwand, 139 × 117 cm
Inschrift unten: BONAPARTE/HANNIBAL/CAROLUS MAGNUS MP
Köln, Kölnisches Stadtmuseum | Inv.-Nr. WRM 1435=HM 1940/109

Das heroisierende Porträt zeigt Bonaparte mit wallendem Umhang auf einem sich aufbäumenden Ross. Die rechte Hand weist in Richtung der Passhöhe des Großen St. Bernhard, den Bonaparte mit einer Reservearmee in einem gefährlichen Manöver bezwang. Er konnte die Österreicher in Italien überraschen und in der Schlacht bei Marengo am 14. Juni 1800 besiegen. Der spanische König Karl IV., ein Bewunderer Bonapartes, hatte das Porträt bei David in Auftrag gegeben. Dieser griff Vergleiche aus der Tagespresse auf und verewigte am linken unteren Bildrand Bonapartes Namen zusammen mit denen von Karl dem Großen (Karolus Magnus) und Hannibal. Das Porträt gefiel Bonaparte so gut, dass er vier Repliken bestellte. Willmes kopierte das vorliegende Gemälde im Atelier von David und sandte es als Geschenk an seine Heimatstadt Köln. | Nina Struckmeyer

Literatur: Savoy 2003, Bd. 1, S. 396; Bordes 2005, S. 83–91

25
Heinrich (1784–1848) und Ferdinand Olivier (1785–1841)
Reiterbildnis des Kaisers Napoleon I. | 1807/08
Öl auf Leinwand, 305,5 × 248,6 cm
Dessau, Kulturstiftung Dessau-Wörlitz | Inv.-Nr. I-291, SSG-WOL

Dargestellt ist hier ein Reiter auf einem zierlichen Schimmel, der der aufgehenden Sonne entgegen galoppiert. Es geht bergauf, die Truppen folgen mit Trommelklang und richtungweisenden Offizieren. Napoleon schaut nicht nach vorn, nur das Pferd blickt zum Betrachter. Ist der Mann mit dem gelben Handschuh überhaupt Napoleon? Sitzt nicht eher ein Symbol auf dem Pferd, das selbst das Symbol eines springenden Rosses ist? Hier reitet ein Votivbild, eine Heiligenfigur vorbei, ein heiliger Georg ohne Drachen. Oder ist Napoleon selbst der Drache?
Dieses seltsame Bild, *das* Napoleon-Bildnis der deutschen Romantik, ist eine grandiose Ikone der europäischen Napoleon-Rezeption. Gemalt wurde es 1808 in Paris von zwei angehenden deutschen Malern im Auftrage des Herzogs von Anhalt-Dessau. Es ist als Kompilation und Transformation bereits existierender Vorlagen entstanden, das Gesicht z. B. nach Robert Lefèvres Napoleon-Porträt (1805), die Landschaft nach Altdorfers *Alexanderschlacht* (ehemals im Louvre aufbewahrt) und die militärische Szenerie nach der *Schlacht bei den Pyramiden* von Louis-François Lejeune (1806). Das Gemälde ist umso bedeutender, als zu Lebzeiten Napoleons nur insgesamt vier Reiterbildnisse dieses Formats entstanden. | Bénédicte Savoy

Literatur: Gaehtgens 2004, S. 296–312

25

27

30

26 Abb. S. 107
Andrea Appiani (1754–1817)
Die Apotheose Napoleons
Deckenfresko
Ursprünglich: Mailand, Sala del Trono, Palazzo Reale,
erhaltene Fragmente: Tremezzo, Villa Carlotta

Das Fresko, das 1804 anlässlich der Kaiserkrönung bei Andrea Appiani (1754–1817) in Auftrag gegeben und 1808 zur Ausschmückung des Thronsaals des Mailänder Königspalastes ausgeführt wurde, ist während des Zweiten Weltkriegs stark beschädigt worden. Es blieben nur Fragmente erhalten, die in der Villa Carlotta in Tremezzo aufbewahrt werden. Entwürfe des Werkes verwahrt die Wiener Albertina. Auf ihnen sieht man Napoleon als antiken Jupiter, mit nacktem Oberkörper und eingehüllt in seinen römischen Feldherrenmantel. Er sitzt auf einem von geflügelten Siegesgöttinnen gehaltenen Thron, die ihrerseits von einem kaiserlichen Adler getragen werden. Neben dem Kaiser schwenken weibliche Allegorien die Kaiserkrone und die Eiserne Krone der Könige von Italien. Quer über das vom Kaiser sternengleich erleuchtete Himmelsgewölbe ziehen sich die Tierkreiszeichen (s. auch Beitrag Fleckner, hier S.101ff.).
Die Verbundenheit Napoleons mit dem Palazzo Reale, dem Königspalast von Mailand, war besonders eng, als er der Schauplatz der ersten Etappe seiner heldenhaften Bestimmung war, die des siegreichen Generals im Italienfeldzug des Jahres 1796. Damals machte der General die Bekanntschaft Appianis, des Malers, der später aufgrund seiner Kunstfertigkeit mit Raffael verglichen wurde. Fortan war er einer der Lieblingskünstler Napoleons und schuf von seinem Mäzen mehrere Dutzend Porträts und Darstellungen. Der mit Ruhm überhäufte erste Maler des Königs von Italien wurde 1804 zur Krönung nach Paris eingeladen. Auch war er der Ehrengesandte, dem die Aufgabe übertragen wurde, dem Kaiser im Mai 1805 persönlich die Eiserne Krone (der Langobarden), die sogenannte »Monza« zu übergeben. | Yann Potin

27
Guiseppe Pietro Bagetti (1764–1831)
Allegoria Napoleonica | Um 1801
Aquarell, 57 × 80 cm
Turin, Galleria Civica d'Arte Moderna e Contemporanea | Inv.-Nr. fl/2187

Bagettis Allegorie zeigt französische Soldaten, die auf einem schmalen Grat zur Spitze eines schroffen Felsens emporsteigen und dort, am Fuße eines klassizistischen Rundtempels, Bonaparte huldigen. Die französischen Truppen, die im Mai 1800 die Alpen überquerten, feiern hier ihren Oberbefehlshaber und sich selbst am Ruhmestempel der Geschichte. Die Bezugnahme auf Hannibal und den Langobardenfeldzug Karls des Großen gibt dem zweiten Italienfeldzug jene historische Dimension, die er als heroische Kriegskunst Napoleons für alle Zeiten einnehmen sollte. Die militärische Unternehmung des »Übergangs« wird von Bagetti so zu einer mehrdeutigen Blaupause des Heerführererfolgs verallgemeinert.
René Hartmann

Literatur: Ausst.-Kat. Mailand 1998, Bd. 2, S. 40–41

28 ohne Abb.
Couronne poétique de Napoléon-Le-Grant | 1807
Rotes Maroquin mit Wappen und Fries in Gold, 21,5 × 12,5 × 4 cm
Salenstein, Napoleonmuseum Thurgau, Schloss und Park Arenenberg | Ohne Inv.-Nr.

Während des Kaiserreiches herausgegebene Sammlung von Ruhmeshymen auf Napoleon I. (»Napoléon-Le-Grand«). Das in rotes Maroquin eingebundene und mit seinem Wappen versehene Werk stammt höchstwahrscheinlich aus einer Bibliothek des Kaisers. Es beinhaltet Gedichte in Französisch, Latein und Italienisch. Eine spätere Besprechung urteilt über den Inhalt wie folgt: »[die] in der ›Couronne poétique [...]‹ veröffentlichen kleinen Gedichte lassen sich oft zu unwürdiger Schmeichelei herab.« | Dominik Gügel

29 ohne Abb.
Unbekannter Künstler, Kopie nach Laurent Dabos (1762–1835)
Bildnis des Kaisers Napoleon mit Strahlennimbus | Um 1810
Öl auf Leinwand, Ø 48,5 cm
München, Bayerische Staatsgemäldesammlungen, Neue Pinakothek | Inv.-Nr. BStGS 3073

Die Faszination für den Kaiser Napoleon, bis hin zu seiner Verklärung zur göttlichen Gestalt, erscheint in dem Tondo nach Laurent Dabos auf einige wesentliche Bildelemente reduziert und daher in umso reinerer Form. Napoleon als strahlender Stern, milde und gütig lächelnd wie Jesus Christus, umgeben vom Lorbeerkranz der Caesaren – das oft kopierte und verbreitete Gemälde zeigt die abgeschlossene visuelle Verklärung Napoleons. | David Blankenstein

Literatur: Ausst.-Kat. Kassel 2008, S. 201

30
Bertel Thorvaldsen (1770–1844)
Apotheose Napoleons | 1830
Marmor, H 108 cm, B 67 cm, T 46 cm
Kopenhagen, Thorvaldsens Museum | Inv.-Nr. A 732

Die originale Marmorbüste, deren Wiederholung hier gezeigt wird, wurde 1829 während des erneuerten Napoleon-Kults der Julimonarchie gefertigt. Thorvaldsen und Napoleon sind sich nie persönlich begegnet. So ist die Physiognomie des Porträts einem Abguss der Totenmaske und zeitgenössischen Bildwerken nachempfunden. Lorbeerkranz und Ägis betonen die antikisierende Heroisierung Napoleons. Die Komposition selbst zitiert die römischen Kaiser-Apotheosen sowie Bartolinis überlebensgroße Bronze vom Portal des Musée Napoléon. | René Hartmann

Literatur: Hartmann 1979, S. 84–88

31
Raffaello Morghen (1758–1833)
Allegorie der napoleonischen Siege (Sieg bei Wagram) | Um 1810
Aquarell und Bleistift auf Papier, 40 × 35,8 cm
Parma, Fondazione Museo Glauco Lombardi (Palazzo di Riserva) |
Inv.-Nr. 50 (vecchio inventario)

In der Schlacht bei der niederösterreichischen Ortschaft Wagram vom 4. bis 6. Juli 1809 besiegte Napoleon die Truppen Karls von Österreich. Der italienische Stecher Morghen wurde erst 1812 von Napoleon selbst nach Paris eingeladen. Bei dieser Gelegenheit schlug Morghen ihm die Gründung einer Kupferstecherschule in Paris vor mit ihm selbst als Direktor. Letztlich vereitelte Denon das Ansinnen, und die Schule wurde nie gegründet. Da sich Morghen sonst vor allem den italienischen Meistern der Renaissance widmet, stellt die Allegorie der napoleonischen Siege eine Besonderheit dar. Man könnte vermuten, dass ihre Entstehung etwas mit der Kupferstecherschule und Napoleon zu tun hat.
René Hartmann

Literatur: Tulard 1989, S. 1737–1739; Benezit 1999, Bd. 9, S. 1320–1321

32 Abb. S. 24
Hut Napoleons
Schwarzer Filz, Band und Kokarde, Seide, die umgekehrte Reihenfolge der Farben weist ihn als Sondermodell, als das sogenannte »Kaiser«-Modell aus, B 46 cm, H 25 cm
Fontainebleau, Musée National du Château de Fontainebleau | Inv.-Nr. N 290

33 Abb. S. 24
Gehrock Napoleons
Hellgraues Tuch, zweireihige Holzknopfleiste, mit Bordüren aus grauer Seide verdeckt, Futter graue Seide, H 122 cm, B 65 cm
Fontainebleau, Musée National du Château de Fontainebleau | Inv.-Nr. N 263

Der Hut und der Gehrock stellen *die* ›leibliche Hülle‹ des Kaisers schlechthin dar und sind als solche selbst zu Insignien der Napoleonischen Heldentaten sowie zum Markenzeichen seiner gespenstischen Ausstrahlungskraft geworden. Die beiden Stücke gehören zwar zu den Reliquien von St. Helena, es blieben allerdings mindestens zwei weitere Gehröcke erhalten: Jedes Jahr bestellte der Kaiser im Atelier der Schneider Chevalier und Lejeune zwei Mäntel, einen grauen und einen farbigen. Es handelte sich dabei nicht um ein ziviles Kleidungsstück, sondern um einen Teil der Uniform, die normalerweise die Infanterieoffiziere trugen und die Napoleon vor allem während eines Feldzuges benutzte. Von den berühmten Hüten, die ausnahmslos der Hutmacher Poupart fertigte, ließ sich der Kaiser nicht weniger als vier pro Jahr liefern. | Yann Potin

34
Ludwig van Beethoven (1770–1827)
Sinfonie Nr. 3, Es-Dur, op. 55, »Eroica« | 1804
Partiturmanuskript, ursprünglich Widmungs-, dann Beethovens Handexemplar mit zahlreichen eigenhändigen Ergänzungen und Korrekturen, 76 Bll., aufgeschlagen inkl. Einband 25 × 67,5 cm
Wien, Archiv der Gesellschaft der Musikfreunde in Wien | Sign. A 20, Inv.-Nr. 61407

»Sinfonia grande/intitolata Bonaparte« war ursprünglich auf dem Titelblatt dieser von Beethoven überprüften Abschrift seiner Dritten Sinfonie zu lesen; doch die zweite Zeile wurde so heftig ausradiert, dass das Papier riss – Zeichen für den Gesinnungswandel des freiheitlich gesinnten Komponisten, von dem auch sein Schüler Ferdinand Ries berichtet: Als Beethoven von Napoleons Selbsterhebung zum Kaiser erfuhr, soll er das Titelblatt des inzwischen verschollenen Originals mit entsprechender Widmung zerrissen haben. Auf der Abschrift ergänzte er allerdings erneut »geschrieben für Bonaparte«; und auch gegenüber seinem Verleger Breitkopf erklärte er, das Werk, 1806 schließlich als *Sinfonia eroica* mit dem vieldeutigen Zusatz »composta per festiggiare il Souvenir di un grand Uomo« publiziert, sei »eigentlich betitelt *Ponaparte*«. | Malte Lohmann

Literatur: Geck/Schleuning 1989; Ausst.-Kat. Berlin 1996, Nr. 3/33, S. 212; Geck 2007, S. 547–552

35 ohne Abb.
Vincenzo Bonomini (1757–1839)
Szenen der lebenden Skelette: Tambour der Nationalgarde und frischvermähltes Paar | Um 1802
Tempera auf Leinwand, 223 × 112 cm
Bergamo, Santa Grata intervites

In Vincenzo Bonominis insgesamt sechsteiliger Bildfolge bildet sich die napoleonische Gegenwart in der Gesellschaft Italiens auf fantastische und komische Weise ab. Der Rekurs auf die mittelalterliche Bild-Tradition des Totentanzes – als solcher sind die Bildtafeln auch für die Kirche Santa Grata intervites in Bergamo geschaffen und genutzt worden – birgt, nicht nur in der Darstellung des uniformierten Trommlers der Nationalgarde, sondern auch in der Darstellung des bourgeoisen Hochzeitspaares als lebendige Skelette, implizite Kritik an der gesellschaftlichen Verfassung des Landes unter der Fremdherrschaft. | David Blankenstein

Literatur: Scaramella / Tenenti 2002, Nr. 65 und 66

36
Brustpanzer des François-Antoine Faveau | 1810–1815
Stahl, Messing, Leder, 38 × 34,5 cm
Paris, Musée de l'Armée, Hôtel National des Invalides | Inv.-Nr. 5077 I; Cc206; G 276.1

Der beidseitig durchschlagene Brustpanzer eines berittenen Karabiniers der *Grande Armée* verdeutlicht die immense Durchschlagskraft einer Kanonenkugel. Pistolen- und Gewehrkugeln aus der Distanz konnte der 6,96 kg schwere, mit Messing überzogene Kürass aus Stahl abwehren, zwei Spuren davon sind auf der Panzerung des 23-jährig verstorbenen François-Antoine Faveau zu erkennen. Den Tod brachte erst eine englische Artilleriesalve während der Schlacht von Waterloo am 18. Juni 1815. Napoleon hatte am 24. Dezember 1809, nach gewaltigen Verlusten unter den Karabiniers im Feldzug gegen Österreich, per Dekret dafür gesorgt, dass die zuvor ungepanzerten zwei Karabinier-Regimenter mit dem Kürass besser gegen die fortschreitende Entwicklung der Feuerwaffen geschützt würden. | David Blankenstein

Literatur: Ausst.-Kat. Wesel / Minden 2007, S. 94

37
Uniformhut aus dem Besitz von Kapitän de Marbot (1782–1854), am 8. Februar 1807 in der Schlacht bei Eylau von einer Kanonenkugel durchschossen
Filz, Leder, Seide, Goldfaden, B 46 cm, H 25 cm
Paris, Musée de l'Armée, Hôtel National des Invalides (erworben 1983) | Inv.-Nr. 25175

Der für seine Tapferkeit und zahlreiche Verletzungen berühmte Husarenoffizier Jean-Baptiste-Antoine-Marcelin de Marbot nahm an mehreren Feldzügen des Kaiserreiches teil: gegen Österreich, Preußen, Polen, Russland, Spanien, sogar in Waterloo war er dabei, wo er als Oberst das 7. Husarenregiment befehligte. In Eylau wurde ihm, dem Adjutanten von Marschall Augereau, der Uniformhut von einer Kanonenkugel weggerissen, und ein Bajonetthieb verletzte ihn.
Unter der Julimonarchie kämpfte Marbot als General weiter in Algerien. Der Nachwelt hinterließ er seine faszinierenden Memoiren. | Thibault de Noblet

37

36

38 A Austerlitz   38 B Jena

38
Schlachtendenkmale
Katzbach (Polen) / Austerlitz (Tschechien) / Kelheim (Deutschland) / Orsa (Weißrussland) / Los Arapiles (Spanien) / Borodino (Russland) / Rivoli (Italien) / Jena (Deutschland)

Die Kriegszüge Napoleons weiteten für Sieger und Besiegte den Raum gemeinsamer Erfahrungen deutlich aus. Dabei konzentrierte sich die Erinnerungskultur durch Schlachtendenkmale zu Beginn des 19. Jahrhunderts vor allem auf die Siege. Das galt für das Frankreich unter Napoleon genauso wie für die »nationale Erhebung« in Deutschland in den Befreiungskriegen oder die Erinnerung an den »Vaterländischen Krieg« von 1812 in Russland. Das Gedenken an die Toten war dabei zweitrangig. Stand auf französischer Seite die nationale »gloire« im Vordergrund, riefen die Schlachtendenkmäler im übrigen Europa nicht etwa vorrangig zum stillen Gedenken an die Gefallen auf, sondern riefen in Form und Widmung vor allem zur Wachsamkeit gegen Frankreich, zu kämpferischen Tugenden und gehorsamer Pflichterfüllung auf. Wie bei den meisten anderen Nationen fanden die Menschen dabei auch in Deutschland durch Abgrenzung gegen den Nachbarn, durch Feindschaft und durch Kampf zum nationalen Selbstverständnis. Die nationale Idee griff so sehr schnell über die bestehende Ordnung hinaus. Ohne Französische Revolution und Napoleon wären die europäischen Nationalbewegungen noch längere Zeit schöngeistig geblieben. Mit der Modernisierung und militärischen Hegemonialpolitik begann sich nicht nur in Deutschland erstmals ein nationales, von breiten Schichten getragenes Bewusstsein zu regen. Die Abneigung gegenüber Napoleon wurde in patriotischen Widerstand übersetzt, der immer weniger einzelstaatliche, sondern gesamteuropäische Elemente trug. Geschichtskonstruktionen bevorzugten dabei bevorzugt prägende militärische Ereignisse oder spezifische militärische Traditionsbildungen. »Militärische Erinnerungskulturen« von Spanien über Frankreich, Polen bis hin nach Russland stehen deshalb nicht nur alleine für militärische Vergangenheitsbezüge, sondern für einen allgemeinen Umgang der jeweiligen Gesellschaften mit ihrer jeweiligen Geschichte. | Christoph Birnbaum

Literatur: Historische Bildforschung 2003; Martus / Münkler / Röcke 2003

38 C Kelheim

38 D Los Arapiles

III. Neueste Geschichte. 55

Neueste GESCHICHTE VON CORSICA
seit der ersten Empörung im Jar 1729.

§. 23.

Erste Empörung, im J. 1729.

Lange verachtet, geplündert und unterdrückt, lebten die Corsen im Jar 1729 wieder auf, da sich der Krieg anfieng, der unter mancherley

3
LEIBLICHE UND SYMBOLISCHE GEBURT

»Ich wurde geboren, als das Vaterland verreckte. Dreißigtausend auf unsere Küsten gespiene Franzosen ertränkten den Thron der Freiheit in Blut, das war das abscheuliche Schauspiel, welches zuerst meine Blicke traf. Die Schreie der Sterbenden, die Seufzer der Unterdrückten, die Tränen der Verzweiflung umgaben meine Wiege von der Geburt an.« Die eigene Geburt und das Blut der Anderen, das Öffnen der Augen und das Sterben der Braven – pathetischer lässt sich die freiheitlich-patriotische Selbstergriffenheit des 20-jährigen Korsen Buonaparte, wie er sich zu jener Zeit noch nannte, nicht erfahren als in diesem oft zitierten Brief an Pasquale Paoli aus dem Jahre 1789. Bei aller Mystifizierung der eigenen Geburt und jenseits des inszenatorischen Tricks offenbaren diese Zeilen zwei Elemente, die Bonapartes politische Laufbahn grundlegend prägten: seine korsischen Wurzeln und sein faszinierendes Gespür für starke Bilder. Die politische Kultur, in die der junge Mann hineingeboren wurde, war in der Tat ein höchst spezifisches Produkt der europäischen Aufklärung. Begünstigt durch ihre Lage im Mittelmeer (im Zentrum eines regen Netzes transnationaler Zirkulationen von Menschen, Waren und Ideen) und durch ihre Insularität (Inseln waren immer ein privilegierter Ort für Utopien und politische Experimente), wurde Korsika bereits in der Mitte des 18. Jahrhunderts zur ersten und einzigen Demokratie Europas. Nach jahrhundertelanger genuesischer Fremdherrschaft und wiederholten Volkserhebungen und Aufständen gegen die drückende Regierung der Statthalter war es Korsika nämlich Mitte der 1750er Jahre gelungen, sich unter der Führung des patriotischen Generals Paoli, von den Genuesen fast völlig zu befreien und sich eine demokratische Verfassung zu geben. Diese frühe Unabhängigkeitsbewegung – an der Bonapartes Vater aktiv teilgenommen hatte – war, um mit dem Historiker Franco Venturi zu sprechen, die »erste Revolution gegen das Ancien Régime« in Europa überhaupt. Die Insel galt weltweit als Laboratorium der Demokratie. Voltaire, Katharina II. von Russland, Goethe, ja die ganze aufgeklärte Welt richtete die Augen auf sie. Rousseau diagnostizierte 1761 im *Contrat social*: »Es gibt in Europa noch ein Land, welches der Gesetzgebung fähig ist; das ist die Insel Korsika. [...] Mir ahnt gewissermaßen, dass diese kleine Insel Europa eines Tages in *Erstaunen* setzen wird« bis das Königreich Frankreich dem Experiment 1769 ein blutiges Ende setzte, genau drei Monate vor Napoleons leiblicher Geburt am 15. August desselben Jahres in Ajaccio.

Die *symbolische* Geburt des Helden allerdings, die von der Legende hochstilisierten Anfänge seiner nationalen und internationalen Sichtbarkeit erfolgten erst Jahre später, als der korsische Traum bereits verflogen war, im 2. und 5. Jahr der Französischen Republik, unter Französischer Flagge und nicht minder blutig. Die erfolgreiche Belagerung des (wiegenförmigen) Hafens von Toulon im Dezember 1793 bildete den historischen Auftakt von Napoleons späterem Mythos. Und mit dem als alleinige Heldentat Bonapartes in die Fama eingegangenen blutigen Angriff auf die Royalisten in der Kirche Saint-Roch in Paris am 5. Oktober 1795 begann seine große politische Laufbahn.

Bénédicte Savoy

Detail aus
Kat.-Nr. 39

39 A 39 B

39

August-Ludwig von Schlözer (1735–1809)
**August Ludwig Schlözers kleine Weltgeschichte:
Num 1: Neueste Geschichte von Corsica seit der ersten Empörung
im Jar 1729 [angebunden Num 2: Geschichte von Rußland]** | 1769
Buch, H 10,5 cm, B 7 cm, D 2 cm
Stuttgart, Württembergische Landesbibliothek | Inv.-Nr. Allg.G.oct.2010-1/2

Inseln waren immer ein privilegierter Ort für Utopien und politische Experimente gewesen. Ganz besonders galt dies für Korsika, wo in den 1750er Jahren die erste und einzige Demokratie in Europa entstand. Ein Historiker, Staatsrechtler, Publizist und Pädagoge der Aufklärung wie Schlözer nahm dies zum Anlass, um sich beispielhaft mit der Geschichte Korsikas für das Europa der Aufklärung zu beschäftigen. Von 1761 bis 1770 lehrte er in Russland, später als Professor an der Göttinger Universität. Schlözer faszinierte dort seine Studenten, unter ihnen Heinrich Friedrich Karl vom Stein und Karl August von Hardenberg, durch sein didaktisches Geschick, und die Gegenwartsbedeutung historischer Erkenntnisse, zu denen ganz besonders auch der Aufstand der Korsen gehörte. | Christoph Birnbaum

Literatur: Heuss 1947 / 1999

40 ohne Abb.

Thomas Lawrence (1769–1830)
Pascal Paoli | Um 1798
Öl auf Leinwand, 73 × 63 cm
Morosaglia, Musée Départemental Pascal Paoli

Napoleon war, wie viele seiner Landsleute, zunächst ein Verehrer des korsischen Freiheitskämpfers Pascal Paoli (1725–1807). Nach der Revolution zum Präsident des Départements Korsika gewählt, sagte sich Paoli aber 1793 von Frankreich los und bat die britische Regierung um Schutz. Napoleon, vom Bewunderer zu dessen Feind geworden, stellte selbst den Haftbefehl gegen den »Verräter« Paoli aus, der nach dem Untergang des anglo-korsischen Königreichs 1795 nach England ins Exil fliehen musste. | René Hartmann

Literatur: Garlick 1989, S. 249–250; Graziani 2004

41

Pasquale Paoli (1725–1807)
Neueste [...] Beschreibung von [...] Korsika und Neufundland | 1797
Buch, 17,3 × 11,5 × 1,2 cm
Trier, Stadtbibliothek und Stadtarchiv | Inv.-Nr. He 1032 8°

Korsika war seit den 1750er Jahren die erste und einzige Demokratie in Europa. Diese galt weltweit als Laboratorium für die Aufklärung. Paoli bekämpfte als Capu Generale an der Spitze der korsischen Guerilla die Genueser. Es gelang ihm, diese aus dem Landesinneren zu vertreiben und in wenigen Hafenstädten einzuschließen. Paoli gab Korsika eine Verfassung und regierte Korsika vorübergehend. Sein Leben war vom Kampf für das Ziel einer geeinten korsischen Nation gekennzeichnet. Er unterhielt Kontakte mit Rousseau, Friedrich dem Großen, Katharina II., dem Papst und den Vereinigten Staaten von Amerika, dem Sultan und Bey von Tunis. | Christoph Birnbaum

Literatur: Graziani 2004

42 ohne Abb.

Hyacinth(e) de la Pegna (tätig um 1750)
Karte von Korsika im 18. Jahrhundert | 1740 ?
Öl auf Leinwand, 211 × 432 cm
Versailles, Musée national des châteaux de Versailles et de Trianon | Inv.-Nr. MV7530

Die Geburt Napoleons im August 1769 fiel in eine Zeit, in der die Insel Korsika ihre Hoffnung auf eine autonome Entwicklung aufgeben musste; im Mai 1768 hatte die Republik Genua, in deren Besitz die Insel seit dem 13. Jahrhundert war, ihre Souveränitätsrechte an Frankreich abgetreten. Die Korsen widersetzten sich erfolglos. Zu den prägenden Eindrücken in Napoleons Kindheit gehörten Klagen über die verlorene Freiheit und die französische Besatzungsmacht. | Lisa Sophie Hackmann

Literatur: Ullrich 2006, S. 12

43

Unbekannter Künstler

Das Geburtshaus Napoleons und der Garten der Familie Bonaparte

Öl auf Papier, 63 × 82 cm

Salenstein, Napoleonmuseum Thurgau, Schloss und Park Arenenberg | Ohne Inv.-Nr.

In diesem Haus in Ajaccio auf Korsika, das sich seit 1682 im Besitz der Familie Bonaparte befand, kamen Napoleon wie auch seine Geschwister mit Ausnahme Josephs zur Welt. Von englischen Truppen 1793 zerstört, wurde es im Auftrag von Napoleons Mutter, Letizia Ramolino, restauriert und blieb im Familienbesitz, bis Prinz Napoleon es 1923 dem französischen Staat schenkte. Seit 1969 ist es an das Musée de Malmaison angegliedert und trägt den Status eines Nationalmuseums. | Lisa Sophie Hackmann

Literatur. Grewenig/Chevallier/Kaufmann 1998, S. 62

44 ohne Abb.

Geburtsakten Napoleons in italienischer Sprache | 1769

Papier, 12 × 22 cm (Faksimile)

Ajaccio, Musée de la Maison Bonaparte

Napoleon wurde als Napoleone Buonaparte bzw. korsisch Nabulione in Ajaccio auf Korsika geboren. Die Insel wurde nach einem langen Unabhängigkeitskrieg gegen Genua im Jahre 1768 an Frankreich verkauft. Später fälschte Napoleon das Geburtsdatum auf den 15. August 1769, ein Zeitpunkt, zu dem die Insel bereits französisch war. Er war der zweite Sohn von Carlo di Buonaparte und Letizia Ramolino, die gemeinsam 13 Kinder hatten, von denen jedoch nur acht die frühen Kinderjahre überlebten. Die Familie gehörte dem korsischen Kleinadel an. Napoleons Vater war der Sekretär von Pasquale Paoli, einem korsischen Revolutionär. Paoli war Napoleons Jugend-Vorbild. | Christoph Birnbaum

Literatur: Ullrich 2006

45 ohne Abb.

Wiege Napoleons | Um 1760–1765

Nussbaumholz, H 54 cm, B 110 cm, T 58 cm

Ajaccio, Privatbesitz

Die schlichte traditionelle Wiege aus Nussbaumholz diente vieren der Kinder Letizia Ramolinos und Carlo Buonapartes – Napoleon, Lucien, Elisa und Louis – als erste Schlafstätte. Im Jahre 1779 wurde sie an einen Cousin Letizias, Nicolas Paravicini, weitergegeben. | David Blankenstein

Literatur: Ausst.-Kat. Speyer 1998, S. 62

43

46
Unbekannter Künstler
**Die Belagerung von Toulon: Bonaparte übernimmt
die Leitung der Artillerie** | Um 1800
Lithografie, 19,6 × 21,4 cm
Salenstein, Napoleonmuseum Thurgau, Schloss und Park Arenenberg | Ohne Inv.-Nr.

47
Unbekannter Künstler
**Die Belagerung von Toulon: Der junge Offizier Bonaparte
in den Artillerieschanzen** | Um 1800
Lithografie, 18,4 × 29,9 cm
Salenstein, Napoleonmuseum Thurgau, Schloss und Park Arenenberg | Ohne Inv.-Nr.

48
Dambour et Gangel
Napoleon bei der Belagerung von Toulon | 1840–1852
Holzstich, koloriert, 41,6 × 65,5 cm
Paris, Musée des civilisations de l'Europe et de la Méditerranée | Inv.-Nr. 53.86.611D

49
François Georgin (1801–1863)
Napoleon bei der Belagerung von Toulon | 1. Hälfte 19. Jahrhundert
Holzstich, koloriert, 38,5 × 55,5 cm
Paris, Musée des civilisations de l'Europe et de la Méditerranée | Inv.-Nr. 57.21.13D

Schon während des *Ancien Régime* war Toulon ein bedeutender Kriegshafen. Im August 1793 waren die Forts, die Magazine, der Hafen und die hier stationierten Kriegsschiffe von den Royalisten und Girondisten jedoch kampflos an die Alliierten übergeben worden. Die anschließende Belagerung der Stadt durch die republikanische Armee endete am 18. Dezember mit der Eroberung Toulons. Napoleon Bonaparte, seit September an den Kämpfen beteiligt, stieg während des Einsatzes vom Hauptmann zum Kommandant der Artillerie auf. Für den seiner Kriegskunst zugeschriebenen Sieg wurde er am 22. Dezember zum Brigadegeneral befördert. | René Hartmann

Literatur: Wenzlik / Handrick 1999; Casali 2009, S. 18

46

47

48

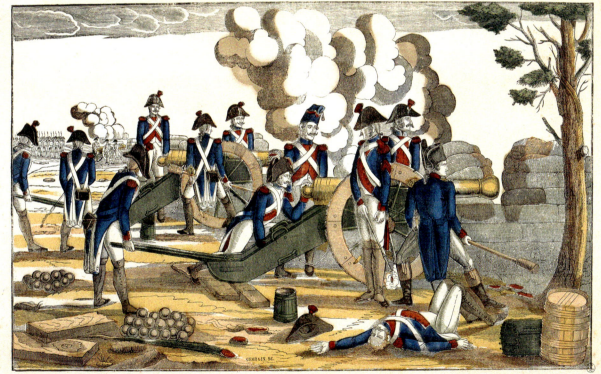

49

LEIBLICHE UND SYMBOLISCHE GEBURT

50

51

50
Isidore-Stanislas Helman (1743–1806) nach Charles Monnet (1732–1808)
Journée du XIII Vendemaire, l'an IV. Eglise St-Roch, rue Honoré |
Vor 1806
Radierung, 36,5 × 47,3 cm
Paris, Musée Carnavalet | Inv.-Nr. G. 30602 (GC histoire 9 A)

Dargestellt sind die Kampfhandlungen in der Rue St. Honoré am 5. Oktober 1795. Die vom Brigadegeneral Bonaparte kommandierte Artillerie schlägt – lediglich mit Kanonendonner und Geschützblitzen – die auf dem Platz versammelten Royalisten in die Flucht. Infolge seiner Verdienste bei der Niederschlagung des royalistischen Aufstandes wurde Bonaparte zum Général de Division der Heimatarmee befördert und vom Volk als »capitaine canon« zum Nationalheld erhoben. | René Hartmann

Literatur: Bruson/Souverain 2005, S. 26; Casali/Chanteranne 2009, S. 19

51
Francesco Bartolozzi (1728–1813)
nach Francesco Vieira Portuensis (1765–1806)
Sitzung der Abgeordneten – Bonaparte erscheint vor dem Rat der Fünfhundert und löst die Versammlung auf, 19. Brumaire des Jahres VIII (1799)
Kupferstich, 50 × 65,5 cm
Paris, Musée Carnavalet | Inv.-Nr. G. 20379

Nach dem Staatsstreich vom 18. Brumaire war der Staat am 19. Brumaire ohne Führung. Die Mitglieder des Direktoriums waren abgesetzt oder inhaftiert. Das Parlament im Schloss von Saint-Cloud wurde von Soldaten umstellt. Die im Orangerie-Saal zusammengetretenen Abgeordneten des Rates der Fünfhundert verweigerten ihre Zustimmung zu der ihnen von den Putschisten um Bonaparte vorgelegten Verfassungsänderung. Daraufhin evakuierte er mit Gewalt den Saal. Gegen zwei Uhr morgens stimmten die Abgeordneten des Ältestenrates und einige der Abgeordneten des Rates der Fünfhundert unter Druck der Militärs der Verfassungsänderung zu. | Christoph Birnbaum

Literatur: Tulard 1982

52 ohne Abb.
Antoine-Jean Gros (1771–1835)
Napoleon Bonaparte als Erster Konsul | 1802
Öl auf Leinwand, 205 × 127 cm
Paris, Musée de la Légion d'Honneur

53
Nach Jean-Baptiste Isabey (1767–1855)
Napoleon Bonaparte als erster Konsul im Park von Malmaison | 1804
Kupferstich, punktiert und koloriert, 67 × 46,4 cm
Salenstein, Napoleonmuseum Thurgau, Schloss und Park Arenenberg | Ohne Inv.-Nr.

»Nahezu alle Städte Frankreichs haben den Wunsch nach einem Porträt des Staatschefs geäußert. Da es unmöglich war, ihnen allen zur gleichen Zeit zu entsprechen, haben wir beschlossen, jedes Jahr sechs Porträts an sechs Verwaltungsstädte zu senden, bevorzugt aus den Gegenden, die erst vor kurzem eingegliedert wurden«, hält der Innenminister Jean Antoine Chaptal 1803 eine Order von Napoleon Bonaparte fest. Im selben Jahr gab der Erste Konsul eine Reihe von lebensgroßen Porträts in Auftrag, die ihn nicht als Feldherrn, sondern als Politiker zeigen. Sie waren Städten im Norden Frankreichs zugedacht, die Bonaparte zuvor besucht hatte, und als solche fungieren sie als symbolische Besitzergreifung der Territorien am Rande der Republik. | David Blankenstein

Literatur: Telesko 1998, S. 84ff.; Lilley 1985, S. 143-156, hier S. 148

53

LEIBLICHE UND SYMBOLISCHE GEBURT

4
DER TRAUM VOM WELTREICH

Ein Blick auf die Europakarte des Jahres 1811 macht es deutlich: Größer als Frankreich unter Napoleon war seit dem Mittelalter zwischen Atlantik und Rhein, Elbmündung und Pyrenäen, Ärmelkanal und Tiber kein Reich gewesen. Der Traum vom Imperium war per se ein europäischer Traum, speiste er sich doch aus antiken, byzantinischen, mittelalterlichen und kolonialen Vorstellungen und Sehnsüchten. An der Schwelle zum 19. Jahrhundert spiegelte er aber auch hochaktuelle politische Debatten wider. Die Europadiskussion, Projekte zu nachhaltigen internationalen Ordnungen, untrennbar verbunden mit der Utopie eines »ewigen Friedens«, beschäftigten die aufgeklärten Geister seit den 1760er Jahren mit zunehmender Intensität. 1761 entwarf Rousseau den Plan einer »Art einheitlichen Systems« für die Mächte Europas, »das sie durch eine gleiche Religion, durch gleiches Völkerrecht, durch die Sitten, die Literatur, den Handel und eine Art Gleichgewicht« verbinden müsse. In seinem daran anknüpfenden wegweisenden Entwurf *Zum ewigen Frieden* spielte Immanuel Kant 1795 mit dem Gedanken einer föderativen, implizit von Europa ausgehenden, immer weiter wachsenden »Weltrepublik«. Als Mittelpunkt für einen solchen Bund erhoffte er sich, »ein mächtiges und aufgeklärtes«, als Republik formiertes Volk, das den Freiheitszustand der Staaten sichern und nach und nach »immer weiter ausbreiten« könne (Kant 1795, S. 35f.). Föderation und Expansion: Zwar gestaltete sich Napoleons Europapolitik vor allem pragmatisch, und sie wurde von ihm erst im Nachhinein als durchdachtes Projekt beschrieben – »Wir hatten damals das Ziel, ein großes föderales System für Europa zu gründen«, ließ er in der Charta von 1815 schreiben; und dennoch war sie von diesen aufgeklärten Kategorien geprägt. Dass Napoleon damit allerdings keinen Beitrag zum ewigen Frieden leistete, legt die Zahl der zwischen 1805 und 1815 gefallenen Soldaten nahe: Im europäischen Schmelztiegel der *Grande Armée* und auch gegen sie starben mindestens zwei, wahrscheinlich drei Millionen Europäer, Hunderttausende wurden verletzt.

Bei solchen Zahlen ist es erstaunlich, wie wenig sich Historiker bislang mit der Erfahrung der verletzten körperlichen Integrität, der stummen Angst und des Schmerzes einer ganzen Generation junger Männer um 1800 beschäftigt haben. Dabei sprechen zahlreiche Quellen wie Soldatenbriefe, medizinische Berichte, chirurgische Instrumente und Prothesen sowie bildliche Darstellungen für die kollektive Relevanz des Themas über die nationalen Grenzen hinaus. Schnitte, Quetschungen, Durchschüsse, ungleiche Risiken, an den Beinen, an den Armen, am Kopf verletzt zu werden: Aufgrund von weitgehend ähnlichen technischen und taktischen Bedingungen war in allen Armeen Europas die Verletzung wohl eine der verbreitetsten Erfahrungen – und zugleich eine der persönlichsten. Wenn man bedenkt, welche Menschenmassen der neue Armeetypus in Bewegung setzte, kann man behaupten, dass zum ersten Mal in Europa die physische Erfahrung von Schmerz und Angst eine ganze Generation junger Männer prägte.

Bénédicte Savoy

Detail aus Kat.-Nr. 109

54

Maison Bapst
Taschenfernrohr Napoleons I. mit Etui | Um 1804–1815
Metall, versilbert, Pappe, rotes Saffianleder, H 4,5 cm, B 4,5 cm, L 9,7 cm
Paris, Musée de l'Armée, Hôtel National des Invalides (Schenkung Germain Bapst, 1905) |
Inv.-Nr. 6212, Ca 25

Darstellungen Napoleons mit Fernrohr sind sehr verbreitet. Die größeren Ferngläser wurden von den Offizieren seiner Eskorte getragen, er besaß aber auch kleine Feldinstrumente, die er in der Tasche bei sich trug. Man weiß, dass der berühmte Optiker Jean Noël Lerebours, der offizielle Lieferant des Kaisers, auch Napoleons mamelukischen Diener Roustam ausbildete, dessen Aufgabe es war, die Ferngläser zu pflegen und instandzuhalten. Wie Lerebours und andere große Häuser durften auch die Gebrüder Bapst, die eher auf Schmuck und Goldschmiedearbeiten spezialisiert waren, für den Kaiser hochwertige Instrumente herstellen. Noch auf St. Helena hatte Napoleon Fernrohre dieser Art in Gebrauch. | Thibault de Noblet

55

Klötzchen zur Darstellung von Truppeneinheiten auf der Feldkarte
Holz, bemalt, H 6 cm, B 5 cm
Paris, Musé de l'Armée, Hôtel National des Invalides (Nachlass Chapuis, 1910) |
Inv.-Nr. 7368/2 (Ca 97)

Das Studium der Feldkarten, dem Napoleon vorrangige Bedeutung bei der Vorbereitung und Organisation der Manöver beimaß, war für die Erarbeitung einer fundierten Strategie für die Truppenbewegung von großer Bedeutung. Anhand der Karten, an denen ein Topografen-Stab arbeitete, konnte das geografische Relief analysiert werden, und mit Hilfe von Farben oder kleinen Holzklötzen ließen sich die Stellungen verbündeter und feindlicher Einheiten markieren.
Das vorliegende Klötzchen, das ursprünglich Napoleon I. gehört hatte, wurde dem gerade eingerichteten Musée de l'Armée im Jahr 1910 von Oberst Chapuis hinterlassen, einem Nachfahren eines der tapferen Soldaten von Waterloo. | Thibault de Noblet

56

Napoleon Bonaparte
Skizze der Schlacht von Austerlitz | Januar 1806
Feder auf Papier, 18 × 20 cm
Bayerisches Hauptstaatsarchiv, Abt. III, Geheimes Hausarchiv

Die Schlacht bei Austerlitz, die Napoleon I. für den späteren König Ludwig I. von Bayern skizzierte, war für den Kaiser, den Kronprinz und das Herrschaftsgefüge in Europa folgenreich. Die Niederlage der russisch-österreichischen Truppen und der Friedensvertrag von Pressburg führten indirekt zur Abdankung Franz' II. als römisch-deutschem Kaiser. Gleichfalls Ergebnis des Friedensvertrags war die Erhebung des mit Frankreich verbündeten Kurfürstentums zum Königreich Bayern und die Proklamation von Maximilian I. zum König. | René Hartmann

Literatur: Miquel 2005

54

55

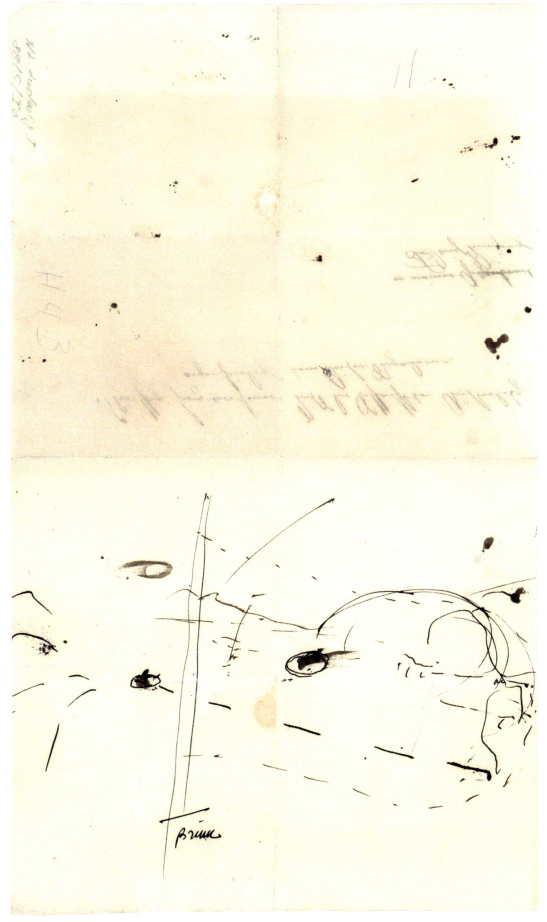

56

DER TRAUM VOM WELTREICH

57

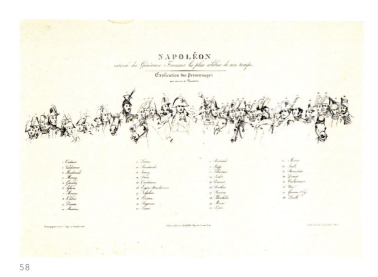

58

57
Anonym
Napoleon und die berühmtesten Offiziere seiner Armee | Nach 1815
Lithografie, koloriert, 38,5 × 53 cm
Salenstein, Napoleonmuseum Thurgau, Schloss und Park Arenenberg | Ohne Inv.-Nr.

Der »petit caporal«, der »kleine Korporal« (»kleine Obergefreite«), wie die Soldaten Napoleon seit dem Italienfeldzug liebevoll titulierten, umgeben von den berühmtesten französischen Generälen seiner Ära. Ein typisches Propagandablatt aus den 1840er Jahren, das den Kaiser in seiner eher zurückhaltenden Felduniform mitten unter seinem prunkvoll gekleideten »Generalstab« zeigt. So wollte ihn die bonapartistische Legende sehen: Napoleon selbst bescheiden, das Reich beeindruckend. Die Welt wird auf seine und seiner Familie Rückkehr vorbereitet. | Dominik Gügel

58
Anonym
Personenbeschreibung | Nach 1815
Lithografie, 32 × 49 cm
Salenstein, Napoleonmuseum Thurgau, Schloss und Park Arenenberg | Ohne Inv.-Nr.

Fern jeder Realität wurden hier die »Sympathieträger des Kaiserreiches« versammelt. Dass längst nicht alle dargestellten Personen Anhänger des Kaisers waren, (z. B. Bernadotte) interessierte nicht. Primär ging es darum, »la gloire«, den Ruhm des napoleonischen Frankreich und seiner Armee zu beschwören. Lemercier, der Pariser »Hofstecher« in der Mitte des 19. Jahrhunderts, schuf die Staffage und ihre Beschreibung für den gesamten europäischen Markt.
Zahlreiche Variationen in verschiedenen Sprachen sind bekannt. Sie fanden vor allem auch im deutschsprachigen Raum Verbreitung. | Dominik Gügel

59

60

61

59
François-Honoré-Georges Jacob-Desmalter (1770–1841)
Feldmobiliar des Kaisers, Klapptisch | Um 1810
Pappelholz, Nussbaum, Eisen, H 70 cm, B 74 cm, T 47 cm
Paris, Mobilier national, Galerie des Gobelins | Inv.-Nr. GMT 952

60
François-Honoré-Georges Jacob-Desmalter
Feldmobiliar des Kaisers, Stühle | Um 1810
Buchenholz, Eisen, Leinen, Wolle, grünes Ziegenleder, H 87 cm, B 40 cm, T ca. 55 cm
Paris, Mobilier national, Galerie des Gobelins | Inv.-Nr. GMT 2427

61
Schlosser Desouches
Feldmobiliar, Klappbett | Um 1810
Eisen, Kupfer, H 127 cm, B 195 cm, T 96 cm
Paris, Mobilier national, Galerie des Gobelins | Inv.-Nr. GMT 17812

Auf allen Feldzügen benutzte Napoleon Möbelstücke, die einfach zu transportieren waren. Zelte, Tische, Stühle und Bett des kaiserlichen Biwaks konnten zusammengefaltet, in Ledertaschen verpackt und bequem mit Maultieren oder Packwagen transportiert werden. Der Schlosser Desouches lieferte ab 1809 für den Kaiser und die Offiziere tragbare, schmiedeeiserne Betten in zwei patentierten Ausführungen: mit und ohne Baldachin. In einem solchen Feldbett des letzteren Typs schlief Napoleon in Austerlitz, und er starb in einem solchen Bett auf St. Helena. | René Hartmann

Literatur: Grewenik / Chevallier / Kaufmann 1998, S. 124–125, 130, 132

62
François-Pascale-Simon Baron Gérard (1770–1837)
Napoleon I. in der Uniform eines Gardegrenadiers | Um 1805
Öl auf Leinwand, 68,5 × 55,5 cm
Salenstein, Napoleonmuseum Thurgau, Schloss und Park Arenenberg | Ohne Inv.-Nr.

Dies ist ein typisches Porträt Napoleons in seiner bevorzugten Uniform. Das Gemälde befand sich ursprünglich in Malmaison, wo seine Stieftochter bzw. Schwägerin Hortense eine Lithografie davon anfertigte. Anschließend ging es laut einem Inventarvermerk in die Sammlungen der Kaiserin Marie-Louise über, die es nach Parma mitnahm. Dort befand es sich noch 1848. Später gelangte es in den Besitz der Fürsten von Montenuovo.
Dominik Gügel

63

Jean-François Thérèse Barbier (1754–1825)
Nachtlager des zweiten Husarenregiments bei Austerlitz | Um 1807
Kreidezeichnung und Aquarell auf Papier, gehöht mit Gouache, 41,6 × 56 cm
Paris, Musée de l'Armée, Hôtel National des Invalides (Vermächtnis General Lamiraux, Nachfahre von General Barbier, 1911) | Inv.-Nr. 8635, Eb 158

Oberst Barbier diente 1805 in Österreich als Oberst des 2. Husarenregiments. Dieses Regiment, das zur Kavalleriebrigade von General François Etienne Kellermann im ersten Armeecorps von Marschall Bernadotte gehört, ist im Vordergrund dieser nächtlichen Landschaft abgebildet, in der verstreut Lagerlichter zu sehen sind: Dies ist die Nacht vor der Schlacht bei Austerlitz am 2. Dezember. Wie Napoleons nachts dem Feldlager seinen Besuch abstattete und von seinen Truppen kaum erkannt wurde, war ein Ereignis, das später von Bacler d'Albe, Lejeune und vielen anderen Künstlern dargestellt wurde. Auf den Tag genau ein Jahr nach seiner Krönung erleuchtete ein Fackelfeuer die gesamte Frontlinie, um der Anwesenheit der Kaisers zu huldigen. Der österreichisch-russische Generalstab scheint keine Lehren aus der Truppenkonzentration, die sich durch dieses Feuer verriet, gezogen zu haben. Einige französische Soldaten wollten darin das Vorzeichen eines sicheren Sieges erkennen. Oberst Barbier hinterließ mehrere Zeichnungen von dieser Schlacht, in deren Verlauf sein Regiment berühmt wurde. Er wurde von einer Kartätsche am Hals verletzt und zum Kommandeur der Ehrenlegion ernannt, bevor man ihn im Preußenfeldzug zum Brigadegeneral beförderte. | Sylvie Le Ray-Burimi

64

Bulletin der Grande Armée | 17. Juni 1807
Papier, 53,8 × 39,7 cm
Salenstein, Napoleonmuseum Thurgau, Schloss und Park Arenenberg | Ohne Inv.-Nr.

Bei diesem Exponat handelt es sich um ein Flugblatt der französischen Armee aus der Kampagne gegen Preußen im Jahr 1807, eine typische zeitgenössische Propagandaschrift, die, auf blaues Papier gedruckt, zwei Verlautbarungen der militärischen Führung zu den laufenden Operationen zusammenfasst. Nach Wochentagen und – wo möglich – Uhrzeit gegliedert, werden auch die einfachen Soldaten scheinbar objektiv über den Verlauf der Kampfhandlungen unterrichtet. | Dominik Gügel

65 ohne Abb.

Dragonergewehr, Modell des Jahres IX, und Gewehr für die Kinder der Truppe | Frankreich, um 1801
Holz, Metall, L 160 cm
Salon-de-Provence, Musée de l'Empéri

Das Gewehr mit rundem, glattem Lauf wurde immer in einem Kolbenfutteral an der rechten Sattelseite befestigt und über dem rechten Oberschenkel geführt. Das Gewehr war insgesamt 1,417 m lang, die Lauflänge betrug 1,028 m und das Kaliber 1,75 cm. Das Gesamtgewicht der Waffe erreichte 4,275 kg. Dieses Gewehr, das Bewaffnung von Dragonern, Voltigeuren und Artilleristen war, wurde bis 1819 in einer Stückzahl von mehr als 450 000 hergestellt. | Christoph Birnbaum

Literatur: Muir 1998

66

Aglaure – Feldkanone aus dem Kanonensystem des Jahres XI der Republik
Kanone: Bronze, L 180 cm, Gewicht 388 kg, Kaliber 6-Pfund-Kanonenkugeln
Lafette: Holz, Eisen, L 315 cm, B 205 cm, Gewicht ca. 900 kg
Paris, Musée de l'Armée, Hôtel National des Invalides | Inv.-Nr. N 188

Die Aglaure ist eine 6-Pfünder-Kanone, die auf eine dreirädrige Lafette montiert ist. Das 1813 von J.T. Béranger in Douai gegossene Kanonenrohr und die in Metz hergestellte Lafette entsprechen dem Kanonensystem des Jahres XI der Republik. Die Kanone, deren erste (Geschossführungs-)Rippe das mit einer Krone versehene Monogramm Napoleons aufweist, kann auf zwei verschiedene Weisen auf die Lafette montiert werden. Die Schildzapfen werden in die beiden Lager gesteckt: zum Transport nach hinten gerichtet, wenn gefeuert wurde nach vorn.

Das Marmont-Kanonensystem des Jahres XI der Republik wurde von den Generälen Marmont und Faultrier de l'Orme entwickelt und war von Mai 1803 bis November 1805 in Gebrauch. Mit ihm sollte die schon 1764 von General Gribeauval begonnene Reform der Artillerie abgeschlossen werden. Das vom Felddienst eingeführte 6-Pfund-Kaliber trat an die Stelle des 4-Pfund-Kalibers, das als zu wenig wirkungsvoll, und des 8-Pfund-Kalibers, das als zu schwierig in der Handhabung galt. Bei der 6-Pfünder-Kanone konnte auch die Munition der Gegner, insbesondere der Österreicher, benutzt werden, was die Versorgung der Truppen mit Geschossen verbesserte, die zuweilen aufgrund der Abgelegenheit der Schlachtfelder kompliziert war. | Julien Maxence

67

Brigadegeneral der berittenen Grenadiere der Kaiserlichen Garde in Paradeuniform

Mütze: Karton, Leder, Pelz, Wollstoff, Baumwollfaden, Federn, Fischbein
Uniform: Wollstoff, Leinen, Wollfaden und Wollstofflitze, Kupfer, geprägt, Erwerb 1897
Ausrüstung: Leder, Kupfer, geprägt
Säbel: Stahl, Kupfer, gegossen, Holz, Leintuch, Erwerb 1887
Paris, Musée de l'Armée, Hôtel National des Invalides | Inv.-Nr. Ga 23

Die berittenen Grenadiere der Garde Napoleons, die von den Soldaten der *Grande Armée* wegen ihres hohen Wuchses und ihres eleganten, würdevollen Auftretens »die Götter« genannt wurden, bilden das älteste und das am meisten beneidete und gefürchtete Regiment der französischen Kavallerie. Auch die Auswahlkriterien waren hier die strengsten. Als letzte Reserve des Kaisers nahmen die Grenadiere bei Eylau an einem Angriff teil, der für den Ausgang der Schlacht entscheidend war. Während des Rückzugs aus Russland bewiesen sie, wie auch die übrige Garde, beispielhaften Mut. In der Schlacht von Waterloo opfern sie sich auf dem Feld der Ehre. | Thibault de Noblet

68
Soldatenfiguren | 17. Leichtes Infanterieregiment
Papier, Aquarell, Gouache, H 8,5 cm
Paris, Musée de l'Armée, Hôtel National des Invalides (ehemalige Sammlung Wurtz-Pées) |
Inv.-Nr. DG 2747/A23

Das 17. Regiment ging 1803 aus der 17. leichten Halbbrigade der Infanterie hervor. Im Juni wurde es in Straßburg stationiert und während des gesamten Kaiserreiches blieb dort auch sein Lager.
Bei Ulm schlug es im Jahre 1805 die Österreicher, bei Austerlitz legte es den Eid ab, die Stellung bis in den Tod zu halten. Während des Preußenfeldzugs war das Regiment aktiv an der Schlacht von Jena beteiligt. 1807 kämpfte es bei Eylau, wo es sich die folgende ehrenvolle Erwähnung verdiente: »In diesem schrecklichen Kampf wurde das 17. Regiment mit Ruhm überhäuft«. 1809 brachen das 1., 2. und 3. Bataillon zum Spanienfeldzug auf, das 4. nahm an den Schlachten von Essling und Wagram teil. Während des Frankreichfeldzugs kämpfte das 1. Bataillon in Bar-sur-Aube und Saint-Dizier, während das 2. und 3. Bataillon an der Belagerung von Mainz beteiligt waren, das 5. an der von Straßburg. Nach jenem folgenschweren Feldzug wurde das 17. Regiment im Jahre 1815 aufgelöst.
Bekannt wurden die Uniformen des leichten 17. Regiments durch die kleinformatigen Papiersoldaten aus dem Elsass; diese Nachgestaltungen haben sich in verschiedenen Sammlungen erhalten, zu erwähnen sind insbesondere die von Boeswillwald, Wutz-Pées und Boersch. | Jean-Marie Haussadis

69
Soldatenfiguren | 18. Linienregiment der Infanterie
Papier, Aquarell, Gouache, H 8,5 cm
Paris, Musée de l'Armée, Hôtel National des Invalides (ehemalige Sammlung Wurtz-Pées) |
Inv.-Nr. DG 2747/A17

Das Regiment nahm an allen Feldzügen der französischen Republik und der *Grande Armée* teil, insbesondere an den Schlachten bei Rivoli und Austerlitz, wo es, mit Bajonetten bewaffnet, die russische Artillerie und Infanterie dreimal angriff. Bei Essling, Wagram, Smolensk und an der Moskwa konnte es den Gegner schließlich zurückdrängen. Im Jahr 1813 kämpfte das 18. Regiment in Dresden, Leipzig und Hanau. Es nahm am Frankreichfeldzug teil und kämpfte in Rothière und Montereau. Im Jahr 1815 wurde es der elsässischen Armee eingegliedert und kämpfte ein letztes Mal bei der Verteidigung von Surburg und Straßburg.
Wahrscheinlich hatte der Sammler und Figurenbildner Wurtz die Uniformen des 18. Feldinfanterie-Regiments um 1810 bei einer Heerschau oder einer Militärparade gesehen und festgehalten. Die Papiersoldaten wurden zwischen 1811 und 1860 als Teil der Gesamtkollektion hergestellt. | Jean-Marie Haussadis

68

69

70
**Soldatenfiguren | 1. Regiment von Nassau
des Fürstentums Nassau-Usingen, Bataillon von Usingen**
Papier, Aquarell, Gouache, H 8,5 cm
Paris, Musée de l'Armée, Hôtel National des Invalides (ehemalige Sammlung Wurtz-Pées) |
Inv.-Nr. DG 2747/A12

Der Rheinbund führte der *Grande Armée* 125 000 Mann zu, die sich aus fünf Regimentern zusammensetzten, die wiederum nach regionaler Herkunft in Bataillone aufgeteilt waren. 1806 formierten sich das 2. und 3. Regiment des Bundes, jeweils aus vier Bataillonen bestehend, die in den Fürstentümern Nassau-Usingen und Nassau-Weilburg sowie in den Kleinstaaten Isenburg, Salm-Salm, Salm-Kyrburg, Hohenzollern-Hechingen, Hohenzollern-Sigmaringen, Leyen und Leichtenstein rekrutiert wurden. 1808 kam ein Teil der Nassauer Truppen zur spanischen Armee. Nachdem diese bis 1813 wehrhaft gegen die Armeen der Engländer, Spanier und Portugiesen gekämpft hatten, floh das 1. Regiment nach Frankreich, das 2. desertierte und verbündete sich mit Wellingtons Truppen. Nach dem Vertrag von Frankfurt am 23. November 1813 sagte sich Nassau von der französischen Allianz los.
Jean-Marie Haussadis

71
**Soldatenfiguren | 6. Regiment der Fürstendivision
des Fürstentums Reuss, 2. Bataillon, 3. Kompanie**
Papier, Aquarell, Gouache, H 10 cm
Paris, Musée de l'Armée, Hôtel National des Invalides (ehemalige Sammlung Wurtz-Pées) |
Inv.-Nr. DG 2747/A13

Die Fürstentümer Reuss (Ebersdorf, Greitz, Lobbenstein et Schleiz) traten nach dem Warschauer Vertrag (18. April 1807) dem Rheinbund bei. Die Truppenstärke belief sich insgesamt auf etwa 400 Mann. Sie bildeten die 3. Kompanie des 2. Bataillons des 6. Regiments der fürstlichen Division. Dieses Regiment kämpfte 1809 in Tirol, 1810 in Spanien und 1812 in Russland. Es verließ den Rheinbund 1813 und schloss sich den alliierten Truppen an.
Jean-Marie Haussadis

72
**Soldatenfiguren | Groß- und Erbprinzregiment
des Großherzogtums Hessen-Darmstadt**
Papier, Aquarell, Gouache, H 10 cm
Paris, Musée de l'Armée, Hôtel National des Invalides (ehemalige Sammlung Wurtz-Pées) |
Inv.-Nr. DG 2747/A13

Am Spanienfeldzug nahm lediglich das Regiment Groß- und Erbprinz des Truppenverbandes des Großherzogtums Hessen-Darmstadt teil. Im Jahre 1812 wurde fast die gesamte Truppe in Badajoz aufgerieben bzw. gefangen genommen. Der Truppenverband gehörte zu den treuesten des Rheinbundes, und erwähnenswert ist auch, dass die Leibgarde und das Leibregiment des Kontingents im Jahr 1813 als letzte Einheiten bei der Verteidigung von Leipzig kämpften. | Jean-Marie Haussadis

70

71

72

73

73
Jean-Antoine-Siméon Fort (1793–1861)
Die Schlacht von Eylau am 8. Februar 1807, die russische Armee wird von einem Angriff der Kavallerie und der Garde zurückgeschlagen | 1836?
Aquarell auf Papier, 62 × 100 cm
Versailles, Musée national des châteaux de Versailles et de Trianon | Inv.-Nr. MV 2607

In der Schlacht bei Preußisch-Eylau (7.–8. Februar 1807) waren Russland und Preußen die Gegner der napoleonischen Truppen. Neben Jena, Czarnowo, Heilsberg und Friedland waren die Gefechte bei Eylau die fünften Kampfhandlungen des Feldzuges in Preußen/Polen (4. Koalitionskrieg 1806/07), die von Napoleon Bonaparte persönlich geführt wurden. Siméon Forts Aquarell wurde 1836 zusammen mit seinen Darstellungen der Schlachten von Austerlitz und Jena sowie der Kapitulation von Magdeburg im Salon ausgestellt. Von der Schlacht bei Eylau und anderen napoleonischen Kriegsepisoden fertigte Fort in der zweiten Hälfte des 19. Jahrhunderts zahlreiche Aquarelle an. | René Hartmann

Literatur: Prendergast 1997

74 ohne Abb.
Pierre Lapie (1777–1850)
Das französische Kaiserreich und das Königreich Italien | 1812
Karte, koloriert, 90 × 120 cm
Paris, Bibliothèque National | Inv.-Nr. Ge FF 13059

Am 2. Dezember 1804 setzte sich Napoleon selbst die Kaiserkrone aufs Haupt. Bereits unter Ludwig XIV., der das Elsass annektierte, und der Republik hatte sich Frankreich auf Kosten seiner Nachbarn erweitert; Napoleon brachte in der Folge den größten Teil Europas unter seine direkte oder indirekte Kontrolle. Am 2. Dezember 1805 siegte Napoleon gegen Russland und Österreich in der Schlacht bei Austerlitz, auch »Dreikaiserschlacht« genannt. Im Oktober 1806 kam es zu der Schlacht bei Jena und Auerstedt, in der die preußischen Truppen vernichtend geschlagen wurden. Pierre Lapie stieg als Kartograf zuerst zum Oberst im französischen Generalstab auf und war in dieser Funktion verantwortlich für die Erstellung der offiziellen topografischen Karte des Kaiserreichs. Lapie hatte als Ingenieuroffizier am napoleonischen Italienfeldzug teilgenommen und wurde 1814 zum Direktor des königlichen »Cabinet topographique« ernannt. Seine militärische Karriere gipfelte 1830 in der Beförderung zum Oberst. | Christoph Birnbaum

Literatur: Rothenberg 2000

75
Giuseppe Bossi ? (1777–1815)
Allegorie: Napoleon als Sieger von Austerlitz | 1806–1812
Öl auf Leinwand, 64,4 × 94,3 cm
Sammlung Christoph Pudelko, Bonn

Napoleon, der am 2. Dezember 1805 aus der berühmten »Dreikaiserschlacht« bei Austerlitz gegen Zar Alexander I. von Russland und Kaiser Franz I. von Österreich als Sieger hervorgegangen ist, überreicht der Personifikation der Stadt Pressburg den am 26. Dezember 1805 geschlossenen gleichnamigen Friedensvertrag. Er zwang Österreich, Venetien, Istrien und Dalmatien an das von Napoleon errichtete Königreich Italien abzutreten. Auf das für Österreich verlorene Venetien verweist der Markuslöwe, auf das gedemütigte Russland der im Hintergrund kauernde Bär. Am rechten Bildrand spielen die von einer Weltkugel mit Kreuz geschmückte Krone sowie die Krönungsszene auf das von Napoleon begründete neue Empire an, links verweisen Krone und Krönungsszene auf die österreichischen Erzherzöge bzw. Könige. Die Reichskrone des Heiligen Römischen Reiches – das Kaiser Franz I. am 6. August 1806 auflösen musste – fehlt. | Hans Ost

76 Abb. S. 52/53
Johann Baptist Seele (1774–1814)
Kampf der Russen und Franzosen auf der Teufelsbrücke am St. Gotthardpass im Jahre 1799 | 1802
Öl auf Leinwand, 77,5 × 100,5 cm
Stuttgart, Staatsgalerie Stuttgart | Inv.-Nr. L0016

Der Kampf auf der Teufelsbrücke in der schweizerischen Schöllenschlucht fand während des 2. Koalitionskrieges (1799–1802) statt. Am 25. September 1799 trafen hier die französischen Truppen unter General Claude Jacques Lecourbe auf die russische Armee. Die anschließende Niederlage in der zweiten Schlacht um Zürich führte schließlich zum Rückzug der Russen aus der Schweiz und der Koalition. Seele interessierte sich bereits vor 1802 für militärische Genres und insbesondere für die napoleonischen Kriege.
René Hartmann

Literatur: Brugger 2001

77
Tapetenmanufaktur und Entwerfer unbekannt
Austerlitz 1805 | 1827–1829
Panoramatapete, Bogenpapier, 205 × 160 cm
Kassel, Deutsches Tapetenmuseum | Bahn 5–7 und 23–25

Insgesamt umfasst die Austerlitz-Panoramatapete 30 Bahnen, die zusammengefügt ein Bild der Schlacht von 15 × 2,80 Meter ergeben. Verschiedene Gefechtsphasen sind hier zu einem Gesamtbild zusammengefasst. Zitiert werden Motive der Maler Gérard, Vernet und Géricault, die dann zu einem harmonischen Ganzen arrangiert wurden. Da die Tapete vor dem erneuerten Napoleon-Kult der Julimonarchie entstanden sein muss, ist sie im besonderen Maße »politisch«; hier wird eine Person verherrlicht, deren Namen zu nennen durch König Charles X. bei Strafe verboten war. Die späte Entstehungszeit erklärt auch die Ungenauigkeiten der Uniformen und Standarten sowie die unhistorische, topografisch-schematisierte Darstellung des Schlachtverlaufs. Die Grausamkeiten des Krieges sind nahezu ausgeblendet, und Napoleon wird als strahlender Sieger inmitten seines Generalstabs inszeniert. | René Hartmann

Literatur: Eissenhauer / Thümmler 2007

77 A

77 B

DER TRAUM VOM WELTREICH

78
Johan Lorenz Rugendas (1755–1826)
Die Belagerung von Zaragoza vom 25. Januar bis 19. Februar 1809
Aquatinta, 47,4 × 59,2 cm
Salenstein, Napoleonmuseum Thurgau, Schloss und Park Arenenberg | Ohne Inv.-Nr.

Hier ist eine Szene aus dem Spanischen Unabhängigkeitskrieg (1807–1814) dargestellt. In Spanien, seit 1796 mit Frankreich verbündet, herrschte spätestens seit 1808 ein Guerillakrieg. Die Truppen zur Niederschlagung des Volksaufstandes musste Napoleon aus Deutschland und Italien abziehen. | René Hartmann

Literatur: Ausst.-Kat. Paris 1991, S. 399; Brunner/Holthuis/Mann/Stasch 2009

81

79 ohne Abb.
January Suchodolski
Die Schlacht auf San Domingo | 1845
Öl auf Leinwand, 68,5 × 87,5 cm | Signiert: January Suchodolski 1845
Warschau, Polnisches Museum/Muzeum Wojska Polskiego | Inv.-Nr. 34761

Dargestellt ist das Gefecht zwischen der 113. Infanterie-Halbbrigade und den Aufständischen von Santo Domingo im Jahre 1802/03. Im Vordergrund sieht man General Władysław Jabłonowski (1769–1802), den Kommandanten der 113. Halbbrigade, der seine Truppen in die Schlacht führt. General Jean-Jacques Dessalines (1758–1806), der Anführer der Aufständischen, ist im Hintergrund zu erkennen.
Ein Ergebnis der Polnischen Teilung durch die Besatzungsmächte Russland, Preußen und Österreich im Jahre 1795 war die Emigration zahlreicher Polen in das revolutionäre Frankreich. Sie schlossen sich der Italienischen Legion von General Jan Henryk Dąbrowski an und kämpften im Italienfeldzug 1797–1801 (Gaeta, Mantua und Schlacht an der Trebbia) und der Donaulegion unter General Karol Kniaziewicz, die 1800 in Hohenlinden kämpfte. Mit dem am 9. Februar 1801 geschlossenen Frieden von Lunéville wurde Frankreich verpflichtet, seine Unterstützung der polnischen Unabhängigkeitsbewegung aufzugeben. Aus den somit überflüssig gewordenen polnischen Einheiten, die die republikanische Bewegung unterstützt hatten, wurden die 113. und 114. Infanterie-Halbbrigade. Beide Brigaden wurden nach Santo Domingo geschickt, um gegen die Sklaven zu kämpfen, die sich unter General Dessalines erhoben hatten und von Großbritannien unterstützt wurden. Die polnischen Soldaten legten große Menschlichkeit und Empathie gegenüber den Rebellen an den Tag, die für ihre Freiheit kämpften. Mehr als die Hälfte der 5000 Mann zählenden polnischen Truppen starb entweder in der Schlacht oder am Gelbfieber oder wurde gefangen genommen. Von den übrigen Männern kehrten nur 350 nach Europa zurück. | Roman Matuszewski

Literatur: Pachoński 1969–1976

80 ohne Abb.
Giuseppe Pietro Bagetti (1764–1831)
Ansicht des befestigten Passes der Cluse im Aosta-Tal, die Franzosen zwingen die Feinde zum Abzug, 16. Mai 1800 | Nach 1800, vor 1807
Aquarell, 52 × 79 cm
Salon-de-Provence, Musée de l'Empéri de Salon et de la Crau |
Inv.-Nr. INV 23655, recto; MV 2525

81
Giuseppe Pietro Bagetti (1764–1831)
Einzug der französischen Truppen in Mailand, 14. Floréal Jahr 4 |
Nach 1800, vor 1807
Aquarell, 53 × 80 cm
Versailles, Musée national des châteaux de Versailles et de Trianon | Inv.-Nr. MV 2488

Die Aquarelle des Landschaftsmalers und ehemaligen piemontesischen Offiziers Bagetti dokumentieren die militärischen Erfolge des Italienfeldzuges 1796 bis 1797. Propagandistisches Ziel der Arbeiten war es, das Genie des Kommandanten der Italienarmee, des jungen General Bonaparte, in hochwertigen Schlachtenbildern deutlich zu machen. Zwischen 1801 und 1807 fertigte Bagetti zahlreiche, sehr detailgenaue topografische Aquarelle für die Sammlung des Dépôt de la Guerre an, einer dem Kriegsministerium angegliederten Dokumentations- und Forschungsabteilung. Bagettis Darstellungsweise hat dabei durch die Kombination von Vogelperspektive und Panoramaansicht durchaus kartografischen Charakter. | René Hartmann

Literatur: Godlewska 2003; Salmon 2003

82

Nach Anne-Louis Girodet de Roucy-Trioson (1767–1824)
Übergabe der Schlüssel von Wien | Vor 1814
Kupferstich, 12,5 × 16 cm
Salenstein, Napoleonmuseum Thurgau, Schloss und Park Arenenberg | Ohne Inv.-Nr.

Napoleons Truppen zogen am 13. November 1805 kampflos in Wien ein, nachdem die österreichische Armee unter der Leitung von Feldmarschall Mack in der Schlacht von Ulm (16.–19. Oktober 1805) kapituliert hatte. Das kleinformatige Aquarell, ausgeführt nach dem monumentalen Gemälde Girodets (Versailles), zeigt die Übergabe der Schlüssel Wiens. In selbstsicherer Pose begegnet Napoleon, umgeben von seinen Marschällen Berthier, Murat und Bessières, den kirchlichen und militärischen Würdenträgern Wiens, die in demütiger Haltung die Stadtschlüssel überreichen. | Eva Knels

Literatur: Tulard 2005, S. 87

83

Giuseppe-Pietro Bagetti (1764–1831)
Einzug des Kaisers in Wien am 14. November 1805 | Um 1809
Kreide und lavierte Tintenzeichnung, 48,3 × 83,5 cm
Paris, Musée de l'Armée, Hôtel National des Invalides | Inv.-Nr. 20017/21, Fb 1064

Bagetti war Professor für Topografie an der Ingenieursschule von Turin und wurde nach dem Sieg von Marengo als Landschaftsmaler für die Italienarmee rekrutiert. Anlässlich der Neuorganisation des kaiserlichen Ingenieurs- und Geografencorps wurde er 1809 zum Hauptmann ernannt und nach Deutschland geschickt, um dort Ansichten der interessantesten Plätze der Feldzüge von 1805 bis 1807 und 1809 festzuhalten. Anders als die Darstellungen italienischer Orte blieben viele dieser Zeichnungen Entwürfe und dienten nicht als Vorlage für Aquarelle – was offenbar auch bei der vorliegenden Skizze der Fall ist. In dieser Ansicht der unmittelbaren Umgebung Wiens nahe der Hofburg, aus der Perspektive eines Reiters, erkennt man links hinter dem Stadtmauerring den Palast und in der Ferne die Turmspitze des Stephansdoms, während im Hintergrund mittig die Kuppel und die Türme der Karlskirche zu sehen sind. Am Tag nach der Einnahme der Brücken mittels einer List verfolgen die Schaulustigen, die sich friedlich am Ufer der Donau versammelt haben, den Einzug des Eroberers, der schon am Vortag in Schönbrunn eingetroffen war. Am 6. August 1806, weniger als ein Jahr nach dem friedlichen ›Defilee‹ der ausländischen Armee, der es – anders als den Ungarn unter Matthias Corvinus im Jahre 1485 – gelungen war, Wien ganz mühelos einzunehmen, legte Franz II. die Krone des Heiligen Römischen Reiches Deutscher Nation nieder.

82

83

84
Pierre Nolasque Bergeret (1782–1863)
Einzug Kaiser Napoleons I. in Berlin | 1810
Feder, braune Tinte über Spuren von Bleistift, 20 × 74 cm
Paris, Fondation Napoléon | Inv.-Nr. 854c (Donation Lapeyre)

85
P. J. Direxite nach Thomas-Charles Naudet (1773/78–1810)
Einzug der Franzosen in Rom, 15. Februar 1798
Radierung, 37,5 × 49,5 cm
Rom, Museo Napoleonico | Inv.-Nr. MN 4465

Die Auflösung des Heiligen Römischen Reiches Deutscher Nation am 6. August 1806 ermöglichte es Friedrich Wilhelm III., sein Königtum nun auf alle preußischen Landesteile auszudehnen. Nach der vernichtenden Niederlage der preußischen Armee bei Jena und Auerstädt am 14. Oktober 1806 kam Preußen unter französische Herrschaft. Nur 13 Tage nach den Kampfhandlungen zog Napoleon zu Pferde, von seiner Garde begleitet, als Sieger durch das Brandenburger Tor. Der anschließend ausgehandelte Friedensvertrag von Tilsit hatte dann die Ablösung des Königreichs Westfalen und des Herzogtums Warschau aus dem Staatsgebiet zur Folge.

Gemälde, Aquarelle und Druckgrafiken dieser Art wurden zur Glorifizierung der *Grande Armée* und ihres Feldherrn Napoleon geschaffen. Die napoleonische Kunstpropaganda nutzte alle künstlerischen Techniken, und an ihrer Verbreitung waren zahlreiche Künstler und Kunsthandwerker beteiligt. Bekannte Maler dieser Propagandamaschine waren Hennequin, Gros und Vernet. Bergerets Reliefkunst für die Vendôme-Säule ist sein wichtigster Beitrag zu diesem Genre. | René Hartmann

Literatur: Tulard 2005; O'Brien 2006; Mayer-Michalon 2008, S. 60–61, 143–144

86
Nicolas-Antoine Taunay (1755–1830)
Einzug Seiner Majestät, des Kaisers der Franzosen, in München, 24. Oktober 1805 | 1808
Öl auf Leinwand, 182 × 221 cm
Versailles, Musée national des châteaux de Versailles et de Trianon | Inv.-Nr. MV 1709

In Taunays Gemälde wird Napoleon zu Pferde von begeisterten Bürgern der Stadt, einige in bayerischer Tracht, vor dem Stadttor mit der idealisierten Ansicht Münchens empfangen. In Wirklichkeit fuhr Napoleon am 24. Oktober 1805 um neun Uhr abends in einer Kutsche in die Stadt ein. Das Bild wurde am 4. Dezember 1808 zusammen mit sieben anderen Gemälden der »campagne de Germanie« in der Galerie der Diana in den Tuilerien gezeigt. Dabei waren außerdem Bilder von Meynier, Berthélémy, Gautherot Ménageot, Bacler d'Albe, Guérin und Girodet. | René Hartmann

Literatur: Lebrune Jouve 2003

86

87

87
Vincenzo (Vincent) Poiret († 1868)
nach Émile-Jean-Horace Vernet (1789–1863)
Einzug Jérôme Bonapartes in Breslau am 7. Januar 1807 | 1824
Öl auf Leinwand, 189 × 295 cm
Fontainebleau, Musée national du Châteaux de Fontainebleau | Inv.-Nr. N 3101

Napoleons Bruder Jérôme Bonaparte (1784–1860) nahm als Kommandant eines bayerisch-württembergischen Armeekorps die Kapitulation der Festung Breslau entgegen. Nach dem Frieden von Tilsit wurde Jérôme Bonaparte – als »König Lustik« verspottet – oberster Repräsentant des neu geschaffenen Königreichs Westphalen, welches nach der Leipziger Völkerschlacht 1813 wieder aufgelöst wurde. Jérôme begleitete die *Grande Armée* auch auf ihrem Russlandfeldzug mit westfälischen Truppen bis zur Schlacht von Borodino 1812. Vincenzo Poirets Gemälde ist die Kopie nach dem verlorenen Original von Vernet aus dem Jahr 1811; sein Gegenstück zeigte den Angriff Jérômes auf die Festung von Glatz. | René Hartmann

Literatur: Bartsch/Eissenhauer 2008, S. 270

89

90

88 ohne Abb.
Inschrift über dem Eingangstor des Isis-Tempels auf der Insel Philae (Ägypten):
»Im Jahr 6 der Republik, am 15. Messidor,/ging unter dem Kommando von Bonaparte/die französische Armee/in Alexandria an Land./Nachdem diese Armee zwanzig Tage später/die Mamelucken in Richtung Pyramiden in die Flucht geschlagen hatte,/verfolgte Desaix, Kommandant der 1. Division,/sie bis jenseits der Katarakte,/die er am 13. Ventôse des Jahres VII erreichte./Die Brigadegenerale/Davoust, Friant und Belliard,/Donzelot, Chef des Generalstabs,/Latournerie, Kommandant der Artillerie,/Eppler, Chef der 21. Leichten,/am 13. Ventôse des Jahres VII der Republik, am 3. März 1799. Eingemeißelt von Castex, Bildhauer.«
Foto, Abklatsch, 250 × 150 cm

Diese Inschrift zeichnet die geografischen Grenzen der Ägypten-Expedition nach. Ein Expeditionskorps unter der Führung von General Desaix (1768–1800) gelangte am 21. Februar 1799 bis zur Insel Philae, südlich von Assuan. Die Aufzeichnungen der Wissenschaftler und Künstler der Expedition, die von mythischen Erinnerungen an die Antike inspiriert wurden, betonen durch die systematische Berechnung der Längen- und Breitengrade auf ihre Weise den modernen Charakter der Unternehmung. Es ging also darum, die Abenteuer Napoleons, die damals mit der Universalität der Heldentaten der französischen Republik verknüpft wurden, in eine jahrhundertelange Geschichte einzubinden. Dies gilt insbesondere für die Inschriften von Karnak und den Naos des Tempels von Philae, die als militärische Grenzsteine dienten und bis in alle Ewigkeit zeigen sollten, dass Frankreich den heiligen und mythischen Raum der antiken Tempel »rationalisiert« und geometrisch erfasst hatte. Die Inschrift in Philae, die der Bildhauer Jean-Jacques Castex (1731–1822) entwarf, wiederholt, was auf der Säule steht, die die Soldaten am Stadteingang von Assuan errichteten und die folgende Inschrift trägt: »Straße nach Paris, Nr. 167 340«. Die etwas zusammengestückelt wirkende Inschrift soll durch ihren feierlichen Rahmen die Schnelligkeit, mit der die Expedition von Alexandria vorangekommen ist, feiern. Die desaströse Niederlage von Aboukir wird bereits von der im Entstehen begriffenen Legende von der »Schlacht bei den Pyramiden« überdeckt. Letztendlich macht die Tatsache, dass der Name Bonapartes abgeschlagen wurde (hierzu gibt es keine Datumsangabe), aus dieser Inschrift paradoxerweise ein eigenständiges Denkmal, denn sie wird dadurch, ganz nach dem Vorbild ihrer Umgebung, zur Ruine.
Yann Potin

91

92

89
Standarte der berittenen Artillerie der »Garde impériale« | 1815
Stickerei auf Seide, 52 × 54 cm
Paris, Musée de l'Armée, Hôtel National des Invalides | Inv.-Nr. 1713 I, Ba 124, P 187, Ba

90
Standarte der berittenen Artillerie der »Garde impériale« | 1815
Stickerei auf Seide, 52 × 54 cm
Paris, Musée de l'Armée, Hôtel National des Invalides | Inv.-Nr. 485 I, Ba 119, P 171

Mehr als nur Erkennungszeichen einzelner Truppenteile, sind Standarten Identifikations- und gleichzeitig Ehrenzeichen, die von Napoleon dem Regiment verliehen wurden. Die hier vorgestellten Standarten gehörten zum Regiment der 1806 gegründeten berittenen Artillerie der kaiserlichen Garde, die Napoleons Eliteeinheiten zusammenfasste. Sie erzählen die Ruhmesgeschichte des Regiments, indem auf der nun verblassten Trikolore die Schlachten – wohlgemerkt nur die gewonnenen – eingefasst von Kaiserkrone, imperialem Adler, Bienen und der Initiale Napoleons im Lorbeerkranz, aufgeführt werden, und übernehmen somit die Funktion eines historischen Gedächtnisses der Einheit. Auf diese Weise wurde eine Traditionslinie geschaffen, in die sich auch neu hinzugekommene Mitglieder einschrieben. Als chronologisch letzte Schlacht ist hier die von Montmirail verzeichnet, bei der Napoleons Armee am 11. Februar 1814 preußische Truppen besiegte. Die Standarten wurden nach der Niederlage der napoleonischen Armee bei Waterloo fast alle verbrannt. | David Blankenstein

Literatur: Régnault 1967

91
Fahne des 6. Regiments der leichten Infanterie | Modell von 1812
Seide, bestickt, 83 × 83 cm
Paris, Musée de l'Armée, Hôtel National des Invalides (Schenkung Napoleons III., 1866) | Inv.-Nr. 485 I (Ba 119, P 171)

Die Embleme des Modells von 1812 sind aus dreifarbiger Seide gearbeitet, die in den Ecken mit Adlern und Kronen, am oberen und unteren Rand mit Bienen sowie dem Monogramm »N« mittig auf beiden Seiten bestickt ist. Sie sind mit goldener Borte eingefasst. Die Vorderseite trägt die Inschrift: »DER KAISER/NAPOLEON/ZUM … REGIMENT/VON…« Auf der Rückseite finden sich die dem Regiment eigenen Schlachtnamen, die dazu dienten, den Corpsgeist zu stärken. Die dreifarbige Ummantelung des Fahnenschafts ist ebenfalls bestickt.
Das Hoheitszeichen, das während der Restauration unbeschädigt blieb, wurde dem Musée de l'Artillerie im Jahre 1866 von Napoleon III. geschenkt. In den Jahren 1812 und 1813 blieb die Fahne im Waffendepot von Hüningen, denn sie wurde nicht nach Spanien zum Regiment geschickt, das hier nur mit dem Feldzeichen des Adlers kämpfte.
Lucie Villeneuve de Janti

92
Österreichische Fahnenlanzen: Überreste der im Jahr 1814 verbrannten Trophäen aus dem Hôtel des Invalides | Österreich, vor 1840
Bronze
Paris, Musée de l'Armée, Hôtel National des Invalides | Inv.-Nr. Aa 175/5

In der Nacht vom 30. auf den 31. März 1814 gab Marschall Sérurier, der Gouverneur des Hôtel des Invalides, des kaiserlichen Invalidenheimes, Befehl, die in der Kirche aufgehäuften Kriegstrophäen zu verbrennen. Sie sollten den Koalitionären nicht in die Hände fallen. Die Überreste, zu denen auch die hier gezeigten österreichischen Fahnenlanzen gehörten, wurden danach in die Seine geworfen. Während der Herrschaft der Hundert Tage stieß der Wasserbaumeister Gaillard neben Eisen von Fahnenstangen und Verzierungen aus Kupfer und Bronze auch auf einige der Lanzen. Im Jahr 1829 wurden sie Karl X. von den Besitzern geschenkt und wieder ins Hôtel des Invalides zurückgebracht.
Lucie Villeneuve de Janti

93

Massengrab in Vilnius | 1812, entdeckt 2002

Das Ende einer Armee: Es war das größte Heer, das die Welt je auf einem Feldzug gesehen hatte. Keine französische, eine europäische Armee. 600 000 Mann und 160 000 Pferde hatte Napoleon für den Einmarsch in Russland aufgestellt. Es war eine Koalition der Willigen und der Unwilligen. Im Sommer 1812 zog Napoleon in Vilnius ein, im Winter 1812 wankten die geschlagenen, entkräfteten Reste der *Grande Armée* durch die baltische Stadt zurück. 35 000 Soldaten aus allen Winkeln Europas starben im Dezember binnen weniger Tage in ihren Mauern, als die Temperatur bis auf 39 Grad minus stürzte. Vor acht Jahren wurde eines der vielen Massengräber entdeckt. Die obersten Opfer lagen noch so, wie sie vor 190 Jahren als steife Bündel in die Gräben gekippt worden waren. Tote in allen Lagen. Skelette in Embryoform zusammengekauert. Ein Schädel trug noch immer die Uniformmütze. Daneben lag ein Pferdekopf. Ein Leichenfeld von 6000 Quadratmetern, sieben Tote pro Quadratmeter. Eine DNA-Analyse ergab: Von 435 Toten konnten die Anthropologen das genaue Alter bestimmen. Drei Prozent hatten nicht einmal das 18., 7 Prozent knapp das 20. Lebensjahr erreicht. Nahezu die Hälfte war zwischen 20 und 25 Jahre alt, gut ein Viertel zwischen 25 und 30. | Christoph Birnbaum

Literatur: Talty 2009

94 ohne Abb.

Francisco de Goya (1746–1828)
**Man kann es nicht mit ansehen,
Blatt 26 aus der Folge »Die Schrecken des Krieges«**
Radierung, Kaltnadel, Stichel, Polierstahl und Lavis, Plattenmaß 14,3 × 20,7 cm
Münster, LWL Landesmuseum für Kunst und Kulturgeschichte

Der mit Hilfe der Engländer geführte spanische Unabhängigkeitskrieg (1808–1814) gegen Napoleon war nicht nur klassisch von Schlachten und Belagerungen geprägt, sondern wurde – das war das Neue an ihm – größtenteils durch Guerillas im Untergrund geführt. Die sich aus der Konfrontation zwischen französischen Soldaten und spanischer Zivilbevölkerung ergebenden Greuel stellte Goya in einer Serie von Radierungen dar, den *Desastres de la Guerra* (Die Schrecken des Krieges). | Angelica Francke

Literatur: Gassier / Wilson / Lachenal 1994, S. 217–221

95

Totentafel für Hans Huber | 1825
Öl auf Holz, 30,5 × 22 cm
Ingolstadt, Bayerisches Armeemuseum | Inv.-Nr. B 6141

Etwa fünf Millionen Tote und zehn Millionen Verletzte in Europa – das ist die unmittelbarste Bilanz der napoleonischen Feldzüge. Nach dem Dreißigjährigen Krieg war es das erste Mal, dass in Europa die physische Erfahrung von Schmerz und Angst eine ganze Generation junger – vorwiegend – Männer prägte, die inmitten dieses europäischen Schmelztiegels der *Grande Armée* – oder auch gegen sie – kämpften. | Christoph Birnbaum

Literatur: Kleßmann 1982

95

93

96

97

96 Abb. S. 65
Jean-Louis-André-Théodore Géricault (1791–1824)
Verwundeter Kürassier, dem Feuer entfliehend, Studie | 1814
Öl auf Leinwand, 46 × 38 cm
Paris, Musée du Louvre | Inv.-Nr. RF 211

Wenige Monate nach dem Sturz Napoleons und der Rückkehr der Bourbonen aus dem Exil stellte Théodore Géricault im Salon von 1814 sein großformatiges Bild eines verwundeten Kürassier aus.
Auf steil abfallendem Hang ist der Soldat vom Pferd gestiegen, den Blick angstvoll und verzweifelt nach hinten gewandt. Das sich in Panik aufbäumende Pferd und der bedrohlich verhangene Himmel unterstreichen die Dramatik der Szene.
Nach den siegreichen Jahren der napoleonischen Eroberungspolitik präsentierte der junge Maler mit seinem Gemälde ihr schmerzliches Gegenteil: die erschütternde Niederlage. Ganz gleich, auf welche Schlacht der Künstler hier Bezug nimmt – die katastrophale Niederlage der *Grande Armée* im Russlandfeldzug oder die Kämpfe zwischen Frankreich und den Alliierten auf französischem Boden im Frühjahr 1814 –, das Bild symbolisiert unmissverständlich das Ende des *Premier Empire*. | Eva Knels

Literatur: Bazin 1989, S. 91–97; Regis 1992, S. 38–42; Chenique 2004, S. 65–86

97
Jean-François Thérèse Barbier (1754–1825)
Russische Kriegsgefangene nach der Schlacht bei Austerlitz am 2. Dezember 1805 | Um 1815
Kreidezeichnung und Aquarell auf Papier, mit Gouache gehöht, 38,5 × 50 cm
Paris, Musée de l'Armée, Hôtel National des Invalides (Vermächtnis General de Lamiraux, Nachfahre von Général Barbier, 1911) | Inv.-Nr. 8637, Eb 182/1

Oberst Barbier, der Kommandant des 2. Husarenregiments, der selbst von einer Kartätsche im Nacken verletzt worden war, präsentiert uns hier ein Bild der österreichisch-russischen Armee, wie sie sich am Nachmittag des 2. Dezember 1805 im Eisregen, der das Schlachtfeld langsam weiß färbt, aufzulösen beginnt. Während das 2. Husarenregiment am Fuße des Hügels Pratzen in ordentlicher Aufstellung vorbeimarschiert, schließen sich die verletzten und entwaffneten russischen und polnischen Soldaten in Gruppen zusammen und sehen aus, als würden sie um Hilfe flehen. Der Anblick der 6000 Toten und 20 000 Verletzten – zwei Drittel davon Russen und Österreicher, von denen viele wegen der fehlenden Versorgung schnell starben – erschütterte die Akteure dieser denkwürdigen Schlacht, ob Besiegte oder Sieger, nachhaltig. Unter den Gefangenen, die die *Grande Armée* machte, befanden sich mehr als 19 000 Russen und 600 Österreicher.
Sylvie Le Ray-Burimi

98

100

99

101

Christian Wilhelm von Faber du Faur (1780–1857)
Szenen aus Napoleons Russlandfeldzug

98
Die Brücke über die Kolotscha bei Bordino, 17. September 1812 | 1827–1830
Federzeichnung, koloriert, 30 × 55 cm
Ingolstadt, Bayerisches Armeemuseum

99
Auf dem Schlachtfelde an der Moskwa, 17. September 1812 | 1827–1830
Federzeichnung, koloriert, 30 × 55 cm
Ingolstadt, Bayerisches Armeemuseum

100
Zwischen Korythnia und Krasnoj, 15. November 1812 | 1827–1830
Federzeichnung, koloriert, 30 × 55 cm
Ingolstadt, Bayerisches Armeemuseum

101
In der Gegend von Smorgony, 3. Dezember 1812 | 1827–1830
Federzeichnung, koloriert, 30 × 55 cm
Ingolstadt, Bayerisches Armeemuseum

Faber du Faur nahm 1812 als junger Offizier der württembergischen Artillerie an Napoleons Russlandfeldzug teil, den er zeichnerisch in einem Skizzenbuch dokumentierte. Auf dieser Grundlage entstanden später etwa 100 Darstellungen in Federzeichnung und Aquarell, die er ab 1831 als Lithografien mit dem Titel *Blätter aus meinem Portefeuille, im Laufe des Feldzuges 1812 in Russland an Ort und Stelle gezeichnet* publizierte. Begleitet wurden die Darstellungen von Texten des Majors Friedrich von Kausler (1794–1848), einem Kameraden des Künstlers. Dieses Werk stellt einen einzigartigen Augenzeugenbericht des Russlandfeldzugs dar, zu dessen wenigen Überlebenden Künstler und Autor zählten. | Nina Struckmeyer

Literatur: Faber du Faur 2003, Taf. 57

102
Jean-Louis-André-Théodore Géricault (1791–1824)
Der Rückzug aus Russland | 1818
Bleistift, Feder und braune Tinte, aquarelliert, 25 × 20,6 cm
Rouen, Musée des Beaux-Arts | Inv.-Nr. 908-5-1

Géricault fertigte 1818 eine Serie von Zeichnungen und Lithografien an, die erschöpfte, unter Wunden, Hunger und Kälte leidende napoleonische Soldaten auf dem Rückzug aus Russland darstellt. Nicht mehr das Pathos des Krieges wird in diesen Bildern thematisiert, sondern die Demütigung einer verlustreichen Katastrophe.
Diese Skizze lieferte die Vorlage zu der bekannten gleichnamigen Lithografie, in der die beiden rechten Soldaten mit Pferd und Hund isoliert dargestellt sind (Paris, Bibliothèque nationale de France, département des estampes). | Nina Struckmeyer

Literatur: Laveissière/Régis 1991, S. 172–181, 347

102

103

104

103 Abb. S. 59
Jean-Baptiste Paulin Guérin (1783–1855)
Dominique-Jean Baron Larrey (1766–1842) | 1804–1814 ?
Öl auf Leinwand, 58 × 47 cm
Versailles, Musée national des châteaux de Versailles et de Trianon | Inv.-Nr. MV 5505

Larrey ist vor allem durch die Einführung der mobilen Feldambulanzen bekannt.
In den turbulenten Jahren der Revolution sammelte er bereits wertvolle Erfahrungen in
der Behandlung von typischen Kampfwunden. Als anerkannt fähiger Arzt und Chirurg
wurde Larrey 1792 schließlich zum Stabsarzt der Rheinarmee und 1812 zum Chefarzt der
Grande Armée ernannt. Während der Kampagne am Rhein entwickelte Larrey dann jene
Mittel, um die Pflege und den Transport der Verwundeten unter Kampfbedingungen
zu verbessern. | René Hartmann

Literatur: Vayre 2005

104
École française
Ambulanz in der Schlacht bei Hanau: Larrey amputiert Kapitän R., 30. Oktober 1813
Öl auf Leinwand, 28 × 35 cm
Paris, Musée du Service de Santé des Armées au Val-de-Grâce | Inv.-Nr. 2006.1871

105
Lesueur, Paris
Koffer mit Amputationsbesteck | 1. Viertel 19. Jahrhundert
Stahl, Silber, Ebenholz, H 5,5 cm, B 33,5 cm, T 9 cm
Paris, Musée du Service de Santé des Armées au Val-de-Grâce | Inv.-Nr. 2008.11.3

Verwundete der napoleonischen Armee wurden abseits des Kampfgeschehens von ausgebildeten Ärzten behandelt. Die neuen, mobilen Ambulanzen ermöglichten diese schnelle und hygienische Versorgung. Feste Lazarette wurden hingegen eine Meile von der Armee entfernt eingerichtet. Den Transport dorthin hätte dieser Soldat mit dem zerfetzten Arm wohl nicht überlebt. Ohne wirkliche Betäubung, nur mit schmerzstillendem Laudanum beruhigt, wird die Amputation vorbereitet. Der Feldchirurg setzt gerade mit dem sichelförmigen Blattmesser zum Schnitt ins Fleisch an. Im Vordergrund steht der Koffer mit der Knochensäge und dem üblichen Amputationsbesteck bereit (vgl. auch Abb. S. 60, 61). | René Hartmann

Literatur: Tulard 2005, S. 257

106 ohne Abb.
Gelatineblock zur Bestimmung der Kugeldurchschlagskraft |
21. Jahrhundert
Gelantine, ca. 60 × 40 × 40 cm

Ballistische Gelatine entspricht in ihrer Beschaffenheit dem Gewebe des Menschen. Das Exponat gewährt somit einen Einblick in die verheerende Wirkung von Rundkugelgeschossen im Körper. Eine Spur der Verwüstung folgt dem Wundkanal des Kugeleinschlags. Der Eintrag von Textilpartikeln und die großflächig zerfetzte Wundhöhle bilden ideale Bedingungen für Infektionen. Die Folge einer solchen Verletzung sind multiple Entzündungen der offenen Fleischwunde. Das einzige Mittel der Zeit, um solche Infektionen an Gliedmaßen zu stoppen, war die Amputation. | Jules Aronnax

Literatur: Kneubuehl 2008

105

107 Abb. S. 55
Charles Meynier (1768–1832)
Rückkehr Napoleons auf die Donau-Insel Lobau nach der Schlacht von Essling, 23. Mai 1809 | 1812
Öl auf Leinwand, 68 × 76 cm
Paris, Musée du Service de Santé des Armées au Val-de-Grâce | Inv.-Nr. 2006.5153

Nachdem Napoleon – nach seiner Rückkehr aus Ägypten – 1799 die Macht in Frankreich ergriffen hatte, konnte er im Jahre 1800 daran gehen, den sogenannten Zweiten Koalitionskrieg (1799–1802: Großbritannien, Österreich und andere Staaten gegen Frankreich) auszufechten. In einer für die Franzosen ungünstigen strategischen Lage in Italien überschritt Napoleon überraschend mit der Reservearmee den Großen St.-Bernhard-Pass und bedrohte in Oberitalien – unter Entsendung der Division Desaix – den Rücken der österreichischen Armee. Der österreichische Befehlshaber Melas beschloss daraufhin, Napoleons Armeegruppe bei Marengo zu durchbrechen, was auch beinahe gelang. Dem in der Schlussphase der Schlacht herbeigeeilten General Desaix gelang es jedoch, Napoleon vor einer Niederlage zu bewahren – Desaix bezahlte allerdings seinen Einsatz mit dem Leben. | Thomas Hemmann

Literatur: Tranié 1991

107

DER TRAUM VOM WELTREICH

108
Ambulanzwagen von Larrey 1809 | 1. Viertel 20. Jahrhundert
Holz, Metall, bemalte Leinwand, H 25,5 cm, B 57 cm, T 18,5 cm, Modell
Paris, Musée du Service de Santé des Armées au Val-de-Grâce | Inv.-Nr. 2006.2083

Die Einführung der »fliegenden Ambulanzen« durch Dominique-Jean Larrey war ein großer Fortschritt in der Verwundetenversorgung der Napoleonischen Kriege. Kampfunfähige Soldaten wurden zuvor oftmals einfach sich selbst überlassen oder mit Karren zu den Verbandsplätzen transportiert. So waren die Infektionen durch unzureichende Hygiene oftmals tödlicher als die Verwundung selbst. Erst mit solchen speziellen Ambulanzwagen konnte vor Ort schnelle medizinisch Hilfe geleistet und ein hygienischer Transport sichergestellt werden (vgl. auch Abb. S. 60). | René Hartmann

Literatur: Ortiz 1998, S. 17–25

109

108 A

108 B

109
Alexandre Soldé (1822–1893)
Larrey beim Übergang über die Beresina | 19. Jahrhundert
Aquarell auf Papier, ca. 30 × 45 cm
Paris, Musée du Service de Santé des Armées au Val-de-Grâce

Der Übergang der Französischen Armee an der Beresina erfolgte am 27. und 28. November 1812. Das Aquarell von Alexandre Soldé lässt die Dramatik der Situation in der Person des hilflos vorbeigeführten Arztes kulminieren. Larrey überquert zusammen mit der in Auflösung begriffenen Truppe und dem Tross auf einer hölzernen Brücke den Fluss. Schicksalsergeben geht er an verwundeten und sterbenden Soldaten vorbei – vor Hilfesuchenden durch einen Carabinier der Garde abgeschirmt, den Blick den Leidenden zugewandt. | René Hartmann

Literatur: Tulard 1989, S. 194–196

110 ohne Abb.
Anleitung zur Beinamputation
Kupferstich
Paris, Musée du Service de Santé des Armées au Val-de-Grâce

Als Leibchirurg Napoleons setzte Baron Jean Dominique Larrey seine Idee der »fliegenden Lazarette« (Ambulance volante) durch: Dies waren anfangs Trupps von je drei berittenen Chirurgen und einem Krankenwärter. Sie führten Pferde mit sich, die Verbandszeug und chirurgische Instrumente bei sich hatten. So konnten schon auf dem Schlachtfeld Blutungen gestillt, Notverbände angelegt, Notamputationen vorgenommen werden. Ohne die heute selbstverständlichen medizintechnischen, medikamentösen und organisatorischen Möglichkeiten führten Larrey und seine Chirurgenkollegen mitunter täglich mehrere hundert Amputationen durch (vgl. auch Abb. S. 60 und 61).
Christoph Birnbaum

Literatur: Soyener 2006

111

Koffer mit Trepanations-Instrumenten | 1. Viertel 19. Jahrhundert

Holz, schwarzes Leder, grüner Filz, Stahl, Ebenholz, H 5,5 cm, B 34,2 cm, T 24,5 cm, geöffnet H 28 cm, B 34,2 cm T 24,5 cm
Paris, Musée du Service de Santé des Armées au Val-de-Grâce | Inv.-Nr. 2008.11.1

In der Neurochirurgie bezeichnet man mit Trepanation die operative Öffnung des Schädels, um beispielsweise den Schädelinnendruck, den Hirndruck, zu senken. Die Öffnung des Schädels kann entweder in Form einer Bohrung oder auch eines ausgesägten Stück Knochens geschehen. Der Höhepunkt der Trepanationen lag im 18. und 19. Jahrhundert. Damals stieg die Sterblichkeit allerdings auch rapide an. | Christoph Birnbaum

Literatur: Porter 2000

112

Bertin

Koffer mit chirurgischen Instrumenten von Pierre Groffier | 18. Jahrhundert

Eisen, Leder, Velour, Papier, Holz, H 10 cm, B 60 cm, T 22 cm, geöffnet H 65 cm, B 60 cm, T 22 cm
Paris, Musée du Service de Santé des Armées au Val-de-Grâce | Inv.-Nr. 2006.10930

113

Amputationsinstrument | 1. Hälfte 20. Jahrhundert
Paris, Musée du Service de Santé des Armées au Val-de-Grâce | Inv.-Nr. 2008.0.7

114

Chirurgenbesteck im Futteral | Bordeaux, 19. Jahrhundert

Saffian, Stahl, Schildpatt, H 3,5 cm, B 17,5 cm, T 8 cm, ausgerollt H 1 cm, B 28 cm, T 17,5 cm
Paris, Musée du Service de Santé des Armées au Val-de-Grâce | Inv.-Nr. 2008.11.2

Auf den Schlachtfeldern verwundet zu werden war bis zu Beginn des 19. Jahrhunderts nahezu gleichbedeutend mit dem Tod, denn die durch die Gewehr- und Kanonenkugeln und Bajonette verwundeten Soldaten waren ohne ärztliche Hilfe nur sich selbst überlassen. Erst nach der Kampfentscheidung, oft nach Tagen, konnten die wenigen Überlebenden eingesammelt werden. Dann ging es in offenen Wagen auf schlechten Wegen zu einem weit hinter der Front entfernten Feldlazarett. Diese waren meist in Kirchen, öffentlichen Gebäuden oder auf einem Platz, möglichst an einem Fluss, eingerichtet. Hier lagen die Verwundeten oft ohne Decken oder Stroh auf kalten Fliesen oder auf Zeltbahnen und warteten, bis ihnen ärztliche Hilfe zuteil wurde. Meist aber hatten Wundinfektion, Wundstarrkrampf oder Gasbrand ihr Werk bereits getan und die Gliedmaßen mussten amputiert werden, um überhaupt eine Überlebenschance zu gewährleisten. Die Pariser Firma für chirurgische Instrumente von Joseph-Frédéric-Benoît Charrière (1803–1873) stellte solche Werkzeuge für saubere Schnitte durch die Knochen der Gliedmaßen her. Komplizierte Splitter- oder Mehrfachbrüche und Bruchverletzungen an oder in Gelenken wurden in der Regel einfach durch großzügige Amputationen behandelt. Wenn der Patient nicht während oder unmittelbar nach der Amputation am Blutverlust starb, drohte ihm häufig der Tod durch eine schwere Infektion der Wunde. Nicht gerade wenige Beispiele zeugen von diesen beispiellosen Qualen. So versuchte man etwa nach schweren Amputationsinfektionen diese durch weitere Teilamputationen zu behandeln. Am Ende starb der malträtierte Patient nicht selten an der Infektion der letzten Operation.
Christoph Birnbaum

Literatur: Soyener 2006

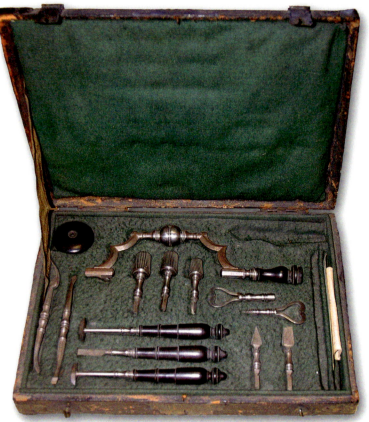

111

114 A

114 B

115

115
Untere Vollprothese, sogenannte Waterloo-Zähne |
Anfang 19. Jahrhundert
Elfenbein, menschliche Zähne, Metall, H 1,5 cm, B 7 cm, T 4,8 cm
Berlin, Deutsches Historisches Museum | Inv.-Nr. AK 97/76

Ein besonders drastisches Beispiel für die Realität des Krieges im frühen 19. Jahrhundert sind die sogenannten Waterloo-Zähne. Am Abend verrichteten Leichenfledderer ihr lukratives Handwerk. Unter ihnen gab es Spezialisten, die aus den Mündern der Toten und Sterbenden die Zähne herausbrachen, die für verlorengegangene eigene Verwendung fanden, bevor Porzellanprothesen als Zahnersatz gebräuchlich wurden. Die Befestigung erfolgte mit vernieteten Metallstiften, die in die Wurzelkanäle der natürlichen Zähne versenkt wurden. | Christoph Birnbaum

Literatur: Soyener 2006

112

116 ohne Abb.
Handprothese aus dem Englandkrieg 1807
Metall
Kopenhagen, Medicisnk-Historisk Museum

Handprothese von Ballif mit Flexion der Finger durch Federkraft und Extension durch Heben des Armes. Die Hand bestand aus Messingblech und wog nur ein Pfund. Ende des 19. Jahrhunderts erkannte man, dass es vor allem beim Ersatz der oberen Extremität vergebliche Mühe war, Beweglichkeit durch immer ausgeklügeltere, aber auch störanfälligere Mechanismen erreichen zu wollen, da die Technik noch nicht weit genug entwickelt war. Es trat ein Wendepunkt ein, an dem man sich bei der oberen Extremität darauf beschränkte, die Hand als Klammerapparat zu gestalten und in erster Linie die Brauchbarkeit für die groben Kraftleistungen zu erhalten. | Christoph Birnbaum

Literatur: Thorwald 1965

117
Beinprothese mit Gelenk des Generals Daumesnil
Metall, Holz, L 80 cm
Paris, Musée de l'Armée, Hôtel National des Invalides (Schenkung Clairval, 1897) |
Inv.-Nr. 926 (Cc 183)

Als Kavallerist nahm Pierre Yriex Daumesnil (1772–1832) während der Revolution und im Kaiserreich an zahlreichen Feldzügen teil und zeichnete sich durch besonderen Mut aus. Während seiner Laufbahn wurde er mehrfach verletzt, und nach der Schlacht von Wagram amputierte man ihm das linke Bein. Der Kaiser wurde auf ihn aufmerksam, und nachdem er ihn zum Reichsfreiherrn und zum Brigadegeneral ernannt hatte, machte er ihn im Jahr 1812 zum Gouverneur der Garnison Vincennes. Hier gelangte Daumesnil zu Ruhm: 1814 durch seine Weigerung, sich den alliierten Truppen zu ergeben, nachdem er nachts vor ihren Augen Kanonen und Schusswaffen in die Garnison geschleust hat; 1815 aufgrund seiner Weigerung, sich den preußischen Truppen zu ergeben. 1830 war er erneut Gouverneur der Garnison und verteidigte die Minister Karls X. gegen die Aufständischen.
Noch lange nach seinem Tod war sein künstliches Bein im Waffensaal des Schlosses von Vincennes ausgestellt, obgleich Gerüchte kursierten, der General habe dieser Prothese eine andere hölzerne vorgezogen, die leichter war. | Thibault de Noblet

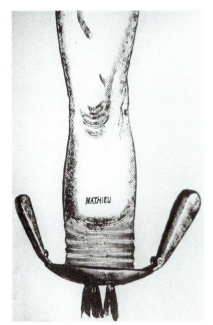

113 A

113 B

117

DER TRAUM VOM WELTREICH

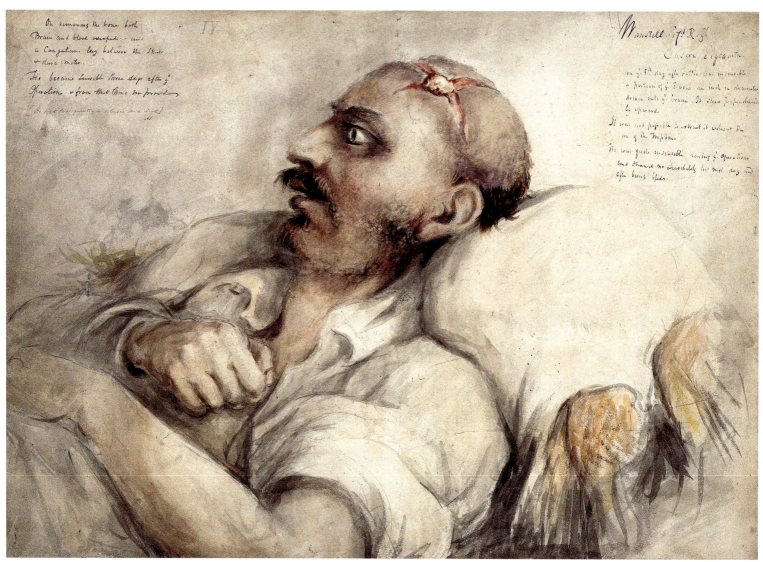

119

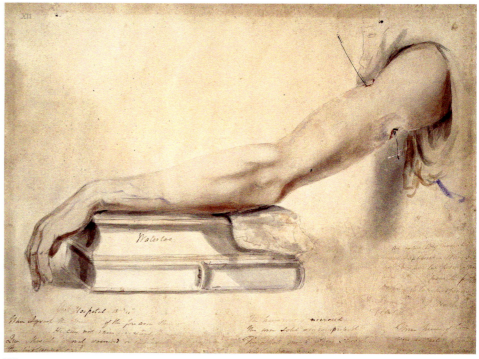

120

121

122

118 Abb. S. 56
Adolphe Roehn (1780–1867)
Französisches Militärlazarett in Marienburg, wo die russischen und die französischen Verwundeten nach der Schlacht bei Friedland im Juni 1807 versorgt werden | Salon 1808
Öl auf Leinwand, 126 × 152 cm
Versailles, Musée national des châteaux de Versailles et de Trianon | Inv.-Nr. MV 1727

Knapp 10 000 Tote und mehr als 20 000 Verwundete zählte man nach der Schlacht von Friedland in Ostpreußen (14. Juni 1807), der letzten des Feldzugs von 1806/07. Das im Salon von 1808 ausgestellte Bild von Adolphe Roehn zeigt den zum Militärlazarett umfunktionierten Kapitelsaal der Marienburg (Malbork, Polen), in dem sowohl russische als auch französische Verwundete versorgt werden. Diese dem besiegten Gegner entgegengebrachte Fürsorge wurde von den zeitgenössischen Kommentatoren besonders betont.
Eva Knels

Literatur: Ausst.-Kat. Paris 1999, S. 381f.

119
Charles Bell (1774–1842)
Soldat mit Kopfwunde (und Schock?) | 1815
Aquarell, 52,5 × 73,5 cm
London, Army Military Services Museum, Wellcome Library | Inv.-Nr. RAMC 95/4

120
Armwunde | 1815
Aquarell, 50,7 × 71,7 cm
London, Army Military Services Museum, Wellcome Library | Inv.-Nr. RAMC 95/2

121 Abb. S. 56
Soldat mit amputiertem Arm, an einem Strick ziehend | 11. August 1815
Aquarell, 53 × 73,5 cm
London, Army Military Services Museum, Wellcome Library | Inv.-Nr. RAMC 95/13

122
Soldat mit Kopfwunde und zur Hälfte rasiertem Schädel | 1815
Aquarell, 73 × 53 cm
London, Army Military Services Museum, Wellcome Library | Inv.-Nr. RAMC 95/12

Nach der Schlacht bei Waterloo, die mehr als 55 000 Tote und Verwundete auf dem Schlachtfeld zurückließ, war der schottische Anatom, Physiologe und Chirurg Charles Bell (1774–1842) einer von vielen freiwilligen Ärzten, der die verletzten Soldaten medizinisch versorgte. Operierte Bell nicht, hielt er die Verletzungen der verwundeten Soldaten in anatomischen Studien fest, nach denen später Aquarelle entstanden. Sie sind in ihrer dokumentarischen Genauigkeit ein einzigartiges Zeugnis des Kriegsgeschehens und stehen in drastischem Gegensatz zur pathetischen Salonmalerei jener Jahre. | Nina Struckmeyer

Literatur: Crumpling / Starling 2005

Blessés français entrant à Paris, sur le boulevard Saint-Martin, après la bataille de Montmirail, 17

123
Anonym
Französische Verwundete ziehen nach der Schlacht von Montmirail am 17. Februar 1814 in Paris ein
Aquarell, 35 × 104 cm
Versailles, Musée national des châteaux de Versailles et de Trianon |
Inv.-Nr. MV5194; IN Dessins 919

Die Schlacht bei Montmirail war eine Schlacht des Sechs-Tage-Feldzuges der Befreiungskriege. Das Ergebnis war ein Sieg Napoleons. Die Schlacht gilt als eine der Glanzleistungen von Napoleons Feldherrenkunst. Das preußische Kontingent bestand aus 18 000 Soldaten und wurde von General York angeführt. Die Russen, gleich stark, wurden von General Sacken kommandiert. Das französische Heer bestand am Ende aus 20 000 Mann. Die Verbündeten verloren 4000, die Franzosen 2000 Soldaten. | Christoph Birnbaum

Literatur: Fremont-Barners 2002

Étienne-Jean Delecluze (1781-1863) 1814

Le Factionnaire Suisse au Louvre.

124

124
Jean-Louis-André-Théodore Géricault (1791–1824)
Der Schweizer Wachposten am Louvre und der Invalide | 1819
Lithografie, 45 × 37 cm
Paris, Bibliothèque Nationale de France, Médailles et antiques exemplaire unique |
Inv.-Nr. L.D. 15,2e état. – B.N., Est. Cd 141 b rès.

Géricault brach mit dem Klassizismus seiner Zeit und widmete seine Kunst, gleich den Künstlern der Renaissance, dem menschlichen Körper. Er steht dem hellenistischen Bildhauer-Stil und dem Stil Michelangelos nahe, mit seinen streng aufgebauten Kompositionen und den Athletengestalten voller herkulischer, heroischer Kraft. Er neigte zu skulpturhafter Darstellungsweise. Es ist sogar bekannt, dass er sich als Bildhauer versucht hat. Géricault gehörte zu den allerersten Künstlern, die 1817 das neue Verfahren der Lithografie anwandten. | Christoph Birnbaum

Literatur: Ausst.-Kat. Goch/Fulda/Schwäbisch-Gmünd/Überlingen 2009

125 ohne Abb.
Mitteilungen an alte Soldaten, Stadt Metz | 1857
Papier
Privatbesitz

Ohne seine alten, schlachterprobten Veteranen hätte Napoleon seinen Traum von einem Weltreich nie verwirklichen können. Deshalb galt das ganz besondere Augenmerk des Kaisers den Veteranen seiner *Grande Armée* und ihrer Versorgung. So wurde die ehedem private Unterstützung von Kriegsinvaliden zu Beginn des 19. Jahrhunderts erstmals in einen staatlichen Unterhaltsanspruch umgewandelt. Allein im Hôtel des Invalides in Paris konnten 3000 Kriegsinvaliden Obdach finden. Doch war dies an so langjährige Dienstzeiten geknüpft, dass nur wenige Soldaten wirkliche Ansprüche anmelden konnten. Auch die Witwenversorgung blieb unzureichend. | Christoph Birnbaum

Literatur: Wenzlik 1999ff.

127

126 ohne Abb.
Medaille
Metall, Stoff
Privatbesitz

In den Koalitionskriegen, die gegen Frankreich geführt wurden, erschien die Schaffung neuer Auszeichnungen notwendig, die besonders den Leistungswillen der Massenheere *(levée en masse)* zum Ausdruck bringen sollten und vor allem der Motivation dienten. Aufschlussreich sind hier die Worte Napoleons, mit denen er die Notwendigkeit neu zu schaffender Auszeichnungen begründete: »Ich wette, [...] dass man mir keine alte und neue Republik nennen kann, die keine Auszeichnungen vergeben hat. Und das nennt man Spielzeug und Flitterkram! Sehr gut! Aber mit solchem Flitterkram leitet man die Menschen. [...] Ich glaube nicht, dass das französische Volk Freiheit und Gleichheit liebt. Die Franzosen haben sich in den letzten Jahren der Revolution nicht geändert. Sie haben nur eine Leidenschaft, und diese nennt sich ›Ehre‹. Man muss aber diese Leidenschaft hegen und pflegen und Auszeichnungen verleihen!« | Christoph Birnbaum

Literatur: Rothenberg 2000

132

127–141
Anonymer Lichtbildner
Veteranen der *Grande Armée* und der Garde | Um 1856

127 Grenadier Burg of the 24th Regiment of the Guard of 1815
128 Monsieur Dreuse 2nd Light Horse Lancers of the Guard, circa 1813/14
129 Monsieur Dupont fourier for the 1st Hussar
130 Quartermaster Fabry of the 1st Hussars
131 Monsieur Lefebre, a sergeant in the 2nd Regiment of Engineers in 1815 standing
132 Monsieur Moret of the 2nd Regiment 1814/15 in a grand hussar uniform
133 Monsieur Schmit of the 2nd Mounted Chasseur Regiment (1813/14)
134 Monsieur Ducel, Mamluk, circa 1813–1815
135 Quartermaster Sergeant Delignon in the uniform of a Mounted Chasseur of the Guard, 1809–1815
136 Monsieur Verlinde of the 2nd Lancers, 1815
137 Monsieur Vitry of the Departmental Guard
138 Monsieur Maire of the 7th Hussars circa 1809–1815
139 Monsieur Mauban of the 8th Dragoon Regiment of 1815
140 Seargent Taria in the uniform of the Grenadiere de la Garde of 1809–1815
141 Monsieur Loria, 24th Mounted Chasseur Regiment and a Chevalier of the Legion of Honor

Daguerrotypien, 30,48 × 25,4 cm
Providence, Brown University Library

137

Diese Aufnahmen, die wohl um 1850/56 entstanden, gehören zu den ersten Fotografien von Kriegsveteranen überhaupt. Orden und Waffen tragend, liegt die Vergangenheit der Männer als Krieger hinter den hochbetagten Gesichtern verborgen. Während der napoleonischen Kriegszüge junge Burschen, sind sie nun alte Männer. Fotografien wie diese können die Erfahrungen und Erlebnisse der Porträtierten nur andeuten. Vergleichbar intensive Aufnahmen sind die Porträts von Veteranen des amerikanischen Unabhängigkeitskrieges, die Elias Brewster Hillard 1864 veröffentlichte. | René Hartmann

Literatur: Planchon-de Font Réaulx / Bajac 2003

128

129

130

131

133

134

135

136

138

139

140

141

142 ohne Abb.
Vincenzo Cabianca (1827–1902)
Der Soldat Napoleons | 1856
Öl auf Leinwand, 86 × 74 cm
Parma, Fondazione Museo Glauco Lombardi | Inv.-Nr. 1628

DER TRAUM VOM WELTREICH

5
BLUT UND SEX. EUROPA, AUCH EINE FAMILIENANGELEGENHEIT

Die großen Umwälzungen der Revolution bewirkten einen starken Rückzug zu traditionellen Solidaritätsformen, die jetzt als wichtige Ressource in oft lebensbedrohlichen Situationen eingesetzt wurden. Eine dieser traditionellen Formen stellten in Korsika die clanartigen Familienverbände dar. Dass Napoleon die Eroberung Europas letztlich auch als Familienangelegenheit handhabte, ist ohne diesen Hintergrund kaum zu verstehen. So versorgte er gleich zu Beginn seiner politischen Karriere seine Geschwister mit wichtigen Posten innerhalb des Familienunternehmens, später mit finanziellen Gratifikationen, hochtönenden Titeln und königlichen Würden. Nahezu die gesamte Familie wurde in das napoleonische System der Machtausübung über Europa eingespannt. Komplizierte Protokolle und Zeremonielle unterstützten die dynastische Fiktion. Eine in die Verfassung integrierte, ausgeklügelte Erbschaftsregelung (1804) und ein achtseitiges Familiengesetz (1806) regelten die Machtverhältnisse innerhalb des Clans auf das Genaueste. Sie sollten dem zunächst kinderlosen Kaiser politische Fortdauer sichern und aus den Bonapartes ein europäisches Herrschergeschlecht machen. Dass dieses System kontinuierliche Spannungen und Intrigen innerhalb des Familienverbandes auslöste, ist von Zeitgenossen und Historikern immer wieder betont worden. So notierte der Jurist Pierre-Louis Roederer diesen Satz des Kaisers einige Wochen vor dessen Krönung in seinem Journal: »Meine Brüder sind nichts ohne mich; sie sind lediglich deshalb groß, weil ich sie groß gemacht habe.« Und über seinen Bruder Joseph, den künftigen König von Neapel, später von Spanien, bemerkte er: »man darf sich ihn allenfalls nur vorstellen als eine Art von Aushilfe, die unter ganz bestimmten Voraussetzungen notwendig sein könnte, wenn man die Erbfolge in der Nachkommenschaft meiner Familie sichern will.«

Die Sicherung der Nachkommenschaft und die damit zusammenhängende generationsübergreifende Legitimierung der Macht durch Blutsbande waren ein zentrales Anliegen. So verwundert es nicht, wenn sich die abzeichnende Geburt des mit der Gräfin Maria Walewska unehelich gezeugten Sohnes Alexander (*4. Mai 1810) mit dazu beitrug, die spektakuläre Scheidung des Kaiserpaares im Frühjahr 1810 herbeizuführen. Und aus der hochstrategischen zweiten Ehe mit der 18-jährigen Tochter des Kaisers Franz II., Marie-Louise von Habsburg, ging jenes Kind hervor, das als Fleischwerdung der europäisch-imperialen Idee angesehen werden kann: der König von Rom (*20. März 1811). Der kleine Junge erfüllte nicht nur den dynastischen Traum seines Vaters. In ihm floss das alte Blut der römisch-deutschen Kaiser und das neue der Bonapartes, die alte europäische Ordnung und die neue Zeit – eine schicksalsschwere Fusion aus Frankreich, Italien und Österreich.

Bénédicte Savoy

Detail aus Kat.-Nr. 161

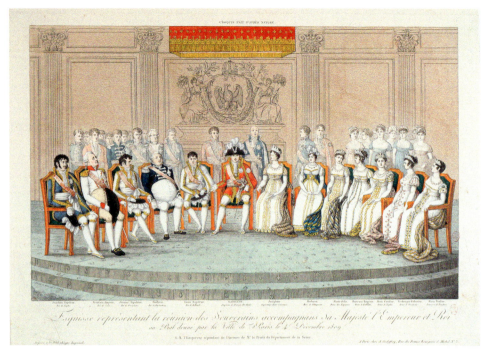

143

145

143

Adrien Pierre Francois Godefroy d. J. (1777–1865)
Zusammentreffen der Souveräne, die den Kaiser zum Ball am 4. Dezember 1809 in Paris begleitet haben | 1809
Radierung, koloriert, 29 × 42 cm
Paris, Musée Carnavalet | Inv.-Nr. G 34224

Anlässlich der Feierlichkeiten zum 5. Jahrestag der Kaiserkrönung ist Napoleon im Kreise seiner von ihm als Regenten eingesetzten Familie sowie zwei Rheinbundfürsten dargestellt: Rechts von ihm seine Brüder Louis, König von Holland, und Jérôme, König von Westfalen, zwischen die der Württembergische und der Sächsische König platziert sind, sowie am linken Bildrand Joachim Murat, Schwager des Kaisers und König von Neapel. Links, neben Kaiserin Joséphine, Napoleons Mutter Letizia sowie seine Schwestern und Schwägerinnen – Europa: Auch eine Familienangelegenheit! | Nina Struckmeyer

Literatur: Sieburg 1961, S. 220; Veltzke 2007, S. 134

145

Unbekannter Künstler
Joseph Bonaparte | Um 1810
Öl auf Leinwand, 65 × 54,5 cm
Salenstein, Napoleonmuseum Thurgau, Schloss und Park Arenenberg | Ohne Inv.-Nr.

Joseph Bonaparte (1768–1831), der ältere Bruder Napoleons, heiratete als Erster der sieben Geschwister Bonaparte – die begüterte Marseiller Seidenhändlertochter Julie Clary. Das Geld seiner Frau vermehrte er geschickt und unterstützte damit seine Geschwister. Der ausgebildete Jurist arbeitete zunächst als Rechtsanwalt und Richter und wurde von Napoleon häufig als Diplomat eingesetzt. Unter anderem arbeitete er am Verkauf des französischen Louisiana an die Vereinigten Staaten und dem Konkordat mit dem Papst mit. Napoleon machte ihn von 1806–1808 zum König von Neapel und beider Sizilien. Ihm folgte Napoleons Schwager Murat nach, während Joseph 1808–1813 König von Spanien wurde. | Christoph Birnbaum

Literatur: Caracciolo / Toscano 2007

144 ohne Abb.

Familiengesetz | 30. März 1806
Manuskript, Heft mit 8 Bll., 31 × 20 cm
Paris, Archives nationales | Sig. AF IV 197

Zwei Jahre nach der Verfassung des Jahres XII (1804), dem Gründungsdokument des Ersten Kaiserreiches, nimmt sich dieses weihevolle dynastische Gesetz als eine zusätzliche Verfassungsurkunde aus. Es erklärt im Jahr 1806, dass »der Kaiser der Vorstand und allgemeine Vater seiner Familie« sei, und verschleiert damit das Problem, dass es zu diesem Zeitpunkt keine Nachkommen gab, wodurch der Kaiser gezwungen war, eine juristische Absurdität durchzusetzen: Er wurde, um seine Nachfolge zu sichern, zum Vater seiner Brüder und Schwestern, die er im unterworfenen Europa auf verschiedenen Königsthronen installiert hatte. | Yann Potin

146
Wilhelm von Kaulbach (1805–1874)
nach François-Pascal-Simon Baron Gérard (1770–1837)
Madame Bonaparte, geborene Rose Tascher de la Pagerie | 1853
Öl auf Leinwand, 177,5 × 173 cm
Salenstein, Napoleonmuseum Thurgau, Schloss und Park Arenenberg | Ohne Inv.-Nr.

147
François-Pascal-Simon Baron Gérard (1770–1837) zugeschrieben
Josephine de Beauharnais
Öl auf Leinwand, 213 × 122 cm
Zürich, Sammlung Thomas Kessler

Bereits am Anfang seiner Karriere heiratete der junge Napoleon Josephine de Beauharnais, die auf Martinique als Marie Josephe Rose de Tascher de la Pagerie geboren wurde und Witwe des 1794 hingerichteten Alexandre, Vicomte de Beauharnais war. Josephines Verbindungen zu zahlreichen einflussreichen Persönlichkeiten erwiesen sich für Napoleon als äußerst nützlich. Josephine brachte zwei Kinder, Eugène und Hortense, mit in die Ehe, die Napoleon später adoptierte. Als die Frage der leiblichen Nachfolge für Napoleon immer dringlicher wurde und deutlich war, dass Josephine keine Kinder mehr gebären würde, ließ sich der Kaiser von ihr scheiden. | Angelica Francke

146

147

150

148 ohne Abb.
Innocent Louis Goubaud (1780–1847)
Allegorie der Kaiserin Marie-Louise | 1812
Ölkreide auf Papier, 91 x 77 cm
Salenstein, Napoleonmuseum Thurgau, Schloss und Park Arenenberg | Ohne Inv.-Nr.

Napoleon heiratete im März 1810 in zweiter Ehe Marie-Louise von Habsburg, die Tochter des österreichischen Kaisers Franz I. Die ausschließlich politisch motivierte Hochzeit sollte durch die Geburt eines leiblichen Sohnes Napoleons in erster Linie die dynastische Erbfolge sicherstellen. Während die breiten Volksmassen sich aus dieser Verbindung vor allen Dingen den Frieden zwischen Frankreich und dem Hause Habsburg erhofften, empfand der österreichische Adel die Verheiratung der 18-jährigen Erzherzogin mit dem französischen Kaiser als nationale Demütigung. | Eva Knels

Literatur: Ausst.-Kat. Compiegne 2010

149 ohne Abb.
François-Pascal-Simon Baron Gérard (1770–1837)
Marie-Louise, Erzherzogin von Österreich, Kaiserin der Franzosen, und der König von Rom | 1813
Öl auf Leinwand, 240 × 162 cm
Versailles, Musée national des châteaux de Versailles et de Trianon | Inv.-Nr. MV 4703

Das Porträt zeigt die Kaiserin Marie-Louise (1791–1847) mit ihrem zweijährigen Sohn, dem König von Rom (1811–1832) im Salon de l'Empereur in den Tuilerien.
Der Thronfolger, von seiner Mutter gestützt auf seiner prächtigen Wiege stehend, trägt die rote Schärpe und den Ordensstern der Ehrenlegion. Die Ähnlichkeit mit seinem Vater, Napoleon I., ist von Gérard in einer übersteigerten Form dargestellt. | Nina Struckmeyer

Literatur: Perot 2004, S. 69f.; Allart/Vallaud 2006, Nr. 40, S. 150

150
Pietro Nocchi (1783–1854)
Elisa Bonaparte und ihre Tochter Elisa Napoleone Baciocchi | 1808
Öl auf Leinwand, 110 × 90 cm
Ajaccio, Palais Fesch Musée des Beaux Arts | Inv.-Nr. MNA 839.1.5

Elisa Bonaparte (1777–1820), eigentlich Maria Anna Elisa Buonaparte, war die älteste Schwester Napoleon Bonapartes, die das Erwachsenenalter erreichte. Sie war Fürstin von Lucca und Piombino und Großherzogin der Toskana. Zeitweise interniert, kam sie nach dem Ende der Herrschaft der Hundert Tage frei und lebte – von den Österreichern überwacht – in Triest. 1819 erhielt sie ihre italienischen Besitzungen wieder zurück. Sie hatte vier Kinder, von denen drei das Erwachsenenalter erreichten. Darunter war die Tochter Elisa Napoleone, die später den Grafen Carmrata-Passionei di Mazzolini heiratete.
Christoph Birnbaum

Literatur: Herre 2006

151
Marie-Guilhelmine Benoist (1768–1826)
Felice Baciocchi | 1806
Öl auf Leinwand, 206 × 125 cm
Rom, Museo Napoleonico | Inv.-Nr. MN 202

Felice Baciocchi (1762–1841), aus verarmtem korsischem Adel stammend, heiratete 1797 Elisa Bonaparte, die älteste Schwester Napoleons. Aufgrund dieser Verbindung war er während des *Premier Empire* Fürst von Lucca und Piombino. Seine militärische Karriere hingegen blieb belanglos. Das Porträt wurde 1806 wahrscheinlich als Pendant zu einem Bildnis seiner Gattin, Elisa Baciocchis, konzipiert. | Eva Knels

Literatur: Reuter 2002, S. 283–285

152
Jean-Baptiste Scheffer (1765–1809)
Louis Bonaparte in niederländischer Admiralsuniform | 1809
Öl auf Leinwand, 220 × 142 cm
Salenstein, Napoleonmuseum Thurgau, Schloss und Museum Arenenberg | Ohne Inv.-Nr.

Napoleon übernahm nach dem frühen Tod des Vaters die Erziehung seines jüngeren Lieblingsbruders Louis Bonaparte (1778–1846), der eine beachtliche militärische Karriere durchlief. 1806 machte Napoleon Louis zum König von Holland. Entgegen der Erwartung der Holländer war er ihnen ein guter König, der die Interessen des Landes auch gegen den Kaiser vertrat. Als Napoleon 1810 Holland annektierte, ging Louis, zerstritten mit dem Bruder, ins österreichische Exil, dann in die Schweiz und nach dem Ende des Kaiserreiches nach Rom. | Eva Knels

Literatur: Ausst.-Kat. Rom 2004, S. 112f.

151

152

153

Ma fille, j'ai reglé l'état de votre maison de la manière
suivante, savoir: pour l'apanage du Roi — 500.000 f. } 1.220.000 francs
        par le Gd Duché de Berg — 720.000 f.
J'ai reglé l'état de la maison des Princes vos enfants
à 360.000 fr., savoir: au grand Duc de Berg 240.000 f. } 360.000 francs
                au Prince Louis pour 120.000 f.
Ce qui vous fera un total de ———————— 1.580.000 francs
Vous pourrez désormais régler votre maison sur ce pied. /
à Paris le 25 Décembre 1810.
                              Votre affectionné père
                              Np

à la Reine Hortense.

154

153
Félix Cottreau (1799–1852)
Hortense de Beauharnais | 1834
Öl auf Leinwand, mit Rahmen 162 × 116,5 cm
Salenstein, Napoleonmuseum Thurgau, Schloss und Park Arenenberg | Ohne Inv.-Nr.

Hortense de Beauharnais (1783–1837), Tochter Josephines aus erster Ehe und adoptiert von Napoleon, hatte auf Drängen ihrer Mutter 1802 den jüngeren Bruder Napoleons, Louis Bonaparte, geheiratet. Von 1806 bis 1810 war sie Königin von Holland. Louis und Hortense führten keine glückliche Ehe, hatten aber drei gemeinsame Söhne: Napoleon Charles (1802–1807), Napoleon Louis (1804–1831) und Charles Louis Napoleon (1808–1873), der spätere französische Kaiser Napoleon III. Obwohl sich Louis und Hortense 1810 getrennt hatten, unterstützte sie Napoleons Rückkehr an die Macht nach dessen Rückkehr von Elba. Aus diesem Grund wurde sie nach seinem endgültigen Sturz verbannt und lebte bis zu ihrem Tod auf ihrem Anwesen Arenenberg in der Schweiz.
Eva Knels

Literatur: Ausst.-Kat. Paris 1999, S. 373

154
Napoleon Bonaparte (1769–1821)
Brief an Hortense de Beauharnais betreffs der an Hortenses Sohn zu überweisenden Summe Geldes | 1810
Tinte auf Papier, 22,8 × 16,6 cm
Originalsignatur Napoleons
Salenstein, Napoleonmuseum Thurgau, Schloss und Park Arenenberg | Ohne Inv.-Nr.

Kurz gefasste Nachricht Napoleons an seine Stieftochter und Schwägerin Hortense über ihr künftiges Budget. Die Neuregelung war nötig geworden, weil der Kaiser am 9. Juli 1810 im sogenannten Dekret von Rambouillet Frankreich das Königreich Holland einverleibt hatte. Louis Bonaparte, der einstige Lieblingsbruder Napoleons, war kurz zuvor als König von Holland demissioniert und geflohen. Seine Frau Hortense, die Königin, blieb dem Kaiser treu und erhielt für sich und ihre Kinder auch weiterhin eine »fürstliche« Apanage.
Dominik Gügel

155
Napoleon Bonaparte (1769–1821)
Übertragung des Großherzogtums Berg und Kleve an seinen Neffen Napoleon Louis Bonaparte | 1809
Tinte auf Papier, 41 × 53 cm
Signiert von Kaiser Napoleon I., Erzkanzler Cambérès und Staatsminister Maret
Salenstein, Napoleonmuseum Thurgau, Schloss und Park Arenenberg | Ohne Inv.-Nr.

Bei der für einen solchen Vorgang ungewöhnlich schön ausgefertigten handschriftlichen Urkunde handelt es sich um die Übertragung des Großherzogtums Berg und Kleve an den zweitältesten Sohn von Hortense und Louis Bonaparte. Der damals gerade fünfjährige Prinz Napoleon Louis galt zu diesem Zeitpunkt als Thronfolger Frankreichs. Bemerkenswert ist die schwerfällige Signatur des Kaisers. Cosigniert ist das Dokument durch den Erzkanzler Cambacérès und den Staatsminister Maret. | Dominik Gügel

155

156

157

156
Robert Lefèvre (1755–1830)
Pauline, Herzogin von Guastalla | 1806
Öl auf Leinwand, 65 × 53 cm
Versailles, Musée national des châteaux de Versailles et de Trianon | Inv.-Nr. MV 4711

Pauline Bonaparte (1780–1825), die jüngere Schwester Napoleons, war bekannt für ihre atemberaubende Schönheit. Auf Betreiben ihres Bruders heiratete sie 1803 in zweiter Ehe Camillo Borghese. Pauline fügte sich damit zwar der Heiratspolitik Napoleons, lebte allerdings die meiste Zeit getrennt von ihrem Ehemann und setzte ihre anderweitigen Liebesabenteuer unbeirrt fort. Das Porträt Lefèvres, Teil einer Auftragsserie der kaiserlichen Prinzessinnen für das Schloss Saint-Cloud, unterstreicht die innige Beziehung, die Pauline zu ihrem Bruder hatte. | Eva Knels

Literatur: Blond 2002; Benoît 2005, S. 34

157
Robert Lefèvre (1755–1830)
Camillo Borghese | 1806
Öl auf Leinwand, 30 × 21 cm
Versailles, Musée national des châteaux de Versailles et de Trianon | Inv.-Nr. MV 4889

Camillo Borghese (1775–1832) heiratete 1803 die jüngere Schwester Napoleons, Pauline Bonaparte. Aufgrund dieser Verbindung wurde er 1804 in den Rang der französischen Prinzen erhoben, 1806 wurde er Herzog von Guastalla und 1808 Generalgouverneur von Piemont. Doch seine militärische Karriere verlief eher glanzlos und enttäuschend. Zudem musste er 1807 einen Teil der berühmten Borghese-Sammlung an die französische Regierung verkaufen. | Eva Knels

Literatur: Benoît 2005, S. 34

158
Jean-Baptiste-Claude Odiot (1763–1850)
Tasse in Form einer Brust
Gipsform, H 16 cm, B 20 cm, T 10 cm
Rom, Museo Napoleonico | Inv.-Nr. MN 496

Diese Tasse entstand, als sich Pauline Borghese, geborene Bonaparte (1780–1825), in Paris niederließ, weit entfernt von ihrem Ehemann, der wegen seiner Amtsgeschäfte als Generalgouverneur des Piemont in der Ferne weilte. Sie macht deutlich, warum Napoleon seiner Schwester den Spitznamen »Unsere Dame des Tand« gegeben hat. Pauline war die Fürstin der Salons und der rauschenden Feste und regierte von ihrem Stadtpalais in der Rue Saint-Honoré aus über das mondäne Leben und die Kurtisanenclique der Hauptstadt. Die Bestellung einer Tasse, die von ihrer Brust abgeformt war und bei einem Goldschmied in Auftrag gegeben wurde, der der Hauptkonkurrent des berühmten Martin-Guillaume Biennais war, erinnert an das Leben der Kurtisanen des 18. Jahrhunderts, insbesondere an die Legende von den Champagnerkelchen, die die Form der Brust der Marquise de Pompadour, der Favoritin Ludwigs XV., gehabt haben sollen. Abgesehen von der Verwendung eines Fruchtbarkeitssymbols, das von der Fleischeslust für sich entdeckt wurde, verweist auch der Henkel in Form eines Schmetterlings mit einer gewissen Ironie auf den unsteten und »flatterhaften« Charakter des mondänen Lebens. | Yann Potin

159 ohne Abb.
François-Pascale-Simon Baron Gérard (1770–1837)
Caroline Murat, Königin von Neapel, und ihre Kinder | 1809–1810
Öl auf Leinwand, 217,5 × 170,5 cm
Fontainebleau, Musée National du Château de Fontainebleau | Inv.-Nr. MM 7311

Caroline Murat (1782–1839), die jüngste Schwester Napoleon Bonapartes, heiratete im Jahr 1800 den General ihres Bruders, Joachim Murat (1767–1815), mit dem sie vier Kinder hatte: Napoleon Achille (1801–1847), Laetitia Joseph (1802–1859), Napoleon Lucien Charles (1803–1878) und Louis Julie (1805–1889). 1806 wurde Caroline Großherzogin von Berg und Kleve, 1808 Königin von Neapel. Bis zur Geburt des *Roi de Rome* im Jahr 1811 hoffte sie, ihr erstgeborener Sohn könne die Thronnachfolge antreten. | Eva Knels

Literatur: Ausst.-Kat. Fontainebleau 2003, S. 48f.

160
Félix Cottreau (um 1787 – um 1860)
nach François-Pascal-Simon Baron Gérard (1770–1837)
Joachim Murat | Vor 1815
Öl auf Leinwand, 76 × 63 cm
Salenstein, Napoleonmuseum Thurgau, Schloss und Park Arenenberg | Ohne Inv.-Nr.

Der ehrgeizige und talentierte General Joachim Murat (1767–1815), der sich unter Bonaparte in Italien und Ägypten ausgezeichnet hatte und aktiv am Staatsstreich des 18. Brumaire beteiligt war, heiratete im Jahr 1800 dessen jüngste Schwester Caroline Bonaparte. Napoleon ernannte seinen Schwager 1805 zum Marschall von Frankreich. 1806 übertrug Napoleon ihm das Großherzogtum von Berg und Kleve und erklärte ihn zwei Jahre später zum König von Neapel. | Nina Struckmeyer

Literatur: Tulard 1989, Sp. 1206–1209; Tulard 2005, S. 62

161
François Joseph Kinson (1771–1839)
Jérôme Bonaparte, König von Westphalen, und seine Frau Katharina von Württemberg, Königin von Westphalen | 1810
Öl auf Leinwand, 210 × 165 cm
Versailles, Musée national des châteaux de Versailles et de Trianon | Inv.-Nr. MV 5137

Die Karriere von Jérôme Bonaparte (1784–1860), des jüngsten Bruders Napoleons, bei der Marine war wenig glanzvoll verlaufen, seine erste Ehe mit der amerikanischen Kaufmannstochter Elizabeth Patterson wurde von Napoleon annulliert. 1807 ernannte Napoleon seinen Bruder zum König des Königreiches Westphalen, einer der napoleonischen Vasallenstaaten. Um den Bund zwischen Frankreich und Württemberg politisch weiter zu festigen, wurde 1807 die Ehe zwischen Jérôme und Katharina von Württemberg, Tochter des Herzogs von Württemberg, geschlossen. | Eva Knels

Literatur: Ausst.-Kat. Kassel 2008, S. 291f.

158

160

161

163

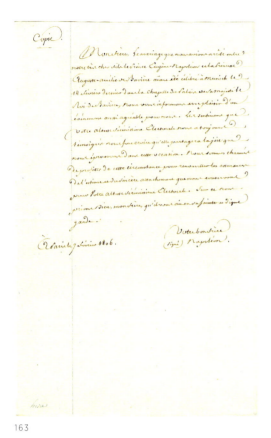

162

162
François-Pascal-Simon Baron Gérard (1770–1837)
Eugène de Beauharnais, Vizekönig von Italien
Öl auf Leinwand, 32 × 23 cm
Versailles, Musée national des châteaux de Versailles et de Trianon | Inv.-Nr. MV4892

Napoleon hatte seinen Stiefsohn 1805 zum Vizekönig von Italien gemacht. Gérard stellt Eugène de Beauharnais hier offiziell als Würdenträger seines hohen Amtes dar. Vor einem großen Konsoltisch mit Chimärenmonopoden stehend, trägt Eugène einen reichbestickten Rock mit weißem Jabot, Kragen, weißen Kniehosen und Strümpfen, dazu die große Ordenskette der Ehrenlegion, deren Embleme auch der Mantel zeigt. Rechts an der Wand erkennt man das Wappen des Königreiches Italien. Das ausgeführte Porträt, das die hier gezeigte Skizze wiedergibt, befindet sich heute in den königlichen Sammlungen in Stockholm. | Lisa Sophie Hackmann

Literatur: Glaser 1980, Nr. 427A, S. 216; Pillepich/Benôit 1999, Nr. 92a, S.105f.

163
**Abschrift eines Briefes Napoleons betreffs der Vermählung
von Eugène Beauharnais mit Auguste Amalie von Bayern** | 1806
Tinte auf Papier, 19,9 × 31,2 cm
Salenstein, Napoleonmuseum Thurgau, Schloss und Park Arenenberg | Ohne Inv.-Nr.

Handschriftliche Kopie einer Einladung anlässlich der bevorstehenden Hochzeit des Prinzen Eugène de Beauharnais, Stiefsohn Napoleons, mit Auguste Amalie von Bayern. Sie richtet sich an einen nicht näher genannten Kurfürsten. | Dominik Gügel

164

165

164
François-Pascal-Simon Baron Gérard (1770–1837)
Stéphanie de Beauharnais, Großherzogin von Baden | 1808
Öl auf Leinwand, 31 × 21 cm
Versailles, Musée national des châteaux de Versailles et de Trianon | Inv.-Nr. MV4877

Das Bild zeigt eine verkleinerte Kopie des offiziellen Porträts der kaiserlichen Prinzessin, das Napoleon 1806 zur Ausschmückung des Familiensalons in St. Cloud in Auftrag gab. Wie Eugène setzte Napoleon seine Adoptivtochter für seine dynastische Herrschaftspolitik ein; im April 1806 wurde sie mit dem Erbprinzen Karl von Baden vermählt.
Lisa Sophie Hackmann

Literatur: Stratmann-Döhler 1989, Nr. 13/14, S. 50f.; Constans 1995, Kat.-Nr. 2091, S. 368

165
François-Pascal-Simon Baron Gérard (1770–1837)
Maria Laczinska, Gräfin Walewska, spätere Gräfin von Ornano | Um 1810
Öl auf Leinwand, 241 × 162 cm
Paris, Musée de l'Armée, Hôtel National des Invalides (Vermächtnis von Ornano, 1984) | Inv.-Nr. 27828, Ea 769

Napoleon begegnete der zwanzigjährigen polnischen Gräfin Maria Walewska Anfang 1807 auf einem Ball in Warschau und verliebte sich in sie. Die Beziehung blieb nicht folgenlos: Die Gräfin bekam ein Kind von Napoleon, Alexandre Walewski (1810–1868). Damit war der Beweis seiner Zeugungsfähigkeit erbracht – ein Grund, die kinderlose Ehe mit Joséphine aufzulösen. | Lisa Sophie Hackmann

Die genauen Umstände des Auftrags an François Gérard für dieses Ganzfigurenbild sind nicht bekannt. Das Werk wird allgemein in das Jahr 1812 datiert, scheint aber schon 1810 angefertigt worden zu sein. Am Tag nach dem Ball der kaiserlichen Armee, der am 24. Juni zu Ehren der Hochzeit Napoleons mit Marie-Louise ausgerichtet wurde, erwähnt Gräfin Potocka in ihren Memoiren ein Porträt von Madame Walewska, das sie in Gérards Atelier gesehen hat. Vielleicht schon Ende 1809 aus der Privatschatulle des Kaisers in Auftrag gegeben, um damit sein Pariser Stadtpalais in der Nähe von Notre-Dame-de-Lorette zu schmücken, wurde es ihm möglicherweise nach der Geburt von Alexandre Walewski bei seiner Rückkehr aus Polen im August 1810 zum Geschenk gemacht. | Sylvie Le Ray-Burimi

Literatur: Constans 1995, Kat. 2112, S. 372; Pfaffenbichler 2009b, S. 142

166 ohne Abb.
Mayer und Pierson
Die Bevollmächtigten des Kongresses von Paris | 1856
Daguerreotypie, 15 × 30 cm
Paris, Archives du Ministère des Affaires étrangères et européennes

Der uneheliche Sohn Napoleon Bonapartes, Alexandre Walewski (1810–1868), wurde von seinem Cousin, Kaiser Napoleon III., 1855 zum Außenminister ernannt. Er fällt auf dieser Daguerreotypie unweigerlich durch die für seinen Vater so bekannte Armhaltung auf: die auf Brusthöhe in die Weste geschobene Hand. Ob diese Armhaltung zu seinen natürlichen Gesten gehörte oder als Verweis auf seinen Vater Napoleon I. inszeniert ist, lässt sich nicht sagen. | Angelica Francke

167
Luigi Rizzola (geb. 1799)
Die Taufe des Königs von Rom | Anfang 19. Jahrhundert
Wachs, 26,7 × 23,7 cm
Signiert unten links: »L. Rizzola«
Privatbesitz

Das zentrale Motiv zeigt eine Seite einer Münze, die aus Anlass der Taufe des Thronfolgers geprägt wurde: Napoleon in kaiserlichem Ornat vor einem niedrigen Thronsessel hält seinen Sohn über das Taufbecken. | Lisa Sophie Hackmann

Literatur: Zeitz/Zeitz 2003, Nr. 121, S. 218–221; Tulard 2004, S. 125

168 ohne Abb.
Henri-Joseph Rutxhiel (1775–1837)
Büste des Königs von Rom
Marmor, H 33 cm, B 14,5 cm, T 13 cm
Fontainebleau, Musée national du château de Fontainebleau

Diese kleine Büste des Königs von Rom zeigt den langersehnten Thronfolger im Alter von etwa zehn Monaten. Nach dem Vorbild Ruxthiels entstanden zahlreiche Repliken, u. a. für die Mitglieder der kaiserlichen Familie, etwa in der Manufaktur von Sèvres mit einem Sockel aus blauem Porzellan. Die Büste gehörte der Prinzessin von Canino, der Witwe Lucien Bonapartes. | Lisa Sophie Hackmann

Literatur: Grewenik/Chevallier/Kaufmann 1998, S. 158; Perot 2004, S. 71

169
Gian Battista Borghesi (1790–1846)
Der König von Rom als schlafender Amor | Nach 1811
Öl auf Leinwand, 47,1 × 55,5 cm
Parma, Museo Glauco Lombardi | Inv.-Nr. 621

Napoleon-François-Joseph-Charles Bonaparte (1811–1832), erster und einziger legitimer Sohn Napoleons, war der langersehnte Thronfolger, der aus der Verbindung mit Marie-Louise von Österreich hervorging. Der Kaiser sah in ihm einen an den europäischen Höfen akzeptierten Nachfolger und glaubte, die Zukunft seiner Dynastie endgültig gesichert zu haben. Als designierter Thronfolger des Kaisers erhielt Napoleon II. bei seiner Geburt den Titel des Königs von Rom. Das allegorische Porträt ist voller Verweise auf die fürstliche Herkunft des Thronfolgers. | Nina Struckmeyer

Literatur: Laveissière 1997, Nr. 153, S. 208f.; Allart/Vallaud 2006, Nr. 40, S. 149f.

170
Pierre François Léonard Fontaine (1762–1853)
Perspektivische Ansicht des Palastes für den König von Rom, vom Marsfeld aus gesehen | 1812/13
Tusche auf Papier, 60 × 100 cm
Paris, École nationale supérieur des Beaux-Arts de Paris | Inv.-Nr. PC 65936-22

Von der Porzellanplakette bis zum Palastprojekt reichten die beachtliche ikonografische Produktion und die gewaltigen Ambitionen, die der Kaiser in weniger als vier Jahren für seinen Nachfolger, den König von Rom, an den Tag legte. Sie offenbaren die dumpfe Unruhe eines Herrschers ohne Nachfolger und die Tröstung, die die Verbindung mit Marie-Louise von Habsburg bedeutet haben mag.
Die Furcht vor einer Schwäche des Nachfolgers, die von der Destabilisierung des Reiches nach 1812 noch verstärkt wurde, war möglicherweise der Grund für den Traum von der Errichtung eines kaiserlichen Palastes auf dem Chaillot-Hügel. Das Projekt eines »Kreml, hundert Mal schöner als der in Moskau«, der die Hauptstadt überragen sollte mit dem neuen »Napoleon-Viertel« auf dem Champs de Mars zu seinen Füßen wurde mit seinen Terrassen und Rampen von antiken römischen Vorbildern (wie dem Tempel von Palestrina) inspiriert. An die Stelle einer geplanten 400 Meter langen Fassade trat 1813 ein bescheideneres Projekt, ein »kleines Sanssouci«, das den Untergang des kaiserlichen Traumes schon ankündigte. Die vorbereitenden Planierungsarbeiten, die ausgeführt wurden, entschieden gleichwohl über die spätere Umgestaltung des Hügels zum Ausstellungsgelände in der zweiten Hälfte des 19. Jahrhunderts. | Yann Potin

167

169

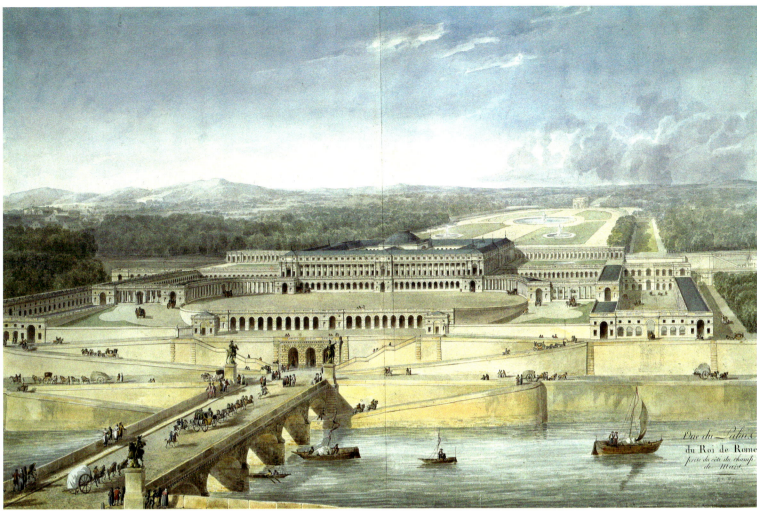

170

171
Totenmaske Napoleons II.
Gips
Baden, Städtisches Rollettmuseum, Schädelsammlung Dr. Gall

172 ohne Abb.
Der Sarg mit den sterblichen Überresten Napoleons II. wird in das Hôtel des Invalides überführt | 15.12.1940
Fotografie
Collection C. Kervella

Napoleon-François-Joseph-Charles Bonaparte (1811–1832) war der lang erwartete erste legitime Sohn von Napoleon I. Als designierter Nachfolger des Kaisers wurde »l'Aiglon« in Anlehnung an die spätmittelalterliche Tradition umgehend zum *Roi de Rome* ernannt. Der Titel Herzog von Reichstadt wurde ihm hingegen erst 1818 von seinem Großvater, Kaiser Franz II. von Österreich, verliehen. Napoleon-François Bonaparte verstarb am 22. Juli 1832 im Schloss Schönbrunn an Tuberkulose. Der Sohn von Marie-Louise von Habsburg-Lothringen und Enkel Franz' II. wurde zwei Tage später in der Kaisergruft der Habsburger, der Kapuzinergruft in Wien, beigesetzt. Am 15. Dezember 1940 überführte die deutsche Wehrmacht den Sarg auf Befehl Adolf Hitlers von dort nach Paris. Kurze Zeit waren die Sarkophage von Vater und Sohn in der Krypta des Invalidendoms vereint, bevor Napoleon II. seine endgültige Ruhestätte in der Unterkirche erhielt. | René Hartmann

Literatur: Perot 2004

171

6
RAUM, RECHT, RELIGION.
NEUE FORMEN DER BEHERRSCHUNG
VON RAUM UND GEIST

War Napoleon als einem Sohn der Revolution die Vielfalt Frankreichs schon ein Dorn im Auge, so störte ihn die Buntscheckigkeit des alten Europa erst recht. Noch auf St. Helena bekannte er: »Einer meiner größten Gedanken war die geographische Verschmelzung und Konzentration der einzelnen Völker, die durch Umwälzungen oder die Politik auseinandergerissen oder verstreut wurden. Man zählt in Europa, wenngleich verteilt, dreißig Millionen Franzosen, fünfzehn Millionen Spanier, fünfzehn Millionen Italiener, dreißig Millionen Deutsche. Aus jedem dieser Völker wollte ich einen in sich geschlossenen nationalen Körper [un seul et même corps de nation] bilden.« Napoleons »gedachtes und gewolltes« Europa, um mit dem Historiker Hartmut Kaelble zu sprechen, lässt sich als Geschichte einer seit der Aufklärung gereiften Idee bzw. einer im Nachhinein konstruierten Vision beschreiben. Mehr aber als auf ideeller Ebene prägten tiefgreifende Veränderungen im Bereich der sogenannten Tatsachen das »gelebte Europa« der Jahre um 1800. Der Drang nach Vereinheitlichung in allen Lebensbereichen (von der Sprache bis zur Währung), der sich schon in den ersten Jahren der Revolution manifestiert hatte, wurde unter Napoleon zu einem bedeutenden politischen Gestaltungsmotiv. Dies umso mehr, als das Vereinfachen und Vereinheitlichen, das Normieren in und außerhalb Frankreichs auch als Instrument zur Beherrschung von Raum und Geist diente. Das Modell war römisch: ein Recht, ein Straßennetz, eine Armee und eine Sprache. So trieb Napoleon auf dem Kontinent die »administrative Integration« (Stuart Woolf) der eroberten Länder voran. Neue Formen der Beherrschung von Raum (Straßenbau), Zeit (Post- und Telegrafiewesen), Körper (Konskription) und Geist (Gesetze, Religion, Zensur etc.) trugen nicht nur zur Vereinheitlichung des europäischen Territoriums bei, sie waren auch eine Voraussetzung für die Beschleunigung von Austausch und Kommunikation (nicht zuletzt als Grundlage militärischer Strategien), schafften in ganz alltäglichen Dingen Verflechtung, Homogenität und Gemeinschaft. Dabei erträumte sich Napoleon, wie vor ihm auch die Männer der Revolution, die Hauptstadt seines Imperiums als ein neues Rom, als eine zweite *urbs maxima*. Die großen europäischen Straßen und Telegrafenlinien führten nach Paris; alle statistischen, polizeilichen, steuerrechtlichen Informationen, die unter Napoleon systematischer denn je gesammelt wurden, füllten die Akten der Zentralverwaltung. Auch wenn in vielen Bereichen die Integration Europas Widerstände auslöste (die Einführung der französischen Sprache in der toskanischen Verwaltung gelang zum Beispiel nie), wirkten überall in Europa viele der Reformen und strukturellen Änderungen lange nach Napoleon – zum Teil noch bis heute.

Bénédicte Savoy

Detail aus
Kat.-Nr. 179

173

173
Pierre-Charles Simart (1806–1857)
Organisation der öffentlichen Bauwerke | 1846–1853
Gips, 55 × 102 cm, verkleinertes Modell
Troyes, Musée des Beaux-Arts et d'Archeologie, Organisation des traveaux publics et des arts | Inv.-Nr. 857.2.45

»Wo immer meine Hand regiert hat, hat sie bleibende Spuren ihrer Wohltaten gelassen«, lautet die aus Las Cases Memoiren Napoleons entlehnte Inschrift auf dem Sockel des Throns. Pierre-Charles Simarts Gipsmodell stellt Napoleon als antiken Imperator dar, der auf von Allegorien der Wissenschaft und der Kunst gehaltene Tafeln mit Auflistungen der unter seiner Herrschaft begonnenen oder vollendeten öffentlichen Bauprojekte – Straßen, Kanäle, öffentliche Gebäude, Denkmäler – weist. Die in weißem Marmor ausgeführte Version des Hochreliefs ziert als eine von zehn Szenen die Rundgalerie um das Grabmal Napoleons im Invalidendom in Paris. | David Blankenstein

Literatur: Visconti 1852, S. 75; Driskel 1993, S. 153ff.

174
Friedrich Wilhelm Breithaupt (1780–1855)
Nivellierinstrument | 1810
Messing, Stahl, Glas, Silber, Textil, Papier, Lack, ca. H 47 cm, B 20 cm, T 30 cm
Kassel, Museumslandschaft Hessen Kassel, Gemäldegalerie Alte Meister | Inv.-Nr. APK E31

Die von Breithaupt & Sohn hergestellten Nivellierinstrumente waren für die Messung von Höhenunterschieden bestimmt. Das Messgerät besteht aus einem höhenverstellbaren Dreifuß, auf den ein Aufsatz mit Röhrenlibellen und einem Fernrohr montiert ist. Für die Ermittlung von Höhenunterschieden wird durch das justierbare Messfernrohr eine in der Entfernung aufgestellte Nivellierlatte anvisiert. Auf der Grundplatte des Geräts und auf den Latten sind Messskalen zur exakten Bestimmung der Zielachsen abgetragen.
René Hartmann

Literatur: Grothe 1962, S. 383; Bartsch / Eissenhauer 2008, S. 216

175 ohne Abb.

Dreiecksaufnahme (Triangulationsheft) | Premier Empire
Papier, 30 × 25 cm
Vincennes, Service historique de la Défense, Château de Vincennes

Die Landesvermessung war für Frankreich bereits im späten 17. Jahrhundert ein wichtiges Instrument der staatlichen Statistik und Planung. Das hierfür angewendete zweidimensionale Messverfahren, die Triangulation, beruht auf der Winkelmessung von zwei Standpunkten einer bekannten Basislinie. Durch Anwendung der trigonometrischen Formel lassen sich so relative Entfernungen anvisierter Ziele bestimmen. Das entstehende Dreiecksnetz konnte anschließend von Kartografen weiter verarbeitet werden. | Jules Aronnax

Literatur. König 1991, S. 231–233; Heck 1995, S. 16–26, 367–368

176 ohne Abb.
Jean-Joseph Tranchot (1752–1815)
Kartenaufnahme der Rheinlande | 1804 und 1805 (Nachdruck 1969)
Papier
Berlin, Staatsbibliothek Berlin

Auf die Annexion des Rheinlandes 1797 folgte auch die administrative Neuordnung des Gebiets. Für das Territorium wurden neue Verwaltungsbezirke festgelegt und erstmals einheitliche Katasterkarten gefertigt. Der Ingenieurgeograf Tranchot erstellte hierfür und zu militärischen Zwecken von 1803 bis 1813 im Auftrag des Dépot de la Guerre topografische Aufnahmen der vier rheinischen Departements. Tranchots Karten zeigen neben den Höhenlinien, Straßen, Flüssen und Gebäuden auch die Grenzen der Verwaltungsbezirke. | Jules Aronnax

Literatur: Schmidt 1973; Müller-Miny 1980

178

177 ohne Abb.
Gabriel Ludwig Lory (1763–1840), Mathias Gabriel Lory (1784–1846)
Blick vom Ende des Schalbet-Tunnels in Richtung Italien,
aus: *Voyage pittoresque de Genève à Milan par le Simplon* | Basel, 1819²
Aquatinta, koloriert, 19,8 × 27,8 cm
Berlin, Universitätsbibliothek der Humboldt-Universität zu Berlin

Im September 1800 ordnete Napoleon die Erschließung des strategisch wichtigen Simplons an, die mit der Eröffnung der Heerstraße im Jahr 1805 weitgehend abgeschlossen war. Der Schweizer Vedutenmaler Gabriel Lory publizierte zusammen mit seinem Sohn 1811 in Paris eine 35 Tafeln umfassende Dokumentation, die den nach rein militärischen Gesichtspunkten angelegten Simplonpass in eine ›pittoreske‹ Landschaft verwandelt – hier durch die unregelmäßigen Felsen des Tunneleingangs, den sanft geschwungenen Straßenverlauf und die beiden eleganten Reiter. | Malte Lohmann

Literatur: Campana 1994

174

178
R. Schmitz nach Jean Fare Eustache Saint-Far (1746–1822)
Modell einer Rheinbrücke (Teilstück) | Um 1812
Holz, H 35 cm, B 120 cm, T 63 cm
Mainz, Landesmuseum Mainz | Inv.-Nr. 52/77

1797 bis 1814 stand Mainz unter französischer Herrschaft. Das Modell zeigt einen Bogen der nicht ausgeführten steinernen Brücke, die Mainz mit dem rechtsrheinischen Mainz-Kastel verbinden sollte. Eine feste Rheinbrücke anstelle der alten hölzernen Schiffsbrücke war eines der wichtigen Projekte des Kaisers für die urbanistische Neugestaltung der Ville Napoleon Mayence. Der Entwurf stammte von Eustache Saint-Far, der als Ingénieur en chef au Corps Impérial des Ponts et Chaussées für die Umgestaltung der Stadt zuständig war. | René Hartmann

Literatur: Tücks 2009

179
Cornelius Suhr (1781–1857)
nach einer Radierung von Christoffer Suhr (1771–1842)
Die Elbbrücke von Hamburg nach Harburg | Um 1813
Aquatinta auf Papier, 47,4 × 63 cm
Paris, Musée de l'Armée, Hôtel National des Invalides (Erwerbung des Museums, 1952) | Inv.-Nr. 10144

Während des Deutschlandfeldzugs von 1813 erhielt Marschall Davout von Kaiser Napoleon I. den Befehl, bei Hamburg die Stellung gegen die Armeen der Koalitionäre zu verteidigen. Die Verteidigung der Stadt war nur mit Unterstützung der Festung Harburg möglich, die in einigen Kilometern Entfernung auf dem gegenüberliegenden Ufer der Elbe gelegen ist. Deren Überquerung war zur damaligen Zeit nicht ungefährlich. In zweieinhalb Monaten wurde von den Pioniersoldaten eine Holzbrücke gebaut, die der Chefingenieur Louis-Didier Jousselin (1776-1858) entworfen hatte und die die beiden Orte verband. So wurde die Verteidigung der Festung möglich, denn die französischen Truppen verfügten nun über eine Versorgungs- und Ausfallstelle. Davout erwies der »hübschen Brücke des Herrn Jousselin« seine Reverenz und bemerkte, Hamburg könne »als ein uneinnehmbarer Ort betrachtet werden. Die Konstruktion der Brücke, ihre Schönheit und ihre Qualität angesichts der kurzen Zeit, die zu ihrem Bau aufgewendet wurde, kommen einem Wunder gleich.« Die Brücke wurde allerdings nicht instandgehalten und 1817 von Treibeis zerstört. | Anthony Petiteau

Literatur: Grelon/Stück 1994, S. 77–99; Willms 2005, S. 586–588

180 ohne Abb.
Marco Gozzi (1759–1839)
Die Crevola-Brücke der Simplon-Passstraße
Radierung, koloriert
Mailand, Galleria d'arte Moderna, Deposito di Brera

Der Durchmarsch von spanischen, dann französischen und österreichischen Truppen über den Simplon verlieh dem Pass in der zweiten Hälfte des 18. Jahrhunderts eine strategische Dimension, die Napoleon rasch erkannt hatte. Im Mai des Jahres 1800 überschritt er mit seiner Armee den Großen Sankt Bernhard für einen zweiten italienischen Feldzug gegen die Österreicher, die er bereits in Marengo besiegt hatte. Im September des gleichen Jahres verabschiedete Napoleon ein Dekret über die Konstruktion einer Fahrstraße über den Simplon. Die Arbeiten begannen im März 1801. Das technische Wunderwerk und die dramatischen Landschaften entlang der neuen Straße riefen bei den Reisenden Bewunderung hervor und zogen die Aufmerksamkeit der Maler der Romantik auf sich.
Christoph Birnbaum

Literatur: Lechevalier/Dubosson/Pflug/Fornara 2007

179

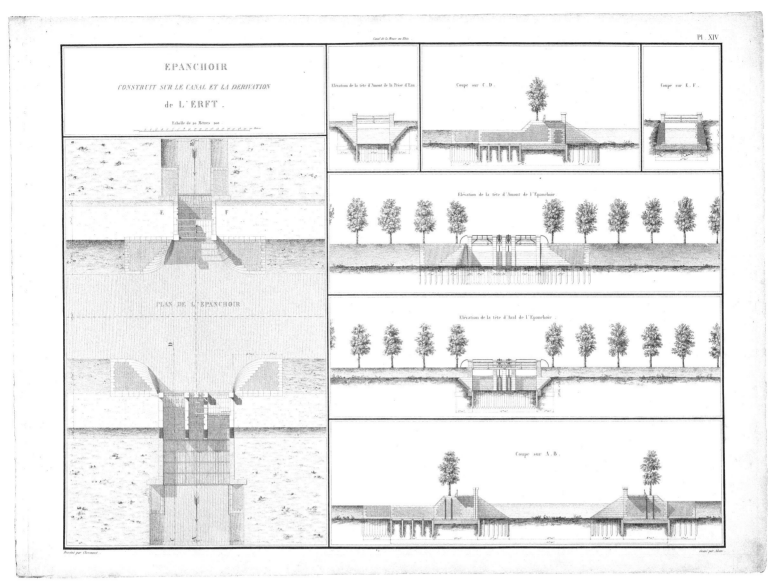

181 ohne Abb.
Ch. Forey
Plan eines Lagers für die spanischen Kriegsgefangenen, die 1812 am Bau des Canal de Bourgogne eingesetzt sind | 1812
Papier, 60,8 × 80,4 cm
Dijon, Archives départementales de la Côte d'Or | Inv.-Nr. SS 675 (8)

Napoleon, der sich der wirtschaftlichen und strategischen Bedeutung der Wasserwege Frankreichs bewusst war, befasste sich ab 1807 intensiv mit dem Ausbau der Kanäle und setzte spanische und preußische Kriegsgefangene auf den Großbaustellen ein, um seine ehrgeizigen Projekte zu verwirklichen. Für den Weiterbau des Canal de Bourgogne, der Paris mit dem Mittelmeer verbinden sollte und dessen Pläne bereits auf das 16. Jahrhundert zurückgingen, wurden tausende spanische Kriegsgefangene beschäftigt, von denen viele einer großen Typhusepidemie zum Opfer fielen. 1814, am Ende der Napoleonischen Herrschaft, war der heute 242 km lange Kanal, der die Flüsse Yonne und Saône miteinander verbindet, erst 43 Kilometer lang. Da die immer wieder verzögerte Fertigstellung des Kanals 1832 mit der Ära der Eisenbahn zusammenfiel, war seine wirtschaftliche Nutzung nur von kurzer Dauer. | Julia Aschlener

Literatur: Rocher 1988, S. 7

182
Amable Hageau
Das Epanchoir bei Neuss | 1819
Buch, Taf. XIV, 52 × 68 cm
Münster, Universitäts- und Landesbibliothek | Inv.-Nr. 1D 7911

Eines der umfangreichsten Großprojekte unter Napoleon war die Anlage des Nordkanals, der Rhein und Maas miteinander verbinden sollte. Durch eine Verbindung zwischen der Seehafenstadt Antwerpen und Venlo komplettiert, war das Ziel, den Verkehrsweg vom Rhein zum Ärmelkanal zu verkürzen und die im Königreich Holland erhobenen Steuern und Zölle zu umgehen. Nach der Annexion der gesamten Niederlande durch Frankreich 1810 verlor der Nordkanal seine wirtschaftspolitische Bedeutung und die Arbeiten wurden, knapp vier Jahre nach ihrem Beginn, eingestellt. Unter den bis dahin realisierten Bauten ist das Epanchoir in Neuss ein ingenieurtechnisches Novum. Als Dosierungsanlage diente es der Regulierung des Wasserzuflusses der den Kanal dort kreuzenden Erft.
David Blankenstein

Literatur: Rossmann 2009, S. 41–45

183 Abb. S. 84
Anonym
Modell des optisch-mechanischen Telegrafen von Chappe, Jahr VIII | 1799–1800
Metall, Holz, H 54 cm, B 24 cm, T 16 cm
Paris, Musée de La Poste | Inv.-Nr. 23050

184 Abb. S. 85
Anonym
Aufrisszeichnung eines Chappe-Turms | Nach 1790
Stich, koloriert
Paris, Musée de La Poste

185
Anonym
Faltprospekt der Telegrafenlinie Lyon-Mailand | Um 1806–1808
Federzeichnung, zusammengefaltet H 12 cm, B 16 cm, D 1,8 cm
Paris, Musée de La Poste | Inv.-Nr. Cote 621.1 – Carton 14, MPAR98111

186
Charles Norry (nach 1756 – nach 1832)
Der Innenhof des Louvre | 1799
Druckgrafik, 35,5 × 35,5 cm
Paris, Bibliothèque nationale de France, Médailles et antiques exemplair | Inv.-Nr. Destailleur VE-53 g FOL., p. 11, RC-A-80366

An Entwicklung, Aufbau und Betrieb des ersten optisch-mechanischen Telegrafennetzes in Frankreich waren fünf Brüder der Familie Chappe beteiligt. Die erste staatliche Telegrafenlinie wurde vom Wohlfahrtsausschuss in Auftrag gegeben und 1794 fertiggestellt. Bis 1833 reichten die fünf Hauptlinien, die bis zur Juli-Revolution unter der Leitung der Chappes blieben, von Paris nach Calais, Straßburg, Toulon, Bayonne und Brest. Über den Telegrafen auf dem Louvre wurden Mitteilungen an die Armee, die Flotte und die Départments verschickt. | René Hartmann

Literatur: Charbon 1995, 29–54; Wobring 2005

187
J. Forbes
Flusslandschaft mit optischem Telegrafen von Chappe | 1816/17
Aquarell und Collage auf Papier, 18 × 25 cm
Paris, Musée de la Poste | Inv.-Nr. PE 141V

188
J. Forbes
Optischer Telegraf von Chappe auf einem Turm | 1816/17
Aquarell und Collage auf Papier, 17 × 24 cm
Paris, Musée de la Poste | Inv.-Nr. PE 142V

Die Blütezeit der optisch-mechanischen Telegrafie liegt zwischen 1780 und 1850. Gemeinsam mit seinen Brüdern entwickelte der ehemalige Theologe Claude Chappe de Vert (1763–1805) seit 1790 optische Übertragungssysteme. Die erste staatliche Telegrafenlinie Frankreichs war durch Fürsprache von Ignace Chappe (1760–1830), einem Mitglied der Nationalversammlung, in Auftrag gegeben worden. In den folgenden Jahrzehnten wurde das französische Telegrafennetz dann kontinuierlich vergrößert und auch in anderen europäischen Ländern nationale Telegrafensysteme aufgebaut (s. auch Beitrag Bourguet, hier S. 77ff.). | René Hartmann

Literatur: Charbon 1995, 29–54; Wobring 2005

185

186

183

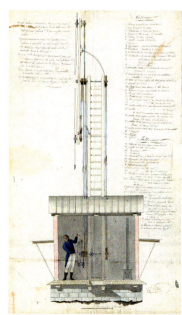
184

The Groves at the Tuileries, from Quai d'Orsay. Paris 3.^d Sept. 1816.

187

188

RAUM, RECHT, RELIGION. NEUE FORMEN DER BEHERRSCHUNG VON RAUM UND GEIST

190

191

193

194

195

189 ohne Abb.
Anonym
Tafel mit dem Generalsystem der republikanischen Maße | 1794
Druck, 85,5 × 46,5 cm
Paris, Archives Nationales de France | Inv.-Nr. A.N. NN/12/Pce16

Die auf dem Dezimalsystem basierenden Größen für Maß- und Währungseinheiten wurden vom revolutionären Konvent 1793 eingeführt. Das neue Maßsystem fußte auf den naturwissenschaftlich abgeleiteten Einheiten Zentimeter, Gramm und Sekunde. Es sollte, dem Universalitätsanspruch der Revolution gemäß, »à tous les temps, à tous les peuples« gültig bleiben. Wie die Kalenderreform und die Neueinteilung in Departements war auch die Reform der Maße ein Instrument der Vereinheitlichung und somit letztlich ein Mittel zur politisch-kulturellen Stärkung des Nationalstaates. | René Hartmann

Literatur: Tavernor 2007

190
Zoll Rheinland, Köln, Paris, Amsterdam (klappbares, vierteiliges Längenmaß mit vier verschiedenen Zollmaßen) | 18. Jahrhundert
Elfenbein, Messing, L 32,4 cm
Köln, Kölnisches Stadtmuseum | Inv.-Nr. RM 1927/977

191
Elle Preußen | 18./19. Jahrhundert
Ahornholz, gefärbt, L 82,5 cm
Köln, Kölnisches Stadtmuseum | Inv.-Nr. HM 1911/294

192 ohne Abb.
Kölner Elle im Vergleich zum Meter | Anfang 19. Jahrhundert
Eisen, L 100 cm
Köln, Kölnisches Stadtmuseum | Inv.-Nr. KSM 2001/134

193
Kölner Eichmaße, 1-Maß (= Quart, Kanne) bis 1/16 Maß, Konvolut von acht Krügen | Um 1650
Kupferlegierung, H 20–5,5 cm, D 8,8–4,4 cm
Köln, Kölnisches Stadtmuseum | Inv.-Nr. KSM 1982/635 a-h

194
Litermaße, vom Litre bis zum Demi-Décilitre, Kölner Eichmaß ab 1802 | Paris, 1801
Zinn, H 18–7 cm, D 9,9–3,9 cm
Köln, Kölnisches Stadtmuseum | Inv.-Nr. KSM 1982/653 a-d

195
Metrische Gewichte | Frankreich, möglicherweise Paris, um 1801
Messing, Holz, H 9 cm, B 18,5 cm, T 8,5 cm
Köln, Kölnisches Stadtmuseum | Inv.-Nr. KSM 2001/447

Das genaue Wissen um die exakten Maße und Gewichte der verschiedenen Territorien Europas war eine Bedingung für den europaweiten Handel. Umrechnungstabellen, in umfangreichen Büchern zusammengefasst, erlaubten, mit den teils noch mittelalterlichen und von Stadt zu Stadt verschiedenen Maßen zu operieren. Während die traditionellen Maße in der Regel einen objektiv existierenden Ausgangspunkt hatten, waren die metrischen Maße künstlich festgelegt, auf dem Dezimalsystem aufgebaut und ließen sich stets auf die Grundeinheit des Meters zurückführen. | David Blankenstein

Literatur: Witthöft 1979, S. 721f.; Witthöft in: Ausst.-Kat. Wesel/Minden 2007, S. 221–232

196 ohne Abb.
Umrechnungstabelle für holländische Längen- und Gewichtsmaße | 1805
Tinte auf Papier
Den Haag, Archief Ministerie van Buitenlandse Zaken | Eingangsnr. 2.04.53.17, Inv.-Nr. 11

Ob unter Louis ›Lodewijk‹ Bonaparte im Königreich Holland oder unter Napoleon als König von Italien, die Kenntnis und Beherrschung der lokalen Maße und Gewichte durch die obersten Regierungsinstanzen war ein fundamentaler Bestandteil der napoleonischen Politik. Die Durchsetzung des metrischen Systems war nicht nur in den okkupierten Gebieten, sondern selbst innerhalb Frankreichs schwierig, zuweilen schlicht nicht umsetzbar, die Umrechnungstabellen bewirkten jedoch zumindest eine Standardisierung der lokalen Maße durch Konkordanz zum metrischen System. | David Blankenstein

197 ohne Abb.
Code Civil des Français | 1804
Papier, 27 × 21 × 5 cm
Paris, Bibliothèque national de France | Inv.-Nr. F-18393

Der *Code Civil* (CC), 1807–1815 und kurzzeitig zwischen 1853 und 1871 in *Code Napoléon* umbenannt, ist das französische Gesetzbuch zum Zivilrecht, das durch Napoleon Bonaparte 1804 eingeführt wurde. Mit dem *Code Civil* schuf er ein bedeutendes Gesetzeswerk der Neuzeit. In Frankreich ist es im Wesentlichen noch heute gültig. Die ersten Entwürfe entstanden in Frankreich bereits in den Revolutionsjahren 1793 bis 1797. Im Jahr 1800 berief Napoleon eine vierköpfige Kommission ein, die eine Rechtsvereinheitlichung schaffen sollte. Ziel war es, eine Verbindung von kodifiziertem Recht, Gewohnheitsrecht und revolutionärem Recht herzustellen. Das Gedankengut der Französischen Revolution zeigte sich vor allem im Grundsatz der Gleichheit aller vor dem Gesetz, dem Schutz und der Freiheit des Individuums und des Eigentums und der strikten Trennung von Kirche und Staat.

Das 1804 in Kraft getretene Bürgerliche Gesetzbuch gilt im Wesentlichen noch heute in Frankreich, mit gewissen Änderungen auch in Belgien und Luxemburg. Im deutschen Zivilrecht hinterließ das Reformwerk bleibende Spuren. Es wurde in zahlreichen, von Napoleon dominierten Staaten des Rheinbundes eingeführt – darunter auch Baden, Frankfurt und Westfalen. Der *Code Napoléon* wurde aber auch zum Vorbild für viele andere Länder, von den Niederlanden, Italien und der Schweiz bis zu Bolivien und Japan. Selbst in England, wo es mit dem »common law« eine gänzlich andersartige Rechtstradition gab, wurde die durch Napoleon initiierte Rechtssprechung aufmerksam verfolgt. Doch fand der Ruf nach einer totalen Kodifikation des »common law« keinen ausreichenden Widerhall.

Der *Code Civil* ist das weltweit am häufigsten rezipierte Gesetz. Es hatte sich überall gut eingebürgert mit den prägenden Grundsätzen der bürgerlichen Rechtsgleichheit, der Freiheit der Person und dem Schutz der Individualsphäre. So herrschte im 19. Jahrhundert allein in Deutschland eine große Zersplitterung des (Privat-)Rechts vor. Es galten verschiedenste Rechtsordnungen, darunter in Preußen das ALR (Allgemeines Landrecht) von 1794 oder in Bayern der *Codex Maximilianeus Bavaricus Civilis* von 1756.
Christoph Birnbaum

Literatur: Fehrenbach 1974; Schubert 1977; Schubert 2005

198
Code Napoléon. Originale und einzig offizielle Ausgabe, Exemplar Napoleons | Paris, Imprimerie impériale, 1807
Druck auf Vellum, Einband Velours, Quarto-Format, 610 Seiten, 25,5 × 20 cm
Paris, Bibliothèque nationale de France | Inv.-Nr. RLR, Vélins 994

Der *Code Civil* wurde zwischen 1807 und 1815 in *Code Napoléon* umbenannt. Eine wichtige Ergänzung des überarbeiteten Gesetzeswerkes war die Schaffung von Rechtsgrundlagen für Privilegien und Regeln für eine kaiserliche Adelsschicht *(noblesse impériale)*, andere Modifikationen betrafen die Rücknahme von Gesetzen aus der Zeit der Republik, etwa die Gleichstellung von Frauen und unehelichen Kindern. Das persönliche Exemplar Napoleon Bonapartes ist als einziges auf Vellum gedruckt, der kostbaren und im Vergleich zu Pergament lichtbeständigeren Haut junger oder ungeborener Kälber. Der Einband aus dunkelviolettem, fast schwarzem Velours ist mit Gold- und Silberfäden und mit Seide bestickt. Vorder- und Rückseite zeigen mittig das kaiserliche Wappen, in den Ecken, über einem Schwert, Silbertafeln, auf denen zweimal »Code Napoléon« zu lesen ist, darüber Kaiserkronen mit Waagen, deren Enden die Hand der Gerechtigkeit und das Zepter Karls des Großen balancieren. Die Initiale Napoleons ist, von Lorbeerzweigen umgeben, viermal auf dem Buchdeckel zu lesen. Der Buchrücken zeigt neben dem Titel drei Initialen Napoleons und drei Bienen, die Wappentiere des Kaisers. | David Blankenstein

Literatur: Jouy 1868, S. 243–244; Ausst.-Kat. Paris 1969, S. 48, Nr. 153; Germain/Coron 2000, Bd. 2, S. 19

198 A

198 B

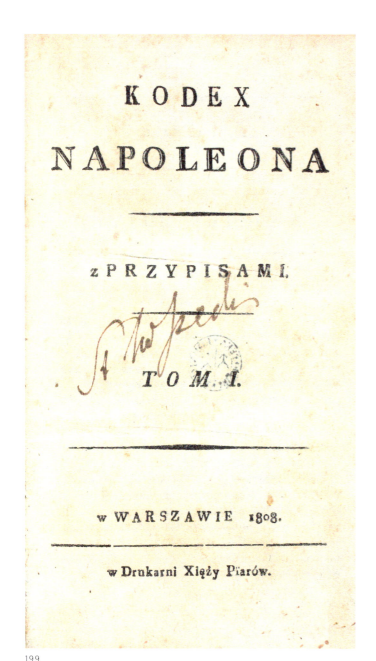

199
Kodex Napoleona (Code Napoléon) | 1810
Papier, 18 × 11,3 × 3,5 cm
Kórnik, Biblioteka Kórnicka Polska Akademia Nauk | Inv.-Nr. 4811

Das Gesetzbuch wurde auch in anderen durch Frankreich in der Zeit von 1807 bis 1814 dominierten Staaten eingeführt (z. B. dem Großherzogtum Warschau, im Königreich Niederlande und in Italien). In Deutschland galt der *Code* in den von Frankreich mit dem Frieden von Lunéville 1801 annektierten linksrheinischen und den 1811 in das Imperium einverleibten nordwestdeutschen Gebieten unmittelbar. In einigen Rheinbundstaaten wurde er ohne große Änderungen eingeführt, in anderen – in Baden z. B. – teilweise in veränderter Gestalt (als »Badisches Landrecht«). In wiederum anderen Ländern blieb es bei Entwürfen, so in Bayern und Nassau. | Christoph Birnbaum

Literatur: Schubert 2005

200 ohne Abb.
Code Napoléon – mit Zusäzen und Handelsgesezen als Land-Recht für das Großherzogthum Baden Karlsruhe |
Verlag der C. F. Müller'schen Hofbuchdruckerei, 1809
Papier, 20 × 12,8 cm
Paris, Bibliothèque nationale de France

Der *Code Napoléon* diente 1809 als Grundlage für eine weitgehende Rechtsreform im Großherzogtum Baden. Die Einführung des *Code Napoléon* geschah nicht auf Druck Frankreichs, sondern als Konzession vor allem an die Bürger des Herzogtums, zur Vereinheitlichung des Privatrechts im badischen Raum, in dem bis dahin zwei Landrechte galten, sowie zur Erleichterung des Handels mit den napoleonischen Modellstaaten und dem nach Frankreich eingegliederten Rheinland. Anders als in den napoleonischen Modellstaaten wurde jedoch in Baden der *Code Civil* erheblich modifiziert und ergänzt. Der badische Staatsrat Johann Nicolaus Friedrich Brauer passte das auch als *Code Napoléon* auf einer bürgerlich-egalitären Grundlage stehende Werk mit circa 500 Änderungen den in Baden gegebenen Bedingungen an. So wurden in Zusätzen zum Landrecht der Zehnt, Banngerechtigkeiten, bäuerliche Erblehen und adlige Stammgüter geregelt. Im Gegensatz zu allen anderen rechtsrheinischen Gebieten, wo der *Code Civil* nach dem Wiener Kongress wieder abgeschafft wurde, blieb das neue Badische Landrecht bis zum Inkrafttreten des Bürgerlichen Gesetzbuchs am 1. Januar 1900 erhalten. | David Blankenstein

Langfristig hat sich der liberale *Code Napoléon* überall in Deutschland durchgesetzt. Und er hat nicht unwesentlich zur Einheit des Reiches beigetragen. Auch in Belgien, Polen, Rumänien, Südamerika und einzelnen nordamerikanischen Staaten setzte sich der *Code Napoléon* durch. Napoleon selbst war der Ansicht: »Mein größter Ruhm ist nicht, vierzig Schlachten gewonnen zu haben. Waterloo wird die Erinnerung an die vielen Siege auslöschen. Das, was niemals ausgelöscht werden wird, was wirklich ewig bestehen wird, ist mein Code Civile.« | Christoph Birnbaum

Literatur: Fehrenbach 1999; Kroeschell 2008, S. 125–126

201 Abb. S. 21

Code Napoléon für das Königreich Westphalen |
Straßburg, F. G. Levrault, 1808
Druck, Oktav-Format, 31,5 × 25,5 × 5,5 cm
Münster, Universitäts- und Landesbibliothek | Inv.-Nr. 56 Qu 281

Der *Code Napoléon* wurde im von Jérôme Bonaparte regierten Königreich Westphalen am 1. Januar 1808 nach Artikel 45 der Verfassung des Königreiches eingeführt und trat an die Stelle aller bis 1807 geltenden landesherrlichen Rechtssammlungen. Die Gesetzessammlung war wie in allen anderen napoleonischen Modellstaaten und den linksrheinischen deutschsprachigen Gebieten dem französischen Original gleich. Die offizielle deutsche Übersetzung des Werkes besorgte Justus Christoph Leist, ein Juraprofessor der Göttinger Universität, gemeinsam mit einer Gruppe von Juristen. Der *Code Napoléon* vereinheitlichte nicht nur das Zivilrecht, sondern verkörperte das während der Französischen Revolution durchgesetzte Prinzip der Gleichheit. Allerdings war die vormals strikt bürgerlich-egalitäre Ausrichtung des *Code Civil* durch die Modifikationen des seit 1807 *Code Napoléon* genannten Gesetzeswerkes sowohl an einen Teil der alten Feudalstrukturen im Hoheitsgebiet als auch an die »noblesse impérial« des napoleonischen Kaiserreiches angepasst. | David Blankenstein

Literatur: Lück / Tullner 2007, S. 17; Ausst.-Kat. Kassel 2008, S. 434–435; Kroeschell 2008, S. 125–126

202 ohne Abb.

Code Napoléon, italienisch | Mailand, 1806
Papier, 34,5 × 25 × 8 cm
Paris, Bibliothèque National de France

Mit dem Sieg von Marengo gewann Napoleon im Jahr 1800 das zuvor verlorengegangene Italien zurück. Symbolträchtig ließ er sich in Mailand – wie früher das Oberhaupt des Heiligen Römischen Reiches – mit der Eisernen Krone der Langobarden zum König krönen. Im Inneren setzte Napoleon bzw. sein Statthalter die Modernisierungspolitik aus der Ära der Republik fort. Zwischen 1806 und 1810 wurden neben dem *Code Civil* auch die anderen französischen Gesetzbücher eingeführt, was die Rechtsordnung des Königreiches vereinheitlichte. Außerdem wurde die Verwaltung modernisiert und die Vorrechte des Klerus aufgehoben. Auch Reste des Feudalismus schaffte man ab, Frondienste und Leibeigenschaft wurden entschädigungslos aufgehoben.
Christoph Birnbaum

Literatur: Schubert 2005

203 ohne Abb.

Code de Commerce (Handelsgesetzbuch) | Paris, 1807
Papier, 14,5 × 9,5 cm
Aachen, Stadtbibliothek Aachen | Inv.-Nr. 6106

Der französische *Code de Commerce* von 1807, ein Teil des napoleonischen Gesetzgebungswerkes, wurde im gleichen Jahr beraten und erhielt seine Gültigkeit am 1. Januar 1808. Das Gesetzbuch unterlag mannigfacher Kritik, da es keineswegs so zweckmäßig abgefasst war wie der *Code Civil* und viele Lücken aufwies. Dennoch fand der *Code de Commerce* mit der Verbreitung der übrigen französischen Gesetzbücher auch in anderen Ländern entweder direkte Anwendung, oder aber diente als Muster oder als Grundlage für spätere Gesetzbücher. | Christoph Birnbaum

Literatur: Köbler 1997

204 ohne Abb.

Code Pénal (Strafgesetzbuch) | Paris, 1810
Papier, 19 × 13 cm
Aachen, Stadtbibliothek Aachen | Inv.-Nr. v. F. 166

Der 1810 erlassene *Code Pénal Impérial* war ein stark repressiv ausgerichtetes Gesetzeswerk, dessen Hauptziel mit dem Wort Einschüchterung *(intimidation)* zusammengefasst werden kann. In ihm waren Verstöße gegen die Erziehungspflichten und andere soziale Vergehen aufgeführt. Alle Vergehen wurden geahndet und bestraft. Dabei machte es keinen Unterschied, ob es sich bei dem Täter um einen Erwachsenen oder einen Jugendlichen handelte. Erwachsene und Minderjährige mussten sich vor den gleichen Instanzen verantworten, waren den gleichen Strafen ausgesetzt und teilten sich die gleichen Haftanstalten. Alle Napoleonischen Gesetzbücher enthielten dabei wichtige Neuerungen und sollten beträchtlichen Einfluss auf andere Länder nehmen. Auf diese Weise wurde Napoleon zu Europas größtem Gesetzgeber – gleich nach dem römischen Kaiser Justinian und dessen *Corpus Iuris Civilis*. | Christoph Birnbaum

Literatur: Jung / Leblois-Happe / Witz 2010

205 ohne Abb.

Code d'Instruction Criminelle (Strafgesetzbuch, Köln) | Köln, 1811
Papier, 21 × 14 cm
Aachen, Stadtbibliothek Aachen | Inv.-Nr. R 1933. 428

In der Form der napoleonischen Gesetzgebung wurde die französische Straf- und Strafprozessgesetzgebung zum Vorbild einer Reform in spätfeudalistisch und / oder absolutistisch verfassten Staaten. Mit dem Königreich Westphalen hatte Napoleon zudem einen Staat an der Hand, mit dem er eine »moralische Eroberung« machen und Preußen gleichsam an die Flanke setzen wollte. Schon die Verfassung des Königreichs Westphalen von 1807 sah die Öffentlichkeit gerichtlicher Verfahren und Geschworenengerichte vor – zwei Verfahrensinstitute, die in Deutschland erst 40 Jahre später allgemeine Verbreitung fanden. | Christoph Birnbaum

Literatur: Jung / Leblois-Happe / Witz 2010

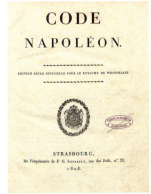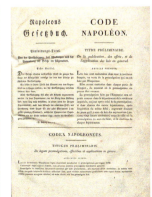

201

206

206
Unbekannter Künstler
Allegorie auf das Konkordat: Der Erste Konsul Bonaparte besucht die hl. Messe in Notre Dame (La religion triomphante) | Um 1802
Kupferstich, 24 × 18,5 cm
Salenstein, Napoleonmuseum Thurgau, Schloss und Park Arenenberg | Ohne Inv.-Nr.

Durch das Säkularisationsdekret und die Zivilkonstitution wurde der Klerus im revolutionären Frankreich vollständig entmachtet. Diese repressive Politik endete mit dem Ersten Konsul Napoleon. Die 1800 begonnenen Verhandlungen, die Kardinal Consalvi im Namen von Papst Pius VII. führte, mündeten im Konkordat vom 15. Juli 1801. Vereinfacht dargestellt wurde mit dieser zwischenstaatlichen Vereinbarung der Katholizismus in Frankreich wieder zugelassen, während der Vatikan die Verstaatlichung der Kirchengüter anerkannte. | René Hartmann

Literatur: Roth 2002, S. 103–124; Dean 2004

207 ohne Abb.
Jacques Couché (1750/59 – vor 1836)
Allegorie: Napoleon gewährt den Juden Bürgerrechte und Religionsfreiheit
Kupferstich, Papier, 34,5 × 25 cm
Paris, Bibliothèque nationale de France | Inv.-Nr. RESERVEFOL-QB-201(149) p11

Zum 30. Mai 1806 berief der Kaiser eine Versammlung jüdischer Notabeln ein, »um die Gefühle bürgerlicher Moral zu wecken, die in Folge eines langwährenden Verharrens im Zustand der Erniedrigung, die wir weder unterstützen noch erneuern wollen, bei einem beträchtlichen Teil dieses Volkes geschwächt worden sind«. Die Einberufung der Notabeln war ein politischer Schachzug Napoleons, die Juden der ganzen Welt für sich zu gewinnen. Das allegorische Bild zeigt die Steintafeln des Moses mit den zehn Geboten, dahinter die Kultgeräte des Salomonischen Tempels und den Berg Sinai. In der rechten Hand hält Napoleon »das Gesetz, dem Moses gegeben«. | Christoph Birnbaum

Literatur: Benbassa 2000

208
Register: Der Juden Namenannahme | 1808/09
Papier, 35,3 × 24,8 × 1,6 cm
Bonn, Stadtarchiv und Stadthistorische Bibliothek | Inv.-Nr. FR 30/30

In Frankreich ordnete Napoleon mit dem *Decret concernant les juifs qui n'ont pas de noms de famille et de prénoms fixes* vom 20. Juli 1808 die Annahme fester Familiennamen an. Dabei war es den Juden verboten, diese Namen dem Alten Testament zu entnehmen oder solche von Städten zu verwenden. Bei den Namen, die sich durch Ortswechsel bei den Juden häufig änderten, wurde eine Regelung getroffen, die den Handel und vor allem die Aushebung von Soldaten erleichtern sollten. In Deutschland führte dies – differenziert nach dem Grad des französischen Einflusses – zu einer Revision der rechtlichen Stellung der jüdischen Bevölkerung. Soweit deutsche Gebiete unter französischem Einfluss standen, wurden die dort lebenden Juden nach französischem Vorbild vorbehaltlos emanzipiert.
Noch unter dem Einfluss der Französischen Revolution wurden in fast allen deutschen Staaten Emanzipationsgesetze erlassen, so 1809 im Großherzogtum Baden, 1811 im Großherzogtum Frankfurt und 1813 im Königreich Bayern. Überall schafften die Edikte traditionelle Sonderabgaben ab, doch viele Restriktionen wie der Ausschluss der Juden aus dem Staatsdienst oder die Nichtgewährung der Gemeindebürgerschaft blieben in Kraft. Man wollte die Juden schrittweise »verbessern«. Eine sofortige Emanzipation lehnte man größtenteils ab. Lediglich in den Fürstentümern Anhalt-Bernburg und Anhalt-Köthen wurde 1810 bzw. 1812 die volle Gleichberechtigung proklamiert. In Österreich geschah dagegen jahrzehntelang nichts, Württemberg kam erst 1828 zu einem allgemeinen Judengesetz und Staaten wie Sachsen oder Hannover erst 1838 bzw. 1842.
Christoph Birnbaum

Literatur: Toury 1977; Wagner-Kern 2002

209 ohne Abb.

Jüdische Schulkinder in öffentlichen Schulen | 1809

Papier, 52,4 × 35,3 cm

Bonn, Stadtarchiv und Stadthistorische Bibliothek | Inv.-Nr. Akten Franz. Zeit 30/14

Die gemeinsame Erziehung von jüdischen und christlichen Kindern an staatlichen Schulen war im Kurfürstentum Mainz bereits mit der Aufklärung begonnen worden. In Bonn und dem übrigen Rheinland wurde die Emanzipation und verfassungsrechtliche Gleichstellung der jüdischen Bevölkerung erst mit der Einführung des französischen Rechtssystems 1801 wirksam. Von diesem Zeitpunkt an konnten bisher nur an jüdischen Schulen unterrichtete Kinder auch in staatliche Lehranstalten eintreten. | René Hartmann

Literatur: Schilling 1963/64, S. 288–289; Zittartz-Weber 2005

210 ohne Abb.

Moise Sabbato Beer

(Jüdische) Hymne zum Ruhme Napoleons | 1809

Papier, 69 × 52 cm

Jerusalem, The Jewish National and University Library | Inv.-Nr. L401

Durch die Zubilligung von neuen Rechten erfreute sich Napoleon bei den Juden in Frankreich und in den von Frankreich beherrschten Ländern großer Beliebtheit. Zahlreiche Loblieder und -schriften an den Kaiser wurden damals verfasst, etwa diese Lobeshymne aus der Feder des Oberrabbiners von Rom, Moise Sabbato Beer. Napoleon wurde hoch gelobt als »der Gütige«, der »die letzten Reste des Staates Israel aus seinem Staube hebe«. Christoph Birnbaum

Literatur: Malino / Wasserstein 1985

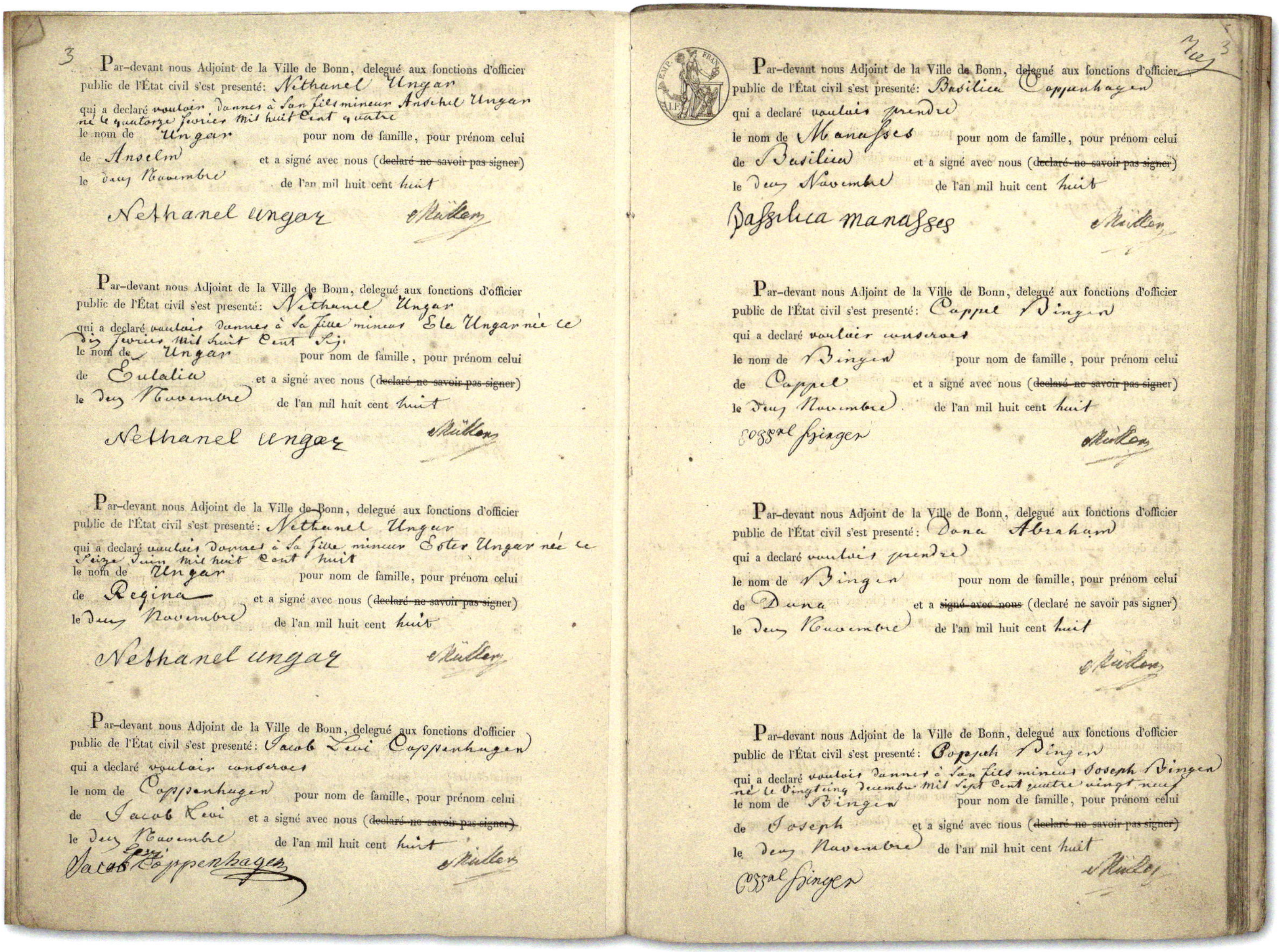

Par-devant nous Adjoint de la Ville de Bonn, delegué aux fonctions d'officier public de l'État civil s'est presenté: Nethanel Ungar qui a declaré vouloir donner à son fils mineur Anschel Ungar né le quatorze fevrier mil huit cent quatre le nom de Ungar pour nom de famille, pour prénom celui de Anselm et a signé avec nous (~~declaré ne savoir pas signer~~) le deux Novembre de l'an mil huit cent huit
Nethanel ungar Müller

Par-devant nous Adjoint de la Ville de Bonn, delegué aux fonctions d'officier public de l'État civil s'est presenté: Nethanel Ungar qui a declaré vouloir donner à sa fille mineur Ela Ungar née le dix fevrier mil huit cent six le nom de Ungar pour nom de famille, pour prénom celui de Eulalia et a signé avec nous (~~declaré ne savoir pas signer~~) le deux Novembre de l'an mil huit cent huit
Nethanel ungar Müller

Par-devant nous Adjoint de la Ville de Bonn, delegué aux fonctions d'officier public de l'État civil s'est presenté: Nethanel Ungar qui a declaré vouloir donner à sa fille mineur Ester Ungar née le seize Juin mil huit cent huit le nom de Ungar pour nom de famille, pour prénom celui de Regina et a signé avec nous (~~declaré ne savoir pas signer~~) le deux Novembre de l'an mil huit cent huit
Nethanel ungar Müller

Par-devant nous Adjoint de la Ville de Bonn, delegué aux fonctions d'officier public de l'État civil s'est presenté: Jacob Levi Coppenhagen qui a declaré vouloir conserver le nom de Coppenhagen pour nom de famille, pour prénom celui de Jacob Levi et a signé avec nous (~~declaré ne savoir pas signer~~) le deux Novembre de l'an mil huit cent huit
Jacob Coppenhagen Müller

Par-devant nous Adjoint de la Ville de Bonn, delegué aux fonctions d'officier public de l'État civil s'est presenté: Basilica Coppenhagen qui a declaré vouloir prendre le nom de Manasses pour nom de famille, pour prénom celui de Basilica et a signé avec nous (~~declaré ne savoir pas signer~~) le deux Novembre de l'an mil huit cent huit
Basilica manasses Müller

Par-devant nous Adjoint de la Ville de Bonn, delegué aux fonctions d'officier public de l'État civil s'est presenté: Cappel Bingen qui a declaré vouloir conserver le nom de Bingen pour nom de famille, pour prénom celui de Cappel et a signé avec nous (~~declaré ne savoir pas signer~~) le deux Novembre de l'an mil huit cent huit
Coppel Binger Müller

Par-devant nous Adjoint de la Ville de Bonn, delegué aux fonctions d'officier public de l'État civil s'est presenté: Dana Abraham qui a declaré vouloir prendre le nom de Bingen pour nom de famille, pour prénom celui de Dana et a ~~signé avec nous~~ (declaré ne savoir pas signer) le deux Novembre de l'an mil huit cent huit
Müller

Par-devant nous Adjoint de la Ville de Bonn, delegué aux fonctions d'officier public de l'État civil s'est presenté: Coppel Bingen qui a declaré vouloir donner à son fils mineur Joseph Bingen né le vingt cinq decembre mil sept cent quatre vingt neuf le nom de Bingen pour nom de famille, pour prénom celui de Joseph et a signé avec nous (~~declaré ne savoir pas signer~~) le deux Novembre de l'an mil huit cent huit
Coppel Binger Müller

208

211
Rinonim Mains | Um 1810
Silber
Mainz, Landesmuseum | Inv.-Nr. 482

Napoleonischer Kaiseradler auf einem Thorarollenaufsatz in Form eines Granatapfels: Die Aufhebung sämtlicher antijüdischer Sonderrechte und die Verleihung des uneingeschränkten Bürgerrechts wurde erstmals am 13. November 1791 in Frankreich durch Beschluss der französischen Nationalversammlung realisiert. Zuvor hatte Honoré Gabriel de Riqueti, Graf von Mirabeau (1749–1791) eine Gleichstellung der Juden gefordert. Wesentlichen Anteil am Beschluss der Nationalversammlung hatte wiederum der monarchistische Abgeordnete Stanislaus Comte de Clermont-Tonnerre (1747–1792), der am 23. Dezember 1789 die Abgeordneten dazu aufgerufen hatte, alle religiös bedingten Privilegien und Benachteiligungen zu beseitigen: »Den Juden als Menschen ist alles zu gewähren.« | Christoph Birnbaum

Literatur: Katz 1988

212 ohne Abb.
Synagogengebet zu Ehren Napoleons aus dem Rheinland | 1806–1812/13
Papier
Duisburg, Salomon Ludwig Steinheim-Institut für deutsch-jüdische Geschichte an der Universität Duisburg

Die preußische Vorstellung vom Staatskirchentum und die geltende Religionsfreiheit waren nur schwer mit der tief verwurzelten katholischen Lebensweise der rheinischen »Urbevölkerung« vereinbar. Deshalb war mit der Einführung des Zivilrechts oder der Religionsfreiheit durch Napoleon besonders im Rheinland und Westfalen der Weg in die Moderne geöffnet. Für die Juden war die Religionsfreiheit dabei die größte Errungenschaft. | Christoph Birnbaum

Literatur: Herzig 2002

211

213 ohne Abb.
Der große israelitische Sanhedrin des Französischen Kaiserreiches und des Königreiches Italien | 1807
Papier, 40 × 50 cm
Paris, Musée d'Art et d'Histoire du Judaisme

Nachdem 1795 die Trennung von Religion und Staat in Frankreich eingeführt wurde, verlieh erst die restaurative Politik Napoleons der Religion eine neue politische Wertschätzung als »soziales Bindemittel«. Napoleons Sanhedrin fügt sich in eine Reihe von Versuchen zur Wiederbelebung dieser antiken Institution ein. Auf die symbolischen Details des Geschehens verwendete er persönliche Mühe. Ein Regiment hatte beim Eintritt der Abgeordneten Spalier zu stehen. Der Trommelwirbel, mit dem es vor den Rabbinern salutierte, hallte noch lange im europäisch-jüdischen Gedächtnis nach: Vertreter einer verachteten Religion glaubten in eine zur Zukunft verklärte Vergangenheit zu schreiten. Anstelle des verachteten talmudischen »Juden« bezeichnete nun der ehrwürdige biblische »Israelit« den kulturell angepassten, patriotischen jüdischen Staatsbürger. | Christoph Birnbaum

Literatur: Schulte 2002

214 ohne Abb.
Deputiertenversammlung – Großer Sanhedrin der Juden in Paris | 1806
Tinte auf Papier, 52,5 × 35,3 cm
Bonn, Stadtarchiv und Stadthistorische Bibliothek | Inv.-Nr. Akten Fr. 30/17

Napoleon ordnete am 30. Mai 1806 per Dekret eine Zusammenkunft von 100 Juden an. In dieser Deputiertenversammlung wurde die Einberufung eines großen Sanhedrin verkündet, das am 9. Februar 1807 in Paris mit 46 Rabbinern und 25 Laien eröffnet wurde. Da mit der Einführung der französischen Verfassung die bisherige Gemeindeautonomie aufgehoben worden war, sollte das Sanhedrin als Vermittler zwischen den geistlichen und weltlichen Vertretern der jüdischen Gemeinden und der Regierung auftreten. Die Beschlüsse, die nach vier Wochen für alle jüdischen Gemeinden der Welt verkündet wurden, hatten aber de facto keine Bedeutung. Mit sogenannten Décret infâme nahm Napoleon die Gleichstellung der Juden 1808 dann teilweise wieder zurück. | René Hartmann

Literatur: Schilling 1963/64, S. 289–290; Wiesemann 1985, S. 75–76

215 ohne Abb.
Kandidatenliste: Verzeichnis der vom Rhein-Mosel-Departement in Koblenz vorgeschlagenen jüdischen Deputierten für die nach Paris berufene Große Synedrium genannte Israelitenversammlung
Papier, 50 × 35 cm
Landeshauptarchiv Koblenz c/o Landesarchivverwaltung Rheinland-Pfalz | Inv.-Nr. Bestand 256 Nr. IV 1128

Napoleon unternahm im August eine spektakuläre Maßnahme, als er befahl, den höchsten Gerichtshof der antiken Juden, den Großen Sanhedrin, wieder einzuberufen, um das Loyalitätsbekenntnis der Notabeln zu prüfen. Der Sanhedrin wurde im Februar 1807 traditionsgemäß mit 71 Mitgliedern besetzt, von denen die Mehrheit, nämlich 45, Rabbiner waren. Kaum zur Hälfte bestand er aus Abgesandten ursprünglich französischer Regionen, während allein 18 Abgeordnete aus dem annektierten Norditalien stammten und elf aus den Départements, in die das linksrheinische Deutschland aufgeteilt worden war. Die Vielsprachigkeit der Versammlung unterstrich den historischen Charakter des Gründungsaktes, der eine europaweite Ausstrahlung haben sollte. | Christoph Birnbaum

Literatur: Wilke 2007

216

216

Jean-Baptiste Debret (1768–1848)
Die erste Verleihung der Orden der Ehrenlegion in der Kirche des Hôtel des Invalides am 15. Juli 1804 | Um 1812
Öl auf Karton, 23 × 25 cm, Skizze
Paris, Musée de l'Armée, Hôtel National des Invalides (Schenkung Gabriel-Louis de Turenne d'Aynac, 1898) | Inv.-Nr. 1329, Eb 154

Die Französische Revolution von 1789 veränderte das Auszeichnungswesen grundlegend. Das bis dahin geltende Ordenssystem des Adels wurde in Frankreich abgeschafft. Doch wollte die neue Ordnung nicht auf ein eigenes Auszeichnungssystem verzichten. Der Verdienstorden der Ehrenlegion *(Légion d'honneur)* wurde deshalb am 19. Mai 1802 von Napoleon Bonaparte, damals noch Erster Konsul, in der Absicht gestiftet, militärische und zivile Verdienste, ausgezeichnete Talente und große Tugenden zu belohnen. Bis heute ist kein Staatsbürger durch seine Geburt, seinen Stand oder seine Religionszugehörigkeit von diesem Orden ausgeschlossen. Der Orden der Ehrenlegion ist die ranghöchste Auszeichnung Frankreichs.

Diese Skizze von Jean-Baptiste Debret, einem Cousin und Schüler von Jacques-Louis David, ist eine Kompositionsstudie zur endgültigen Fassung des Bildes, das heute zum Bestand des Musée National des Châteaux de Versailles et de Trianon (MV 1504) gehört. Dort haften die Augen aller Zuschauer auf dem Kaiser, der einen einbeinigen Invaliden mit dem Orden der Ehrenlegion auszeichnet. Am 15. Juli 1804 (ursprünglich war der 14. Juli vorgesehen, um sich in die unmittelbare Tradition der Revolution zu stellen) zelebrierte der Kaiser nach einer Messe, die vom päpstlichen Legaten gehalten wurde, im Längsschiff der Invalidenkirche die feierliche Verleihung des Verdienstordens der Ehrenlegion. Mit diesem 1802 geschaffenen Orden sollte die Elite der neuen Gesellschaft, die militärische wie die zivile, ausgezeichnet werden. Er bildete den Auftakt zur Einführung des Adelsstandes im Kaiserreich. Dieser Darstellungstyp, der an sich doppeldeutig ist – die Erhebung mit der gleichzeitigen Unterwerfung und der völligen Treuepflicht gegenüber dem Souverän –, war zur Weiterverbreitung prädestiniert und wurde in der Übergabe der Adler der Ehrenlegion an die kaiserliche Armee am 5. Dezember 1804 wiederholt. Die Silhouette des Kardinals Caprara ist in den Schatten verbannt, er spielt eine Rolle im Hintergrund: Durch ihn kommt die Prozession der wie mit Licht umkränzten zukünftigen Mitglieder der Ehrenlegion besonders zur Geltung. | Sylvie Le Ray-Burimi

217 ohne Abb.

Martin-Guillaume Biennais (1764–1843)
Collier der Ehrenlegion | Um 1806 ?
Gold, Emaille, ca. 50 × 30 × 3 cm
Paris, Musée National de la Légion d'honneur

Biennais fertigte neben den Krönungsinsignien auch Militärorden an. Das *Collier de la Légion d'Honneur* wurde nach einer Idee von Denon geschaffen. Die Große Ordenskette mit Adlern und Medaillons war als Auszeichnung für militärische und zivile Verdienste vorgesehen. Am Scheitelpunkt der Kette auf der Brustseite prangt das mit Lorbeer eingefasste große »N« für Napoleon. Daran angehängt sind eine stilisierte Krone und der eigentliche fünfstrahlige Orden der Ehrenlegion. | Jules Aronnax

Literatur: Tulard 1989, S. 217; Bartsch / Eissenhauer 2008, S. 297–298

218 A   218 B

218

Silberkreuz der Ehrenlegion, erster Typ | 1806–1815
Silber, vergoldet, Emaille, Seidenrips, 8 × 3,9 cm
Brüssel, Musée Royal de l'armée de d'histoire Militaire | Inv.-Nr. 200244

Die von Napoleon Bonaparte 1802 per Gesetz geschaffene Ehrenlegion ist die höchste Auszeichnung für militärische und zivile Verdienste. Sie kann jedem Franzosen ohne Ansehen seines Standes verliehen werden. Zu denen, die am 14. Juli 1804 im Invalidendom die ersten Orden der Ehrenlegion überreicht bekamen, gehörten u. a. Jacques-Louis David und Dominique-Vivant Denon. Eigens für dieses Ereignis wurde 1804 eine Bronzemedaille geprägt, die auf der Rückseite den fünfstrahligen Orden zeigt.
René Hartmann

Literatur: Zeitz / Zeitz 2003, S. 92; Bartsch / Eissenhauer 2008, S. 297–298

219

219

Abzeichen des Großadlers (»Grand Aigle«) der Ehrenlegion Napoleons I. |
Um 1804
Silber, Emaille, 10,5 × 7 cm
Paris, Musée de l'Armée, Hotel National des Invalides (Schenkung Joseph Bonapartes an Frankreich, 1843) | Inv.-Nr. Ka 7.1 (Ca 05)

Der Orden der Ehrenlegion wurde von Napoleon Bonaparte am 19. Mai 1802 gegründet, um mit ihm die zivilen und militärischen Dienste für die französische Nation zu belohnen. Der Orden war symbolisch stark aufgeladen, denn er verkörperte die Werte, die sich in der Französischen Revolution herausgebildet hatten, und übernahm zugleich auch die Kodizes der Orden des *Ancien régime*. Er symbolisierte, entsprechend dem Wunsch des Ersten Konsuls, den Gleichheitsgrundsatz bei der Verdienstauszeichnung. Ebenso wie die Insignien des Ordens der Eisernen Krone trug Napoleon die Ehrenzeichen der Ehrenlegion im Alltag fast immer – die Litze und das mit dem Großadler, dem höchsten Auszeichnungsgrad, bestickte Abzeichen, zusammen mit dem Offizierskreuz. Das Tragen des silberbestickten Ehrenzeichens, ein Erbe der Orden des *Ancien régime,* wurde für die Großoffiziere durch ein Dekret vom 20. Januar 1805 zur Vorschrift erklärt.
Das Ehrenzeichen des Großadlers von Napoleon I. ist mit dem kaiserlichen Adler verziert, in blaues Emaille eingefasst und trägt die Worte »Ehre« und »Vaterland«. Der Stern ist mit Silberfaden und Silberpailletten gestickt.
Dieser Orden Napoleons I. war im Besitz seines älteren Bruders Joseph Bonaparte, der ihn der französischen Nation zum Geschenk machte. Am 21. Mai 1843 wurden die kaiserlichen Abzeichen der Ehrenlegion unter der Kuppel des Invalidendoms, in der Kapelle Saint-Jérome niedergelegt, wo sich bereits Napoleons Dreispitz und sein Schwert befanden.
Lucie Villeneuve de Janti

220

Kaiserliches Dekret zur Verleihung des Ordens der Ehrenlegion an Goethe | 1808

Urkunde mit handschriftlichen Eintragungen, 31 × 20 cm
Paris, Archives Nationales | Inv.-Nr. AE III 236 I

Durch das am 12. Oktober 1808 im Erfurter Palais von Napoleon unterzeichnete Dekret erhielt Goethe gemeinsam mit Christoph Martin Wieland, dem Mediziner Johann Christian Stark und dem Jenaer Bürgermeister Georg Wilhelm Vogel den Orden der Ehrenlegion. Die Auszeichnung wurde am letzten Tag des Erfurter Fürstenkongress (14. Oktober 1810) verliehen und erfüllte Goethe sichtlich mit Stolz, wie Wilhelm von Humboldt einige Monate später berichtete: »Ohne das Legionskreuz geht Goethe niemals, und von dem, durch den er es hat, pflegt er immer ›mein Kaiser‹ zu sagen.« | Nina Struckmeyer

Literatur: Plessen 1996, S. 149f.; Seibl 2008, S. 159

221
Louis-Léopold Boilly (1761–1845)
Napoleon ehrt den Bildhauer Cartellier | 1808
Öl auf Leinwand, 42 × 61,5 cm
Salenstein, Napoleonmuseum Thurgau, Schloss und Park Arenenberg | Ohne Inv.-Nr.

Boilly zeigt in diesem Gemälde wie so oft sein Gespür für die kleinen Momente des Alltags. Der uniformierte Kaiser überreicht im Louvre, umgeben von überlebensgroßen Skulpturen, dem Bildhauer Pierre Cartellier den Orden der Ehrenlegion. Der Künstler scheint der letzte Ausgezeichnete zu sein, da alle anderen Personen bereits das Ordensband tragen. Am rechten Bildrand steht eine Personengruppe, die von der Kaiserin Joséphine und ihrer Tochter Hortense dominiert wird. Scheinbar völlig geistesabwesend, hält Letztere ihren Sohn Napoleon Louis, den designierten Thronfolger, an der Hand.
Dominik Gügel

222
Verleihungsurkunde zum Ritter der Ehrenlegion vom Großkanzler an M. Cupeau, unterschrieben im Auftrag des Ordenskanzlers | 8. April 1815
Tinte auf Papier, 31,2 × 20,7 cm
Salenstein, Napoleonmuseum Thurgau, Schloss und Park Arenenberg | Ohne Inv.-Nr.

Kurz nach der Rückkehr von Elba verfasste Verleihungsurkunde der Ehrenlegion an einen Leutnant der kaiserlichen Gendarmerie. Der von Hand ausgefüllte Vordruck ist in Abwesenheit des Ordenskanzlers durch den Grafen Dejean unterschrieben, Schatzmeister der Ordenskanzlei. Auf Seite 3 des Dokuments befindet sich eine handschriftliche Bestätigung des Vorgangs durch einen vorläufigen Unterpräfekten des Départements Saône-et-Loire. | Dominik Gügel

222 A

222 B

7

OBJEKTE DER BEGIERDE: NAPOLEON UND DER EUROPÄISCHE KUNST- UND GEDÄCHTNISRAUB

Im Mittelpunkt von Napoleons imperialem Traum stand Paris. Seine Vision der französischen Hauptstadt als die schönste aller denkbaren Städte war aber nicht seine Erfindung. Bereits einige Jahre nach der Revolution entwickelten Regierungs- und politische Kreise in Paris ein Pathos der Metropole, das mit Begriffen wie Universalismus, Zentralisation und Domination operierte: »Paris soll die Hauptstadt der Künste werden, die Heimstätte allen menschlichen Wissens, der Hort aller Schätze des Geistes. [...]. Es muss die Schule des Universums, die Metropole der menschlichen Wissenschaft werden und den Rest der Welt mit der unwiderstehlichen Anziehungskraft der Bildung und des Wissens beherrschen«, hieß es zum Beispiel in einem für den Konvent verfassten Bericht vom April 1794. Die urbanistischen Hauptleistungen Napoleons für Paris lagen vor allem im technischen Bereich der Infrastrukturverbesserung (viele Kriegsgefangene aus ganz Europa arbeiteten auf den Baustellen!); die meisten der von ihm geplanten Gebäude blieben ein unverwirklichter Traum. Wenn sich die Stadt zu Beginn des 19. Jahrhunderts dennoch zu einem europäischen Mekka der Künste und Wissenschaften entwickelte, so lag dies ganz wesentlich an der seit 1794 betriebenen, brutalen und massiven Aneignungspolitik Frankreichs, an der Verpflanzung ganzer Kunst- und Büchersammlungen aus den Niederlanden, Belgien, Italien, Spanien, dem deutschsprachigen Raum und Polen nach Paris. Der sogenannte »napoleonische Kunstraub« wurde zum sichtbarsten und spektakulärsten Ausdruck einer von der Revolution übernommenen und unter dem Empire systematisch betriebenen Aneignungsideologie, die offiziell im Namen der Freiheit, später im Namen der Allgemeinheit umgesetzt wurde. Gleichzeitig stellte der systematisch angelegte Transfer der Archive Europas nach Paris (ab 1810) die höchste Stufe der Unterwerfung des Kontinents dar. Er bedeutete zwar einerseits die Schaffung eines zentral verwalteten historischen Langzeitgedächtnisses für Europa in Paris, andererseits aber die völlige Entmündigung der gedächtnislos gemachten Staaten. Bei diesen erzwungenen Transfers spielten Propaganda und Selbstverherrlichung des französischen Staates natürlich eine zentrale Rolle. Während Paris um 1800 zur Hauptstadt eines neuen öffentlichen, zirkulierenden, sichtbaren Wissens wurde, zeichnete sich bei den »Opfern«, den beraubten Völkern Europas, eine wachsende patriotische Identifizierung mit den entwendeten Objekten ab. Den Fürsten weggenommen, vom Volke wiedererobert – das war die Devise, die 1814/15 zum größten Restitutionsakt der europäischen Geschichte führte.

Bénédicte Savoy

Detail aus Kat.-Nr. 221

224

223 ohne Abb.
Joseph-Charles Marin (1759–1834) und Jean-Jérome Baugean (1764–1819)
Abfahrt des dritten Konvois mit Statuen und Kunstwerken aus Rom für das Nationalmuseum in Paris | 1798/99
Ätzradierung, 32,5 × 55,5 cm
Paris, Bibliothèque nationale de France |
Inv.-Nr. Hennin, 12336, RESERVE QB – 201 (140) FOL

Mit der Unterzeichnung des Friedensvertrages von Tolentino im Februar 1797 erkannte Papst Pius VI. die Annexion zahlreicher italienischer Gebiete durch Frankreich an und verpflichtete sich gleichermaßen, insgesamt 30 Millionen Livres zu zahlen sowie ausgewählte Kunstschätze abzutreten. In der Folge wurden zwischen 1796 und 1798 unzählige Werke aus den Kirchen und Sammlungen Roms ins Musée Central des Arts nach Paris überführt, u. a. der Apoll vom Belvedere und Raffaels *Transfiguration*. Ein beladener Konvoi hat Rom gerade verlassen, die Stadt ist im Hintergrund noch schemenhaft zu erkennen.
Lisa Sophie Hackmann

Literatur: Pfaffenbichler 2009a, S. 24

224
Nach Pierre-Gabriel Berthault (1737–1831)
Einzug der italienischen Kunstwerke in Paris | 1798
Radierung, 24 × 30,3 cm
Paris, Musée Carnavalet | Inv.-Nr. G29240

Im Sommer 1798, am 4. Jahrestag von Robespierres Sturz, erlebte das Pariser Publikum den wohlinszenierten Einzug der auf Befehl des Direktoriums in Italien beschlagnahmten Werke der »Kunst und Wissenschaften« aus Italien, so der damalige Sprachgebrauch. Musik begleitete den Festeinzug auf dem Marsfeld, Kupferstiche und Zeitungsberichte machten ihn bald europaweit bekannt. Anlässlich des Festes druckte die europäische Presse einige der Verse ab, die damals erschallten: »Rom ist nicht mehr in Rom, Rom ist ganz in Paris.« Diese Verse spielten auf die *translatio imperii* an, die Wanderung von Herrschaft und Wissen von alten Weltreichen in neue. Um 1800 erfolgte der größte Kunstraub der Neuzeit freilich nicht offiziell als Ausübung eines Siegerrechts: Die kühne Rechtfertigungsdoktrin, die sich ab 1793 in Regierungskreisen herauskristallisierte, erklärte nämlich, dass die Künste und Wissenschaften als Früchte der Freiheit auch im Land der Freiheit ihre natürliche Heimstätte haben müssten, also in Frankreich.
Von dieser Argumentation zeugt das vorliegende Blatt: In der weiten Arena des Marsfeldes zieht eine ununterbrochene Prozession von Fuhrwerken an Schaulustigen vorbei. Zwei lebende Löwen in einem Käfig, die vier Pferde von San Marco in Venedig, vier Dromedare, vor allem aber unzählige Holzkisten, deren verheißungsvoller Inhalt nur durch Inschriften angedeutet ist, bilden einen weiten, durch einen riesigen Säulenumgang – den sogenannten Altar des Vaterlandes – geschlossenen Kreis. Im Zentrum der Arena sitzt, überlebensgroß, eine von zeitgenössischen Betrachtern als Personifikation der Freiheit identifizierte Statue, um die sich alles dreht. Die Meisterwerke der Menschheit sind zwar gewaltsam aus ihrem natürlichen Kontext herausgelöst worden, sie befinden sich aber, so die Botschaft des Blattes, endlich in einem freien Land. | Bénédicte Savoy

Literatur: Savoy 2010, S. 217ff.

225 Abb. S. 25
Julie Philipaut (1780–1834) nach Robert Lefèvre (1755–1830)
Dominique-Vivant Denon mit dem Œuvrekatalog von Poussin | Nach 1808
Öl auf Leinwand, 92 × 72,5 cm
Privatbesitz

Der Museumsdirektor Dominique-Vivant Denon, auch als Kultusminister Napoleons bezeichnet, dirigierte im *Premier Empire* die Kunstwelt, war zuständig für die Auswahl der in europäischen Sammlungen konfiszierten Kunstwerke und Archivalia, leitete die Pariser Museen und Manufakturen und koordinierte die Auftragsvergaben an Künstler.
Eva Knels

Literatur: Ausst.-Kat. Paris 1999, S. 482f.

226
Benjamin Zix (1772–1811)
Dominique-Vivant Denon begutachtet Gemälde in Kassel | 1807
Feder und braune Tinte, braun laviert, 13,2 × 16,3 cm
Paris, Musée du Louvre | Inv.-Nr. RF 6889

Im Januar 1807 hielt sich Dominique-Vivant Denon für mehrere Wochen in Kassel auf, um auf Anordnung Napoleons im Museum Fridericianum und in der Gemäldegalerie eine Auswahl von Kunstwerken für Paris zu treffen. Begleitet wurde er von dem Zeichner Zix, der die Unternehmung dokumentierte. Links im Vordergrund kniet der Kunstexperte Denon, assistiert von Zix, und begutachtet die Gemälde aus der Nähe. Der mürrische Beobachter hinter ihm ist vermutlich der damalige Direktor der Galerie, der Maler Johann Heinrich Tischbein d. J. Von der rechten Wand wird gerade das große Rubens-Gemälde *Mars und Venus* abgenommen. Fast 300 Gemälde wurden schließlich nach Paris transportiert. | Lisa Sophie Hackmann

Literatur: Paas/Mertens 2003, Nr. 122, S. 168; Bartsch/Eissenhauer 2008, Nr. 79, S. 237

227 ohne Abb.
Transportwagen für die Gemälde aus Italien
Federzeichnung, ca. 60 × 100 cm
Paris, Bibliothek des Louvre

Wagen dieser Art wurden eigens für den Abtransport der beschlagnahmten Kunstwerke angefertigt. Obwohl die Gemälde zusätzlich in ihren Maßen entsprechende Holzkisten verpackt wurden, konnten aufgrund der mit Holzrädern und ungefederten Achsen ausgerüsteten Wagen Beschädigungen während des Transports kaum verhindert werden. Welche Strapaze die Fahrt über geschotterte oder unbefestigte Straßen für antike Skulpturen darstellte, kann man sich unschwer vorstellen. Nach der Ankunft der Kunstwerke waren somit oftmals zunächst Restaurierungen in den Werkstätten des Louvre (Musée Central) notwendig. | René Hartmann

Literatur: Malgouyres 1999; Bruson/Souverain 2005, S. 39

225

226

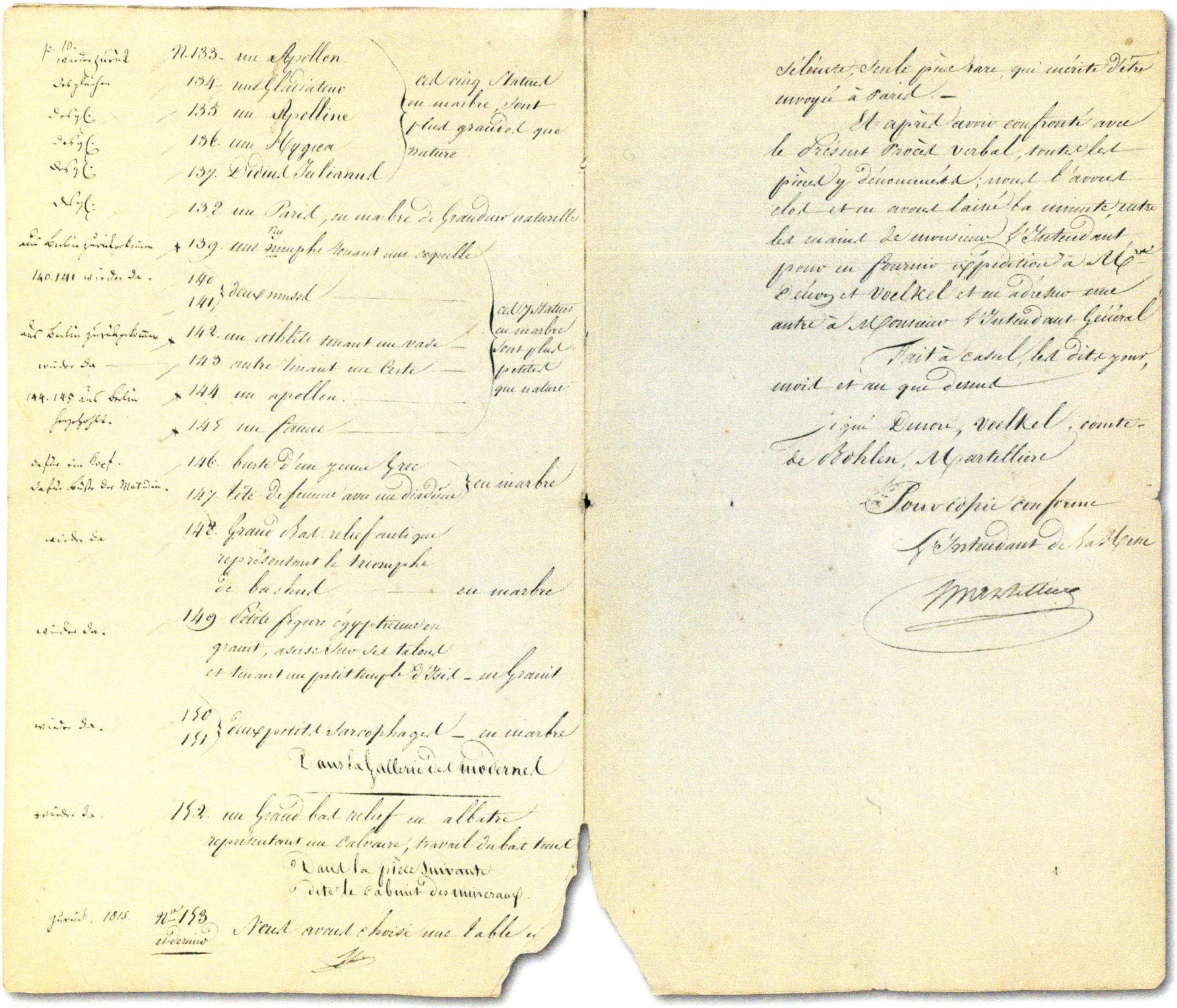

	N. 133.	un Apollon	
	134.	un Gladiateur	ces cinq Statues
	135.	un Apolline	en marbre sont
	136.	un Hygiea	plus grandes que
	137.	Didius Julianus	nature
	138.	un Paris, en marbre de grandeur naturelle	
	139.	une nymphe tenant une coquille	
	140, 141	deux muses	
	142.	un athlète tenant un vase	ces 6 statues en marbre sont plus petites que nature
	143.	autre tenant un teste	
	144.	un apollon	
	145.	un faune	
	146.	buste d'un jeune Grec	en marbre
	147.	tête de femme avec un diadème	
	148.	grand bas relief antique représentant le triomphe de bacchus — en marbre	
	149.	Petite figure égyptienne en granit, assise sur ses talons et tenant un petit temple d'Isis — en granit	
	150, 151	deux petits sarcophages — en marbre	

Dans la gallerie des modernes

| | 152. | un grand bas relief en albâtre représentant un calvaire, travail du bas tems |

Dans la pièce suivante dite le cabinet des minéraux

| février 1815 | N.° 153 | Nous avons choisi une table... |

Séleucus, seule pièce rare, qui mérite d'être envoyée à Paris.

Et après avoir confronté avec le présent procès verbal, toutes les pièces y dénommées, nous l'avons clos et en avons laissé la minute entre les mains de monsieur l'Intendant pour en fournir expédition à M.rs Denon et Voelkel et en adresser une autre à M. Monsieur l'Intendant Général

Fait à Cassel, les dits jour, mois et an que dessus

Signé Denon, Voelkel, comte de Bohlen, Martillière

Pour copie conforme
L'Intendant de la Maison

Martillière

229

228
Übergabeprotokoll | 1807
Manuskript, Papier, 28 × 19,5 cm
Kassel, Museumslandschaft Hessen Kassel, Archiv

Bei der Auswahl der Werke im Museum Fridericianum und in der Kasseler Gemäldegalerie ging Dominique-Vivant Denon 1807 sehr systematisch vor, wie die vorliegende akribisch geführte und in mehreren Abschriften vorliegende Liste beweist. Nur qualitätvolle Werke und solche, die die Sammlung im Musée Napoléon sinnvoll ergänzen konnten, wurden ausgewählt (vgl. Kat.-Nr. 226, 230). Nach Räumen gegliedert, sind die konfiszierten Objekte durchnummeriert aufgeführt, beispielsweise die überlebensgroßen Marmorstatuen, darunter der sogenannte *Kasseler Apoll*. Den hessischen Kommissionen war die Liste bei der Rückführung der Stücke aus Paris 1814/15 von Nutzen, so ist links neben der Erwähnung des Apoll u.a. »wieder zurück« vermerkt.
Lisa Sophie Hackmann

Literatur: Savoy 2003, S. 409–414; Bartsch / Eissenhauer 2008, S. 227–228

229
Benjamin Zix (1772–1811)
Einpacken der Gemälde in Wien | 1810
Feder und braune Tinte, laviert, Schwarzstein, 24,2 × 61,1 cm
Paris, Privatsammlung

Der Pariser Museumsdirektor Dominique-Vivant Denon veranlasste im Herbst 1809 das Einpacken von etwa 400 Gemälden und rund 800 Kunstkammerstücken aus den kaiserlichen Sammlungsbeständen des Belvedere in Wien. Vor dem Hintergrund der Stadtansicht werden unter Anweisung napoleonischer Soldaten zahlreiche Gemälde aus der Galerie getragen, übereinander gestapelt und verpackt. Insgesamt 36 wasserdicht in Wachstüchern eingeschlagene Kisten wurden auf vier Wagen über Straßburg nach Paris transportiert. Die Wiener Gemäldebeute diente vor allem dazu, die Bestände des Musée Napoléon gezielt mit altdeutscher Malerei zu ergänzen. Die Österreich-Kampagne des Fünften Koalitionskrieges (1809) gehörte zu den letzten und ertragreichsten napoleonischen Beutezügen. Das Ausmaß der napoleonischen Plünderung war hier größer als in den meisten anderen Städten. | Nina Struckmeyer

Literatur: Savoy 2003, 115–146; Pénot 2009

230 ohne Abb.
Benjamin Zix (1772–1811) nach Charles Normand (1765–1840)
Ansicht der »Salle de la Victoire« während der Ausstellung der in Deutschland eroberten Kunstwerke | Oktober 1807
Federzeichnung und Aquarell, 17 × 26 cm
Paris, Musée du Louvre, département des Arts graphiques | Inv.-Nr. 33408

Der in der ersten Etage des Musée Napoléon gelegene Salon rond (heute Apollo-Rotunde) diente im *Premier Empire* hauptsächlich als Ausstellungsort der von der *Grande Armée* eroberten bzw. konfiszierten Kunstschätze aus europäischen Sammlungen. Am 14. Oktober 1807, dem Jahrestag der Schlacht bei Jena, eröffnete dort, effektvoll inszeniert, die Ausstellung der aus deutschen Sammlungen nach Paris verbrachten Kunstwerke. Über der kolossalen Bronzebüste Napoleons von Bartolini hing das aus Kassel stammende Bild Peter-Paul Rubens', *Der Triumph des Siegers*. In der Mitte des Raumes war eine der bekanntesten Antiken aus Berlin aufgestellt, die *Knöchelspielerin*. Ein Katalog mit mehr als 100 Einträgen erschien zur Ausstellung, die sich neben dem runden Salon auf weitere Räume des Musée Napoléon erstreckte und neben antiken Statuen Bronzen der Sammlung Bellori sowie Gemälde und Zeichnungen umfasste. | Eva Knels

Literatur: Malgouyres 1999, S. 36f.

231

231
Benjamin Zix (1772–1811)
**Napoleon und Kaiserin Marie-Louise besuchen
nachts den Laokoon-Saal** | 1810
Federzeichnung, 33,8 × 45,6 cm
Paris, Musée du Louvre, département des Arts graphiques | Inv.-Nr. 33406

Eine Reihe von Sälen wurde nach Gründung des Museums im Louvre 1793 umgebaut und neu ausgestaltet, bevor man die Kunstwerke der Öffentlichkeit zugänglich machte. Im Diana-Saal, benannt nach seinem ikonografischen Programm, sollte ursprünglich die berühmte *Diane à la biche* ihren Aufstellungsort finden. 1807 wurden dort jedoch die aus deutschen Sammlungen abtransportierten Antiken ausgestellt, darunter auch der *Betende Knabe* aus Berlin.
Der Laokoon-Saal, einer der Höhepunkte der Antikengalerie, war durch den Architekten Raymond und eine Reihe von jungen Malern umgestaltet worden. Neben der berühmten Laokoon-Gruppe waren dort weitere hochkarätige Antiken, hauptsächlich aus Italien, versammelt. Ausländische Parisreisende berichteten von nächtlichen Besuchen des Museums bei Fackelschein. | Eva Knels

Literatur: Ausst.-Kat. Paris 1999, S. 154, 157; Malgouyres 1999, S. 24f., 28f.

232 ohne Abb.
Henri Reinhold (1788–1825) nach Benjamin Zix (1772–1811)
Eine festliche Prozession durch die Säle des Louvre, angeführt von Napoleon Bonaparte, trifft auf begeisterte Höflinge | 1811
Radierung, 38, 7 × 58,7 cm
London, Army Military Services Museum, Wellcome Library | Inv.-Nr. 42691i

In stolzer Pose und voller Genugtuung präsentiert Napoleon auf dieser Aquatinta seinen Abgeordneten den Apoll vom Belvedere, eine seiner kostbarsten Trophäen unter den aus Italien abtransportierten Kunstwerken. Trotz der starken Zensurmaßnahmen im *Premier Empire* entbehrt das anonyme Blatt nicht einer gewissen Ironie: Während die Gestalt des Kaisers neben dem Apoll lächerlich klein wirkt, verziehen einige der Abgeordneten übertrieben ehrfürchtig und staunend das Gesicht. | Eva Knels

Literatur: O'Brien 2006, S. 103f.

233 ohne Abb.
Hubert Robert
Festmahl für General Bonaparte in der Grande Galerie du Louvre im Jahr VI (1797/98) | 1797/98
Öl auf Leinwand, 54,2 × 66,5 cm
Paris, Musée des Arts décoratifs | Inv.-Nr. PE 58

Waren die volkstümlichen Bankette, die sich seit 1792 häuften und oft auf Straßen und Plätzen in Paris stattfanden, noch Ausdruck egalitärer Vorstellungen der Volksbewegung, feierte man nach dem 9. Thermidor in sozial exklusiverem Rahmen die Einheit und Größe der Nation. Das Gemälde Roberts zeigt ein monumentales Bankett, das das Direktorium zu Ehren des heimkehrenden Bonaparte und seiner Italienarmee im Dezember 1797 in der Grande Galerie des Louvre ausrichtete. An den langen Tafeln fanden 700 Gäste Platz. Die Wände der Galerie sind, von den Gemälden befreit, mit Blumen und Girlanden geschmückt. | Lisa Sophie Hackmann

Literatur: Bruson / Souverain 2005, Nr. 28, S. 37; Stollberg-Rilinger 2008, V.22, S. 231

234
Mittelfränkische Sammelhandschrift mit handgeschriebener Notiz von Jacob Grimm | Mitte 14. Jahrhundert
198 Bll., Pergament 4°, 24,2 × 19 × 5,5 cm
Berlin, Staatsbibliothek zu Berlin – Preußischer Kulturbesitz |
Sign. Ms. germ. quart. 284, fol. I recto und verso

Auch nach wertvollen Handschriften sollte Grimm fahnden – in jenen Bibliotheken, die zuvor seine philologischen Studien unterstützt hatten. Auf dem Vorblatt dieser mittelalterlichen Sammelhandschrift, die 1794 aus dem Besitz der Gräfin von Manderscheid-Blankenheim für die Pariser Nationalbibliothek beschlagnahmt worden war und neben der *Sächsischen Weltchronik* auch Gottfried von Straßburgs *Tristan* enthält, vermerkte er: »Ehemals blankenheimische, von den Franzosen nach Paris geschleppte und nunmehr wieder an Preußen ausgelieferte Handschrift Paris den 14. October 1815«. Malte Lohmann

Literatur: Ausst.-Kat. Berlin 2003, Nr. 28, S. 70–73

235
Jacob Grimm (1785–1863)
Frachtbrief für vier Kisten mit Kunstschätzen | 7. Dezember 1815
Doppelblatt mit rotem Siegel, 25,5 × 20,5 cm
Kassel, Museumslandschaft Hessen Kassel, Archiv

Als kurhessischer Legationssekretär weilte Jacob Grimm 1814 und 1815 in Paris, um die aus Hessen und Preußen geraubten Kunstschätze sicherzustellen. In diesem Begleitschreiben einer Sendung von Gemälden, deren Wert Grimm auf 10 Millionen Franc schätzt, befördert er sich eigenmächtig zum »Chargé d'affairs«, um seiner Position in den zermürbenden Verhandlungen »etwas mehr relief zu geben«, wie er dem Bruder Wilhelm erklärte. | Malte Lohmann

Literatur: Ausst.-Kat. Berlin 1996, Nr. 3/52, S. 222; Ausst.-Kat. Kassel 2008, Nr. 96, S. 94f.; Martus 2009, S. 254–258

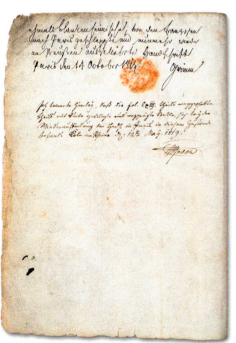

234

235

237

238

236 ohne Abb.
Verzeichnis von Gemälden und Kunstwerken welche durch die Tapferkeit der vaterländischen Truppen wieder erobert worden und [...] zu Gunsten der verwundeten Krieger des Vaterlandes [...] öffentlich ausgestellt sind | Berlin, 1815
Papier
Berlin, Staatsbibliothek Berlin, Preußischer Kulturbesitz | Inv.-Nr. 1221-1812/14

Im Herbst 1815 eröffnete in den Räumen der Berliner Akademie der Künste eine Ausstellung der 1814 und 1815 von Preußen in Paris »wiedereroberten Kunstwerke«, vor allem Gemälde. Diese Werke hatte Dominique-Vivant Denon, Napoleons »Auge« und Generaldirektor der französischen Museen, im Winter 1806/07 in der Gemäldegalerie von Sanssouci in Potsdam und im Berliner Schloss beschlagnahmt. Nach ihrer Rückkehr nach Berlin sollten diese Werke, so argumentierte man in den gebildeten Kreisen der preußischen Hauptstadt, nicht sofort wieder in die königlichen Paläste verbracht, sondern dem Publikum öffentlich gezeigt werden. Die Idee entsprach einerseits einer bereits 1797 laut gewordenen Forderung nach einem öffentlichen Museum in Berlin. Sie war anderseits aber auch ein expliziter Reflex auf die Kunstpolitik und die Museumsrhetorik Frankreichs in den napoleonischen Jahren: Auch in Berlin wurde die Einheit der Waffen, der Künste und der Nation eindrucksvoll in Szene gesetzt, davon zeugt nicht zuletzt der Titel des vom Akademiedirektor Johann Gottfried Schadow verfassten *Verzeichnis von Gemälden und Kunstwerken, welche durch die Tapferkeit der vaterländischen Truppen wieder erobert worden und [...] zu Gunsten der verwundeten Krieger des Vaterlandes [...] öffentlich ausgestellt sind.* | Bénédicte Savoy

Literatur: Savoy 2010, S. 259ff.

237
Anonym
Die feierliche Rückkehr von Rubens' *Kreuzigung Petri* nach St. Peter im Jahr 1815, Detail eines Gedenkblatts zum Kölner Rubens-Fest 1837 | Köln, 1837
Lithografie, 20 × 13 cm
Köln, Kölnisches Stadtmuseum | Inv.-Nr. RBA Nr. 127 482

Nur knapp zwei Monate nach Napoleons Niederlage bei Waterloo war Rubens' *Kreuzigung Petri*, unmittelbar nach dem Einmarsch der französischen Truppen 1794 für den Louvre requiriert und mehrfach vergeblich zurückgefordert, wieder in Köln. Am 18. Oktober 1815, dem zweiten Jahrestag der Leipziger Völkerschlacht, wurde das Gemälde dann vom Rathaus in die Peterskirche überführt, begleitet von Milizen, städtischen Honoratioren und Vertretern der Kunstszene – ein patriotischer Triumphzug, an den man sich auch gut zwanzig Jahre später noch erinnerte. | Malte Lohmann

Literatur: Krischel 1995, S. 91–112

238
Anonym
Apotheose Franz' I. von Österreich anlässlich der Rückkehr der Pferde von San Marco nach Venedig | Venedig, 1815
Radierung, 27,1 × 36,3 cm
Venedig, Museo Correr, Gabinetto stampa e disegni | Inv.-Nr. P.D. 1428 bis

Auch die Pferde von San Marco, von den Venezianern ihrerseits 1204 in Konstantinopel erbeutet, ließ Napoleon 1798 nach Paris abtransportieren. Franz I. von Österreich bewegte Ludwig XVIII. 1815 zur Rückgabe der Bronzeplastiken – eine politische Geste, die die Restauration des ›alten‹ Venedig unter habsburgischer Herrschaft signalisieren sollte, wie auch diese Radierung herausstellt. | Malte Lohmann

239 ohne Abb.
Gründungsakte des Palais des Archives de l'Empire | 15. August 1821
Papier, 50,5 × 39,5 cm
Paris, Archives Nationales | Inv.-Nr. AB VO dossier 4

240 ohne Abb.
Aufriss des Palais des Archives de l'Empire | 1812
Papier, 51 × 101,5 cm
Paris, Archives Nationales | Inv.-Nr. AE II 3809

241 ohne Abb.
Louis Eudes de Guimard (1827–1880)
Camus, Archivar der Republik, in der Uniform der Institutsmitglieder
Öl auf Leinwand, 120 × 100 cm
Paris, Archives Nationales | Sig. AE Via 51

Armand-Gaston Camus (1740–1804) war einer der größten Pariser Juristen des ausgehenden *Ancien Régime*. Seit dem 14. August 1789 war er Archivar der Nationalversammlung und Gründer des Nationalarchivs, das ab 1790 bestand. Er fühlte sich dem Erhalt der Republik verbunden und wurde im Jahr VIII (1799) gezwungen, die Vormundschaft des Ersten Konsuls zu akzeptieren, hoffte dabei jedoch, dass die Einrichtung, die er geschaffen hatte, ein Bollwerk gegen die Tyrannei und Despotismus sein könnte. Er starb einen Monat vor Napoleons Krönung. | Yann Potin

242
Päpstliche Wagenkolonnen
Papier, 30 × 22,7 cm
Paris, Archives Nationales | Inv.-Nr. AB Ve 7 (1) pièce 331

243
Päpstliche Wagenkolonnen
Papier, 30 × 22,7 cm
Paris, Archives Nationales | Inv.-Nr. AB Ve 7 (2) pièce 331

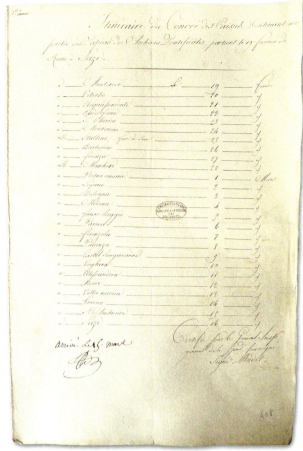

243

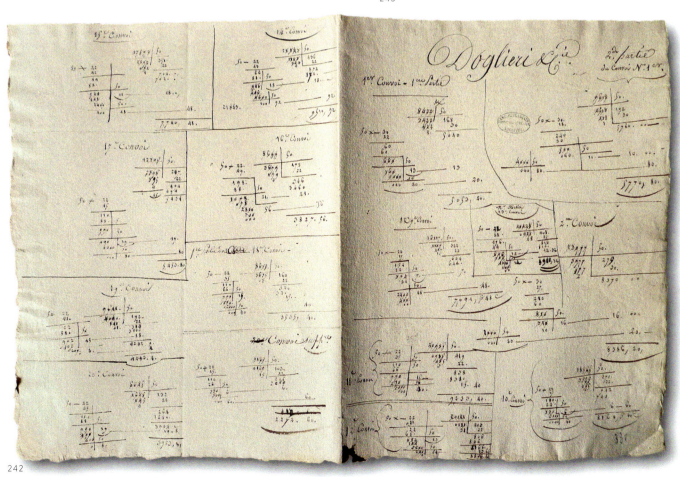

242

OBJEKTE DER BEGIERDE: NAPOLEON UND DER EUROPÄISCHE KUNST- UND GEDÄCHTNISRAUB

244
Frachtbriefe | Oktober/November 1810
Papier, 16 × 21 cm
Paris, Archives Nationales | Inv.-Nr. AB Ve 7

245
Französisch-deutsche Regelung
Papier, 37 × 23,5 cm
Paris, Archives Nationales | Inv.-Nr. AB Ve 8, 1-1 bis 1-3

246
Aufstellung der Zivilarchive Roms
Papier, 60 × 43 cm
Paris, Archives Nationales | Inv.-Nr. AB Ve 8, pièce 83

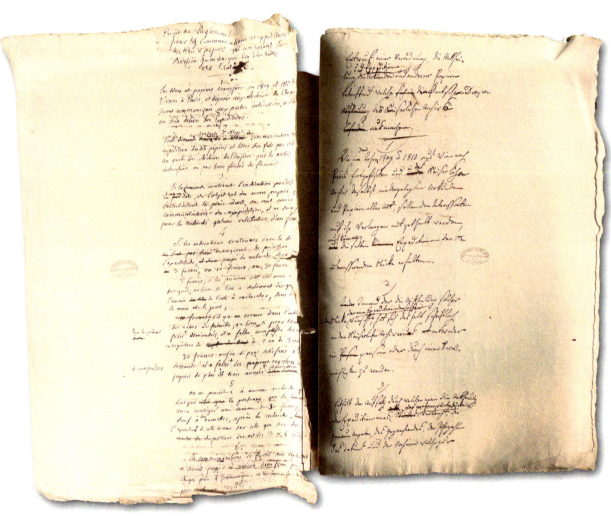

245

244

246

OBJEKTE DER BEGIERDE: NAPOLEON UND DER EUROPÄISCHE KUNST- UND GEDÄCHTNISRAUB

247 A

247 B

248

249

250

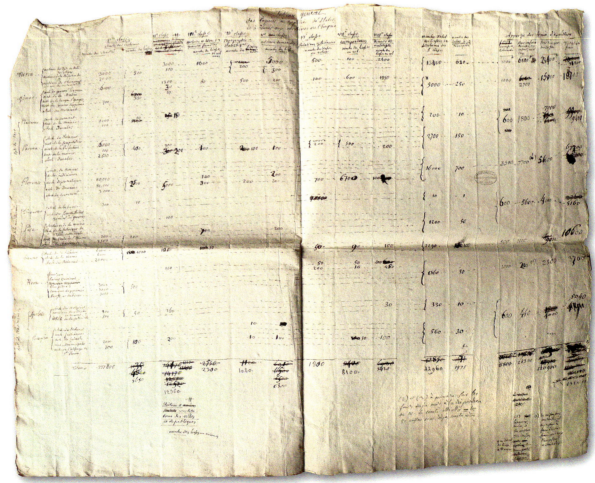
251

247
Verzeichnis über die Akten aus den belgischen Archiven
Papier, 45 × 30 × 3,7 cm
Paris, Archives Nationales | Inv.-Nr. AB Ve 4

248
Akten über den Transport von Dokumenten zu den Archiven | 26. März 1810
Papier, 31,5 × 20 cm
Paris, Archives Nationales | Inv.-Nr. AB Ve 8, 2-1 und 2-2

249
Akten aus dem Archiv des Kaiserreiches, deutsche Abteilung | 26. August 1814
Papier, 44,5 × 35 cm
Paris, Archives Nationales | Inv.-Nr. AB Ve 8

250
Akten über den Transport der päpstlichen Archive
Papier, 30 × 22,75 cm
Paris, Archives Nationales | Inv.-Nr. AB Ve 7

251
Liste der aus Italien abzusendenden und im Archiv des Kaiserreichs zu sammelnden Papiere
Papier, 45 × 58,5 cm
Paris, Archives Nationales | Inv.-Nr. AB Ve 1

252
Restitutionsankündigung von Pierre-Claude Daunou | 1814
Papier, 30,5 × 19,5 cm
Paris, Archives Nationales | Inv.-Nr. AB Ve 1

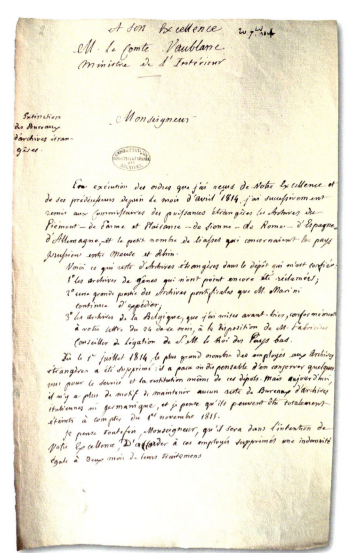

252

8
DAS REICH DER ZEICHEN

»Warum sich vor meinem Ehrgeiz fürchten? [...] Ich wirke nur auf die Einbildungskraft der Nation, sollte mir dieses Mittel fehlen, werde ich nichts mehr sein«, diagnostizierte Bonaparte im April 1800 kurz vor seinem Aufbruch zum zweiten Italienfeldzug. Einige Wochen später, am 20. Mai 1800, überquerte er unter enormen Anstrengungen mit seiner Armee die Alpen auf eisigen, steilen Pfaden, zwischen Gletschern und Felsenwänden. Der Erste Konsul bewegte sich dabei zu Fuß, ab und an ließ er sich von einem robusten Maultier tragen. Monate später entstand Jacques-Louis Davids erste Version des wohl berühmtesten Gemäldes der napoleonischen Herrschaft: *Bonaparte bei der Überquerung der Alpen* (Kat.-Nr. 24). Hier sitzt der gut ausgeleuchtete Herrscher in makelloser jugendlicher Frische ruhig auf einem sich aufbäumenden edlen Ross vor Gebirgskulisse und militärischer Staffage – ein Konstrukt, das nicht nur auf die Einbildungskraft der Zeitgenossen wirkte, sondern bis heute höchst suggestiv ist.

Es ist also ein Gemeinplatz, dass Napoleon ein Mann der Propaganda war und mit Bildern umzugehen wusste – mit Bildern im weitesten Sinne, mit Zeichen und Insignien, mit der ganzen alten christlichen, römischen und monarchischen Symbolik, die er für seine Macht- und Legitimationszwecke neuerlich in Gebrauch nahm. In seiner Nähe aber nur selten in seinem direkten Auftrag leisteten um 1800 Maler, Bildhauer, Architekten, Kunsthandwerker, Stecher und Medailleure in und außerhalb Frankreichs ein aufregend kreatives, eklektizistisches Recycling der überkommenen europäischen Herrschaftsikonografie. Augustus und Caesar, Karl der Große und Dagobert I., Ludwig XIV., ja Friedrich der Große schimmern in der napoleonischen Bildwelt durch, genauso wie Jesus Christus oder gar der Pantokrator selbst, der Weltenherrscher. Und gerade weil sie weitgehend ohne den Vermittlungsweg der Wörter auskam, besaß diese Zeichen- und Bildpropaganda eine große internationale Lesbarkeit. Begünstigt durch das gerade anbrechende Zeitalter der technischen Reproduzierbarkeit und multipliziert durch die Napoleon unterstehenden Fürstentümer, erfuhr sie eine unerhörte Verbreitung in Europa. Es ist sicherlich kein Zufall, wenn unter Napoleon die Nutzung traditionell schriftlicher Medien der staatlichen Selbstdarstellung (Pamphlete, Hymnen, historische Abrisse etc.) bescheidener ausfiel als in der Vergangenheit. Der strategisch gewählte Einsatz ganz bestimmter ikonografischer Muster und Bildprogramme in und außerhalb Frankreichs, die Vereinheitlichung der Erscheinungsbilder von Hofstaaten, Behörden, Briefköpfen, Mobiliar etc. durch das kaiserliche *corporate design*, die ästhetisch-politische Übernahme bzw. Ablehnung oder Adaption des sogenannten *Style Empire* von Mailand bis St. Petersburg, dies alles trug – bis heute – zur dauerhaften Verankerung der napoleonischen Ära im gemeinsamen visuellen Gedächtnis Europas bei.

Bénédicte Savoy

Detail aus
Kat.-Nr. 262

253 ohne Abb.
Pierre Paul Prud'hon (1758-1823)
Der Triumph Bonapartes (Der Friede von Lunéville) | 1800
Öl auf Leinwand, 40 × 64 cm
Paris, Collection particulière Curt Benedict

Die in dieser Version skizzenhaft gebliebene Allegorie Napoleons als Friedensstifter greift auf die Formensprache antiker Triumphalkunst zurück. Auf einer schmalen friesartig anmutenden Bildbühne führen Putten den Triumphzug des Ersten Konsuls an, der von Musen geleitet wird und von allegorischen Figuren der Wissenschaften und der Künste umgeben ist. Napoleon, in strenger Profilansicht zum antiken Heros stilisiert, steht in einer Quadriga zwischen einer geflügelten Viktoria und einer Personifikation des Friedens.
Nina Struckmeyer

Literatur: Hofmann 1989, Nr. 493, 361f.; Laveissière 1997, Nr. 117, 171; Telesko 1998, 165f.

254
Lorbeerkranz Napoleons | 1804, Kopie 2. Hälfte 20. Jahrhundert
Messing, vergoldet, H 8 cm, Ø 23 cm
Wuppertal, Kronen- und Insigniensammlung Abeler | Inv.-Nr. Objekt 60

Lorbeerkränze schmückten die Köpfe der olympischen Sieger im antiken Griechenland und der römischen Cäsaren. Dieses mit Erfolg und Macht besetzte antike Symbol adaptierte Napoleon bei seiner Krönung 1804 als semiotisches Zeichen. Es versinnbildlicht zugleich die Abgrenzung zur Bourbonendynastie und das Anknüpfen an die römische Kaiserzeit. Neubeginn und Tradition werden somit durch einen einfachen Kopfschmuck visualisiert. Fragmente des anlässlich der Kaiserkrönung gefertigten und heute zerstörten Originals werden in Fontainebleau aufbewahrt. Neben Davids Gemälde gibt uns die nach 1804 gefertigt Marmorbüste des Kaisers mit Lorbeerkranz von Antoine-Denis Chaudet eine gute Vorstellung vom Aussehen des Originals. | René Hartmann

Literatur: Kramp 2000, S. 727–728

255
Antoine-Denis Chaudet (1763–1810)
Entwurfszeichnung des kaiserlichen Adlers für die Insignien des Kaiserreiches | 1804
Kreide und lavierte Chinatusche auf Papier, 22,6 × 21,1 cm
Signiert unten links
Paris, Musée de l'Armée, Hôtel National des Invalides | Inv.-Nr. 22507, Fd 822

Diese Zeichnung wurde für den Umdruck angefertigt und ist wahrscheinlich eine Studie für die Herstellung der Insignien der kaiserlichen Armee, mit der Chaudet 1804 beauftragt worden war. Dargestellt ist ein auffliegender Adler mit ausgebreiteten Schwingen, den Kopf nach rechts gedreht und einen Jupiterblitz in den Fängen. Der Goldschmied und Bronzier Thomire hat die Vorlage in Anlehnung an die griechisch-römische Bildhauerkunst in feuervergoldeter Bronze ausgeführt. Um ihn seiner Verwendung als militärisches Feldzeichen anzupassen, wurde der Adler in vielen Ausführungen variiert (geöffneter oder geschlossener Schnabel) und vereinfacht (Stilisierung der Schwungfedern, die Form der Garbe).
Chaudet war mit den Antikensammlungen, die er besonders während seines Aufenthaltes an der Académie de France in Rom häufig besuchte, vertraut. Er schuf einige der wirkungsvollsten antikisierenden Bildnisse des Kaisers: Seine Büste Napoleons I. als Hermes führte er während des Konsulats aus. Sie war zur Ausschmückung öffentlicher Gebäude bestimmt und wurde bis 1810 in abgewandelter Form immer wieder kopiert. Seine Statue des Kaisers im griechischen Mantel, der Chlamys, der eine Weltkugel mit einer geflügelten Viktoria darauf trägt, stand bis 1814 auf der Triumphsäule der *Grande Armée* auf der Place Vendôme. | Sylvie Le Ray-Burimi

255

256
Pierre-Philippe Thomire
Adler von der Fahnenstange des 25. Infanterie-Regiments | 1804
Bronze, vergoldet, H 30 cm, B 26 cm, Modell
Paris, Musée de l'Armee, Hôtel National des Invalides | Inv.-Nr. P 356

Die berühmten Reichsadler, die Pierre-Philippe Thomire nach dem Modell von Antoine-Denis Chaudet in Bronze gegossen hat und die für die Regimentsfahnen bestimmt waren, wurden am 5. Dezember 1804, dem Tag nach der Krönungszeremonie, auf dem Champs de Mars ausgegeben. »Sammelpunkte« der Soldaten nannte Napoleon sie in seiner Antrittsrede und setzte ihre Verteidigung auf dem Schlachtfeld mit der Verteidigung des Kaiserreiches gleich. Die im Grunde detailgenaue Nachahmung der Antike, mit der die napoleonischen Regimenter den römischen Legionen gleichgestellt wurden, weist, was die endgültige Form der Adler betrifft, leichte Unterschiede auf. Vergleicht man das Modell von Chaudet und den Abguss von Thomire, so zeigt sich eine moderne Stilisierung des Blitzes, den der Adler, dessen Schnabel geöffnet ist, in seinem Fang hält. Auf die ersten »Serie«, die 1804 gegossen wurde, folgte eine zweite, die leichter war. Adler wurden zum letzten Mal während der Regierung der Hundert Tage gegossen, was innerhalb einer Woche abgeschlossen war, allerdings in einer katastrophalen Qualität. | Yann Potin

254

256

257
Nicolas-Guy-Antoine Brenet (1770–1846)
Modell der Triumphsäule der Grande Armée, Place Vendôme in Paris |
Um 1834

Bronze, patiniert, H 177 cm, B 26 cm, T 26 cm, Modell im Maßstab 1:24
Paris, Musée de l'Armée, Hôtel National des Invalides (Schenkung des Fürsten
Jérôme Napoléon an das Hôtel des Invalides, 1857) | Inv.-Nr. 14, Dd 14 + F16

Nach zahlreichen Überarbeitungen des ursprünglichen Entwurfs wurde die Triumphsäule der *Grande Armée* von Vivant Denon, auch Säule von Austerlitz oder germanische Säule genannt, am 15. August 1810, dem Geburtstag des Kaisers, auf der Place Vendôme eingeweiht. Der Erlass des Konsulats vom 1. Oktober 1803 sah eine Säule vor, die sich an der in Rom zu Ehren Trajans errichteten Triumphsäule orientierte und auf der eine Statue Karls des Großen stehen sollte. 1806 wurde entschieden, Karl den Großen durch Napoleon I. in römischem Gewand zu ersetzen. Die Ausführung dieser Statue wurde Antoine-Denis Chaudet anvertraut. Die Bronze, aus der die Reliefs gegossen wurden, stammte von den Kanonenkugeln, die man den Österreichern im Jahr 1805 abgenommen hatte. Die Reliefs zeigen den Feldzug von 1805, ihre Gestaltung war recht frei von Pierre-Nolasque Bergerets Zeichnungen für den Säulenschaft und denen von Benjamin Zix für den Sockel inspiriert.

Der Bildhauer und Stempelschneider Brenet wurde 1832 beauftragt, eine Serie von Modellen der Triumphsäule sowie die Gedenkmünze anlässlich ihrer Einweihung zu entwerfen. Im Musée de l'Armée werden zwei Modellvarianten aufbewahrt, die das Aussehen der Triumphsäule zu verschiedenen Zeitpunkten wiedergeben. Auf der einen steht Napoleon in antikisierendem Gewand, mit einer Erdkugel mit einer geflügelten Vikoria in der Hand, die andere wird von Napoleon als Divisionsgeneral bekrönt. Dieses Modell der Monumentalsäule von Seurre stand von 1833 bis 1863 auf der Place Vendôme und ist heute im Ehrenhof des Hôtel des Invalides zu sehen. Das hier gezeigte Exemplar entspricht dieser letzten Fassung und wurde dem Invalidenheim von Jérôme Bonaparte, dem ehemaligen König von Westfalen, übereignet. Dieser wurde am 23. Dezember 1848 zum Generalgouverneur des Hôtel des Invalides ernannt, wo er auch beigesetzt ist.
Sylvie Le Ray-Burimi

258

Giovanni Battista Piranesi (1720–1778)
**Ansicht der beiden Kirchen Madonna di Loreto und
SS. Nome di Maria nahe der Trajanssäule in Rom** | Um 1762
Radierung, 57,8 × 75,5 cm
London, The Victoria and Albert Museum | Inv.-Nr. CAI 920

Nach dem Vorbild der fast 30 Meter hohen antiken Säule, errichtet im Jahr 113 n. Chr. zu Ehren des Kaisers Trajan und hier auf zwei Stichen Piranesis zu sehen, wurde die 44 Meter hoch aufragende Vendômesäule zwischen 1806 und 1810 nach Plänen des Architekten Jean-Baptiste Lepère »zum Ruhme der Armee« in Paris erbaut.
Piranesi evoziert in seiner Darstellung der Kirchen di Loreto und SS. Nome di Maria sowie der Trajanssäule, die wie die Kuppeln der Kirchen weit in den Himmel ragt, auf seine typische Weise die Monumentalität der modernen wie antiken römischen Bauten. Belebt wird die Szenerie durch das pittoreske Treiben der römischen Bevölkerung.
Der Medailleur Brenet brachte eine verkleinerte Version der Vendômesäule im Maßstab 1:24 auf den Markt, die er im Salon von 1834 ausstellte (Kat.-Nr. 257).
Lisa Sophie Hackmann

Literatur: Wilton-Ely 1978; Grewenig/Chevallier/Kaufmann 1998, S. 168; Altcappenberg 2007, S. 35

259–262
Jacques-Joseph De Gault (um 1738 – nach 1812)
Sechs Plaketten zum Schmuck der »Cordelier«-Vasen – Sockel | 1809
Porzellan, je 51 × 51 cm
Paris, Musée du Louvre

259
Die drei Hansestädte (Berlin, Warschau, Königsberg)
Inv.-Nr. OA 10892 C

260
Die Schlacht bei Friedland
Inv.-Nr. OA 10892 D

261
Die Errichtung des Königreichs Westphalen
Inv.-Nr. OA 10892 F

262
Die Eroberung Schlesiens
Inv.-Nr. OA 10892 E

Vorbild für die Porzellanplaketten aus der Kaiserlichen Porzellanmanufaktur Sèvres – ursprünglich auf dem Sockel zweier »Cordelier«-Vasen angebracht – war eine Serie von sechs Medaillen, die Denon zur Erinnerung an den Feldzug von 1806/07 konzipiert hatte. In klassisch antiker Formensprache feiern die Plaketten in allegorischen Darstellungen die militärischen Erfolge des Kaisers: Zu Ehren der Errichtung des Königreichs Westphalen entschied Denon sich beispielsweise für das Symbol Hannovers, das sprengende Pferd, das von Napoleon als antikem Rossebändiger gehalten wird. Die Plakette zur Eroberung Schlesiens zeigt im Vordergrund die geflügelte Personifikation der Geschichte, die Ruhmestaten Napoleons mit einer Säbelspitze auf einen ovalen Schild schreibend. Ihre Hand wird von der Personifikation des Friedens geleitet. Ein Turm von sieben Mauerkronen, eine weitere zu Füßen der Geschichte, symbolisiert die eroberten schlesischen Städte. | Lisa Sophie Hackmann

Literatur: Zeitz/Zeitz 2003, Nr. 87, S. 172–173; Dion-Tenenbaum 2004, S. 162–163; Zeitz 2007, S. 381–382; Bartsch/Eissenhauer 2008, Nr. 129, S. 271, Nr. 277, S. 375–376

259

260

261

262

281

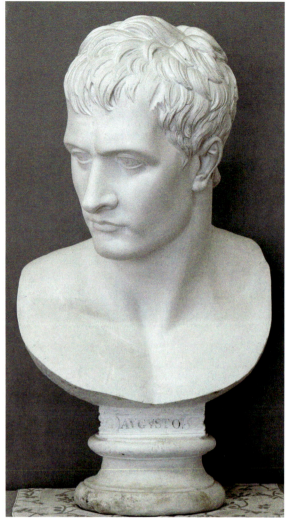

264

265

263

263 Vgl. Abb. S. 104
Antonio Canova (1757–1822)
Napoleon als friedensbringender Mars | 1803/06
Gips, 75 cm, verkleinertes Modell
Triest, Museo Revoltella | Inv.-Nr. 804

264
Antonio Canova (1757–1822)
Büste des Kaisers Napoleon I. | Nach 1810
Gips, H 92 cm
Parma, Fondazione Museo Glauco Lombardi | Inv.-Nr. 2531

Mit der Absicht, den berühmtesten lebenden Bildhauer in seine Dienste zu stellen, bestellte Napoleon 1802 Antonio Canova nach Paris, der sich – zurück in Rom – nach Modellierung einer Büste des ersten Konsuls an die Ausführung einer kolossalen Statue machte. Der Künstler konzipierte die Figur als friedensbringenden Mars, der die Waffen abgelegt hat und der, dem antiken Ideal folgend, nackt dargestellt ist. Die 1806 in Rom vollendete (und dort sehr bewunderte) Marmorstatute kam erst 1811 in Paris an, wo der Kaiser sie – geschockt von ihrer unmittelbaren Nacktheit – sofort verbergen ließ. Der Vervielfältigung der Kopfpartie stand jedoch nichts im Wege: Die in Carrara ansässige Reproduktionswerkstatt Banca Elisiana fertigte 42 Exemplare der Büste in Marmor.
Eva Knels

Literatur: Hubert/Ledoux-Lebard 1999, S. 88–93, 136–139

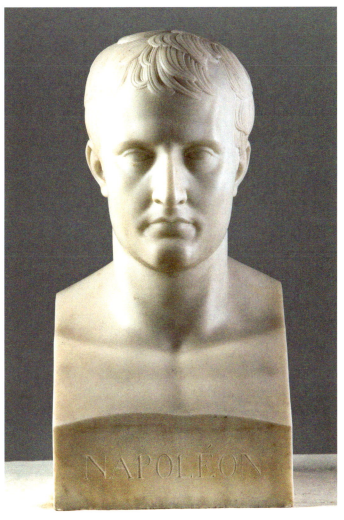

266

267

265
Nach Antoine-Denis Chaudet (1763–1810)
Büste Napoleons I. | 1811
Carrara-Marmor, H 50 cm, B 27,2 cm, T 22 cm
Paris, Musée du Louvre | Inv.-Nr. RF2402

266
Nach Antoine-Denis Chaudet (1763–1810)
Büste Napoleons I. | Nach 1804
Marmor, H 62,5 cm
Salenstein, Napoleonmuseum Thurgau, Schloss und Park Arenenberg | Ohne Inv.-Nr.

Jean Antoine Houdon schuf 1806 eine Büste Napoleons, die als kolossale Bronzeversion eine Säule zu Ehren des Kaisers in Boulogne-sur-Mer schmücken sollte. Sie zeigt Napoleon frontal, mit antikisierten Zügen, das gelockte Haar durch ein Band geschmückt, dessen in Falten geschobene Enden auf den nackten Schultern aufliegen. Die im Salon von 1806 ausgestellte Terrakottabüste faszinierte die Zeitgenossen durch ihre frappierende Ähnlichkeit und Lebendigkeit.
Die offizielle Bildpolitik allerdings zog die Arbeiten anderer Künstler zur Vervielfältigung und Verbreitung des Bildes des Kaisers vor. So zum Beispiel die von dem wesentlich jüngeren Bildhauer Antoine-Denis Chaudet geschaffene Büste Napoleons mit Lorbeerkranz, die in den Werkstätten von Carrara vielfach reproduziert wurde. | Eva Knels

Literatur: Ausst.-Kat. Versailles 2004, S. 333–336

267
Antonio Canova (1757–1822)
Napoleon Bonaparte, Konsul | 1802
Gips und Metall, H 67 cm, B 53 cm, T 40 cm
Possagno, Fondazione Canova Onlus, Museo e Gipsoteca Antonio Canova | Inv.-Nr. 144

Canovas Gipsbüste ist mit Vermessungspunkten versehen, um sie in der Werkstatt beliebig oft in Marmor wiederholen zu können. Identische Vervielfältigungen waren Mittel zur Glorifizierung und Inszenierung Napoleons. Die Aufstellung von Büsten an öffentlichen Orten wie Präfekturen oder Universitäten diente der Visualisierung seiner Macht. Lebensgroße Napoleon-Büsten wurden als diplomatische Gastgeschenke verteilt oder offiziell verschenkt. Mit verkleinerten Ausführungen in Porzellan, wie sie z. B. von Sèvres nach Chaudet produziert wurden, konnte auch jeder Bewunderer sein eigenes Zimmerdenkmal einrichten. | René Hartmann

Literatur: Hubert/Ledoux-Lebard 1999, S. 64–65; Chézy 2009, S. 688–689

268 ohne Abb.
Lorenzo Bartolini (1767–1831) zugeschrieben
Büste Napoleons | 1803
Marmor, H 70 cm
Mailand, Museo del Risorgimento e Raccolte Storiche

269
Martin-Guillaume Biennais (1764–1834)
Krone, genannt »Krone Karls des Großen«, Kopie | 1804
Gold, Samt, Kameen, H 25 cm, Ø 18 cm
Wuppertal, Kronen- und Insigniensammlung Abeler | Inv.-Nr. Objekt 61

270
Jean-Bertrand Andrieu (1761–1822)
**Medaille, Avers: Napoleon und Karl der Große,
Revers: Widukind und Friederich August** | 1806
Bronze, Ø 4 cm
Ajaccio, Palais Fesch, Musée des Beaux-Arts | Inv.-Nr. MNA 974.1.92

271
Bilderbogen aus Epinal | **Napoleon I.** | Vor 1837
Papier, farbig bedruckt, 42 × 34 cm
Marseille, Musée des Civilisations de l'Europe et de la Méditerranée | Inv.-Nr. 65.75.360C

Die Gestalt Karls des Großen ist unterschwellig im gesamten Napoleonischen Heldenepos gegenwärtig. So wie auch sein Vorbild erntete Napoleon schon früh Ruhm durch seine militärischen Eroberungen, was erklärt, warum die Medaille von Andrieu im Jahr 1806 eine doppelte Parallele zwischen den fränkischen und den französischen sowie den sächsischen und den preußischen Besiegten zieht. Diese Nachahmung wurde weiter vertieft durch die Scheinkrönung zum König von Italien im Jahr 1805, eine Erinnerung an eine Zeremonie in Monza, die auf Karl den Großen zurückging. Es ist übrigens erstaunlich, dass Napoleon sich schon zwei Jahre zuvor auf einer Büste, die man Lorenzo Bartolini zuschreibt, mit der Eisernen Krone darstellen ließ. Die Inanspruchnahme Karls des Großen war auch eine Möglichkeit, die Bourbonen zu übergehen und gleichzeitig die kaiserlichen Ambitionen – mit dem Karolinger als dem damals anerkannten Gründer Europas – doch auf europäischer Ebene anzusiedeln.

Auch wenn Napoleon daran gedacht haben mag, 1004 Jahre nach seinem Vorbild eine Krönung in Aachen zu zelebrieren, so gab er sich doch damit zufrieden, von dem Goldschmied Martin-Guillaume Biennais eine Krone anfertigen zu lassen, die der Karls des Großen ähnelte. Zwar gab der Künstler vor, er habe eine alte Krone »restauriert«, es handelte sich tatsächlich aber um eine Schöpfung ex *nihilo,* die von Stichen aus Monfaucon vom Anfang des 18. Jahrhunderts inspiriert war. Die Kameen stammten von mittelalterlichen Reliquiaren (u.a. dem des heiligen Benedikt in Saint-Denis). Während der Krönungszeremonie in Notre-Dame krönte Napoleon sich selbst mit einem Lorbeerkranz; die Krone wurde von Kellermann auf ein Kissen an seiner Seite gelegt, als »Ehrbezeigung für Karl den Großen«.

Die Stereotypen der Bilderbögen von Epinal überlagerten schließlich Mitte des Jahrhunderts die realen Personen – das Reiterstandbild Karls des Großen wurde 1882 gegenüber der Kathedrale auf dem Platz vor Notre-Dame aufgestellt und knüpfte deutlich stärker an die Zeremonie 78 Jahre zuvor an als an die Erinnerung an einen karolingischen Herrscher, der wahrscheinlich nie in Paris gewesen ist. | Yann Potin

269

270

272
Antoine-Jean Gros (1771–1835)
Skizze für die Apotheose der heiligen Genoveva | Um 1812
Öl auf Leinwand, 73 × 73 cm
Paris, Petit Palais, Musée des Beaux-Arts de la Ville de Paris

Gros erhielt 1811 den Auftrag, das Kuppelfresko im Pariser Panthéon zu Ehren der heiligen Genoveva auszuführen. Das Bildprogramm gab Vivant Denon vor: Engel fahren mit dem Reliquienschrein der Pariser Schutzpatronin in den Himmel, der gerahmt ist von den großen französischen Königen des Mittelalters Chlodwig, Karl der Große und Ludwig der Heilige sowie ihren Gemahlinnen. Napoleon, mit Marie-Louise und seinem Sohn dargestellt, wird als Erbe der christlich legitimierten Herrscher sowie als Begründer und Garant einer neuen Dynastie gefeiert. | Nina Struckmeyer

Literatur: Lentz 2003, Nr. 14, 19; O'Brien 2006, S. 176, 222

273
Louis Napoleon Bonaparte
Talisman Karls des Großen | Um 1838
Federzeichnung, koloriert, 24 × 15 cm
Salenstein, Napoleonmuseum Thurgau, Schloss und Park Arenenberg | Ohne Inv.-Nr.

Der Talisman Karls des Großen wurde nach der Eroberung Aachens Napoleon übergeben, der ihn seiner Frau Joséphine schenkte. Von ihr ging das Schmuckstück an ihre Tochter Hortense, die es nach Arenenberg brachte und dort trug (s. Kat.-Nr. 153). Aus Geldnot versuchte ihr Sohn Louis Napoleon (der spätere Kaiser Napoleon III.) den Talisman nach ihrem Tod zu veräußern und benutze dazu vorliegende Zeichnung. Ein Verkauf kam allerdings nie zustande. | Dominik Gügel

272

Un petit reliquaire rond en or pur orné de pierres, dont le bourlet renferme des Reliques, et les grandes pierres du milieu renferment une petite Croix faite du bois de la Ste Croix.

Ce petit reliquaire a été trouvé au cou de St Charl-magne lorsque son corps a été exhumé de son sepulcre en 1166, et l'histoire avec la tradition nous apprend que Charl-magne avait coutume de porter sur lui ces mêmes Reliques dans les Combats.

Aix la Chapelle ce 23. Thermidor XII
Signé + Marc Antoine Evêque d'Aix la Chap.
pour copie conforme
Napoléon Louis

Talisman de Charlemagne.

que les Antiquaires croyent avoir été envoyé à Charlemagne par l'Impératrice Irène. Ce talisman a été donné à l'Empereur Napoléon à Aix la Chapelle par le Clergé comme l'atteste la copie ci-dessus de la lettre de l'Evêque. La pierre du milieu est un saphir brut et d'une couleur très claire.

273

274
Biene, Bestandteil der Dekoration zur Kaiserkrönung von Napoleon I. am 2. Dezember 1804 in Notre-Dame zu Paris
Bronze, vergoldet, 0,9 × 0,8 cm
Paris, Musée de l'Armée, Hôtel National des Invalides (Schenkung Bailly, 1834) | Inv.-Nr. Ba 132 Ca 22

Nach der Ausrufung des Kaiserreiches am 18. Mai 1804 gab Erzkanzler Cambacérès der Biene als Hoheitszeichen vor der Lilienblüte der Kapetinger den Vorzug. Diese hatten in der Symbolik von Revolution und Republik reichlich Verwendung gefunden. Letztlich aber fiel die Wahl auf den Adler. Allerdings erscheinen die Bienen als Streumuster auf dem Krönungsmantel und dem Mantel des kaiserlichen Wappens. Die »Bienen« – eigentlich eher Zikaden – waren im 17. Jahrhundert im Grab von Childerich, dem Vater von Chlodwig und Begründer der Merowinger-Dynastie, gefunden worden. Der neuen Dynastie gelang es, sich mit diesem Symbol mittelbar in die Nachfolge der ersten Dynastie Frankreichs zu stellen. | Thibault de Noblet

275
Standarte der polnischen Lanzenreiter von der Insel Elba | 1814
Seide, bemalt und bestickt, 58 × 58 cm
Paris, Musée de l'Armée, Hôtel National des Invalides (Schenkung Ney d'Elchingen, 1929) | Inv.-Nr. Ba 132

Die Standarte der »Napoleon-Schwadron« genannten polnischen Lanzenreiter wurde von einer der Truppen getragen, denen es gestattet war, dem Kaiser zu seinem Schutz nach Elba zu folgen. Auf weißen Hintergrund mit scharlachroten Streifen, womit die alttoskanischen Farben aufgegriffen werden, sind drei Bienen aus gelber Seide gestickt. Die Inschrift »PFERDE … LEICHTE / POLNISCH« und »SCHWADRON / NAPOLEON« ist in karmesinroter Seide gearbeitet. Auf der Rückseite befindet sich ein gekröntes N, gestickt aus gelber Seide. Es war ursprünglich mit Fransen eingefasst, die aber nicht erhalten sind. Dieses Hoheitszeichen wurde im Mai 1814 in Neapel angefertigt.
Lucie Villeneuve de Janti

274

275

276 Abb. S. 105
Jean-Auguste-Dominique Ingres (1781–1867)
Napoleon auf dem Kaiserthron (Napoleon als thronender Jupiter) | 1806
Öl auf Leinwand, 260 × 163 cm
Paris, Musée de l'Armée, Hôtel National des Invalides | Inv.-Nr. 4, Ea 89. 1. (INV 5420)

Über die Umstände der Entstehung dieses Porträts ist wenig bekannt. Auf Seiten der Amtsträger, die über seine Hängung zu entscheiden hatten, war die Aufnahme zwiespältig. So wurde es von der Gesetzgebenden Versammlung, dem *corps législatif*, erworben und im Palais Bourbon ausgestellt. Die Verständnislosigkeit der Kritiker des Pariser Salons – der traditionsreichen Kunstausstellung – von 1806 markiert den Anfang eines Purgatoriums, das dem Werk nur unter der Julimonarchie, in einem für seine Rezeption günstigeren Kontext, erspart bleibt.

Nach 1815 wurde es im Lagerbestand des Louvre aufbewahrt und im Jahr 1832 auf Anfrage des Gouverneurs des Hôtel des Invalides dorthin abgegeben. Dieser suchte einen Ersatz für das Bonaparte-Bildnis von David, das Napoleon bei der Überquerung der Alpen am Großen Sankt Bernhard zeigt. Dieses Bild war nach Saint-Cloud und dann nach Versailles ausgelagert worden.

Schon 1803 schuf Ingres für die Stadt Lüttich ein Porträt von Napoleon Bonaparte als Erstem Konsul. Für dieses zweite Porträt aber lässt sich kein Auftrag nachweisen. Es ist ein völlig anderes Bildnis: Diesmal wird ein Kaiser wiedergegeben, dessen beeindruckende Silhouette sich gegen das Wappen des kurz zuvor errichteten Königreichs Italien abhebt. Ingres schuf eine Ikone in Frontalansicht und brach dabei mit der Darstellung Napoleons als wohltätigem Souverän oder Eroberer. Er schöpfte aus weit zurückliegenden Quellen wie Byzanz und der antiken Kunst und wendete sich von der traditionellen, kodifizierten Porträtdarstellung der Bourbonischen Könige ab. Zwar wurzelt sein Bild in der Propaganda, die den Kaiser mit anderen europäischen Herrschern wie Caesar, Chlodwig und Karl dem Großen in Verbindung bringt, und suggeriert eine Versöhnung zwischen Kaiserreich und Religion. Gleichzeitig aber schuf er ein Bild gleichsam ohne geistige Erben. Mehrere Vorstudien ermöglichen eine genauere Ortung seiner Quellen: eine römische Gemme mit der Darstellung des sitzenden Zeus, die wiederum aus der Sammlung des französischen Künstlers, Sammlers und Archäologen Caylus stammte; ein byzantinisches Elfenbeindiptychon sowie die mittelalterliche Darstellung des heiligen Ludwig; von Montfaucon übernommene Regalien; bei Quatremère de Quincy veröffentlichte Statuetten aus Goldblech und Elfenbein.

Der Kaiser, der zum ersten Mal sitzend dargestellt wird, hebt sich in perspektivischer Verkürzung von der Rückenlehne seines Throns ab, die einen gestirnten Heiligenschein bildet. Auf den Armlehnen befinden sich zwei Elfenbeinkugeln, die eine ist ins Halbdunkel getaucht, in der anderen spiegelt sich das durch ein Fenstern einfallende Licht. Die Insignien des Kaiserreiches – der Lorbeerkranz, der Purpurmantel, der an die Mäntel der römischen Generäle und Kaiser erinnert, sowie der Adler der römischen Legionen – stehen in der Tradition der Herrschaftszeichen Karls des Großen, die für die Krönungszeremonie restauriert oder nachgebildet wurden: Schwert, Zepter und die »Hand der Gerechtigkeit«. Den Teppich schmücken die Tierkreiszeichen, die traditionell mit Jupiter in Verbindung gebracht wurden, sowie die Umrisse der *Madonna della sedia* des Raffael, oberhalb der Signatur, ein im Werk des Malers häufig wiederkehrendes Motiv.
Sylvie Le Ray-Burimi

276

277 ohne Abb.
**Krönungsornat Napoleons aus dem Film *Desirée*,
getragen von Marlon Brando als Napoleon** | Um 1950–1954
Diverse Stoffe, variable Maße
London, Angels. The Costumiers

278
François-Pascale-Simon Baron Gérard (1770–1837)
Napoleon I., Kaiser der Franzosen, im Krönungsornat | 1810
Öl auf Leinwand, 146 × 113 cm
Salenstein, Napoleonmuseum Thurgau, Schloss und Park Arenenberg | Ohne Inv.-Nr.

279 ohne Abb.
Nach François-Pascale-Simon Baron Gérard (1770–1837)
Napoleon I. im Krönungsornat | Um 1810
Gobelin, 81,5 × 65 cm
Dresden, Staatliche Kunstsammlungen, Rüstkammer | Inv.-Nr. H 144

François Gérard erhielt 1805 den Auftrag, das offizielle Porträt des Kaisers im Krönungsornat zu malen. In seiner Komposition stark an bourbonischen Vorbildern orientiert, ist Napoleon stehend im großen Ornat dargestellt. Zu seiner Rechten liegen die kaiserlichen *regalia,* die *Main de justice* und der Globus; im Hintergrund ist der Thron sichtbar. Bei aller kompositorischen Ähnlichkeit zur bourbonischen Ikonografie sind jedoch vor allem die Insignien der neuen Dynastie ostentativ zur Schau gestellt: der Lorbeerkranz, das überlange Zepter mit dem kaiserlichen Adler, die goldgestickten Bienen auf dem Teppich und dem purpurnen, hermelingefütterten Samtmantel, das große Kollier der Ehrenlegion, usw. In der Absicht, das Bild des Kaisers zu verbreiten und die neue Dynastie bildlich zu legitimieren, wurden zahlreiche Repliken nach dem Original Gérards angefertigt, die im In- und Ausland offizielle Residenzen schmückten. | Eva Knels

Literatur: Jourdan 1998, S. 162–164

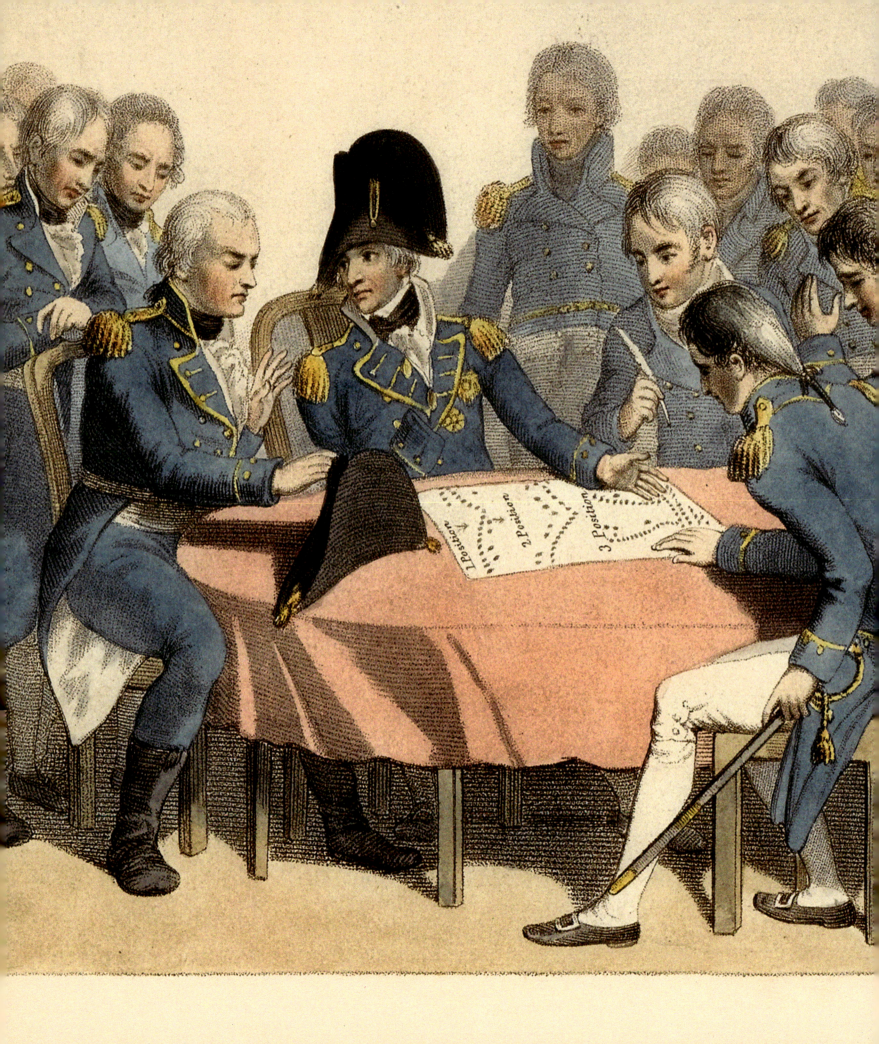

9
DUELLE

Am 21. November 1806 unterzeichnete Napoleon im frisch besetzten Berlin ein Dekret mit schwerwiegenden Folgen für den europäischen Frieden, die bis 1814 gültige Verordnung über die sogenannte Kontinentalsperre:

»Napoleon, Kaiser der Franzosen, König von Italien [befiehlt]

ART. I.:
Die britischen Inseln werden für blockiert erklärt.

ART. II:
Jedweder Handel und Verkehr mit den britischen Inseln ist verboten […].

ART. III:
Jede Person, die englischer Untertan ist und von Unseren Truppen oder von denen Unserer verbündeten Länder angetroffen wird, soll gleich welchen Standes oder Rangs sie ist, zum Kriegsgefangenen gemacht werden.

ART. IV:
Jedes Geschäft, jede Handelsware und jedweder Besitz eines englischen Untertans wird zu guter Prise erklärt.

ART. V:
Der Handel mit englischen Waren ist verboten. Jede Ware aus England, seinen Fabriken oder Kolonien wird zu guter Prise erklärt […].

ART. X:
Unser Minister für Auswärtige Angelegenheiten soll den Königen von Spanien, Neapel, Holland und Etrurien und Unseren anderen Verbündeten […] das vorliegende Dekret zustellen.«

Mit dieser einseitig von Napoleon beschlossenen Wirtschaftsblockade sollte ab Ende 1806 ganz Europa dazu gebracht, ja gezwungen werden, die englischen Waren mit einem Verbot zu belegen und damit den einzigen ernstzunehmenden Rivalen Frankreichs auf der weltpolitischen Bühne in die Knie zu zwingen. Die Schlacht von Trafalgar (1805) nämlich, bei der mit 19 französischen Schiffen und 10 000 Seeleuten auch Napoleons maritime Weltmachtträume in den Fluten des Atlantiks versunken waren, hatte die seit 1798 gehegten Invasionspläne Frankreichs endgültig zunichte gemacht, die englische Vorherrschaft zur See stattdessen aber endgültig gesichert. Jetzt also sollte der Gegner wirtschaftlich ausgetrocknet werden. Damit verlegte sich die Konfrontation auf das europäische Festland. Aus dem verlorenen Duell mit England entwickelte sich das verlorene Duell mit Russland.

Hatte sich nämlich Zar Alexander I. im Jahre 1807 nach einem ersten gescheiterten Versuch diplomatischer Annäherung an Napoleon doch noch einmal für ein Zusammengehen mit Frankreich entschieden und sich damit zur Einhaltung der Kontinentalsperre bewegen lassen, so beschloss er Ende 1810 aus Unmut über die ausschließlich zugunsten Frankreichs geführte Hegemonialpolitik des Imperators, dieses Bündnis wieder aufzukündigen. Dies war einer der Gründe, die zum Bruch mit Russland und zum spektakulär gescheiterten Russlandfeldzug führten. England und Russland – an diesen Großmächten scheiterten Napoleons Expansionspläne.

Bénédicte Savoy

Detail aus
Kat.-Nr. 288

281

280 ohne Abb.
Anonym
Napoleon und Pitt. Wer wird siegen? | Hamburg, 1806
Buch, Titelblatt
Berlin, Staatsbibliothek Berlin, Preußischer Kulturbesitz | Inv.-Nr. Qn 4300

Schon zeitgenössisch wurde der Kampf zwischen ihnen als »Duelle der Giganten« wahrgenommen: William Pitt, der Jüngere, war zweimal Premierminister in Großbritannien und wurde außenpolitisch der Führer der europäischen Koalition gegen die Französische Revolution. Er verfolgte das Ziel eines europäischen Gleichgewichts sowie der Sicherung der englischen Überseebesitzungen. Der Konvent in Paris erklärte ihn zum »Feind des Menschengeschlechtes«. Pitt formte 1805 die 3. Koalition gegen Napoleon I. und ließ stark aufrüsten. Aber auf seine ohnehin schwächliche Konstitution wirkten sich die ungeheuren Anstrengungen höchst nachteilig aus. Die Nachricht vom Ausgang der Schlacht bei Austerlitz gab ihm den Todesstoß. Er starb am 23. Januar 1806. | Christoph Birnbaum

Literatur: Turner 2005

281
Robert Dighton (1751–1814), Felix Freville
Darstellung einer schwimmenden Invasionsmaschine | 1798
Stich, handkoloriert, 16,2 × 22,5 cm
London, National Maritime Museum | Inv.-Nr. PAH7433

282
Anonym
Ein französisches Invasionsfloß |
Veröffentlicht am 29. Januar 1798 von William Hinton
Stich, handkoloriert, 26,9 × 39,2 cm
London, National Maritime Museum | Inv.-Nr. PAH7426

283 ohne Abb.
Anonym
Ein berühmtes Invasionsfloß | 18. Jahrhundert
Stich, handkoloriert, 37,6 × 25,5 cm
London, National Maritime Museum | Inv.-Nr. PAD4060

Drucke wie diese nährten die alte Furcht vor einer französischen Invasion in Großbritannien. Sie illustrierten die Gerüchte von riesigen Flößen, mit denen zehntausende Soldaten übersetzen würden. Aus Gründen der Glaubwürdigkeit wurde in den Begleittexten behauptet, die Darstellungen beruhten auf Augenzeugenberichten. Wie wenig diese Fantasie-Invasion mit der Wirklichkeit zu tun hatte und wie groß der Anteil an britischem Humor dabei war, erschließt sich aus der Betrachtung der durch Windmühlen und Wasserräder angetriebenen Wasserfahrzeuge. | René Hartmann

Literatur: Lincoln 2005, S. 139–140, 143

284 ohne Abb.
Anonym
Verschiedene Pläne für die Invasion Englands | 1798
Kupferstich auf Papier, 16 × 21 cm
London, Science Museum | Bild-Nr. 10411095

Die französische Erwartung und englische Angst vor einer Invasion der Insel wurde während der Französischen Revolution zu einem populären Bildmotiv. Die fantastische Darstellung der Kanalüber- und -unterquerung per Ballon, Schiff und Tunnel sollte Möglichkeiten illustrieren, die Übermacht der englischen Flotte zu brechen. Die erste Ballonfahrt von Frankreich nach England hatte schon 1785 stattgefunden, auch für eine Untertunnelung der Themse gab es gegen Ende des 18. Jahrhunderts konkrete Pläne. 1798 hatte Jean-Charles Thilorier, dessen Idee hier aufgegriffen wird, vorgeschlagen, mit gigantischen Montgolfieren die Vorhut einer Invasionsarmee über den Kanal zu bringen. Die in dem vielfach aufgelegten und kopierten Kupferstich imaginierten Mittel reflektieren bei aller Fantasie somit durchaus den Technikstand der Zeit. | David Blankenstein

Literatur: Navailles 1987, S. 82–90

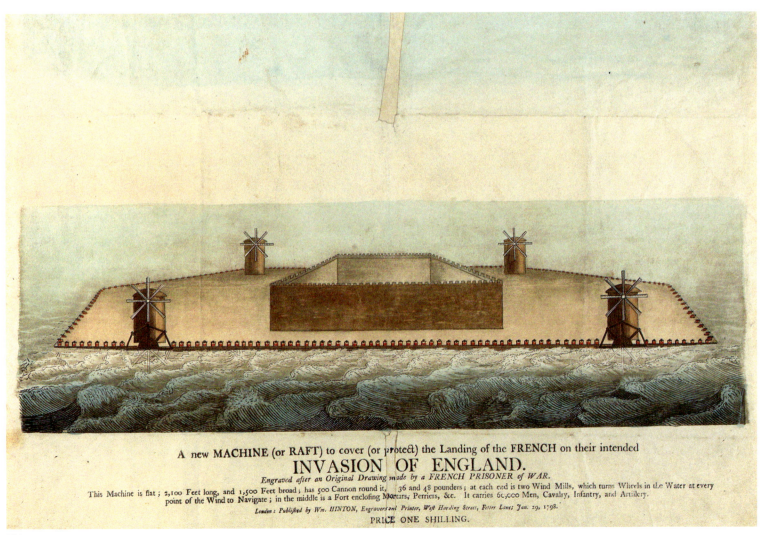

282

285

285
Jean-Rodolphe Gautier (1764–1820)
Blick auf die Armee an der Küste nahe Boulogne und Verleihung der Kreuze der Ehrenlegion durch Napoleon I. am 16. August 1804 | 1804
Öl auf Leinwand, 53 × 80 cm
Versailles, Musée national des chateaux de Versailles et de Trianon | Inv.-Nr. MV 2559

Seit Herbst 1803 wurden in der nordfranzösischen Hafenstadt Boulogne-sur-Mer Truppen zusammengezogen, um die geplante Invasion Englands vorzubereiten. Die Feierlichkeiten zum Namenstag Napoleons im August 1804 gaben Anlass zu einer spektakulär inszenierten Verleihung von Orden der Ehrenlegion an 2000 Soldaten. Gautier zeigt die rund 100 000 Soldaten der Infanterie und Kavallerie, die aus diesem Anlass in Kolonnen radial um eine Ehrentribüne gruppierten waren. | Nina Struckmeyer

Literatur: Tulard 1999, Bd. 2, S. 181–182

286 ohne Abb.
Horatio Nelson (1758–1805)
Zeichnung der Schlacht am Nil | 1803
Tinte auf Papier
London, British Library | Inv.-Nr. Add. MS 18676

Nelsons eigenhändige Skizze des Seegefechts in der Bucht von Abukir gibt, wie jede Zeichnung zu einer verbalen Beschreibung, nur eine vage Vorstellung der Ereignisse der Seeschlacht. Das Zusammentreffen der gegnerischen Flotten 1798 ist in der Mitte des Blattes dargestellt. Die vor Anker liegende französische Flotte bildet eine Linie kleiner Kreise, während sich der britische Kampfverband als Pfeil von »Nelson's Island« nähert. Der Querstrich über dem dritten Schiff, der Spartiate, markiert Nelsons *Vanguard*. Die schmalen Striche über dem siebten Schiff markieren die Explosion der *L'Orient*; der dickere Strich daneben die angreifende *Alexander*. | René Hartmann

Literatur: Lincoln 2005, S. 76

287
Philippe-Jacques de Loutherbourg (1740–1812)
Die Schlacht am Nil | 1800
Öl auf Leinwand, 152,4 × 214 cm
London, Tate Gallery | Inv.-Nr. T01452

Als Theaterdekorateur wusste de Loutherbourg um die Wirkung dramatischer Effekte auf das Publikum. Hier stellt er die Ereignisse des nächtlichen Seegefechts zwischen Briten und Franzosen im Jahr 1798 dar. Der als Schlacht am Nil bekannte Kampf in der Bucht von Abukir, bei dem Nelson die vor Anker liegende französische Flotte besiegte, sicherte die britische Kontrolle über das Mittelmeer. Auf dem Höhepunkt der Schlacht, um zehn Uhr abends, explodierte das französische Flaggschiff. Genau diesen Moment wählt de Loutherbourg für sein Gemälde. | René Hartmann

Literatur: Joppien 1972

287

288

James Godby Craig nach William Marshall
Lord Nelson erklärt seinen Offizieren vor der Schlacht von Trafalgar den Angriffsplan | 1806
Stich, handkoloriert, 80,8 × 43,4 cm
London, National Maritime Museum | Inv.-Nr. PAG9025

289 ohne Abb.

Louis-Philippe Crépin (1772–1851)
Die *Redoutable* bei Trafalgar | 1807
Öl auf Leinwand, 130 × 150 cm
Paris, Musée National de la Marine

290 Abb. S. 46/47

Pierre-Nolasque Bergeret (1782–1863)
Zar Alexander I. stellt Napoleon I. in Tilsit die Kalmücken, Kosaken und Baschkiren der russischen Armee vor | 1807
Öl auf Leinwand, 230 × 250 cm
Versailles, Musée national des châteaux de Versailles et de Trianon | Inv.-Nr. MV 1731

Nach der Niederlage Österreichs und Preußens 1806 verblieb für Napoleon als Gegner auf dem Kontinent nur noch Russland. Der Sieg Napoleons bei Friedland am 14. Juni 1807 zwang den Zaren zu Verhandlungen. Am 7. Juli 1807 unterzeichneten der französische Kaiser und der russische Zar Alexander I. den Frieden von Tilsit.
Dieser teilte Osteuropa in eine französische und eine russische Interessensphäre und machte Russland und Frankreich zu Alliierten.
Auf dem Gemälde präsentiert Alexander I. mit dem Großfürsten Konstantin an seiner Seite in Tilsit Napoleon Vertreter der Völkerschaften in seinen Kosakenheeren, die als »Auge und Ohr« der russischen Armee bezeichnet wurden. Napoleon in Begleitung des Generals Murat und eines Ordonnanz-Offiziers betrachtet die farbenfrohe Schar: In der ersten Reihe ein Astrachaner Kosak (Turkoman) mit der typischen Mütze aus schwarzem Fell und mit einem Kaftan bekleidet, dahinter zwei in Kaftane gehüllte Baschkiren mit einem Tuchbeutel als Kopfbedeckung und mit einem Kantschu (Riemenpeitsche). Außerdem sind ein Baschkire, ein Kalmücke und ein Tscherkesse zu erkennen.
Angelica Francke

291

Antoine-Jean Gros (1771–1835)
Der Brand von Moskau | 1813
Braune Tinte, grau laviert, Feder, Bleistift, Gouache, gehöht, auf Papier, 57 × 84 cm
Paris, Musée du Louvre | Inv.-Nr. INV 27025, recto

Am 14. September 1812 erreichte Napoleon mit seiner über 600 000 Mann starken Armee Moskau. Die Stadt war geräumt worden, an unzähligen Stellen brachen Feuer aus, die erst mehrere Tage später gelöscht werden konnten. Gros' propagandistische Darstellung zeigt Napoleon und seine Soldaten, die verzweifelten Frauen und Kindern ihre Hilfe anbieten. Vergeblich harrte der Kaiser in der zerstörten Stadt aus; der Zar Alexander I. verweigerte Verhandlungen. Durch den Wintereinbruch und Versorgungsengpässe sah sich Napoleon im Oktober schließlich zur Aufgabe gezwungen, sein Rückzug geriet zur Katastrophe. | Nina Struckmeyer

Literatur: O'Brien 2006, S. 186

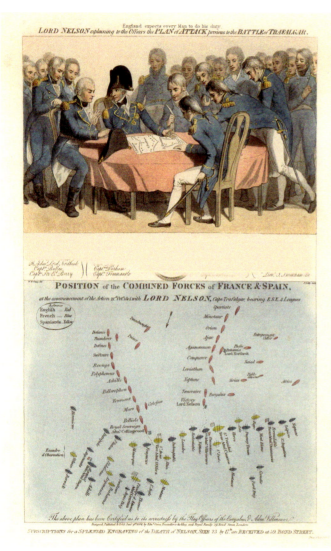

288

291

10
NATIONEN – EMOTIONEN

Napoleons imperiales Projekt und die von der französischen Zentraladministration mit Unterstützung der Armee zügig durchgeführte Integration Europas ermöglichten zweifellos vielen europäischen Ländern den Zugang zur Moderne (u. a. in administrativer, ökonomischer, juristischer, infrastruktureller Hinsicht). Dennoch entfachten die Modalitäten und das Tempo dieser Modernisierung, ihre Kosten und ihr erzwungener Charakter überall in Europa starke Widerstandsbewegungen. Mit der Bekämpfung und Diffamierung des Gegners ging in nahezu allen Ländern Europas ein Feuer patriotischen Eifers einher. Napoleon, »the first universal figure in caricature« (William Feaver), wurde in einer kaum überschaubaren Zahl von Spottbildern in ganz Europa als Verbrecher auf dem Thron, Massenmörder, Schinder der Völker, Ausgeburt der Hölle, Blutsauger, Weltzertreter, Oger, Pest und Satan entlarvt oder der Lächerlichkeit preisgegeben. Was in England, Holland oder Deutschland die Karikatur war, besorgten anderenorts Hasslieder und Totschlaggedichte, Schimpfoden, Manifeste, Flugschriften und Flugblätter, die spätestens ab 1813 Europa überschwemmten. So entstand beispielsweise im Jahre 1808 während des spanischen Guerillakrieges gegen Napoleon eines der faszinierendsten Dokumente des frühen, durch Frankreichs Eroberungspolitik ausgelösten Nationalismus in Europa: der *Catecismo Civil* (Bürger-Katechismus), der bald in hunderttausendfacher Vervielfältigung verbreitet und in alle Sprachen Europas übersetzt wurde. Ins Deutsche dichtete ihn kein Geringerer als Heinrich von Kleist 1809 um, unter dem Titel *Katechismus der Deutschen abgefaßt nach dem Spanischen, zum Gebrauch für Kinder und Alte*:

FR.: Sprich, Kind, wer bist du?
ANTW.: Ich bin ein Deutscher.
FR.: Ein Deutscher? Du scherzest. Du bist in Meißen geboren, und das Land, dem Meißen angehört, heißt Sachsen!
ANTW.: Ich bin in Meißen geboren und das Land, dem Meißen angehört, heißt Sachsen; aber mein Vaterland, das Land dem Sachsen angehört, ist Deutschland, und dein Sohn, mein Vater, ist ein Deutscher.[...]
FR.: Was ist deinem Vaterlande jüngsthin widerfahren?
ANTW.: Napoleon, Kaiser der Franzosen, hat es, mitten im Frieden, zertrümmert, und mehrere Völker, die es bewohnen, unterjocht.
FR.: Warum hat er dies getan?
ANTW.: Das weiß ich nicht.
FR.: Das weißt du nicht?
ANTW.: – Weil er ein böser Geist ist.

»Selbstdefinierung und Feindmarkierung« (Hagen Schulze), Vaterland und Krieg, Nation und Emotion – deutlicher als an diesem Textbeispiel lassen sich die transnationalen, gemeinsamen Züge des doch so vielfältigen und heterogenen modernen europäischen Nationalismus im Europa des frühen 19. Jahrhunderts nicht erkennen. Überall auf dem Kontinent stachelte die napoleonische Herrschaft das nationale Bewusstsein der Völker an. Überall wurden Gegner Napoleons zu Märtyrern oder Nationalhelden hochstilisiert, markante Daten und gewonnene Schlachten zu Unabhängigkeitsmythen – mit weitreichenden historiografischen Folgen bis ins 20. Jahrhundert hinein.

Bénédicte Savoy

Detail aus Kat.-Nr. 319

292
Joseph Anton Koch (1771–1839)
Der Tiroler Landsturm 1809 | 1816–1819
Öl auf Holz, 55,2 × 74 cm
Innsbruck, Tiroler Landesmuseum Ferdinandeum | Inv.-Nr. Gem./353

Nach dem Ende der Befreiungskriege setzte in den deutschsprachigen Gebieten rasch die Verehrung der »Freiheitshelden« ein. Der preußische Minister Freiherr vom Stein beauftragte mit dem Nazarener Joseph Anton Koch einen Tiroler Maler – der allerdings seit 1782 schon nicht mehr in seiner Heimat ansässig war –, den Kampf der Tiroler gegen die napoleonische *Grande Armée* unter ihrem Anführer Andreas Hofer im Gemälde darzustellen. Der Händler und Gastwirt, der in Landestracht zu Pferd dargestellt ist, organisierte mehrfach Erhebungen gegen bayrische und französische Besatzer und wurde 1810 gefangengenommen und hingerichtet. Durch die Verschränkung von Naturdarstellung, Schlüsselfiguren und -orten, Verweisen auf die Tiroler Geschichte und christlicher Symbolik – die im Michaelsbrunnen die Austreibung der Feinde und zugleich die religiöse Komponente des Tiroler Aufstandes verbildlicht – wird deutlich, dass es Joseph Anton Koch nicht um die Schilderung eines tatsächlichen Ereignisses ging, sondern um die Erschaffung eines komplexen Erinnerungsbildes als einem Beitrag zur Tiroler Geschichte.
David Blankenstein

Literatur: Sandtner 2009

293
Aufruf General Karl Schwarzenbergs an die Schweizer | 1813
Flugblatt auf Papier, 35 × 22 cm
Salenstein, Napoleonmuseum Thurgau, Schloss und Park Arenenberg | Ohne Inv.-Nr.

Ende Dezember 1813 überschritten im Rahmen der Befreiungskriege alliierte Truppen unter dem Oberbefehl des Fürsten Schwarzenberg den Rhein und marschierten in die nominell neutrale Schweiz ein. In diesem Zusammenhang erfolgten mehrere Aufrufe an die Schweizer. Diese waren so erfolgreich, dass die von Napoleon diktierte Mediationsverfassung aufgehoben wurde. Später beteiligten sich auch Soldaten an den Kampfhandlungen gegen Frankreich. | Dominik Gügel

294
Anonym
Entwurf einer Fahne für die Legion (Ölbilder der Nationalkokarde) |
1798–1801
Gouache auf Papier, 25,3 × 19 cm
Bern, Schweizerisches Bundesarchiv | Inv.-Nr. BO 1000/1483, Nr. 754

Am 13. Februar 1799 führte die Regierung der Helvetischen Republik eine einheitliche Fahne ein, die analog zur französischen Trikolore drei Farben aufwies: Gelb und Rot sollen sich auf Uri und Schwyz als die Begründer der eidgenössischen Freiheit beziehen; Grün könnte auf die Fahne der Lemanischen Republik zurückgehen. | Malte Lohmann

293

294

ACTE DE MÉDIATION

Fait par le PREMIER CONSUL de la République française, entre les Partis qui divisent la Suisse.

BONAPARTE, premier Consul de la République, Président de la République italienne, AUX SUISSES.

L'HELVÉTIE, en proie aux dissensions, était menacée de sa dissolution : elle ne pouvait trouver en elle-même les moyens de se reconstituer. L'ancienne affection de la nation française pour ce peuple recommandable, qu'elle a récemment défendu par ses armes et fait reconnaître comme puissance par ses traités; l'intérêt de la France et de la République italienne, dont la Suisse couvre les frontières; la demande du sénat, celle des cantons démocratiques, le vœu du peuple helvétique tout entier, nous ont fait un

A

295
Mediationsverfassung | Paris, 1803
Pergament, bedruckt, Tinte
Bern, Schweizerisches Bundesarchiv | Inv.-Nr. KO 1000/1420, Nr. 4

Durch den Abzug der französischen Truppen führte Napoleon 1802 den Zusammenbruch der Helvetischen Republik herbei, um anschließend als Vermittler (frz. *médiateur*) zwischen den Föderalisten und Unitariern aufzutreten. Am 19. Februar 1803 übergab er der Consulta, der nach Paris einberufenen Schweizer Delegation, in den Tuilerien die Mediationsverfassung. Gültig bis 1813, enthielt sie alle Kantonsverfassungen sowie die abschließende Bundesverfassung, kehrte z.T. zu vorrevolutionären Strukturen zurück und stärkte die Abhängigkeit des Landes von Frankreich. | Malte Lohmann

Literatur: Ausst.-Kat. Genf 2003

296 ohne Abb.
Friedrich Ludwig Jahn (1778–1852)
Deutsches Volksthum | Lübeck, 1810
Flugblatt, Papier, 30 × 20 cm
Bonn, Universitäts- und Landesbibliothek | Sign. Ka 1064/2

Eine der wichtigsten Figuren der patriotischen Bewegung in Deutschland war der Arndt-Schüler Friedrich Ludwig Jahn, der Begründer der bürgerlichen Turnbewegung. Seine ideologische Hauptschrift *Deutsches Volksthum* (1810, weitere Auflagen 1813 und 1817) formuliert im Zeichen eines rassistisch konturierten »Volkstums«-Begriffs einen umfassenden Nationalerziehungsplan, der vom Plädoyer für Volksfeste, Nationaltracht und Sprachreinheit bis zu konkreten politischen Reformvorschlägen für die Errichtung eines Nationalstaats reicht und großen Einfluss auf die deutschen Burschenschaften ausübte.
Malte Lohmann

297
Caspar David Friedrich (1744–1840)
Entwurf für eine Gedenksäule auf Amalia | Nach 1813
Feder, Aquarell, 53,5 × 40,6 cm
Hamburg, Hamburger Kunsthalle | Inv.-Nr. 1957-206

298
Grabmalentwurf »Otto« | 1813 ?
Feder, 53,6 × 36,8 cm
Mannheim, Kunsthalle Mannheim | Inv.-Nr. G 447

299
Grabmalentwurf »Theodor« für Theodor Körner | 1813 ?
Feder, 36,5 × 23,5 cm
Mannheim, Kunsthalle Mannheim | Inv.-Nr. G 452

300
Kriegerdenkmal der Befreiungskriege | 1813
Feder, 32,1 × 25,2 cm
Mannheim, Kunsthalle Mannheim | Inv.-Nr. G 449

Neben seinen bekannten Landschaftsbildern begann Caspar David Friedrich um 1805 mit den ersten Entwürfen für Grab- und Denkmäler, angeregt durch die enge Freundschaft mit dem Bildhauer Gottlieb Christian Kühn. Einer der ersten dieser Entwürfe war vermutlich das Grabmal »Amalia«, das der Künstler für Amalie Friedrich, die Frau seines Bruders Heinrich, entwarf. Mit Einsetzen der Befreiungskriege und dem Tod des jungen Lyrikers und Freundes Theodor Körner, der als Mitglied des Lützowschen Freikorps 1813 fiel, beschäftigte sich Friedrich intensiv mit der Heldenehrung und dem Gedenken an die gefallenen Soldaten. Der (nicht ausgeführte) Grabmalentwurf »Theodor« für den verstorbenen Freund entstand in dieser Zeit. »Ich wundere mich keineswegs, dass keine Denkmäler errichtet werden, weder die, so die große Sache des Volkes bezeichnen, noch die hochherzigen Taten einzelner deutscher Männer«, so Friedrich. »Solange wir Fürstenknechte bleiben, wird auch nie etwas Großes der Art geschehen. Wo das Volk keine Stimme hat, wird dem Volk auch nicht erlaubt, sich zu fühlen und sich zu ehren.« Neben einem Denkmal für die Befreiungskriege entstanden weitere Entwürfe für Grabdenkmäler gefallener Freiheitskämpfer, so auch »Otto«, der sich in leicht abgewandelter Form in Friedrichs Gemälden *Kügelgens Grab* und *Huttens Grab* wiederfindet. | Julia Aschlener

Literatur: Kluge 1993; Neidhardt 2005, S. 34f. (Zitat)

297

298

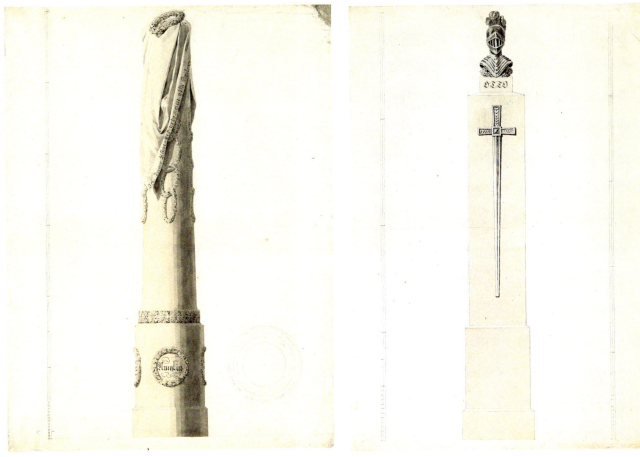

299

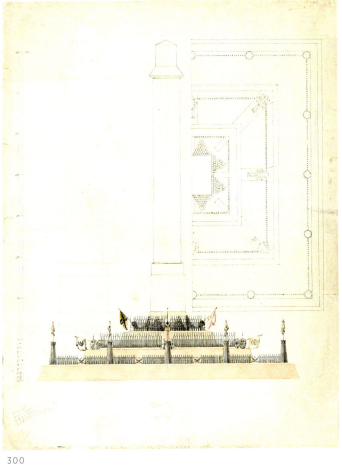

300

301
Anonym
Büste des Majors Ferdinand von Schill | 1815–1825
Marmor, H 30 cm
Kassel, Museumslandschaft Hessen Kassel | Inv.-Nr. P 1976/24

302
Friedrich Hohe (1802 1870)
Schills Tod in Stralsund am 31. Mai 1809 | Um 1835
Lithographie, koloriert, 52 × 67,2 cm
Wesel, Städtisches Museum Wesel | Inv.-Nr. SMW 99/35

Geboren 1776, trat Schill 1790 in die preußische Armee ein. Nach der Niederlage bei Auerstedt 1806 gelang es ihm, verwundet in die Festung Kolberg zu flüchten. Kaum genesen, errichtete er ein Freikorps, das den französischen Belagerern Kolbergs großen Schaden zufügte. Dadurch wurden führende preußische Reformer, wie Gneisenau und Scharnhorst, auf ihn aufmerksam (Gneisenau war 1807 Kommandant von Kolberg). Für seine Verdienste zum Kommandeur eines Husaren-Regiments ernannt, kehrte Schill 1808 im Triumph nach Berlin zurück. In die Aufstandspläne gegen Napoleon eingeweiht, schlug er Ende April 1809 vorzeitig los und führte sein Regiment eigenmächtig gegen Napoleons Truppen. Nach einem Zug durch Sachsen, Anhalt und Mecklenburg schloss er sich mit seinen Truppen Ende Mai 1809 in Stralsund ein, wo er bei der Erstürmung der Stadt durch französisch-holländische Truppen fiel. | Thomas Hemmann

Literatur: Binder von Krieglstein 1909

301

302

303

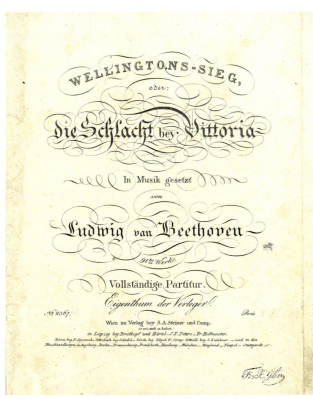

305

303

Julius Conrad Yelin (1771–1826)
Flugschrift: Deutschland in seiner tiefen Erniedrigung | 1806
Papier, Buchdruck, 19 × 11 × 1,5 cm
Bonn, Universitäts- und Landesbibliothek | Sig. Le 449/61

Im Juli 1806 gelang es Napoleon, das fast tausendjährige Deutsche Reich aufzulösen, indem er den Rheinbund – ein seinen Zwecken dienendes Bündnis süd- und westdeutscher Fürsten – begründete. Die hieran beteiligten deutschen Herrscher traten aus dem Reichsverband aus, woraufhin Franz II. die deutsche Kaiserkrone niederlegte. Viele Deutsche verfolgten diese Entwicklung mit Bestürzung, was sich u. a. in der im Juli 1806 beim Buchhändler Palm in Nürnberg anonym erschienenen Flugschrift *Deutschland in seiner tiefen Erniedrigung* ausdrückte. Die Franzosen, die seit dem Krieg 1805 in Süddeutschland standen, versuchten, den Urheber der Schrift ausfindig zu machen. Als dies nicht gelang, bemächtigten sie sich der Person Palms. Der Buchhändler wurde in der Festung Braunau am Inn kriegsrechtlich verurteilt und am 5. August 1806 standrechtlich erschossen.
Thomas Hemmann

Literatur: Zur Mühlen 2003

304 ohne Abb.

Theodor Körner (1791–1813)
Leyer und Schwert | Berlin, 1814
Buch, 17,2 × 12,5 × 1 cm
Bonn, Universitäts- und Landesbibliothek | Sig. Fa 1176/98

»Denn was berauscht die Leier vorgesungen, / Das hat des Schwertes freie That errungen« *(Zueignung)* – Voraussetzung für den großen Erfolg der kriegerisch-patriotischen Lyrik Theodor Körners war die exemplarische Einheit von Leben und Dichten: 1813 hatte sich der gefeierte Theaterautor dem populären Lützowschen Freikorps angeschlossen; noch im selben Jahr, am 26. August, fand er, 22-jährig, in einem nächtlichen Gefecht bei Gadebusch den Tod. Die während der Soldatenzeit entstandenen Gelegenheitsgedichte wurden posthum von seinem Vater, dem Schiller-Freund Christian Gottfried Körner, herausgegeben und entfalteten im Verbund mit dem propagandistisch instrumentalisierten »Heldentot« ihres Autors eine bis ins 20. Jahrhundert reichende Wirkung.
Malte Lohmann

305

Ludwig van Beethoven (1770–1827)
Wellingtons Sieg oder Die Schlacht bei Vittoria, op. 91 | 1813
Partitur, Tinte auf Papier, 25,5 × 21,5 cm
Bonn, Beethoven-Haus | Inv.-Nr. Slg. H.C. Bodmer, HCB C Md 69

Beethoven komponierte das sinfonische Schlachtengemälde anlässlich der Schlacht von Vittoria, die am 21. Juni 1813 im Baskenland stattfand und in der sich Briten und Franzosen gegenüberstanden. Die Anregung hierfür erhielt er von Johann Nepomuk Mälzel. Nachdem Beethoven die Komposition 1813 vollendet hatte, schlug Mälzel vor, das Werk auch noch für größere Orchester zu bearbeiten. Die Sinfonie wurde vom Publikum begeistert aufgenommen. Die Uraufführung am 8. Dezember 1813 in Wien war ein Spektakel. Antonio Salieri war einer der beiden Dirigenten, Giacomo Meyerbeer und Ignaz Moscheles spielten im Orchester mit. Beethoven hatte die musikalische Gesamtleitung.
Christoph Birnbaum

Literatur: Lockwood 2009

306

306
Francisco de Goya (1746–1828)
Der zweite Mai | 1814
Öl auf Papier auf Holz, 24,5 × 32,5 cm, Skizze
Zaragoza, Colección IBERCAJA | Ohne Inv.-Nr.

Napoleons eigentliches Interesse auf der Iberischen Halbinsel lag in der Neutralisierung des traditionell mit England verbündeten Portugal. Um die explosive innerspanische Lage zu klären, traf sich Napoleon mit der spanischen Königsfamilie in Bayonne. »Wenn es zum Krieg käme, wäre alles verloren«, schrieb Napoleon am 29. März 1808 an Marschall Murat. Die Abreise Ferdinands, des Hoffnungsträgers des spanischen Volkes, nach Bayonne und vor allem etwas später die eines weiteren Mitglieds des spanischen Königshauses interpretierten die Madrider dahingehend, dass Napoleon ihnen ihren jungen Herrscher wieder nehmen wollte. Als Folge davon brach am 2. Mai in der spanischen Hauptstadt ein Aufstand los, den der entgegen den Befehlen Napoleons in Madrid einmarschierte Murat grausam niederschlug. Dieses Ereignis war der Beginn des fünf Jahre andauernden blutigen spanischen Unabhängigkeitskrieges gegen Napoleon. In dieser ersten von zwei Skizzen zu seinem berühmten Gemälde hielt Goya den Aufstand der Madrider Bevölkerung gegen die französischen Mameluken fest. | Angelica Francke

Literatur: Ansón Navarro 1998, S. 25–36; Gassier/Wilson/Lachenal 1994, S. 205–214

307

Bartolomeo Pinelli (1781–1835) nach José Aparicio (1773–1838)
**Allegorie auf die Verteidigung der spanischen Nation
gegen die französische Invasion**
Kupferstich, 39 × 50 cm
Madrid, Museo Municipal de Madrid | Inv.-Nr. 15.596

Die sich gestikulierend zu der zwischen der Personifikation der Kirche und der Tapferkeit erhöht auf einem Sockel stehenden Büste Ferdinands VII. wendenden Menschen symbolisieren das spanische Volk, das sich mit Stöcken, Gewehren und Säbeln bewaffnet und angefeuert durch Trompetenstöße gegen die napoleonische Herrschaft erhebt. Der erwünschte Ausgang des Kampfes ist durch den Spanien repräsentierenden Löwen angedeutet, der das Symbol Napoleons, den Adler, zerfleischt. | Angelica Francke

308

Ferdinand I., König von Neapel und Sizilien
**Aufruf an die Bewohner Kalabriens zur Befreiung
vom Napoleonischen Joch** | Mai 1807
Papier, bedruckt, handgeschrieben, 48,5 × 38 cm
Berlin, Deutsches Historisches Museum | Inventar.-Nr.: GOS-Nr. 20032686

Obwohl die Integrität des Königreiches Neapel in einem Vertrag zwischen Spanien und Napoleon festgehalten wurde, musste Ferdinand französische Besatzungen in seinem Land zulassen sowie im Neutralitätsvertrag von 1805 zusagen, den Truppen der gegen Frankreich Krieg führenden Mächte die Landung zu verweigern. Als dennoch im November 1805 ein britisch-russisches Heer in Neapel landete, befahl Napoleon im Dezember des gleichen Jahres die Absetzung der Dynastie der Bourbonen in Neapel, und Ferdinand musste im Januar 1806 erneut nach Sizilien fliehen. Joseph Bonaparte wurde zum König Beider Sizilien ernannt, Ferdinand konnte sich jedoch mit Hilfe der Briten auf Sizilien behaupten. | Christoph Birnbaum

Literatur: Rink 2008

309
Napoleon setzt am 22. Juli 1807 in Dresden die Konstitution des Großherzogtums Warschau wieder ein | 1811
Öl auf Leinwand, 86,5 × 73 cm
Warschau, Muzeum Narodowe w Warszawie

310 ohne Abb.
Jan Ligber nach einer Zeichnung von Kazimierz Wojniakowski (1771 ? –1812)
Apotheose Napoleons | 1. Viertel 19. Jahrhundert
Aquatinta, 45,7 × 30,8 cm
Warschau, Muzeum Narodowe w Warszawie | Inv.-Nr. Gr. Pol. 18674

311
Jan Bogumil Plersch (1732–1817)
Banner: Apotheose Napoleons | 1. Viertel 19. Jahrhundert
Öl auf Leinwand, 180 × 109 cm
Warschau, Muzeum Narodowe w Warszawie | Inv.-Nr. Rys. Pol. 8179

312
Walenty Wankowicz
Apotheose Napoleons | Um 1841
Öl auf Leinwand, 245 × 145 cm
Warschau, Muzeum Literatury | Inv.-Nr. ML.K. 94

Nach der dritten polnischen Teilung 1795, die die polnischen Gebiete unter Preußen, Österreich und Russland aufteilte, war Polen faktisch eine ›Nation ohne Staat‹. Die in den jungen Napoleon gesetzten Hoffnungen Polens, die Eigenstaatlichkeit wiederherzustellen, erfüllten sich in Teilen zwölf Jahre später. Im Frieden von Tilsit schuf er Anfang Juli 1807 aus preußischen, österreichischen und russischen Gebieten das Herzogtum Warschau, dem er am 22. Juli 1807 eine Verfassung sowie eine Verwaltung nach französischem Vorbild gab. Die Erwartungen und Dankbarkeit Polens gegenüber Napoleon spiegelt besonders sprechend das Transparent von Jan Bogumil Plersch wider: Die Allegorie der Hoffnung weist auf den in einer Gloriole erscheinenden französischen Kaiser, der der Personifikation Polens die Fesseln der dritten polnische Teilung sprengt. Das lateinische Wort ›resurgo‹ soll deutlich machen, dass das Land nach dieser Veränderung neu erblühen kann. | Angelica Francke

311

312

Triumph des Jahres 1813.
Den Deutschen zum Neuenjahr.

316

Le Triomphe de l'année 1814.

Chez Palmer, au Museum, à Londres.

317

313 ohne Abb.
Anonym
Deutschland in seiner tief(st)en Erniedrigung |
Russische Übersetzung, 1807
Flugschrift
Moskau, Russian State Library | Inv.-Nr. MK XIX/8°

Scharfe Kritik an Napoleons expansiver Politik unter dem Deckmantel der »Freiheit« übte der anonyme Verfasser der Schrift *Deutschland in seiner tiefen Erniedrigung*. 1805 überquerte Napoleon mit seinen Truppen den Rhein, um einen Feldzug gegen das mit Russland und England verbündete Kaiserreich Österreich zu führen. Der Nürnberger Buchhändler Johann Philipp Palm übernahm die riskante Aufgabe, diese Flugschrift auch in Übersetzungen wie hier ins Russische zu verbreiten. Napoleon ließ gegen den Buchhändler Palm ermitteln, der schließlich am 26. August 1806 von einem französischen Kriegsgericht zum Tode verurteilt wurde. | Christoph Birnbaum

Literatur: Kleßmann 1973

314 ohne Abb.
Anonym, nach Thomas Rowlandson
Das Idol der Franzosen | 1815
Radierung, koloriert, 21,4 × 25,9 cm
Münster, Westfälisches Landesmuseum für Kunst und Kulturgeschichte |
Inv.-Nr. C-2617 LM / 81-609, 2 LM

Als dieses Blatt im August 1815 erschien, befand sich der gestürzte Napoleon bereits auf dem Weg in die Verbannung auf Sankt Helena; die englische Vorlage entstand nur wenige Monate zuvor noch während der »Herrschaft der Hundert Tage«. In der deutschen Fassung ist Napoleons Geburtstag am 15. August 1815 Anlass für die sechs Teufel – durch ihre Kopfbedeckungen ihren Nationen zuzuordnen – ihr Idol zu umtanzen, das Haupt Napoleons auf einem Sockel aus aufgetürmten Köpfen. Schauplatz ist ein Schlachtfeld voller Toter und Verstümmelter. Das idealisierte Antlitz spielt auf die Stilisierung der propagandistischen Porträts an – ein scharfer Kontrast zum Grauen ringsum. | Kathrin Brumm

Literatur: Mathis 1998, S. 568f.; Vetter-Liebenow 2006, S. 186f.

315
Anonym
Triumph des Jahres 1813. Den Deutschen zum Neuenjahr | 1814
Kupferstich, koloriert, 11,5 × 9,2 cm
Münster, LWL Landesmuseum für Kunst und Kulturgeschichte |
Inv.-Nr. K 71-96 LM

316
Anonym
Der Triumph des Jahres 1814 | 1814
Radierung, koloriert, 13,8 × 9,7 cm
Hannover, Wilhelm-Busch-Museum, Deutsches Museum für Karikatur und Grafik |
Inv.-Nr. KG 6087/04

317
Thomas Rowlandson (1756–1827)
Der Triumph des Jahres 1814 | 1814
Radierung, koloriert, 39,9 × 25,8 cm
Hannover, Wilhelm-Busch-Museum, Deutsches Museum für Karikatur und Grafik |
Inv.-Nr. KG 5917/04

Nach der Leipziger Völkerschlacht erschien die oft als »Leichenkopf« bezeichnete Karikatur zunächst in Berlin und wurde in der Folge allein in Deutschland dreiundzwanzig Mal, mit leichten Änderungen, neu aufgelegt. Die einem Porträt Napoleons von Gottfried Arnold Lehmann entliehene Silhouette des französischen Feldherrn ist eine Allegorie auf die Schrecken der napoleonischen Herrschaft und den Segen der Befreiung durch die alliierten Mächte: Das Gesicht ist aus Leichen zusammengesetzt, der Kragen ein Blutstrom, der Orden der Ehrenlegion ein Spinnennetz über der grünen Deutschlandkarte mit den Namen der Schlachtfelder. Der sich in einen preußischen Adler verwandelnde Zweispitz und die das Spinnennetz auflösende Epauletten-Hand, deren fünf Finger die Verbündeten symbolisieren, spielen auf den Sieg über die napoleonische Herrschaft an. | David Blankenstein

Literatur: Scheffler / Scheffler / Vetter-Liebenow 1995, S. 124

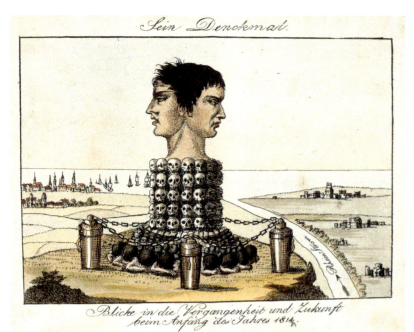

320

321

318 ohne Abb.

Johann Michael Voltz (zugeschrieben) (1784–1858)
Buonapartes Stuffenjahre | 1814
Radierung, koloriert, 18,6 × 31,6 cm
Münster, LWL Landesmuseum für Kunst und Kulturgeschichte |
Inv.-Nr. C-2536, 28 LM

Die »Lebenstreppe« Napoleons war um 1814 ein beliebtes und verbreitetes Motiv. Unter den zahlreichen existierenden Varianten zeichnet sich diese Voltz zugeschriebene durch ihre hohe künstlerische und handwerkliche Qualität aus. In den Lebensstationen von der Kindheit auf Korsika über Konsul- und Kaisertum, die verheerenden Niederlagen in Spanien und Russland bis zur Verbannung auf Elba, wo Napoleon sich zur Entstehungszeit des Motivs noch aufhielt, werden berühmte Paradestücke der napoleonischen Bildpropaganda, etwa von Antoine-Jean Gros und Jacques-Louis David, zitiert. | Kathrin Brumm

Literatur: Mathis 1998, S. 605; Vetter-Liebenow 2006, S. 150f.

319

Johann Michael Voltz (1784–1858)
Der neue Universalmonarch, auf dem zum Wohl der Menschheit errichteten Throne | 1814
Radierung, koloriert, 18,8 × 18,2 cm
Salenstein, Napoleonmuseum Thurgau, Schloss und Park Arenenberg | Inv.-Nr. 1980.370.

Johann Michael Voltz' kurz vor der Absetzung Napoleons entstandenes, der Karikatur eines anonymen Stechers entlehntes Blatt ironisiert die napoleonische Propaganda vom Handeln »zum Wohle der Menschheit«, indem es den Kaiser, dem ein Kelch mit Tränen der (Kriegs-) Waisen gereicht wird, auf einem Thron aus den Schädeln der unter seiner Herrschaft hingerichteten Freiheitskämpfer und Oppositionellen zeigt. Die daneben angehäuften geplünderten Güter, darunter Kontributionen von Preußen und Österreich, aber auch die Pressefreiheit, suggerieren das Bild eines kaltblütigen, raffgierigen Despoten, dessen Vasallen von einem Harlekin mit den Orden der Ehrenlegion versorgt werden. Der Kaiser wird jedoch von den über seinem Kopf schwebenden Adlern der alliierten Mächte unter Druck gesetzt. Auch der vierzeilige Reim spielt auf den unmittelbar bevorstehenden Machtwechsel an: Alexandre Berthier, Herzog von Neuchatel, wechselte schon vor der offiziellen Absetzung Napoleons die Seiten und stellte sich in den Dienst Ludwigs XVIII. | David Blankenstein

Literatur: Veltzke 2007, S. 416

320

Anonym

Sein Denkmal. Blicke in die Vergangenheit und Zukunft beim Anfang des Jahres 1814 | 1814
Radierung, koloriert, Transparent mit Unterblatt, 11,2 × 14,5 cm
Salenstein, Napoleonmuseum Thurgau, Schloss und Park Arenenberg | Inv.-Nr. 1980.344

Wie bei Kat.-Nr. 3219 handelt es sich um eine deutsche Neujahrskarte. Ein ähnliches Denkmal zeigt z.B. Kat.-Nr. 2406: Hauptsächlich Totenschädel bilden den Sockel für das gewaltige Haupt Napoleons, das hier als doppelgesichtiger Januskopf dargestellt ist. Ein Gesicht blickt auf Frankreich, das andere über den Rhein nach Deutschland. Im Gegenlicht konnte der Empfänger der Karte erkennen, was beide Länder im neuen Jahr erwarten sollte: Während das verwüstete Deutschland neu erblühte, breiten sich Düsternis und Elend über Frankreich aus. | Kathrin Brumm

Literatur: Mathis 1998, S. 592

322

Anonym

Der Menschenfresser (L'Ogre Dévorateur du Genre humain) | 1814/15
Radierung, koloriert, 23,4 × 18 cm
Salenstein, Napoleonmuseum Thurgau, Schloss und Park Arenenberg | Inv.-Nr. 1980.123.

Immer wieder thematisierten Karikaturisten die riesigen Verluste der *Grande Armée* vor allem in Spanien und Russland und die folgenden Massenaushebungen und Zwangsrekrutierungen immer jüngerer Soldaten. Das Entsetzen über den Verschleiß der Truppen und die Gleichgültigkeit der napoleonischen Kriegspolitik gegenüber den geopferten Menschenleben illustriert diese Darstellung Napoleons als Menschenfresser: Dem Kaiser ragen noch Hand und Fuß eines Menschen aus dem Mund, aber er hat bereits seine nächsten Opfer gepackt, deren Flehen ungehört bleibt. | Kathrin Brumm

Literatur: Mathis 1998, S. 430

321

Anonym

Satire gegen Napoleon und Godoy (Napoleon und Godoy: Napoleon sieht im Traum seine Niederlage in Russland voraus)
Radierung, 17,5 × 20,7 cm
Madrid, Museo Municipal de Madrid | Inv.-Nr. 2.255

Die Satire basiert auf Francisco de Goyas 1799 in seiner Serie *Caprichos* erschienener Radierung *Der Schlaf der Vernunft gebiert Ungeheuer*. Anstelle von Goya sitzt hier Napoleon schlafend vornübergebeugt. In Abwandlung von Goyas Nachttieren erscheinen ihm als bedrohliche Ungeheuer seiner Albträume der siegreich über ihm schwebende russische Adler und sphinxartige Flügelwesen. | Angelica Francke

Literatur: Gassier / Wilson / Lachenal 1994, S. 125–126

319

322

323

323
Nach Lewis Marks (1769 ?– aktiv 1814–1832)
A happy dance for Europe | 17. Mai 1814
Radierung, koloriert, 25,4 × 35,4 cm
Hannover, Wilhelm-Busch-Museum, Deutsches Museum für Karikatur und Grafik |
Inv.-Nr. KG 5861/04

Napoleon wird hier – mit einer Kette um den Hals und zerrissener Hose – von zwei schwarzen Teufeln ins Höllenfeuer gezerrt. Während eine Schlange sich an ihm hochwindet, tanzt eine Schar von Fabelwesen um die Gruppe herum. Die Karikatur nimmt Bezug auf Napoleons Verbannung nach Elba, das in mehreren zeitgenössischen englischen Karikaturen als Hölle (»Helba«) dargestellt wird. | David Blankenstein

324
James Gillray (1756–1815)
Der aufgeschreckte Phaeton (Phaeton alarm'd!)
1808
Radierung, koloriert, 34,2 × 34,7 cm
Salenstein, Napoleonmuseum Thurgau, Schloss und Park Arenenberg | Inv.-Nr.1980.158.

Das komplexe und figurenreiche Blatt illustriert die Unruhen, die Napoleon auch in der britischen Politik auslöste. Auf der Erde steht ganz Europa und sogar Amerika in Flammen, Verursacher der Brände ist Napoleon, der inmitten der Flammen den russischen Bären reitet. Am Firmament (in der britischen Politik) verliert der britische Außenminister Canning in der Gestalt des Phaeton, abgelenkt durch das Unheil auf Erden, die Kontrolle über das Kabinett, das hier als Pferdegespann den Sonnenwagen zieht. Phaetons Straucheln versetzt auch die Sternzeichen in Aufruhr: Die Opposition versucht, die Schwächung der Regierung auszunutzen. | Kathrin Brumm

Literatur: Kaenel 1998, S. 28–73, hier S. 46ff.; Mathis 1998, S. 216

325

Anonym nach Johann Michael Voltz (1784–1858)
Das fürchterliche Raubnest oder die Ruine des großen Kaiserschlosses des Universalmonarchen | 1815
Radierung, koloriert, 17,8 × 22,6 cm
Salenstein, Napoleonmuseum Arenenberg, Schloss und Park Arenenberg | Ohne Inv.-Nr.

Die Landschaft mit Burgruine ist eine der bekanntesten Karikaturen auf Napoleon nach dessen Sturz. Das hier verwendete Motiv von Johann Michael Voltz (1784–1858) zeigt eine verfallende Raubritterburg, in die Marodeure von ihrem Beutezug aus der gebrandschatzten Stadt zurückkehren. Die Ruine entpuppt sich, sobald das Blatt um 90 Grad gedreht wird, als Vexierbild, das die Silhouette Napoleons zeigt, und spielt auf dessen Ruf als plündernder Tyrann an, der auch in seinem Niedergang noch bösartig und gefährlich ist.
David Blankenstein

Literatur: Scheffler / Scheffler / Vetter-Liebenow 1995, S. 170

325

326
Anonym
Vera Imagine del Conquistatore (Das wahre Bild des Eroberers) | 1814
Radierung, koloriert, 21,4 × 13,7 cm
Hannover, Wilhelm-Busch-Museum, Deutsches Museum für Karikatur und Grafik |
Inv.-Nr. KG 6127/04

Die »Leichenkopf«-Karikatur (s. Kat.-Nr. 315–317) breitete sich, von Deutschland ausgehend, rasch in neun weitere Länder Europas aus. Wie in der italienischen Fassung wurde die Darstellung auch in anderen Ländern mit nur geringfügigen Änderungen und meist mit einer Erläuterung der einzelnen Bildbestandteile veröffentlicht.
David Blankenstein

Literatur: Scheffler / Scheffler / Vetter-Liebenow 1995, S. 112

326

11
SYMBOLISCHER UND LEIBLICHER TOD

Mit dreißig Jahren war Napoleon Bonaparte Erster Konsul. Mit fünfunddreißig wurde er Kaiser. Mit sechsundvierzig war er tot – symbolisch tot. Zwar lebte er noch sechs Jahre im Exil auf Sankt Helena, lernte dort englisch und diktierte seine Memoiren. Doch markierte das Jahr 1815 das epochale Ende seiner kometenhaften Karriere und der 18. Juni 1815 galt in vielen Augen fortan als eine Stunde Null der europäischen Geschichte. Endstation Waterloo: Aus Ereignis, Erzählung und Erinnerung entwickelte sich die knapp zehnstündige Schlacht bald zu einem der größten Schlachtenmythen der Geschichte. Victor Hugo, Stendhal, Lord Byron und Walter Scott, um nur einige zu nennen, trugen aus ihren unterschiedlichen nationalen und politischen Perspektiven zur poetischen Ästhetisierung des Ereignisses bei; Maler wie William Turner und Adolf Menzel widmeten ihm Studien und Gemälde; zahlreiche populäre Feste und Medien nährten die kollektiven Erinnerungen in der ganzen Welt – hiervon zeugt nicht zuletzt ein wunderbares kleines Gemälde des englischen Landschaftsmalers John Constable: die öffentliche Erhängung einer lebensgroßen Puppe Napoleons am sogenannten »Waterloo Holiday« des Jahres 1824 in einem Städtchen in Suffolk.

Für Napoleon selbst allerdings bedeutete die verlorene Schlacht offensichtlich zunächst gar nichts: »Alles ist noch keineswegs verloren. [...] Es lässt sich alles noch retten«, schrieb er einen Tag nach dem Gemetzel an seinen Bruder Joseph. Dieses Zeugnis »monströser Verblendung« (Johannes Willms) war kein Novum: Bereits ein Jahr vor Waterloo hatte der Kaiser eine mildere Form seines politischen Todes schon nicht wahrhaben wollen, der demütigenden Abschiebung auf die Insel Elba im Frühjahr 1814. Insgesamt dauerte sein mediterranes Exil knappe zehn Monate, am 20. März 1815 saß der Kaiser wieder in den Tuilerien. Der wirkliche Schlusspunkt kam erst Hundert Tage später, als Napoleon zum zweiten Mal abdankte und am 22. April 1815 vor dem Parlament verkünden musste: »Mein politisches Leben ist beendet.«

Was danach auf der erbärmlichen Atlantikinsel Sankt Helena – 1900 Kilometer vor der afrikanischen und 3300 vor der südamerikanischen Küste folgte, hat der Historiker Luigi Mascilli Migliorini als eine komplexe »Schlacht um das Gedächtnis« bezeichnet. Hier, außerhalb aller Zeitlichkeit, arbeiteten der Verbannte und einige Gefährten gemeinsam an seiner Legende. Und hier rückte auch der kranke Körper des gefallenen Monarchen allmählich in den Mittelpunkt der eingeschränkten, protokollierenden Aufmerksamkeit seines kleinen Hofstaates. Am 16. März 1821 vermerkte der junge Arzt Francesco Antommarchi in seinem Tagebuch: »Der Kaiser liegt im Bette, in eine Art von lethargischer Schlafsucht versunken, die er nicht überwinden kann. ›In welchen Zustand bin ich nicht verfallen! Sonst war ich so thätig, so frisch! Nun kann ich kaum meine Augenlider öffnen; aber ich bin nicht mehr Napoleon‹; und darauf fielen ihm die Augen zu.« Napoleon starb am 5. Mai 1821. Trotz oder gerade wegen der überaus sorgfältigen Nekroskopie und der Autopsie des Verstorbenen, die darauf folgten, wurde der tote Leib Anlass für anhaltende Verdächtigungen und Vermutungen – ein Hinweis auf die politische, historische und symbolische Bedeutung dieses Leichnams.

Bénédicte Savoy

Kat.-Nr. 344

327
Vera Ladiges nach Paul Delaroche (1797–1856)
Napoleon in Fontainebleau | Um 1930
Öl auf Leinwand, 108,5 × 91 cm
Salenstein, Napoleonmuseum Thurgau, Schloss und Park Arenenberg | Ohne Inv.-Nr.

328
Anonym
Offizielle Nachricht über die Entthronung Bonapartes | 1814
Flugblatt, 41,2 × 43,6 cm
Salenstein, Napoleonmuseum Thurgau, Schloss und Park Arenenberg | Inv.-Nr. 4356

Nach der Völkerschlacht bei Leipzig vom 16. bis 19. Oktober 1813 wendete sich das Kriegsglück für Napoleon. Frankreich musste sich vor den Koalitionsarmeen immer weiter nach Westen zurückziehen, bis diese schließlich Ende März 1814 vor Paris standen. Das Gemälde – ein Ausschnitt nach dem gleichnamigen Gemälde von Delaroche – zeigt Napoleon in dieser Situation als erschöpften, geschlagenen Mann, wenngleich sein Mund noch Entschlossenheit signalisiert. Auf Druck seiner Generäle dankte Napoleon ab und wurde auf die Mittelmeerinsel Elba verbannt. | Angelica Francke

327

328 Verso　　　328 Recto

329
Napoleons Ankunft in den Tuilerien | Um 1815
Kupferstich, 30,5 × 50 cm
Salenstein, Napoleonmuseum Thurgau, Schloss und Park Arenenberg | Ohne Inv.-Nr.

Nach nur 10 Monaten verließ Napoleon heimlich Elba und kehrte mit 1050 Mann am 1. März 1815 auf das französische Festland zurück. Bei seinem Eilmarsch Richtung Paris öffneten viele Städte ihre Tor, ganze Regimenter schlossen sich ihm an. Der Bourbonenkönig Ludwig XVIII. floh aus der Hauptstadt, kurz bevor Napoleon von den mit der bourbonischen Regierung unzufriedenen Franzosen bei seinem Einzug am 20. März 1815 in die Pariser Tuilerien begeistert gefeiert wurde. Napoleon war erneut an der Macht, es begann seine sogenannte Herrschaft der 100 Tage. | Angelica Francke

330

Johann Lorenz Rugendas (1775–1826)
Wellingtons und Blüchers Zusammenkunft | 1815
Kupferstich, koloriert, 68 × 79,5 cm
Salenstein, Napoleonmuseum Thurgau, Schloss und Park Arenenberg | Ohne Inv.-Nr.

331

Johann Lorenz Rugendas (1775–1826)
Napoleons Flucht nach der Schlacht bei Waterloo am 18. Juni 1815 | 1815
Kupferstich, koloriert, 68 × 79,5 cm
Salenstein, Napoleonmuseum Thurgau, Schloss und Park Arenenberg | Ohne Inv.-Nr.

Der Kaiser flieht mitten in der Entscheidungsschlacht! Wie kann man so etwas darstellen? Für Zeitgenossen ein Skandal. Bis heute wird dieses Verhalten des »großen Korsen« kaum thematisiert. Im Gegensatz zur sorgfältig gepflegten Fama, Napoleon sei stets bei seinen Soldaten gewesen, verließ er sie in Wahrheit immer, wenn es ihm opportun erschien oder sich das »Kriegsglück« gegen ihn wendete: in Ägypten, in Russland und eben in Waterloo. Das Blatt zeigt die entscheidende Szene in all ihrer Dramatik und Brutalität.
Dominik Gügel

332 ohne Abb.

Unbekannter Künstler
Zwölf Ansichten von Waterloo. Und der genaueste Plan der Schlacht, den es gibt | Um 1820
Sammelband mit 12 Lithografien und beschreibendem Text in Englisch und Französisch, 30 × 22,5 cm
Salenstein, Napoleonmuseum Thurgau, Schloss und Park Arenenberg | Ohne Inv.-Nr.

333

William Mallord Turner (1775–1851)
Das Schlachtfeld von Waterloo | 1818
Aquarell, 28,8 × 40,5 cm
Cambridge, The Fitzwilliam Museum

Die Schlacht vom 18. Juni 1815 machte den Namen des belgischen Dorfes Waterloo zu einem Synonym für eine vernichtende Niederlage. Die Niederlage des französischen Kaisers markierte das Ende einer mehr als 20 Jahre dauernden militärischen Auseinandersetzung mit dem revolutionären Frankreich. Waterloo wurde zu einem Epochenwechsel und zugleich zum Mythos. Für die Zeitgenossen bedeutete es schlicht das Ende der französischen Gefahr. Obwohl zahlreiche Nationen an dieser Schlacht auf Seiten der Alliierten beteiligt waren, wird Waterloo in erster Linie als Sieg der Briten unter dem überragenden Herzog von Wellington gesehen. Auch dies ist Teil des Mythos. Die Mehrheit der »britischen« Armee bestand jedoch aus Niederländern und Hannoveranern. Und die in Panik fliehenden französischen Truppen wurden von den preußischen Alliierten unter Gneisenau verfolgt; Wellingtons Armeekorps machte bereits bei Belle Alliance Halt.
René Hartmann

Literatur: Mastnak / Tänzer 2003

330

331

333

334
Pierre-Philippe Thomire (1751–1843) nach Antoine-Denis Chaudet (1763–1810)
»Verwundeter« Adler, von einem Biscayer während einer der letzten Kampagnen des Kaiserreichs durchschossen | 1812
Ziselierte und vergoldete Bronze, 30 × 26 cm, Modell von 1811
Paris, Musée de l'Armée, Hôtel National des Invalides | Inv.-Nr. 03361, Bd 73

Seit 1804 war der Adler mit ausgebreiteten Flügeln das Symbol des Kaiserreiches. Auf Befehl Napoleons wurden die Fahnenstangen und Standarten der kaiserlichen Armee mit vergoldeten, lebensgroßen Adlern ausgerüstet. Der symbolische Verweis zielte unübersehbar auf die kaiserlich-römischen Hoheitszeichen der Legionen. Dieser von einer Kartätschen-Kugel durchschlagene Adler verkörpert eindringlich den Tod des Einzelnen, wie auch den einer ganzen Armee auf dem Schlachtfeld. | René Hartmann

Literatur: Grewenig/Chevallier/Kaufmann 1998, S. 134–135

334

335 ohne Abb.
Sir William Quiller Orchardson (1832–1910)
Napoleon an Bord der Bellerophon | 1880
Öl auf Leinwand, 165,1 × 248,9 cm
London, Tate Gallery | Inv.-Nr. N01601

Nach der Kapitulation gegenüber Kapitän Maitland von der Bellerophon vor Rochefort im Jahre 1815 wurde Napoleon auf diesem Schiff in den Plymouth Sound gebracht, wo er vom 26. Juli bis zum 4. August an Bord blieb, während über sein Schicksal beraten wurde. Er erschien täglich um 18.30 Uhr auf Deck und wurde dabei von vielen Zuschauern beobachtet, die sich der Bellerophon mit kleinen Ruderbooten näherten.
Christoph Birnbaum

Literatur: Tulard 1989

336

Elisa Napoleone Baciocchi Camerata (1806–1869)
Die Anlage von Longwood | Paris, o. J.

Handzeichnung, Tusche, koloriert, 63 × 97 cm
Salenstein, Napoleonmuseum Thurgau, Schloss und Park Arenenberg | Ohne Inv.-Nr.

Der von Elisa Napoleone, einer 1806 geborenen Tochter Elisa Bonapartes und ihres Ehemannes Felix Baciocchi, gezeichnete Plan von Longwood gehörte laut einem Inventar zu den »Schulunterlagen« des Prinzen Louis Napoleon auf Schloss Arenenberg. Mit diesem lernte der zukünftige Kaiser den Ort des Exils Napoleons I. kennen und beschäftigte sich mit dessen Besonderheiten. | Dominik Gügel

337 ohne Abb.

Lieut. R. P. Read
Geografische Karte der Insel St. Helena | London, 1817[2]

Stich, handkoloriert, 54,5 × 76,5 cm
London, National Maritime Museum | Inv.-Nr. G214:25/2 (1)

Reads Karte von St. Helena wurde erstmals im Oktober 1815, vermutlich aufgrund der Verbannung Napoleons auf die Insel und das daraus entstandene Interesse angesichts der bevorstehenden Ankunft des Korsen, publiziert. Die Karte zeigt etliche Details wie Straßen und verschiedene einzelne Gebäude. Interessanterweise wird das »Plantation House« als »Residenz von Buonaparte« bezeichnet. Einige dieser Karten enthielten auf der Rückseite eine Beschreibung der Insel unter dem Titel »A Descriptive Sketch of Saint Helena, to accompany Lieut. Read's Geographical Plan of the Island«.
Christoph Birnbaum

Literatur: Sieburg 1962

338

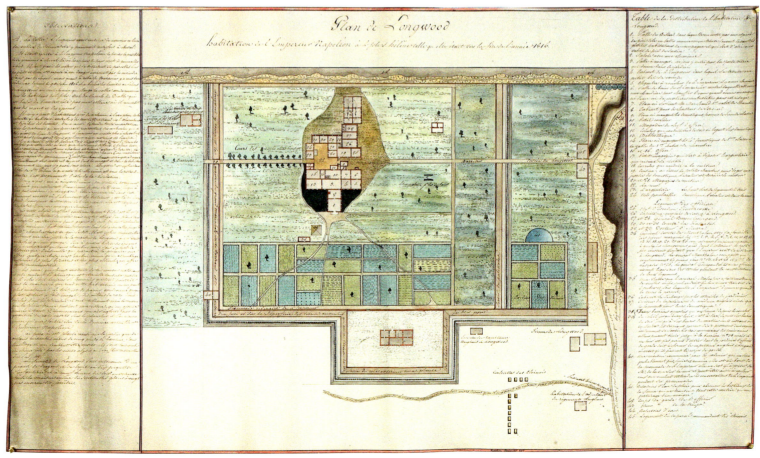

336

338

Napoleon Bonaparte (1769–1821)
Englische Vokabelübungen | Sankt Helena, Longwood, 1816/17
Papier, Tinte, Autograf, 32 × 20,5 cm
Paris, Fondation Napoléon | Inv.-Nr. 1153

Bereits im Jahre 1815, auf seiner langen Schiffsreise in die Verbannung, erhielt Napoleon von seinem Vertrauten Comte Emmanuel de Las Cases seine beiden ersten Englischlektionen. Der Unterricht wurde jedoch zunächst unterbrochen und erst am 17. Januar 1816 in Longwood House auf Sankt Helena fortgesetzt. Napoleons Ziel war es, die unregelmäßig eintreffende englische Zeitung lesen zu können, um über die Geschehnisse in Europa informiert zu bleiben. Mit Hilfe eines Wörterbuches und einer Tabelle von Hilfsverben übersetzte der ehrgeizige Schüler ironisch anmutende Sätze wie »*Quand serez vous sage?* – When will you be wise / *jamais tant que je suis dans cette isle.* Never as long as I should be in this isle.« | Julia Aschlener

Literatur: Ausst.-Kat. London 2005, S. 266

339

339

Nach Gaspard Gourgaud (1783–1852)
Der Gärtner von St. Helena | Vor 1821
Lithografie, 35,4 × 53,8 cm
Salenstein, Napoleonmuseum Thurgau, Schloss und Park Arenenberg | Ohne Inv.-Nr.

340 ohne Abb.
Gärtnerschürze mit eingesticktem »N« | Nach 1815
Textil, 104 × 90,7 cm
Salenstein, Napoleonmuseum Thurgau, Schloss und Park Arenenberg | Inv.-Nr. 1865

»Es wäre ein des Pinsels des größten Malers würdiges Gemälde«, schrieb Napoleons Kammerherr Montholon, »den Eroberer so vieler Königreiche [...] darzustellen, wie er, den Spaten in der Hand, einen großen Strohhut auf dem Haupte, Pantoffeln von rotem Maroquin als Fußbekleidung, am frühesten Morgen unsere Arbeiten [...] leitete.« Tatsächlich versuchte sich Napoleon, dem Rat seines Arztes folgend, auf Sankt Helena als Gärtner.
Lisa Sophie Hackmann

Literatur: Montholon 1846, S. 122; Hubert 1986, S. 151;
Grewenig/Chevallier/Kaufmann 1998, S. 196

342

341 ohne Abb.
Emmanuel Augustin Dieudonné Graf de Las Cases (1766–1842)
Erinnerungen an Napoleon Bonaparte (Le mémorial de Sainte Hélène) | 1822/23
Druck auf Papier, acht Bände gebunden in Leder, Oktav-Format, 17,5 × 10,4 × 3 cm
Paris, Bibliothèque nationale de France | Inv.-Nr. LB 48 1954 (A 1-8)

342
Emmanuel Augustin Dieudonné Graf de Las Cases (1766–1842)
Leben und Begebenheiten von Emmanuel Augustin Dieudonné, Graf de Las Cases, des Gefährten Napoleons auf der Insel Sankt Helena, polnisch | Warschau, 1821
Druck auf Papier, 30 × 25 cm
Kórnik, Biblioteka Kórnicka Polska Akademia Nauk | Inv.-Nr. 175084

Die Memoiren Napoleons entstanden im Exil auf Sankt Helena, sind aber weder von Napoleon selbst aufgezeichnet noch von ihm direkt diktiert worden. Ein Offizier Napoleons, Emmanuel Augustin Dieudonné Graf de Las Cases, der dem Kaiser freiwillig ins Exil gefolgt war, zeichnete vielmehr – ausgehend von Gesprächen mit Napoleon und unter Rückgriff auf französische Zeitschriften, die bei der historischen Rekonstruktion zu Hilfe genommen wurden – dessen Lebens- und Wirkungsgeschichte auf. Die indirekten Memoiren – deren Manuskript zeitweilig von den Briten konfisziert worden war, das Las Cases aber 1822 zurückbekam und publizieren konnte – wurden als überaus authentisch rezipiert, und die »Stimme Napoleons« wurde zu einer wichtigen Grundlage des Napoleonkultes des 19. Jahrhunderts. | David Blankenstein

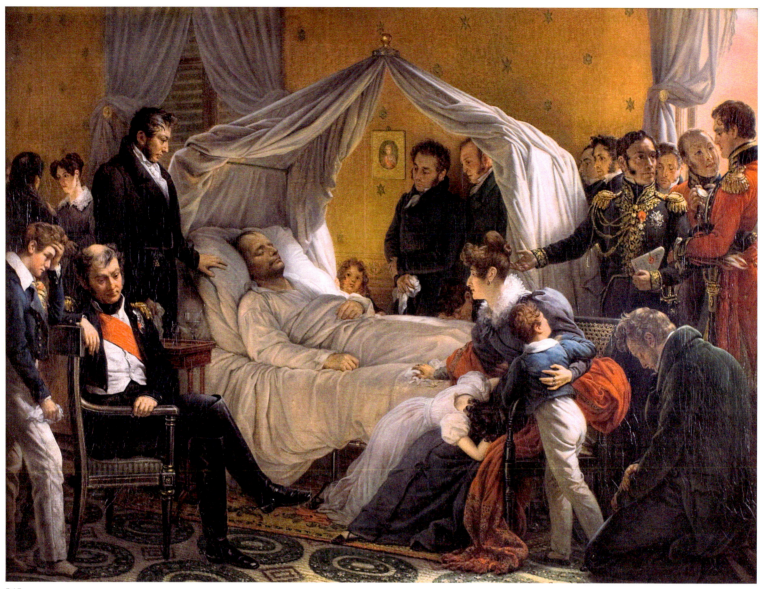

343

Karl August Baron von Steuben (1788–1856)
Der Tod Napoleons I. auf St. Helena | Um 1828
Öl auf Leinwand, 74,5 × 101 cm
Salenstein, Napoleonmuseum Thurgau, Schloss und Park Arenenberg | Ohne Inv.-Nr.

Der Augenblick des Todes von Napoleon ist in der Darstellung Karl von Steubens zum prägenden Bild des Ablebens des verbannten Kaisers geworden und fand durch Reproduktionen europaweit Verbreitung. Die Ölskizze, Vorlage für das sich heute in Arenenberg befindliche Gemälde, zeigt Napoleon umgeben von seiner Entourage: der Familie des Vertrauten Groß-Marschalls Henri-Gratien Bertrand und, die Hand auf dem Kissen, seinem korsischen Leibarzt Francesco Antommarchi. Der Künstler konsultierte für seine Komposition die Augenzeugen, ließ sich von Bertrand die Standorte der Personen und Möbel in dem Raum skizzieren und fertigte Porträts von fast allen Protagonisten an, um den historischen Moment so getreu wie möglich wiederzugeben. | David Blankenstein

344

Totenmaske Napoleons I. | Nach 1821
Bronze, H 22 cm, B 23, cm, T 36,5 cm
Salenstein, Napoleonmuseum Thurgau, Schloss und Park Arenenberg
(Dons du Prince Napoléon) | Ohne Inv.-Nr.

Als Napoleon 1821 auf Sankt Helena starb, präsentierte der dubiose Mediziner Antommarchi eine Totenmaske, die er angeblich vom Gesicht des Ex-Kaisers genommen hatte. Als er wenig später als Betrüger entlarvt wurde, floh er gleich anderen Bonapartisten nach Kuba und lebte bis zu seinem Tode 1838 in Santiago. Dort kümmerte sich Antommarchi als »El Doctor« um die Bedürftigen. Sein verwahrlostes Grab befindet sich in einer abgelegenen Ecke des Friedhofs, in der Nachbarschaft unscheinbarer öffentlicher Grabstätten, die der Staat für seine weniger wohlhabenden Bürger zur Verfügung stellt.
Christoph Birnbaum

Literatur: Willms 2005

345

Unbekannter Künstler
Napoleon Buonapartes Grab auf Sankt Helena | Nach 1821
Aquarell auf Reispapier, Bild 13 × 17,5 cm, Begleitzettel 11 × 17,8 cm
Salenstein, Napoleonmuseum Thurgau, Schloss und Park Arenenberg
(Schenkung De Broekere, aus Camille Bertrands Portefeuille) | Ohne Inv.-Nr.

Der Kult um den verstorbenen Kaiser drehte sich nicht allein um diesen: Nicht Person, Antlitz oder der Körper Napoleons, sondern sein Grab wird zum Objekt der Verklärung. Der für die Franzosen unerreichbare Ort entwickelt einen eigenständigen Mythos.
David Blankenstein

Literatur: Gaulupeau 2004, S.191

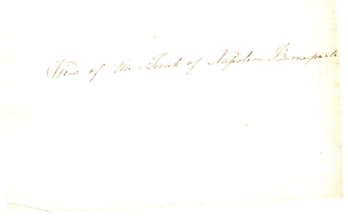

345

344

346 ohne Abb.
The Times, Nummer 11290, Artikel »Death of Bonaparte« (Tod Bonapartes), Faksimile | 5. Juli 1821
Papier
Edinburgh, National Library of Scotland

347 ohne Abb.
Österreichisch-Kaiserliche privilegirte Wiener Zeitung, Nr. 161, Artikel »Großbritannien«, Faksimile | 16. Juli 1821
Papier
Berlin, Staatsbibliothek Berlin, Zeitungsabteilung

Im Unterschied zu anderen englischen Blättern, die Napoleons in Schmähungen gedachten, blieb die Londoner *Times* eher neutral und fand sogar anerkennende Worte für Napoleons Persönlichkeit. Dieser Artikel gibt den ersten offiziellen Bericht des Kapitäns Crokat wieder, der die Todesnachricht von Sankt Helena nach England brachte, von wo sie durch Kuriere an die verschiedenen Höfe gelangte. Diese Nachricht, die in knapper und nüchterner Form über die Geschehnisse des Todestages, die Ergebnisse der Obduktion sowie die letzten Tage und Stunden im Leben Napoleons informiert, wurde in vielen Zeitungsberichten fast wörtlich wiederholt bzw. übersetzt, so erscheint die im Wesentlichen gleiche Nachricht unter anderem am 16. Juli in der *Wiener Zeitung* und am 19. Juli in der *Vossischen Zeitung.* | Kathrin Brumm

Literatur: Holzhausen 1902, S. 23–28

348 ohne Abb.
La Quotidienne, Artikel »De Bonaparte« (»Über Bonaparte«) von Louis-Gabriel-Ambroise de Bonald, Faksimile | 29. Juli 1821
Papier
Paris, Association pour la conservation et la reproduction photographique de la presse

349 ohne Abb.
Le Constitutionnel: journal de commerce, politique et littéraire, Faksimile | 11. Juli 1821
Papier
Paris, Association pour la conservation et la reproduction photographique de la presse

Die beiden Berichte zeigen die gespaltene Meinung der Franzosen zu Napoleon. Der liberale *Constitutionnel* räumt zwar ein, Napoleon habe Frankreich in einen permanenten Kriegszustand geführt, dann aber beruft er sich auf den außergewöhnlichen Aufstieg Napoleons, die frühen großen Erfolge als Konsul, die Verdienste um Verwaltung, Staatshaushalt und Gesetzgebung. Der Artikel schließt mit der Feststellung, dass der von seinen Zeitgenossen zuletzt Geschmähte und Verbannte am Ende doch zu den großen Männern gezählt werden müsse. Die royalistische *Quotidienne* kommt zu einem entgegengesetzten Schluss. Der radikale Revolutions- und Napoleon-Gegner de Bonald spricht Napoleon jede Wirkung auf die Nachwelt schlichtweg ab. Die bourbonische Regierung versuchte mit mäßigem Erfolg, eine öffentliche Diskussion über Napoleon zu unterdrücken, die Royalisten erklärten dieses erzwungene Schweigen zum Beweis für seine Bedeutungslosigkeit. | Kathrin Brumm

Literatur: Holzhausen 1902, S. 20–23

353

350 ohne Abb.

Neue Zürcher Zeitung, Artikel »Frankreich«, Faksimile |
14. Juli 1821
Papier
Zürich, Archiv der Neuen Zürcher Zeitung

351 ohne Abb.

Neue Zürcher Zeitung, Artikel »Großbritannien«, »Frankreich«, Faksimile | 21. Juli 1821
Papier
Zürich, Archiv der Neuen Zürcher Zeitung

352 ohne Abb.

Gazzetta Piemontese, Nr. 87, Artikel »Inghilterra« (»England«), Faksimile | 21. Juli 1821
Papier
Rom, Biblioteca di Storia Moderna e Contemporanea

353

Gazzetta di Parma, Nr. 59, Artikel, Faksimile | 24. Juli 1821
Papier, 25,2 × 19,4 cm
Parma, Fondazione Museo Glauco Lombardi | Inv.-Nr. 1588

Im Unterschied zu den von parteipolitischen Zwistigkeiten geprägten Stellungnahmen in der französischen (Kat.-Nrn. 348 und 349), den leidenschaftlichen Schmähungen in der spanischen (Kat.-Nr. 356) oder der Erhebung in mythische Sphären in der US-amerikanischen Presse (Kat.-Nr. 346) nehmen sich die Berichte aus der schweizerischen *Neuen Zürcher Zeitung* und der italienischen *Gazzetta Piemontese* bzw. *Gazzetta di Parma* verhaltener aus, was sich im Falle der beiden Letzteren mit der Zensur in Oberitalien erklären lässt. Sie widmen sich stattdessen den nach und nach bekanntwerdenden Details über Napoleons Ableben, berichten minutiös über die Obduktion und schildern die Begräbnisfeierlichkeiten. In der *Gazzetta Piemontese* (Kat.-Nr. 352) zitiert man immer wieder persönliche Bekannte Napoleons als Zeugen, von denen rührende Anekdoten übermittelt werden. Die *Neue Zürcher Zeitung* vom 21. Juli 1821 gibt zudem den Artikel aus dem Napoleon eher gewogenen französischen *Constitutionnel* (Kat.-Nr. 349) vollständig wieder. Die *Neue Zürcher Zeitung* vom 14. Juli 1821 schildert eine Anekdote, die sich kurz nach Bekanntwerden der Todesnachricht bei der Sitzung der Deputiertenkammer zugetragen haben soll. | Kathrin Brumm

Literatur: Holzhausen 1902, S. 30

354

Kölnische Zeitung, Nr. 121, Artikel »Großbritannien« |
31. Juli 1821
Papier, gebunden
Köln, Universitäts- und Stadtbibliothek

Auch die *Kölnische Zeitung* veröffentlichte keine eigene Stellungnahme zu Napoleons Tod, sondern begnügte sich mit dem Abdruck der allgemein verbreiteten Nachrichtentexte. Am 31. Juli 1821 erschien diese, ebenfalls durch englische Korrespondenten übermittelte, sentimentale, romantisierende Schilderung von Napoleons letzten Stunden, »durch einen sehr achtbaren deutschen Biedermann […] authentisch versichert«. Laut diesem Bericht soll Napoleon versöhnt, mit sanften und einsichtigen Worten auf den Lippen im Vertrauen auf Gottes Gnaden verschieden sein. | Kathrin Brumm

Literatur: Holzhausen 1902, S. 29

354 A

354 B

Mainzer Zeitung, Nr. 83, Artikel »England«, von Friedrich Lehne, Faksimile | 12. Juli 1821

Papier

Mainz, Bibliotheken der Stadt Mainz – Wissenschaftliche Stadtbibliothek | Sign. 66: 4°/4-1821

Friedrich Lehne, der Herausgeber der *Mainzer Zeitung,* verfasste für seine Zeitung diesen Nachruf auf Napoleon. Der einstige Klubist beklagt dessen Schicksal auf eine eher persönliche, empathische Art und Weise. Dennoch richtet er den Blick auch auf die Geschichte, denkt über die Bedeutung Napoleons für die kommenden Generationen nach und hinterfragt die scharfe Verurteilung durch die Zeitgenossen. Auffällig sind hier die wiederholten Vergleiche mit großen antiken Herrschern wie Alexander, Nero und Sulla, die – ganz wie Napoleon – entweder verteufelt oder glorifiziert wurden.
Kathrin Brumm

Literatur: Holzhausen 1902, S. 31–33

356 ohne Abb.
Diario de Madrid, Nr. 229, »La virtud y el vicio, Ó Napoleón en juicio« (Die Tugend und das Laster, Oder: Napoleon vor Gericht), L. de la T., Seite 351–355, Faksimile | Madrid, 17. August 1921
Papier
Madrid, Biblioteca Nacional

Der ausführliche Nachruf zum Tod und Wirken Napoleons steht vor dem Hintergrund des seit zwei Jahrzehnten anhaltenden Kampfes aufgeklärter Spanier für die Durchsetzung einer liberalen Verfassung. Der Autor L. de la T. wirft dem Kaiser vor allem vor, dieses Ideal seiner Jugend und Konsulatszeit aus Despotismus auch und gerade in Spanien verraten zu haben. | Angelica Francke

357
Kurjer Warszawski, Nr. 172, Faksimile | 1821
Papier
Kórnik, Biblioteka Kórnicka Polska Akademia Nauk | Inv.-Nr. Cz 180/171–172

358 ohne Abb.
Daily National Intelligencer (Washington DC), Issue 2688, Artikel »Latest from England. Death of Napoleon Bonaparte« und Nachruf, Faksimile | 24. August 1821
Papier
Berlin, Staatsbibliothek Berlin, Zeitungsabteilung

Neben dem ersten Bericht von Kapitän Crokat, ergänzt durch ähnliche Berichte über die näheren Umstände von Napoleons Krankheit und Tod, befindet sich auf der selben Zeitungsseite eine Art Nachruf, in dem die allgemeine Größe seiner Ideen und Taten, seines Einflusses auf Europa und die Welt in pathetischen Worten herausgestellt wird. Die ihn umgebende Aura des Übermächtigen und -menschlichen habe Napoleon beinahe über den eigenen Tod erhaben scheinen lassen, in seiner Verbannung auf Sankt Helena wird Napoleon sogar mit Prometheus, dem mit grausamer Verbannung bestraften Kulturstifter der griechischen Mythologie verglichen. Der Artikel schließt mit einem Vers.
Kathrin Brumm

Beschreibung
der Ankunft der Ueberreste des
Kaiser Napoleons,
in Paris den 15. Dezember 1840.

Beschreibung des berühmten Leichenzugs Napoleons in Paris, nebst Beschreibung der Ankunft des Schiffes Belle Poule auf der Insel St. Helena,
sowie
Ausgrabung des Leichnams Napoleons,
Eröffnung der Särge, Einschiffung und Einsegnung der Ueberreste Napoleons, Abfahrt von der Insel St. Helena und Ankunft an der Küste Frankreichs zu Cherbourg.

Die Zeit hat die Feinde des Kaisers Napoleons ausgesöhnt, er, der auf jener Felseninsel Sanct Helena, welche 340 Seemeilen von dem nächsten Punkte Afrika's aus dem wogenden Ocean ragt, seine Heldenseele aushauchte, er, der dort gelitten, geklagt, ohne Hoffnung auf eine dereinstige Befreiung im Leben, aber gewiß war und es auch öfters ausgesprochen hatte, daß ein baldiger Tod seinen Leiden ein Ziel setzen würde.

Er lebte auf der Insel St. Helena vom 17. October 1815 bis zum 21. Mai 1821. — Die letzte Worte Napoleons waren: Angriffskolonne — — meine Garde — — Frankreich.

Am 26. Mai 1840 verhandelte die Deputirtenkammer zu Paris einen Gesetzentwurf wegen Ueberbringung der Reste des Kaisers Napoleons nach Frankreich; das ganze Gesetz ward mit großem Beifall angenommen und 2 Millionen Franken zur Bestreitung der Kosten bewilligt.

Die französische Fregatte Belle Poule segelte am 24sten Juni 1840 von Toulon nach Sankt Helena ab, am Borde desselben befanden sich: Prinz Joinville als Schiffskapitän, Capitän Hernoir, die Generale Bertrand und Gourgaud, Las Cases Sohn, der alte Las Cases konnte Alters halber die Reise nicht mehr mitmachen, Marchand, Napoleons Kammerdiener und ein Kaplan.

Am 14. Oktober 1840 langte die Fregatte Belle Poule auf der Rhede zu St. Helena an. Am 15. Okt., um Mitternacht hatte die Ausgrabung der Leiche Napoleons statt; die Leiche lag in einem Sarge von überzinntem Eisenblech der inwendig mit weißem Atlas überzogen war, dieser Sarg war in einem von Mahagonieholz, welcher in einem dritten von Blei saß, der selbst in einem vierten von Mahagonieholz war. Die Leiche des Kaisers war äußerst wohl erhalten gefunden. Um den Sarg stand weinend der alte General Bertrand, der im Unglücke Napoleons treuer Gefährte war, der mit ihm auf dieser Insel lebte, und sich nach dem Tode Napoleons von dieser Insel begab. Der Kammerdiener Marchand, sowie die übrigen, welche sich auf der französischen Fregatte befanden. Prinz Joinville, der Gouverneur von der Insel Sankt Helena, englische Offiziere, Soldaten, englische und französische Matrosen re. Der Sarg wurde wieder sorgfältig verwahrt, und zugeschlossen und wieder in drei andere Särge gesetzt. Um halb drei Uhr Morgens setzte sich der Zug von Longwood gegen Jamestown in Bewegung. Von Minute zu Minute wurden Kanonen abgefeuert. Am 16. wurde feierlicher Gottesdienst auf der Fregatte gehalten, und am 18. Oktober 1840 segelte dieselbe von Sankt Helena ab.

Am 13. November 1840 Morgens fünf Uhr langte die Fregatte Belle Poule mit den Ueberresten Napoleons wohlerhalten zu Cherbourg an, von Minute zu Minute wurden Kanonen abgefeuert.

Am 15. Dezember 1840 war die feierliche Ankunft der Ueberreste Napoleons zu Paris.

Alle Vorkehrungen waren glanzvoll und großartig ausgeführt; der Zudrang des Volkes war ungeheuer, neunzig Tausend Nationalgarden und fünfzig Tausend Linientruppen waren anwesend.

Alle Minute wurden Kanonen abgefeuert, von den Thürmen hallte das Glockengetön. Ueberall waren Gerüsten gebaut, auf welchen sich die verschiedenen Beamten der Hauptstadt befanden.

12

PROJEKTIONEN.
EINE »GETEILTE« IKONE

»Bonaparte ist nicht mehr der wirkliche Bonaparte; er ist die Person einer aus närrischen Einfällen der Poeten, Soldatengeschwätz und Volksgeschichten zusammengesetzte Legende; wie wir ihn heutzutage sehen, ist er der große Karl und der Alexander der Heldengeschichte des Mittelalters. Dieser phantastische Held wird die wirkliche Persönlichkeit bleiben; die andern Bilder von ihm werden verschwinden«, diagnostizierte der große französische Dichter François-René de Chateaubriand in den frühen 1840er Jahren, knappe zwei Jahrzehnte nach Napoleons Tod. Eineinhalb Jahrhunderte später hat diese Vorhersage nichts von ihrer Gültigkeit eingebüßt. Die Legende, zu deren Inszenierung der abgedankte Kaiser selbst maßgeblich beitrug, nahm spätestens mit der Rückführung seiner Asche (1840) aus Sankt Helena nach Paris ein nie dagewesenes politisches und emotionales Ausmaß an. Aus heutiger Sicht ist Napoleon ein kompliziertes Geflecht aus Heroenkult, mystischer Verklärung, politischen und nationalen Projektionen jeder *couleur*. Zwischen »Korsomanie« und Feindbildern, seriöser Historiografie und volkstümlichen Erinnerungsmedien, politischer Vereinnahmung und schriller Unterhaltungswelt, das Napoleon-Konstrukt lässt sich gerade wegen seiner weltweiten Verbreitung und Polymorphie für die unterschiedlichsten Zwecke vereinnahmen. Man kann allerdings nicht behaupten, dass es im heutigen Europa, ja in Frankreich selbst *einen* Napoleon oder vielmehr *ein* Napoleonbild gibt und ein anderes in Deutschland, ein weiteres in England oder Spanien, in Polen, Haiti oder gar China. In jedem Land entstanden im 19. und 20. Jahrhundert gegensätzliche und oft leidenschaftlich gegeneinander kämpfende Napoleonbilder – mit der Gemeinsamkeit, dass sie tief in die politischen und ideologischen Auseinandersetzungen der verschiedenen Epochen und Länder eingebunden waren. Geradezu paradigmatisch erscheint vor dieser Bilderschlacht die jüngste Entscheidung eines deutschen Verlages, dem legendären Napoleonprojekt von Stanley Kubrick eine große Box – und kein Buch – zu widmen, angefüllt mit den unterschiedlichsten Dokumenten und Faksimiles aus Kubricks prächtigem Archiv: Bildern, Notizen, Drehbuchentwürfen, Dreh- und Recherchefotos, Büchern, Briefen und Interviews über Napoleon – für einen Film, der nie gedreht wurde.

Bénédicte Savoy

Kat.-Nr. 371

359
Joseph-Louis-Hippolyte Bellangé (1800–1866)
Der Andenkenverkäufer von Gipsfiguren | 1833
Öl auf Leinwand, 81 × 100 cm
Paris, Musée du Louvre | Inv.-Nr. D1975.12.3

In den Jahren nach Napoleons Tod setzte ein wahrer Kult um den Verstorbenen ein. Das Bild Bellangés stellt eine Form dieser volkstümlichen Erinnerungs- und Aufarbeitungskultur dar: Auf dem Land bietet ein Andenkenverkäufer in städtischer Kleidung kleine Gipsfiguren an. Neben Marienfigürchen befinden sich vor allen Dingen kleine Napoleonbüsten und -figuren im Sortiment. | Eva Knels

360

362

363

364

360 Abb. vorhergehende Seite
Reliquiar von St. Helena
Holz, Papier, Mörtel, Weidenholz, Stein, 34 × 42 cm
Paris, Fondation Napoléon | Inv.-Nr. 848

361 ohne Abb.
Reliquiar von St. Helena
3 Reliquien auf Papier aufgeklebt mit handgeschriebenem Text, 29,2 × 23,5 cm
Paris, Fondation Napoléon (Donation Lapeyre) | Inv.-Nr. 494

362
Glasrahmen mit zwei getrockneten Olivenzweigen und einer getrockneten Olive und Herkunftsbeschreibung
(»Branche de l'Olivier sous lequel l'Empereur Napoleon a passé la nuit du 1er au 2 Mars 1815. L'Empereur débarqua au Golfe Jouan entre Antibes et Cannes le 1er Mars à 2 heurs de l'après-midi. L'olivier dont il est question est à environ 200 pas du rivage où l'Empereur a pris terre«)
Karton, Glas, getrockneter Olivenzweig, getrocknete Olive, Tinte, 36,5 × 29 cm
Salenstein, Napoleonmuseum Thurgau, Schloss und Park Arenenberg
(Dons du Prince Napoléon) | Ohne Inv.-Nr.

363
Aufstellrahmen mit hellen Haaren Napoleons I.
Gold, weißer Satin, Haare, 6 × 4,4 cm
Salenstein, Napoleonmuseum Thurgau, Schloss und Park Arenenberg
(Dons du Prince Napoléon) | Ohne Inv.-Nr.

364
Aufstellrahmen mit dunklen Haaren Napoleons I.
Gold, weißer Satin, Haare, 6 × 4,4 cm
Salenstein, Napoleonmuseum Thurgau, Schloss und Park Arenenberg
(Dons du Prince Napoléon) | Ohne Inv.-Nr.

365
Tapete aus dem Sterbezimmer Napoleons auf Sankt Helena | Vor 1821
Papier
Salenstein, Napoleonmuseum Thurgau, Schloss und Park Arenenberg
(Schenkung de Broekere) | Ohne Inv.-Nr.

366
Wilde Geranie, von Mr. Bowe nahe dem Grab Napoleons gepflückt und 1837 Mrs. Mitchell überlassen | 1821–1837
Getrocknete Pflanzenteile
Salenstein, Napoleonmuseum Thurgau, Schloss und Park Arenenberg
(Schenkung de Broekere) | Ohne Inv.-Nr.

Zu sehen sind ein Holzrahmen mit einem Stich, der Napoleon als jungen Oberstleutnant zeigt, sowie mehrere persönliche Reliquien sowie Memorabilien aus der Umgebung und vom Grab des Kaisers auf St. Helena.
»Überall«, so schrieb Las Cases am Ende des *Memorials,* »und allerorten Dichtungen in Prosa und in Versen, Bilder, Porträts, Gemälde, Lithographien und tausend kleine, mehr oder weniger ehrfürchtige Gegenstände, die mehr als es jede königliche Prosa vermocht hätte, die Lebendigkeit der Empfindungen beschreiben, die er zurückgelassen hat.« Wenn auch nach dem Tod des Kaisers im Jahr 1821 ein paar Haare und Stoffstückchen als Erinnerungsstücke verwahrt wurden, so war es doch erst die Rückführung der sterblichen Überreste, die die Entstehung echter Reliquiare ausgelöst hat. Die Öffnung des Sarges und der Transport des Leichnams können tatsächlich mit der Reliquien-Invention und Translation in der großen Tradition des Heiligenkultes des christlichen Abendlandes in Verbindung gebracht werden – bis hin zur Veröffentlichung von detaillierten Berichten über die Exhumierung, die wir insbesondere den Generälen Henri-Gratien Bertrand (1773–1844) und Gaspard Gourgaud (1783–1852) sowie dem ersten Kammerdiener des Kaisers, dem berühmten Louis-Joseph Narcisse Marchand (1791–1876), verdanken.
Yann Potin

365

366

PROJEKTIONEN. EINE »GETEILTE« IKONE 341

367 ohne Abb.
Unbekannter Künstler
Der gekreuzigte Napoleon | 19. Jahrhundert
Bronze, Kupfer, 80 × 30 cm
New York, The Forbes Collection

In der Art und im Format eines echten Kruzifixes gearbeitet, zeugt dieses ungewöhnliche Denkmal von einer volkstümlichen Heiligsprechung der Person Napoleons, die so weit ging, dass man in Frankreich seinen Geburtstag zum Feiertag machte (der »heilige Napoleon«, d. h. der 15. August). Zwar bildet der britische Leopard mit bluttriefendem Maul einen Kontrast zu den bekannten Darstellungen des gekreuzigten Christus, die bartlose Gestalt wird allerdings von einem »Ecce homo« überragt und der Titulus führt noch genauer aus, er sei »von England gemartert« worden. Mit einer Prise Ironie verglich Heinrich Heine denn auch Sankt Helena mit dem »Heiligen Grab, wohin die Völker des Orients und Okzidents wallfahrten […] und ihr Herz stärken durch große Erinnerung an die Taten des weltlichen Heilands, der gelitten unter Hudson Lowe, wie es geschrieben steht in den Evangelien Las Cases, O'Meara und Antommarchi.« | Yann Potin

368
Louis-Stanislas Marin-Lavigne (1797–1860)
nach Jean-Victor Adam (1801–1867)
Die Apotheose Napoleons | Nach 1821
Lithografie, mit Tempera und Bleiweiß übermalt, 61,4 × 79,9 cm
Parma, Fondazione Museo Glauco Lombardi | Inv.-Nr. 1030

Die Popularität Napoleons entwickelte sich nach seinem Tod zu einem wahren Kult. Wie ein neuer Christus entsteigt der Kaiser seinem Grab und drängt die Dunkelheit zurück. Als Schöpfer einer neuen Zivilreligion wurde er dabei zu einem Träger der verschiedenen Anschauungen, die sich im Kampf gegen die Anhänger der Bourbonen und gegen die Bourgeoisie der Julimonarchie vereinten. | Christoph Birnbaum

Literatur: George / Rudolph 2008

369
Ernest Antoine Auguste Hébert (1817–1909)
Die Apotheose Napoleons I. | Um 1860
Öl auf Leinwand, 29,5 × 24 cm
Salenstein, Napoleonmuseum Thurgau, Schloss und Park Arenenberg
(Dons du Prince Napoléon) | Ohne Inv.-Nr.

Ganz in römisch-antiker Manier präsentiert Hébert den bereits vor mehreren Jahrzehnten verstorbenen Kaiser. Auf einem Streitwagen stehend und mit Toga, Lorbeerkranz und Zepter des Siegers versehen, wartet er auf den ihm gebührenden Triumphzug. Im Hintergrund sieht man allegorische Figuren oder antike Gottheiten. Hébert schuf auch ein Pendant zu dem Gemälde. Es zeigt Napoleon III., der allerdings eine Uniform seines Kaiserreiches trägt. | Dominik Gügel

369

370
François Georgin (1801–1863)
Die Exhumierung Napoleons
Stich, koloriert, 40 × 60 cm
Paris, Fondation Napoléon | Inv.-Nr. 1173-29

371
Anonym
Beschreibung der Ankunft der Ueberreste Kaiser Napoleons in Paris am 15. Dezember 1840 | Deutschland, Dezember 1840
Flugblatt, Papier (Vorder- und Rückseite bedruckt), 30 × 22 cm
Salenstein, Napoleonmuseum Thurgau, Schloss und Park Arenenberg | Ohne Inv.-Nr.

372
Brioude nach Ch. Lemercier
Feierlicher Zug mit dem Leichnam Napoleons vom Arc de Triomphe zum Hotel des Invalides
9 Lithografien, 26,5 × 37 cm, Gesamtlänge 333 cm
Paris, Fondation Napoléon | Inv.-Nr. B00593

Knapp 20 Jahre nach seinem Tod wurde der Kaiser aus innenpolitischen Gründen durch König Louis-Philippe »wiederbelebt«. In aller Deutlichkeit schildern der unbekannte Autor und der Kupferstecher hier das Schauspiel der Exhumierung und Überführung Napoleons. Besonderen Nachdruck legte man auf die Exhumierung und deren Zeugen. Es scheint, als sollte den schon damals kursierenden Gerüchten vorgebeugt werden, bei dem Leichnam handele es sich nicht um Napoleon. Eine These, die bis heute immer wieder kontrovers diskutiert wird. | Dominik Gügel

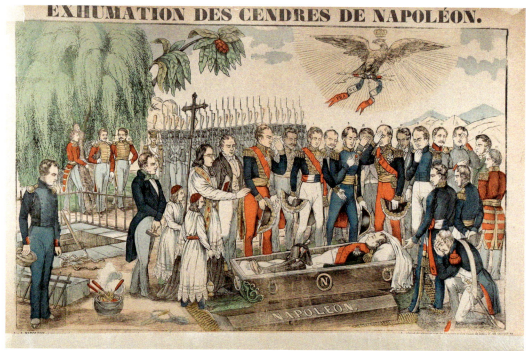

370

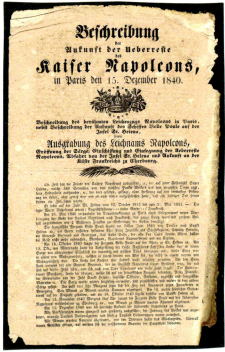

371

PROJEKTIONEN. EINE »GETEILTE« IKONE

373
Paul-Emile Boutigny (1854–1929)
Königin Viktoria vor dem Grab Napoleons I. am 24. August 1855
Öl auf Leinwand, 40 × 70,5 cm
Signiert unten links: »E. Boutigny«
Paris, Musée de l'Armée, Hôtel National des Invalides (Schenkung von M. Cros, 1906) |
Inv.-Nr. 6423, Eb 60

Nach den prunkvollen Zeremonien und Empfängen anlässlich des offiziellen Besuches von Königin Viktoria in Frankreich vom 18. bis zum 27. August 1855 wollte die Königin im Invalidendom vor dem Sarkophag Napoleons I. in stiller Andacht verweilen. Im Fackellicht ließ sich Viktoria in Begleitung ihres Hofes und ihres Sohnes Prinz Edward gegen sieben Uhr abends vom Gouverneur des Hôtel des Invalides, General Graf Ornano, das Grabmal und die kaiserlichen Reliquien zeigen. Zwei Invaliden, möglicherweise Soldaten der Napoleonischen Garde aus dem Ersten Kaiserreich, wachen über den Sarkophag. Die Begegnung der Königin mit den sterblichen Überresten des Kaisers beschloss, 40 Jahre nach Waterloo, symbolisch die Zeit der französisch-englischen Kriege und unterstrich die Verbindung zwischen Viktoria und Napoleon III., die in der *Entente cordiale,* der Allianz zwischen den beiden Nationen gegen Russland auf der Krim und beim Fall von Sewastopol am 8. September 1855, ihren Ausdruck fand.
Anthony Petiteau

374 Abb. S. 142
Heinrich Hoffmann (1885–1957)
Adolf Hitler besucht Paris (23., 24. oder 28. Juni 1940)
28. Juni 1940
Fotografie, moderner Abzug, 30 × 25 cm
Berlin, Bildagentur für Kunst, Kultur und Geschichte

Nach dem Waffenstillstand 1940 besichtigte Adolf Hitler für nur wenige Stunden am Morgen die französische Hauptstadt. Eine Episode dieses seltsamen Moments der Weltgeschichte ist der Besuch der Reisegruppe am Sarkophag von Napoleon I. in der Chapelle Saint-Jérôme im Invalidendom. Über Hitlers merkwürdige Napoleon-Bewunderung ist viel geschrieben worden. Dass Hitler sich ihm in militärischer und ordnungspolitischer Beziehung ebenbürtig sah und wie einst der Kaiser von einem europäischen Großreich unter einer Herrschaft träumte, trifft vermutlich zu.
René Hartmann

Literatur: Ausst.-Kat. München 1994; Ribbe 2005

375

Jean-Baptiste-Claude Eugène Guillaume (1822–1905)
Napoleon als Rechtsprecher | 1860
Marmor, H 180 cm, B 86 cm, T 52,5 cm, Sockel H 88 cm, B 73 cm, T 72,5 cm
Salenstein, Napoleonmuseum Thurgau, Schloss und Park Arenenberg
(Dons du Prince Napoléon) | Ohne Inv.-Nr.

Die überlebensgroße Skulptur gehörte wohl ursprünglich zur Ausstattung der Pariser »Maison Pompeiénne« des Prinzen Jérôme Napoleon, Sohn von Jérôme Bonaparte. Ihre pittoreske Umgebung bestand aus einem mit Glas überdachten Atrium, das im pompejanischen Stil dekoriert war. In der Mitte des Raumes platziert, diente ihr verlorener originaler Sockel als Wasserspender für ein davor befindliches Bassin. Während des Commune-Aufstandes beschädigt, rettete die kaiserliche Familie die Plastik und schenkte sie 1978 dem Napoleonmuseum Thurgau. | Dominik Gügel

374

375

377

378

376 ohne Abb.

Salvador Dalí y Domènech (1904–1989)

Blatt 22 aus: Les Chants de Maldoror (Die Gesänge des Maldoror) | 1934

Fotogravure, 40 × 30 cm
Genf, Musée d'art et d'histoire

Das zentrale Motiv der Gravur ist eine Paraphrase auf das berühmte Gemälde von Jean-François Millet, *Das Angelusläuten.* Im Hintergrund erscheint Napoleon im Duktus eines Meissonnier-Gemäldes.
Im Alter von sieben Jahren wollte Dalí Napoleon werden, entschied sich aber dann – zum Vorteil vieler – Dalí zu werden. Er besaß ein kleines Porträt des Kaisers von Meissonnier, das bis heute im Teatro-Museo Dalí in Figueres aufbewahrt wird. Dalís Schwester Ana Maria berichtet, dass ihr Bruder immer Napoleon sein wollte. Wenn er bei Ausflügen müde wurde, bastelte ihm seine Tante einen Dreispitz und wies auf die noch zu schlagenden Schlachten hin, was den Jungen in unmittelbaren Galopp versetzte. Das Gemälde ist eine bilderreiche Projektion von Machtwünschen, für die Napoleon den idealen Protagonisten hergab und so zum Mythos wurde, der nach wie vor wirkt. | Stephan Andreae

377

Hiroshi Sugimoto (*1949)

Napoleon Bonaparte | 1999

Gelatine silver print, 148,6 × 119,4 cm
New York, The Solomon R. Guggenheim Foundation

Hier steht ein trauriger Mann, der eigentlich tot ist. Man hat ihn aus seinem Sarg geholt und für eine Präsentation zurechtgemacht, mit all seinen Orden geschmückt und aufgestellt, jenseits jeden Heroismus. Dies ist kein Denkmal Napoleons, sondern ein stummer Wiedergänger, eine traurige Erinnerung an den Despoten gleichen Namens. Stummheit und Ausdruckslosigkeit vermittelt dieses Porträt. Wir sind bestürzt von so viel Leere – nach so viel Fülle, die da gewesen zu sein schien, als er noch lebte. Hiroshi Sugimotos eindrucksvolle Schwarzweißfotografie nach der Wachsfigur Napoleons in Madame Tussauds Museum in London entstand 1999 neben einer Reihe weiterer überlebensgroßer Historienporträts im Auftrag der Berliner Guggenheim-Dependance. | Bénédicte Savoy

Literatur: Ausst.-Kat. Berlin 2000

378

Johannes Grützke (*1937)

Die umstürzende Vendôme-Säule (Jena und Auerstedt-Projekt 1806–2006) | 2005

Öl auf Leinwand, 200 × 135 cm
Bezeichnet links unten: J.G. 05
Privatsammlung, Berlin

In einem brechenden Zickzack fällt die Vendôme-Säule, von Seilen gelenkt, auf eine vorbereitete Sandhalde. Noch steht Napoleon, vom Geschehen gänzlich unberührt, oben auf der Spitze. Unten schwenken begeisterte Zuschauer ihre Mützen. Die Stadtkulisse stimmt, der Himmel droht, ein riesiger Feldhase lagert vor der in Grisaille gehaltenen historischen Szene. Nur der Hase lebt.
Auf dem zweiten Blick entpuppt sich der unserem kollektiven Bildgedächtnis so vertraute historische Hintergrund (der Sturz der Vendôme-Säule ist 1871 mehrfach fotografisch festgehalten und in zahlreichen Holzstichen verbreitet worden) als Ausschnitt eines Plakates. Die fünf Buchstaben an seinem unteren Rand ergeben keinen Sinn. Und was tut der Feldhase hier? Auch er, auf ein Holzbrett montiert, entpuppt sich auf den zweiten Blick als Präparat. Ist das Gemälde als Reflex auf Gustave Courbet zu verstehen, den selbstproklamierten Vater des Realismus und Verantwortlichen für die Demontage der Säule durch die Pariser Commune 1871? Oder ist die Rätselhaftigkeit dieser Zusammenstellung das eigentliche Bildmotiv?
Die umstürzende Vendôme-Säule von Johannes Grützke entstand im Vorfeld des 200. Jahrestages der Schlacht von Jena und Auerstedt und gehört zu einer Gruppe von ca. zehn weiteren großformatigen Arbeiten des Malers zur Napoleon-Thematik.
Bénédicte Savoy

Literatur: Mück 2006, Kat.-Nr. 46

379

Jonathan Meese (*1970)

Der Terminator Napoleon | 2006

Bronze, H 185 cm, B 68 cm, T 67 cm
Privatbesitz | WVZ MEE/S167/03

Napoleon ein Terminator? Ein unverwundbarer und überlegener Cybog? Jener widersprüchliche Filmcharakter, der trotz Vernichtung mehrfach wiederkehrt und vom Bösewicht zum Held mutiert? Erinnerungsbildlich changiert auch der Mythos Napoleon zwischen alptraumhaftem, militärischem Monstrum und heilstiftendem Befreier. Heute wie damals liefert Napoleon eine Leinwand für ganz gegensätzliche Projektionen von Ängsten und Wünschen. Meese verwandelt Napoleon in einen Fetisch, eine Fan-Devotionalie, einen europäischen Götzen von Macht, Krieg und Tod. | René Hartmann

Literatur: Pelikan 2005; Gronen 2007, S. 67–73

379

ANHANG

DIE TERRITORIALE ENTWICKLUNG FRANKREICHS UND EUROPAS ZWISCHEN 1789 UND 1815

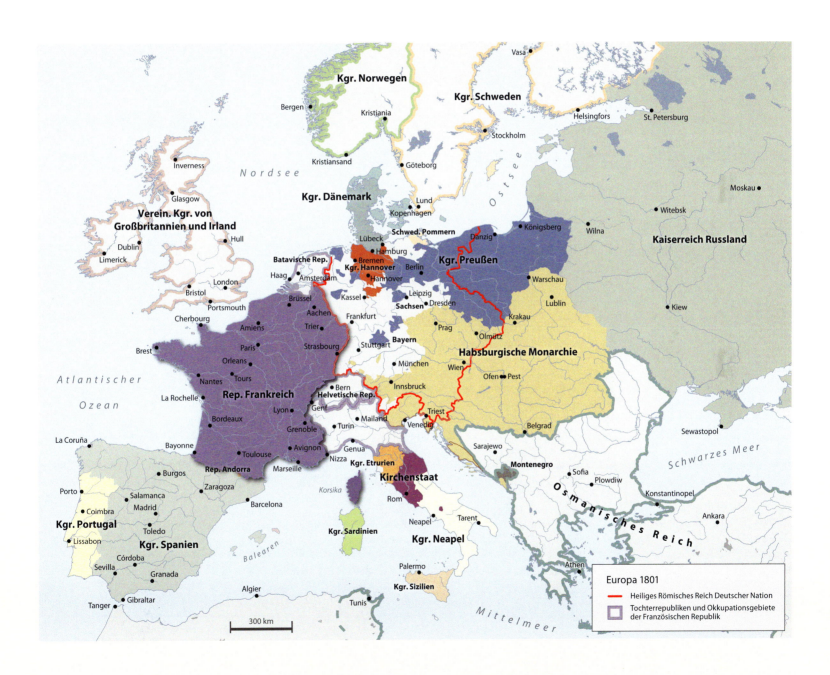

Angelica Francke

ZEITTAFEL

Familie Bonaparte & Familiare
Napoleon
Politische Ereignisse
Kriege
Friedensschlüsse

1150		Der Familienname Buona-Parte erscheint in der Toskana, später in Ligurien.
1512		Francesco di Buonaparte (il Moro) übersiedelt nach Korsika.
1746	29. März	Geburt von Carlo Maria Buonaparte in Ajaccio/Korsika.
1750	24. August	Geburt von Letizia (Laetitia) Ramolino (später Madame Mère genannt) in Ajaccio/Korsika.
1763	3. Januar	Geburt von Giuseppe Fesch (Stiefbruder von Letizia Ramolino) in Ajaccio/Korsika.
	26. Januar	Geburt von Jean-Baptiste Bernadotte in Pau.
	23. Juni	Geburt von Josephine Tascher de la Pagerie in Trois-Îlets/Martinique.
1764	2. Juni	Hochzeit von Carlo Buonaparte und Letizia Ramolino in Ajaccio/Korsika.
1768	7. Januar	Geburt von Giuseppe Buonaparte (später Joseph Bonaparte) in Corte/Korsika.
	15. Mai	Genua verkauft die Insel Korsika an Frankreich.
1769	15. August	Geburt von **Napoleone/Nabulione Buonaparte (später Napoléon Bonaparte)** in Ajaccio/Korsika.
1771	13. September	Carlo Buonaparte erreicht eine französische Adelsanerkennung.
1772		Erste Teilung Polens.
1775	21. März	Geburt von Luciano Buonaparte (später Lucien Bonaparte) in Ajaccio/Korsika.
		Beginn des nordamerikanischen Unabhängigkeitskrieges.
1777	3. Januar	Geburt von Maria Anna Buonaparte (später Elisa Bonaparte) in Ajaccio/Korsika.
1778	2. September	Geburt von Luigi Buonaparte (später Louis Bonaparte) in Ajaccio/Korsika.
		Bayerischer Erbfolgekrieg mit Österreich.
	15. Dezember	Carlo wird Deputierter der korsischen Generalstände in Paris.
		Joseph und **Napoleon** begleiten den Vater und lernen in einer Schule in Autun Französisch.
1779	15. Mai	**Napoleon** auf der Königlichen Militärschule von Brienne (bis 1784).
1780	20. Oktober	Geburt von Paoletta Buonaparte (später Pauline Bonaparte) in Ajaccio/Korsika.
1782	25. März	Geburt von Maria Annunziata Buonaparte (später Caroline Bonaparte) in Ajaccio/Korsika.
1783		Versailler Friede: Großbritannien erkennt die Unabhängigkeit der USA an.
1784	30. Oktober	**Napoleon** wechselt auf die Militärschule von Paris.
	15. November	Geburt von Geronimo/Girolamo Buonaparte (später Jérôme) in Ajaccio/Korsika.
1785	25. Februar	Carlo Buonaparte stirbt 39-jährig in Montpellier an Magenkrebs.
	28. Oktober	**Napoleon** kann aufgrund seiner guten Leistungen sein Studium vorzeitig beenden und erhält knapp 16-jährig sein Offizierspatent (Secondeleutnant).
	3. November	**Napoleon** tritt seinen Dienst als Königlicher Leutnant der Artillerie in der Garnison von Valence an.
		Joseph wird Doktor der Rechte, später Distriktpräsident auf Korsika.
1786 bis 1793		**Napoleon** in der Garnison in Auxonne. Während dieser Zeit besucht er häufig und lange seine Heimatinsel Korsika.
1787	17. September	Verfassung der USA.
1789	30. April	Vereidigung von George Washington zum ersten Präsident der USA.
	14. Juli	**Ausbruch der Französischen Revolution** mit dem Sturm auf die Bastille.
		Napoleon emigriert nicht wie viele andere Offiziere, sondern wird trotz Adelsabstammung glühender Befürworter der Republik. Er wird deshalb zum Hauptmann befördert.
		Die Familie Buonaparte lebt vorsichtig, teils angepasst.
1791	3. September	Verkündung der **neuen Verfassung: Frankreich wird konstitutionelle Monarchie.**
	12. Dezember	Geburt von Marie-Louise von Österreich, der späteren zweiten Ehefrau **Napoleons**, in Wien.
1792	April	Kriegserklärung an Österreich, **1. Koalitionskrieg** (Österreich, Preußen) gegen Frankreich.
	Mai	**Napoleon** wird zum Hauptmann befördert.
	10. August	Sturm auf die Tuilerien.
	21. September	**Frankreich wird zur Republik erklärt.**
1793	17. Januar	Ludwig XVI. von Frankreich wird hingerichtet.
		Großbritannien und andere europäische Mächte treten daraufhin in den **1. Koalitionskrieg** ein.
		Seekrieg unter Admiral Nelson sichert die britische Seeherrschaft.

357

1793 bis 1794		Schreckensherrschaft der Jakobiner.
1793	18. Februar	**Napoleon** wir Kommandant einer Truppe von korsischen Freiwilligen, die zusammen mit einer französischen Truppe zur Eroberung der Insel auf Sardinien landen. Das Unternehmen scheitert bereits nach einer Woche.
	11. Juni	Nach dem Bruch mit den korsischen Separatisten unter Pasquale Paoli muss die Familie Buonaparte Korsika verlassen, geht nach Toulon und wird von Lucien beschützt.
	19. Dezember	Eroberung von **Toulon** aufgrund der am 25. November vorgelegten Pläne **Napoleons**.
	22. Dezember	**Napoleon** wird Brigadegeneral und mit 24 Jahren jüngster Revolutionsgeneral.
1794	4. Mai	Hochzeit von Lucien Bonaparte mit Catherine Boyer in St. Maxime.
	11. Juli	**Napoleon** geht im Auftrag Robespierres nach Genua.
	27./28. Juli	Sturz und Hinrichtung von Robespierre.
	1. August	Hochzeit von Joseph Bonaparte und Julie Clary in Cuges bei Marseille.
	9. August	**Napoleon** wird als Jakobiner verhaftet.
	20. August	**Napoleon** wird wieder freigelassen.
1795		Eroberung der Niederlande, Batavische Republik.
	6. April	Sonderfriede zu Basel: Preußen überlässt Frankreich das linke Rheinufer.
	21. April	Verlobung **Napoleons** mit Désirée Clary, der Schwester seiner Schwägerin.
	13. Juni	**Napoleon** wird zum General der Westarmee ernannt, geht jedoch sofort auf Urlaub.
	22. Juli	Sonderfriede zu Basel zwischen Frankreich und Spanien.
	15. September	**Napoleon** wird von der Liste der Generäle gestrichen.
	5. Oktober	**Napoleon** beteiligt sich auf Gesuch des Direktors Barras an der Niederschlagung eines Royalistenaufstands in Paris und erregt als »Général Vendémiaire« öffentliche Aufmerksamkeit.
	16. Oktober	**Napoleon** wird im Alter von 26 Jahren Divisionsgeneral in der Heimat-Armee.
	24. Oktober	Der dritte polnische Teilungsvertrag zwischen Österreich, Preußen und Russland beendet die Existenz des Königreiches Polen.
	26. Oktober	Napoleon wird Chef der Heimat-Armee.
	31. Oktober	Das Direktorium installiert sich.
1796	2. März	**Napoleon** wird Oberbefehlshaber der Italienarmee.
	9. März	Hochzeit von **Napoleon** und Joséphine de Beauharnais im Palais des Tuileries in Paris.
		Namensänderung **Napoleons** von Buonaparte zu Bonaparte.
	26. März	Eintreffen **Napoleons** in Nizza und Übernahme des Kommandos über die Italienarmee.
	12. April	Erster Sieg **Napoleons** bei **Montenotte** (Italienfeldzug 1796/97) Frankreich unter General (de Div.) Napoleon Bonaparte ↔ Österreich/Piemont-Sardinien unter Feldmarschallleutnant Graf Eugéne Guillaume Alexis von Mercy-Argenteau Gefallene: 800 Franz./2500 Österr.
	21. April	Sieg **Napoleons** über die piemontesische Armee (Kgr. Sardinien) bei **Mondoví** (Italienfeldzug 1796/97) Frankreich unter General (de Div.) Jean Mathieu Philibert Sérurier ↔ piemontesische Armee (Kgr. Sardinien) unter General Michelangelo Colli-Marchi Gefallene/Verwundete: Franz. unbekannt/ca. 500 Sard./1300 Gefangene
	10. Mai	Sieg **Napoleons** in der **Schlacht an der Brücke von Lodi** gegen die Österreicher (Italienfeldzug 1796/97) Frankreich unter General (de Div.) Napoleon Bonaparte ↔ Österreich/Kgr. Sardinien unter Feldzeugmeister Baron Johann Peter Beaulieu de Marconnay Gefallene/Verwundete: 1000 Franz./900 Österr.
	5. August	Sieg **Napoleons** in der Schlacht bei **Castiglione** gegen die Österreicher (Italienfeldzug 1796/97) Frankreich unter General (de Div.) Napoleon Bonaparte ↔ Österreich unter Feldmarschall Graf Dagobert Sigismund von Würmser Gefallene/Verwundete: 1100 Franz./2000 Österr./1000 Gefangene
	8. September	Sieg **Napoleons** in der Schlacht bei **Bassano** gegen die Österreicher (Italienfeldzug 1796/97) Frankreich unter General (de Div.) Napoleon Bonaparte ↔ Österreich unter Feldmarschall Graf Dagobert Sigismund von Würmser Gefallene/Verwundete: 400 Franz./600 Österr./2000 Gefangene
		Joseph wird Botschafter beim Heiligen Stuhl.
	15.–17. November	Sieg **Napoleons** in der Schlacht bei **Arcole** gegen die Österreicher (Italienfeldzug 1796/97) Frankreich unter General (de Div.) Napoleon Bonaparte ↔ Österreich unter Feldmarschall Joseph Freiherr Alvinczy von Borberek Gefallene/Verwundete: 3500 Franz./2200 Österr./4000 Gefangene Louis rettet seinem Bruder **Napoleon** während der Schlacht das Leben, indem er ihn unter einem gestürzten Pferd hervorzieht.
1797	14./15. Januar	Sieg **Napoleons** in der Schlacht bei **Rivoli** gegen die Österreicher (Italienfeldzug 1796/97) Frankreich unter General (de Div.) Napoleon Bonaparte ↔ Österreich unter Feldmarschall Joseph Freiherr Alvinczy von Borberek Gefallene/Verwundete: 2200 Franz./1000 Gefangene – 4000 Österr./8000 Gefangene
	2. Februar	**Napoleon** nimmt **Mantua** nach 5-monatiger Blockade und Schlacht (Italienfeldzug 1796/97) Frankreich unter den Generälen Dumas und d'Allemagne ↔ Österreich unter Feldmarschall Graf Dagobert Sigismund von Würmser Gefallene/Verwundete: Franz. nicht bekannt/16333 Österr. (seit Mai 1796)
	19. Februar	Friede von Tolentino mit Papst Pius VI.

16. März	Sieg **Napoleons** über die Österreicher in der **Schlacht am Tagliamento** (Italienfeldzug 1796/97) Frankreich unter General (de Div.) Napoleon Bonaparte ↔ Österreich unter Feldmarschall Erzherzog Karl von Österreich Gefallene/Verwundete: 500 Franz./700 Österr.	
7. April	Einmarsch **Napoleons** in Leoben (Steiermark).	
April	**Vorfriede von Leoben.**	
1. Mai	Hochzeit von Elisa Bonaparte und Hauptmann Félix Pasquale Bacciochi in Marseille.	
14. Juni	Hochzeit von Pauline Bonaparte und General Victor Emanuel Leclerc in Montebello bei Mailand.	
14. Juni/ 9. Juli/	Errichtung der Ligurischen Republik (Genua) und der Cisalpinischen Republik (Mailand).	
4. September	Von Napoleon nach Paris zurückgesandte Truppen unter General Augereau verhindern einen royalistischen Staatsstreich und avancieren zur Schutzmacht des Direktoriums.	
	Lucien wird Präsident des Rates der Fünfhundert.	
17. Oktober	Der **Friede von Campo Formio** beendet den Italienfeldzug. Österreich muss das linke Rheinufer abtreten und tauscht Belgien und Mailand gegen Venedig.	
	Gründung französischer Tochterrepubliken in Italien.	
26. Oktober	Das Direktorium beauftragt **Napoleon** mit der Planung einer Invasion Englands.	
5. Dezember	**Napoleon** zurück in Paris.	
25. Dezember	**Napoleon**, begabter Mathematiker, wird in das Institut de France aufgenommen.	

1798		Die Schweiz und der Kirchenstaat werden Republiken.
		Neuordnung der Verwaltung in den neuen (französischen) Departements.
	März	**Napoleon** trägt dem Direktorium seinen Plan vor, Malta und Ägypten zu erobern, um so die Engländer im Mittelmeer und in Indien zu bedrohen.
	12. April	Ernennung **Napoleons** zum Oberbefehlshaber der Orientarmee.
	April	Französische Vermesser und Wissenschaftler erreichen Alexandria (Napoleons Idee) (Ägyptenfeldzug).
	19. Mai	**Napoleon** verlässt an der Spitze einer Invasionsflotte Toulon (Ägyptenfeldzug).
	11. Juni	Kampflose Kapitulation Maltas (Ägyptenfeldzug).
	1. Juli	Landung in Alexandria. Louis, Eugène Beauharnais und Joachim Murat begleiten Napoleon auf dem Ägyptenfeldzug.
		Joseph vermehrt die familiären Finanzen.
	21. Juli	Sieg **Napoleons** in der **Schlacht bei den Pyramiden** gegen die in Ägypten regierenden Mamelucken (Ägyptenfeldzug) Frankreich unter General (de Div.) Napoleon Bonaparte ↔ Mamelucken unter Murad Bey Gefallene/Verwundete: 300 Franz./2000 Ägypt.
	24. Juli	**Napoleon** marschiert in Kairo ein (Ägyptenfeldzug).

	1./2. August	Niederlage der französischen Flotte unter Admiral François-Paul Brueys d'Aigalliers in der **Seeschlacht von Abukir** (Ägyptenfeldzug) ↔ Engländer unter Admiral Horatio Nelson Gefallene/Verwundete: über 3100 Franz./3900 Gefangene – 900 Engl. Napoleons Armee ist damit von der Versorgung über See abgeschnitten.
	4. September	Kriegserklärung der Hohen Pforte an Frankreich (nominell gehört das Mamelukkenreich zum Reich des Sultans).
	21. Oktober	Aufstand gegen die Franzosen in Kairo.
1799	10. Februar	Beginn des Feldzuges in Syrien (Syrienfeldzug).
	7. März	Einnahme von **Jaffa** (Syrienfeldzug) durch **Napoleon**. Gefallene/Verwundete: sehr leichte franz. Verluste/2000 Türk., 2600 Überlebende ergeben sich und werden in den nächsten Tagen erschossen.
	10. Mai 19. März – 20. Mai	Gescheiterte Belagerung von **Akkon** (Syrienfeldzug) Niederlage Frankreichs unter General (de Div.) **Napoleon** Bonaparte ↔ Türken unter Djezzar Pascha u. Großbritannien unter William Sidney Smith Gefallene/Verwundete/an Krankheit Verstorbene: 4000 Franz./ ca. 2000 Türk. u. Brit.
	19. Juli	Entdeckung des Steins von Rosetta (Schlüssel für die spätere Dechiffrierung der ägyptischen Hieroglyphen), eines der wichtigsten Ergebnisse der Expedition Napoleons.
	25. Juli	Sieg **Napoleons** in der **Schlacht von Abukir** ↔ Türken (Mamelukken und Beduinen) unter Mustafa Pascha (Syrienfeldzug) Gefallene/Verwundete: 1100 Franz./5000 Türk. inkl. Gefangene
	23. August	**Napoleon** verlässt an Bord der Fregatte Muiron Ägypten und passiert unbemerkt die englische Seeblockade.
	16. Oktober	**Napoleon** vom Ägyptenfeldzug zurück in Paris.
	9. November	**Staatsstreich vom 18. Brumaire VIII.** **Napoleon** stürzt mit Unterstützung von Lucien, Joseph und Joachim Murat das Direktorium.
	10. November	Abschaffung des Direktoriums – **Napoleon** wird Konsul.
	13. Dezember	Proklamation der neuen Konsulatsverfassung: Sieyès, Roger Ducos und **Napoleon** bilden als »Konsuln der Republik« die neue Regierung.
	22. Dezember	Der Conseil d'Etat, der Staatsrat, wird etabliert.
	24. Dezember	Ernennung des 30-jährigen **Napoleon** zum Ersten Konsul (faktisch Alleinherrscher), Cambacérès und Lebrun werden zu Mitkonsuln ernannt.
		Zentralisierung von Schule und Verwaltung Frankreichs.
		Die »konsularische« Familie wird installiert.
	25. Dezember	Lucien wird französischer Innenminister.
		Joseph wird »Großwahlherr« und Staatsratsmitglied.
		Louis wird Oberst und bald General.

1799 bis 1802		2. Koalitionskrieg gegen Frankreich. Hauptgegner sind Österreich, Russland, England.

359

1800	20. Januar	Hochzeit von Caroline Bonaparte und Joachim Murat in Mortefontaine.
		Plebiszit über die Konsulatsverfassung.
	13. Februar	Gründung der Bank von Frankreich.
	19. Februar	Napoleon zieht in die Tuilerien um.
	20. Mai	**Napoleon** überschreitet an der Spitze der italienischen Armee den Großen St. Bernhard und leitet damit den 2. Italienfeldzug ein (2. Koalitionskrieg 1799–1800).
		Joseph schließt einen **Staatsvertrag mit den USA.**
		Errichtung des Vereinigten Königreichs Großbritannien und Irland.
	14. Juni	**Napoleon** besiegt Österreich in der **Schlacht bei Marengo** (2. Koalitionskrieg 1799–1800) Frankreich unter Napoleon und Major General Louis Charles Antoine Desaix ↔ Österreich unter General d. Kav. Michael von Melas Gefallene/Verwundete: 4700 Franz., 900 Gefangene/Vermisste – 6500 Österr., 3000 Gefangene
		Jérôme wird Marineoffizier.
	24. Oktober	Aufdeckung der sogenannten »Verschwörung der Dolche« gegen **Napoleon**.
	7. November	Ernennung von Lucien zum Botschafter in Spanien.
	3. Dezember	Sieg der Franzosen über die Österreicher und Bayern in der **Schlacht bei Hohenlinden** (2. Koalitionskrieg 1799–1800) Frankreich unter General de Div. Jean Victor Marie Moreau ↔ Österreich und Kurfürstentum Bayern unter Feldmarschallleutnant Erzherzog Johann von Österreich Gefallene/Verwundete: 2500 Franz./ca. 2020 Österr. u. Bay., 9550 Gefangene
	24. Dezember	Attentat mit der »Höllenmaschine« (Bombe) auf **Napoleon** schlägt fehl.
1801	9. Februar	Joseph schließt den **Vertrag von Lunéville** mit dem Römischen Reich (Österreich). Österreich muss die Bedingungen von Campo Formio bestätigen.
	15. Juli	Joseph schließt das **Konkordat mit dem Heiligen Stuhl** (Papst Pius VII.). Das Konkordat bindet Klerus und katholische Bevölkerung an den französischen Staat.
	Juli	Der Generalgouverneur von Santo Domingo (Haiti), der ehemalige Sklave und Befreier der Insel François-Dominique Toussaint L'Ouverture, schickt **Napoleon** die neue Verfassung der Insel, die Toussaint auch formal zum Herrscher der Insel macht.
	4. August	Ernennung von Lucien zum französischen Senator.
	30. August	Kapitulation der gänzlich isolierten und vergessenen französischen Ägyptenarmee.
1802	4. Januar	Hochzeit von Louis Bonaparte und Hortense Beauharnais in Paris.
	27. März	Joseph schließt den **Vertrag von Amiens** zwischen Frankreich und England und wird als »Friedensstifter« gefeiert. England verzichtet auf alle kolonialen Eroberungen außer Ceylon und Trinidad gegen die französische Aufgabe von Ägypten.
		Neuordnung Italiens durch **Napoleon**.
	30. April	Joseph verkauft das französische Louisiana an die USA.
	19. Mai	Stiftung des Ordens der Ehrenlegion.
	20. Mai	Napoleon führt die Sklaverei in den Kolonien wieder ein.
	2. August	**Napoleon** wird durch Senatsbeschluss aufgrund eines Plebiszits wenige Tage vor seinem 33. Geburtstag Erster Konsul auf Lebenszeit.
	4. August	Ernennung von Joseph Bonaparte zum Senator und Grand Officier der Légion d'Honneur.
		Überwachung der Bürger durch Pressezensur und Polizeiapparat.
1803	19. Februar	Neuordnung der Schweiz durch Vermittlung **Napoleons**.
	25. Februar	Reichsdeputationshauptschluss, Entschädigung der deutschen Fürsten für den Verlust der linksrheinischen Gebiete.
	22. Mai	Kriegserklärung an England wegen des Bruchs des Friedens von Amiens.
	25. Mai	Hochzeit von Lucien Bonaparte und Alexandrine Jouberthon in Paris.
	28. August	Hochzeit von Pauline Bonaparte und Camillo Fürst Borghese in Mortefontaine.
	24. Dezember	Hochzeit von Jérôme Bonaparte und der Amerikanerin Elizabeth Patterson in Baltimore/Maryland.
1804	21. März	Der *Code civil (Code Napoléon)*, das französische Zivilgesetzbuch, wird veröffentlicht. Es übernimmt die Grundgedanken der Französischen Revolution (Gleichheit vor dem Gesetz, Trennung von Staat und Kirche durch Einführung der Zivilehe, Anerkennung der Freiheit des Individuums und des Eigentums) und ist – mit zahlreichen Änderungen – bis heute gültig.
	21. März	Nach einem Schauprozess wegen angeblicher Verschwörung gegen Napoleon Hinrichtung des Herzogs von Enghien.
	April	Lucien geht ins freiwillige Exil nach Rom.
	18. Mai	Der 34-jährige **Napoleon** wird durch Senatsbeschluss zum Kaiser ausgerufen.
	18. Mai	Napoleon I. ernennt Louis zum französischen Prinzen und zum Grand Constable des Imperiums und Elisa, Pauline und Caroline zu französischen Prinzessinnen.
	14. Juni	**Napoleon** ernennt Eugene de Beauharnais zum französischen Prinzen.
	10. Juli	Verschwörung des Georges Cadoudal.
	18. August	**Napoleon** ernennt Joseph Bonaparte zum französischen Prinzen und Grand Electeur des Imperiums.
	1. Dezember	Joseph Fesch, der Stiefonkel **Napoleons**, Erzbischof von Lyon, Primas von Gallien und Kardinal, vollzieht die kirchliche Trauung von **Napoleon** und Josephine.
	2. Dezember	Mit päpstlicher Assistenz krönt sich **Napoleon** zum Kaiser der Franzosen und Josephine zur Kaiserin.
		Invasionsvorbereitungen **Napoleons** gegen England im Lager von Boulogne.
1805	17. März	Proklamierung **Napoleons** zum König von Italien.
	19. März	**Napoleon** ernennt Elisa zur Fürstin von Piombino und von Lucca.

21. März	Annullierung der Ehe von Jérôme Bonaparte und Elizabeth Patterson per kaiserlichem Dekret.	
14. Mai	Ernennung von Louis zum Generalgouverneur des Département français au-delà des Alpes.	
26. Mai	Krönung **Napoleons** zum König von Italien in Mailand.	
7. Juni	**Napoleon** ernennt Eugène zum Vizekönig von Italien.	
	3. Koalitionskrieg (England, Russland, Österreich, Neapel) gegen Frankreich.	
27. August	Abbruch des Lagers von Boulogne.	
3. September	Kriegserklärung Österreichs an Frankreich (3. Koalitionskrieg 1805).	
1. Oktober	**Napoleons** Übergang über den Rhein (3. Koalitionskrieg 1805).	
	Jérôme bewährt sich im Seekrieg gegen England.	
17. Oktober	Kapitulation der Österreicher in Ulm (3. Koalitionskrieg 1805).	
20. Oktober	Kapitulation von **Ulm** (3. Koalitionskrieg 1805) Frankreich unter Kaiser **Napoleon** ↔ Österreich unter Feldmarschall Baron Karl Mack von Leiberich Verluste: ca. 6000 Franz./7000 Österr. Smith: knapp 200 Franz./alle Österr. wurden gefangengenommen	
21. Oktober	Vernichtung der französischen Flotte in der **Seeschlacht bei Trafalgar** (3. Koalitionskrieg 1805) Frankreich unter Vizeadmiral Pierre de Villeneuve, Spanien unter Admiral Don Federico Gravina ↔ England unter Admiral Horatio Nelson Gefallene: 2600 Franz. u. Span./1600 Engl. Der Sieg sichert die englische Seeherrschaft.	
13. November	Einzug **Napoleons** in Wien (3. Koalitionskrieg 1805).	
2. Dezember	Sieg **Napoleons** in der **Schlacht von Austerlitz** (3. Koalitionskrieg 1805) Sog. »Dreikaiserschlacht« unter Führung bzw. in Anwesenheit von Napoleon I. (Frankreich), Franz II. (Österreich), Alexander I. (Russland) Frankreich unter Napoleon ↔ Russland und Österreich unter Zar Alexander I. (anwesend, nur offiziell Oberbefehl) bzw. Feldmarschall Michail Illarionowitsch Kutusow Gefallene/Verwundete: ca. 10600 Franz./16000 Österr. u. Russ.	
26. Dezember	Im **Frieden von Pressburg** verliert Österreich Venetien und Dalmatien an die Republik Italien; Tirol, Vorarlberg und Lindau an Bayern; den Breisgau mit Konstanz an Baden und Württemberg. Es gewinnt Salzburg.	
1806 1. Januar	Ablösung des Revolutionskalenders durch den Gregorianischen Kalender.	
14. Januar	Hochzeit von Eugène Beauharnais und Prinzessin Auguste Amalia von Bayern in München.	
3. März	**Napoleon** adoptiert seinen Stiefsohn Eugène de Beauharnais.	
4. März	**Napoleon** adoptiert seine Stieftochter und Schwägerin Hortense de Beauharnais.	
21. Februar	**Napoleon** ernennt Joseph Bonaparte zum Vizekönig von Neapel.	
15. März	**Napoleon** ernennt Joachim Murat zum Herzog von Berg und Kleve.	

30. März	**Napoleon** ernennt Joseph Bonaparte zum König von Neapel und Pauline zur Herzogin von Guastalla.	
	Code de Procédere Civil (französische ZPO).	
30. Mai	Ein kaiserliches Dekret regelt die Versammlungsfreiheit der Juden.	
5. Juni	**Napoleon** ernennt Louis als Lodewijk I. zum König von Holland.	
12. Juli	**Gründung des Rheinbundes** mit 16 Staaten unter dem Protektorat **Napoleons**. Dies führt zum **Ende des Heiligen Römischen Reiches Deutscher Nation.**	
6. August	Franz II. legt die deutsche Kaiserkrone nieder und trägt den Titel Franz I., Kaiser von Österreich.	
24. September	**Napoleon** ernennt Jérôme zum französischen Prinzen.	
26. September	Eröffnung der Industrieausstellung in Paris.	
	Jérôme bewährt sich als General im Krieg gegen Preußen.	
14. Oktober	Sieg **Napoleons** in der **Doppelschlacht bei Jena und Auerstedt** über Preußen und Sachsen (4. Koalitionskrieg 1806/07) Frankreich unter Napoleon (Jena) bzw. Marschall Louis Nicholas Davout (Auerstedt) ↔ Preußen und Sachsen unter General (d. Inf.) Prinz Friedrich Ludwig von Hohenlohe-Ingelfingen (Jena) bzw. König Friedrich Wilhelm III., Feldmarschall Herzog Karl Wilhelm Ferdinand von Braunschweig-Wolfenbüttel (Auerstedt) Gefallene/Verwundete: Jena ca. 6000 Franz./Österr. unbekannt – Auerstedt ca. 7250 Franz./ca. 10000 Alliierte	
27. Oktober	Einzug **Napoleons** in Berlin.	
8. November	Die **Kapitulation von Magdeburg** markiert das Ende des Feldzugs von 1806 in Deutschland (4. Koalitionskrieg 1806/07).	
10. November	Einmarsch der französischen Armee in polnisches Gebiet (4. Koalitionskrieg 1806/07).	
21. November	Dekret **Napoleons** über die Kontinentalsperre gegen englische Waren.	
19. Dezember	Einmarsch **Napoleons** in Warschau (4. Koalitionskrieg 1806/07).	
1807 14. Januar	Einsetzen einer provisorischen Verwaltung Polens unter Malachowski.	
7.–8. Februar	Verlustreicher Sieg **Napoleons** in der **Schlacht bei Eylau** über die russ. und preuß. Alliierten (4. Koalitionskrieg 1806/07) Frankreich unter Napoleon ↔ Russland unter General (d. Kav.) Levin August von Bennigsen, Preußen unter General Anton Wilhelm von L'Estocq Gefallene/Verwundete: ca. 2000 franz. Gefallene, Verwundete schwankend zwischen 5700 und 15–16000/18000 russ. Gefallene, 3000 Gefangene/ca. 800 preuß. Gefallene	
13.–14. Juni	Entscheidender Sieg **Napoleons** über die Russen in der **Schlacht bei Friedland** (4. Koalitionskrieg 1806/07) Frankreich unter Napoleon ↔ Russland unter General (d. Kav.) Graf Levin August von Bennigsen Gefallene/Verwundete: ca. 12000 Franz./zwischen 8000 u. 25000 Russ.	
8. Juli	**Napoleon** ernennt Jérôme als Hieronymus Napoleon zum König von Westphalen.	

9. Juli	**Friede von Tilsit** beendet den 4. Koalitionskrieg. Preußen muss sich der Kontinentalsperre anschließen und verliert mehr als die Hälfte seines Territoriums.	
	Französische Hegemonie über Europa durch Familienstaaten (Napoleoniden), abhängige Vasallenstaaten und Verbündete.	
22. und 23. August	Hochzeit von Jérôme Bonaparte und Prinzessin Katharina von Württemberg in Paris.	
	Louis erweitert das holländische Staatsgebiet und gewinnt Ostfriesland.	
	Lucien verweigert sich endgültig dem Empire. Er erlangt Ruhm als Wissenschaftler und Literat.	
11. September	Veröffentlichung des *Code de Commerce* (französisches HGB).	
15. September	Gesetz zur Bildung von Katastern (Grundbuchämtern) in Frankreich.	
16. September	Gesetz zur Bildung des Cour de Comptes (Rechnungshof).	
12. Oktober	**Napoleon** befiehlt Junot den Durchmarsch durch Spanien und die Besetzung Portugals.	
27. Oktober	**Friede von Fontainebleau** (geheimer Vertrag zw. Frankreich und Spanien bezüglich Portugal).	
1. Dezember	Französische Truppen in Lissabon, die portugiesische Königsfamilie flieht nach Brasilien.	
17. Dezember	**Napoleon** ernennt Eugène zum Erzkanzler des Empire und Prinzen von Venedig.	

1808		*Code d'Instruction Criminelle* (französische StPO).
		Louis' zweiter Sohn wird (nominell als Kind) Großherzog von Berg.
	18. März	Aufstand von Aranjuez gegen den spanischen Premierminister Godoy.
	19. März	Karl IV. von Spanien tritt zugunsten seines Sohnes Ferdinand (VII.) ab.
	23. März	Einmarsch der Franzosen unter **Murat** in Madrid.
	20. April	Ferdinand VII. von Spanien gibt beim **Treffen in Bayonne** mit **Napoleon** die Krone an seinen Vater Karl IV. zurück. Karl IV. hatte bereits vorher seinem Rücktritt zugunsten Josephs zugestimmt.
	20. April	Louis Napoléon, späterer Kaiser Napoléon III., als dritter Sohn von Louis und Hortense Beauharnais in Paris geboren.
		Napoleon ernennt Elisa mit dem Titel »Großherzogin« zur Präfektin der (französischen) Toskana.
	2. Mai	Aufstand in Madrid gegen die Franzosen (»Dos de Mayo«).
	3. Mai	Niederschlagung des Aufstandes in Madrid durch Murat.
	5. Mai	**Friede von Bayonne.**
	6. Juni	Proklamation Joseph Bonapartes zum König von Spanien.
	23. Juni	Beginn des allgemeinen Aufstands der Spanier gegen die Franzosen.
	19.–22. Juli	Niederlage der Franzosen in der **Schlacht bei Bailén** gegen die Spanier (Spanienfeldzug 1808/09) Frankreich unter General (de Div.) Pierre Dupont de l'Étang ↔ Spanien unter Leutnant General Condé Francisco Xavier Castaños Gefallene / Verwundete: ca. 3000 Franz., 18000 Gefangene / ca. 1000 Span.

1. August	Napoleon ernennt Joachim Murat zum König von Neapel (als Gioacchino Napoleone).	
1. August	Arthur Wellesley (späterer Herzog von Wellington) landet mit 13000 englischen Soldaten in Portugal.	
27. September – 14. Oktober	Fürstentag von Erfurt (**Napoleons** Zusammentreffen mit Zar Alexander I.).	
	Grundlegende Reformen in Preußen durch den Freiherrn von Stein und Hardenberg.	
	Familie Bonaparte im Zenit der Macht.	
10. November	Sieg der Franzosen über die Spanier in der **Schlacht bei Gamonal** (Spanienfeldzug 1808/09) Frankreich unter Marschall Nicholas Jean de Dieu Soult ↔ Spanien unter Leutnant General Conde de Belveder Verluste: ca. 200 Franz. / ca. 1500 Span.	
23. November	Sieg der Franzosen über die Spanier in der **Schlacht bei Tudela** (Spanienfeldzug 1808/09) Frankreich unter Marschall Jean Lannes ↔ Spanien unter Capt. General Conde Francisco Xavier de Castaños Gefallene / Verwundete: ca. 650 Franz. / ca. 4200 Span.	
4. Dezember	Kapitulation von **Madrid** (Spanienfeldzug 1808/09).	

1809	16. Januar	Die Franzosen unterliegen den Engländern in der **Schlacht bei La Coruña** (Spanienfeldzug 1808/09) Frankreich unter Marschall Nicolas Jean-de-Dieu Soult ↔ England unter Leutnant General Sir John Moore Gefallene / Verwundete: 1400 Franz., 163 Gefangene / ca. 640 Brit.
		5. Koalitionskrieg, Hauptgegner: Österreich und England
	20. Februar	Kapitulation von **Zaragossa** nach der zweiten, zweimonatigen Belagerung durch die Franzosen (Spanienfeldzug 1908/09) Frankreich und Alliierte unter Marschall Jeannot de Moncey, abgelöst durch Marschall Jean Lannes ↔ Spanien unter Capt. General Don José Palafox y Melzi, Herzog von Saragossa Gefallene bzw. an Krankheit Verstorbene / Verwundete: ca. 10000 Franz. / 18000 Span., 4000 Gefangene, 34000 Zivilisten sterben während der Belagerung
	3. März	**Napoleon** ernennt Elisa zur Großherzogin der Toskana.
	9. April	Aufstand der Tiroler unter Andreas Hofer gegen Bayern.
	20.–22. April	Sieg **Napoleons** über die Österreicher in der **Schlacht von Eckmühl** (5. Koalitionskrieg 1809) Frankreich mit den Alliierten Bayern und Württemberg unter Napoleon ↔ Österreich unter Erzherzog Karl von Österreich Gefallene / Verwundete: ca. 3620 Franz. u. All. / 4150 Österr.
	23. April	**Napoleon** nimmt nach einem Sieg über die Österreicher **Regensburg** ein (5. Koalitionskrieg 1809) Frankreich unter Napoleon ↔ Österreich unter Erzherzog Karl von Österreich Gefallene / Verwundete: ca. 1500–2000 Franz. / geschätzt ca. 5800 Österr.
	28. April	Beginn des Schill'schen Marsches durch Norddeutschland.

3. Mai	Sieg der Franzosen über die Österreicher in der **Schlacht von Ebelsberg** (5. Koalitionskrieg 1809) Frankreich mit Alliierten (Hessen-Darmstadt, Württemberg, Baden) unter Marschall André Masséna ↔ Österreich unter Feldmarschallleutnant Baron Johann von Hiller Gefallene/Verwundete: 2793 Franz. u. All., 800 Gefangene/3100 Österr., ca. 4200 Gefangene/Vermisste	
12. Mai	Kapitulation **Wiens** (5. Koalitionskrieg 1809)	
21./22. Mai	Niederlage **Napoleons** in der **Schlacht bei Aspern-Essling** (5. Koalitionskrieg 1809) Frankreich unter Napoleon ↔ Österreich unter Erzherzog Karl von Österreich Gefallene/Verwundete: 22000 Franz./23500 Österr.	
31. Mai	Schill wird in Stralsund geschlagen und getötet.	
5. und 6. Juli	Sieg **Napoleons** in der **Schlacht bei Wagram** (5. Koalitionskrieg 1809) über Österreich Frankreich (mit Alliierten Sachsen, Italien, Dalmatien, Bayern) unter Napoleon ↔ Österreich unter Erzherzog Karl von Österreich Gefallene/Verwundete: ca. 30000 Franz. u. All./ca. 24500 Österr., 18000 Gefangene	
12. Juli	Waffenstillstand von **Znaim** (5. Koalitionskrieg 1809).	
19. Oktober	Der **Friede von Schönbrunn** beendet den 5. Koalitionskrieg. Österreich verliert umfangreiche Gebiete.	
	Tiroler Aufstand.	
	Annexion des Kirchenstaates (der Kirchenstaat wird französisch) und Gefangennahme des Papstes.	
	Die Familiare leiden unter dem Konflikt mit dem Papst.	
15. Dezember	**Napoleon** lässt sich von Josephine scheiden.	
1810		*Code Pénal* (französisches StGB).
	1. und 2. April	Hochzeit von **Napoleon** und der österreichischen Erzherzogin Marie-Louise standesamtlich in St. Cloud und kirchlich im Louvre in Paris.
	24. April	Vereinigung der Länder links des Rheins mit Frankreich.
	1. Juli	Louis legt die holländische Krone nieder und geht ins Exil.
	9. Juli	Einverleibung Hollands in das französische Imperium.
		Eugen Beauharnais kämpft für das Land Tirol.
		Lucien in englischer Gefangenschaft.
	21. August	Der französische General Bernadotte wird in Schweden zum Kronprinzen, Regenten und Nachfolger von König Karl XIII. gewählt.
1811	20. März	**Napoleon**-François-Charles-Joseph, Sohn von **Napoleon** und Marie-Louise, wird im Tuilerien-Palast in Paris geboren (späterer König von Rom).
		Joseph und Jérôme kämpfen glücklos in Spanien und Westfalen.
		Caroline und Murat kämpfen eigenmächtig in Italien.

25. Oktober	Sieg der Franzosen in der **Schlacht bei Sagunto** (Spanienfeldzug 1811/12) Frankreich unter Marschall Louis Gabriel Suchet ↔ Spanien unter Generalleutnant Joaquín Blake y Joyes Gefallene/Verwundete: 700 Franz./1000 Span.	
1812	24. Januar	Sieg der Franzosen über die Spanier in der **Schlacht bei Altafalla** (Spanienfeldzug 1811/12) Frankreich unter General (de Div.) David Maurice Joseph Mathieu de La Redorte ↔ Spanien unter Joaquín Ibáñez Cuevas y de Valonga Barón de Eroles Gefallene/Verwundete: Franz. unbekannt, sehr gering/2000 Span.
		Joseph gibt Spanien eine liberale Verfassung.
		Befreiung von **Madrid** durch den britischen General Herzog von Wellington (Spanienfeldzug 1811/12).
		Putschversuch des Generals Malet in Paris gescheitert.
	14. März	Allianzvertrag zwischen Napoleon und Österreich.
	22. Juni	Eröffnung des **Feldzuges gegen Russland** (Kriegserklärung). Eugène de Beauharnais, Jérôme und Joachim Murat beim Russlandfeldzug.
	24. Juni	Mit dem Überschreiten der Memel beginnt der Feldzug gegen Russland.
	23. Juli	Sieg der Franzosen über die Russen in der **Schlacht bei Mohilew** (Russlandfeldzug 1812) Frankreich unter Marschall Louis Nicolas Davout ↔ Russland unter General Prinz Pjotr Bagration Gefallene/Verwundete/Vermisste: 4134 Franz./2548 Russ.
	17. August	Einnahme von **Smolensk** (nach Schlacht) durch **Napoleon** (Russlandfeldzug 1812) Frankreich (mit Alliierten Polen) unter Napoleon ↔ Russland unter General (d. Inf.) Michail Andreas Barclay de Tolly und Prinz Piotr Bagration Gefallene/Verwundete/Vermisste: ca. 8570 Franz. u. All./ ca. 6000 Russ.
	7. September	Knapper Sieg **Napoleons** über die Russen in der **Schlacht bei Borodino** (Russlandfeldzug 1812) Frankreich mit Alliierten Polen, Westfalen, Württemberg, Italien unter Napoleon ↔ Russland unter General (d. Inf.) Michail Illarionowitsch Kutusow Gefallene/Verwundete: ca. 6600/21400 Franz. u. All./russ. Zahlen unbekannt, grob geschätzt ca. 43000 Gefallene u. Verwundete, 1000 Gefangene
	14. September	Einnahme von **Moskau** (Russlandfeldzug 1812).
	19. Oktober	**Napoleon** verlässt Moskau. Beginn des Rückzugs der *Grande Armée* (Russlandfeldzug 1812).
	15.–18. November	Niederlage **Napoleons** gegen die Russen in der **Schlacht bei Krasnoje** (Russlandfeldzug 1812) Frankreich und Alliierte unter Napoleon ↔ Russland unter General (d. Inf.) Michail Illarionowitsch Kutusow (offiziell) bzw. General (d. Inf.) Graf Michail Andrejewitsch Miloradowitsch Gefallene/Verwundete: 13000 Franz. u. All., ca. 28000 Gefangene/russ. Zahlen unbekannt

	25.–27. November	Übergang der *Grande Armée* über die **Beresina** (Russlandfeldzug 1812).
	18. Dezember	**Napoleon** trifft in Paris ein (Russlandfeldzug 1812).
		Eugène Beauharnais rettet den Rest der *Grande Armée* (Russlandfeldzug 1812).
		Von ca. 600000 Soldaten der *Grande Armée* kommen nur ca. 30000 zurück.
1813	1. April	**Napoleon** erklärt Preußen den Krieg (Befreiungskriege 1813–1815).
	2. Mai	Sieg **Napoleons** über die Russen und Preußen in der **Schlacht bei Großgörschen (Lützen)** (Befreiungskriege 1813–1815) Frankreich und einige Rheinbundstaaten (Alliierte Hessen-Darmstadt, Kroatien, Italien, Neapel) unter Napoleon ↔ Preußen und Russland unter General (d. Kav.) Generalfeldmarschall Ludwig Graf zu Sayn-Wittgenstein Gefallene/Verwundete: 2757/16898 Franz./8500 gef. Preuß., 3500 gef. u. verw. Russ.
	20. und 21. Mai	Sieg **Napoleons** über die Preußen und Russen in der **Schlacht bei Bautzen und Wurschen** (Befreiungskriege 1813–1815) Frankreich und einige Rheinbundstaaten unter Napoleon u. Marschall Ney ↔ Preußen und Russland unter Generalfeldmarschall Gebhard Leberecht von Blücher und Generalfeldmarschall Ludwig Graf zu Sayn-Wittgenstein Gefallene/Verwundete: 21000 Franz., 800 Gefangene/7300 Russ., 3700 Preuß.
	21. Juni	Niederlage der Franzosen in der **Schlacht bei Vitoria** gegen die Engländer, Portugiesen und Spanier (Spanienfeldzug) Frankreich unter König Joseph Bonaparte ↔ Großbritannien, Portugal, Spanien unter Leutnant General Arthur Wellesley (Arthur, Herzog von Wellington) Gefallene/Verwundete/Vermisste: 5184 Franz., 2824 Gefangene/4885 Brit., Span. u. Port.
	11. August	Kriegserklärung Österreichs an **Napoleon** (Befreiungskriege 1813–1815).
	23. August	Niederlage der Franzosen in der **Schlacht bei Großbeeren** (Befreiungskriege 1813–1815) Frankreich und Alliierte (Würzburg, Sachsen) unter Marschall Nicholas Charles Oudinot ↔ Preußen, Russland, Schweden unter General Leutnant Graf Dennewitz Friedrich Wilhelm von Bülow Gefallene/Verwundete: 1700 Franz. u. All., 1500 Gefangene/1600 Preuß., Russ. u. Schwed.
	26. August	Niederlage der Franzosen gegen Preußen und Russen in der **Schlacht an der Katzbach** (Befreiungskriege 1813–1815) Frankreich unter Marschall Jacques MacDonald ↔ Preußen und Russland unter General Gerhard Leberecht von Blücher Gefallene/Verwundete: 12000 Franz., 18000 Gefangene/4000 Preuß. u. Russ.
	26./27. August	Sieg **Napoleons** über die Preußen, Russen und Österreicher in der **Schlacht bei Dresden** (Befreiungskriege 1813–1815) Frankreich mit Alliierten unter Napoleon ↔ Preußen, Russland und Österreich unter Feldmarschall Karl Philipp Prinz von Schwarzenberg Gefallene/Verwundete: ca. 10000 Franz. u. All./10000 Preuß., Russ. u. Österr., 13000 österr. Gefangene
	30. August	Niederlage der Franzosen in der **Schlacht bei Kulm** gegen die Alliierten Preußen, Russen und Österreicher (Befreiungskriege 1813–1815) Frankreich unter General Dominique Joseph René Vandamme ↔ Russland, Preußen und Österreich unter Generalfeldmarschall Michael Andreas Barclay de Tolly Gefallene/Verwundete: 5000 Franz., 10000 Gefangene/11319 All., 1000 Gefangene
	6. September	Niederlage der Franzosen (und Alliierten) in der **Schlacht bei Dennewitz** gegen Preußen, Russen und Schweden (Befreiungskriege 1813–1815) Frankreich mit Alliierten Bayern, Polen, Italienern, Württembergern unter Marschall Michel Ney ↔ Preußen, Russland, Schweden unter General Graf Dennewitz Friedrich Wilhelm von Bülow Gefallene/Verwundete: 6500 Franz. u. All., 13500 Gefangene/ca. 6200 Preuß., Russ. u. Schwed.
	16.–19. Oktober	Niederlage **Napoleons** in der **Völkerschlacht bei Leipzig** (Befreiungskriege 1813–1815) Frankreich mit Alliierten Hessen, Württembergern, Sachsen, Italienern und Polen unter Napoleon ↔ Österreich, Russland, Preußen, Schweden unter Feldmarschall Prinz Karl von Schwarzenberg Gefallene/Verwundete: geschätzt 43500 Franz. u. All./53500 Österr., Russ., Preuß. u. Schwed. Die Niederlage gegen die Koalition führt zum Rückzug Napoleons auf französischen Boden, Napoleon muss das gesamte rechtsrheinische Gebiet räumen.
	26. Oktober	Jérôme legt die Krone als König von Westphalen nieder.
	11. Dezember	Joseph verliert die spanische Krone.
		Louis bemüht sich vergeblich um seine Rückkehr nach Holland.
		Der Prinz von Oranien wird in Holland als »Willem de Eerste« König.
		Zusammenbruch des Rheinbundes, mit ihm das Königreich Westphalen und das Großherzogtum Berg.
1814	29. Januar	Sieg **Napoleons** in der **Schlacht bei Brienne** über die Russen und Preußen (Frankreichfeldzug 1814) Frankreich unter Napoleon ↔ Russland und Preußen unter Generalfeldmarschall Gerhard Leberecht von Blücher Gefallene/Verwundete/Vermisste: 3500 Franz., 1000 Gefangene/3000 All.
	1. Februar	Niederlage **Napoleons** in der **Schlacht bei La Rothière** gegen Russen, Preußen und Alliierte (Frankreichfeldzug 1814) Frankreich unter Napoleon ↔ Russland und Preußen mit Österreich, Württemberg, Bayern unter Generalfeldmarschall Gerhard Leberecht von Blücher Gefallene/Verwundete/Vermisste: 4600 Franz., 1000 Gefangene/6000-7000 All.
	1. Februar	Elisa nicht mehr Großherzogin der Toskana.
	11. Februar	Sieg **Napoleons** über die Russen und Preußen in der **Schlacht bei Montmirail** (Frankreichfeldzug 1814) Frankreich unter Napoleon ↔ Russland und Preußen unter General Johann David Ludwig Yorck von Wartenburg (Preuß.) Gefallene/Verwundete: 2100 Franz./1500 Russ., 1000 Gefangene, 887 Preuß.

18. Februar	Sieg **Napoleons** über die Österreicher (mit Württemberg) in der **Schlacht bei Montereau** (Frankreichfeldzug 1814) Frankreich unter Napoleon ↔ Österreich und Württemberg unter Prinz Ludwig (Louis) Friedrich Alexander von Württemberg Gefallene/Verwundete/Vermisste: 2000 Franz./1400 All., 3600 Gefangene	**1814 bis 1815**	Der Wiener Kongress stellt das Gleichgewicht der fünf Großmächte Großbritannien, Österreich, Russland, Preußen und Frankreich wieder her.
20./21. März	Niederlage **Napoleons** in der **Schlacht bei Arcis-sur-Aube** gegen die alliierten Österreicher, Russen, Bayern, Württemberger (Frankreichfeldzug 1814) Frankreich unter Napoleon ↔ Österreich, Russland, Württemberg, Bayern unter Feldmarschall Prinz Karl Philipp zu Schwarzenberg Gefallene/Verletzte unterschiedliche Angaben: 700–3400 Franz./ ca. 3000 All. Joseph wird Generalstatthalter in Paris und bewahrt die Hauptstadt vor der Plünderung.	**1815** 26. Februar	**Napoleon** verlässt heimlich Elba.
		1. März	Landung **Napoleons** im Golf von San Juan bei Antibes.
		10. März	Ankunft Napoleons in Lyon.
		12. März	**Napoleon** übernimmt in Lyon wieder seine kaiserliche Macht.
		19. März	Flucht Ludwigs XVIII. aus den Tuilerien.
		20. März	**Napoleon** kommt in Fontainebleau an und erneuert sein Kaisertum (Herrschaft der Hundert Tage). Lucien, Joseph und Jérôme stehen **Napoleon** zur Seite.
29. März	Kaiserin Marie-Louise verlässt mit ihrem Sohn Paris.	22. März	**Napoleon** ernennt Lucien zum französischen Prinzen.
30./31. März	Niederlage der Franzosen in der **Schlacht vor Paris** gegen die alliierten Preußen, Badener, Württemberger, Österreicher und Russen (Frankreichfeldzug 1814) Frankreich unter Marschall Auguste Frédéric Louis Viesse de Marmont (oder Napoléon Joseph) ↔ Preußen, Baden, Württemberg, Österreich, Russland unter Feldmarschall Prinz Karl Philipp zu Schwarzenberg Gefallene/Verwundete/Vermisste: 4000 Franz., 1000 Gefangene/1353 Preuß., 60 Bad., 160, Württemb., 82 Österr., 5050 Russ. Kapitulation durch Verrat von Marschall Marmont.	25. März	Vertrag von Wien zur Niederwerfung **Napoleons**.
		22. April	Zusatzakte zur Verfassung des Kaiserreiches.
		19. Mai	Joachim Murat verliert die Krone des Königreichs Neapel.
		12. Juni	**Napoleon** begibt sich zu seiner Armee.
		16. Juni	Sieg **Napoleons** über die Preußen in der **Schlacht bei Ligny** Frankreich unter Napoleon ↔ Preußen unter Feldmarschall Gebhardt Leberecht von Blücher Gefallene/Verwundete: geschätzt ca. 12000 Franz./ 11000–16000 Preuß. (mit 8000 Vermissten)
2. April	Der Senat beschließt die Absetzung Napoleons.		
4. April	Abdankung **Napoleons** zugunsten seines Sohnes (Napoleon II.) im Schloss von Fontainebleau.	18. Juni	Niederlage **Napoleons** in der **Schlacht von Waterloo** (Belle-Alliance) gegen die Alliierten Briten, Niederländer, Belgier, Preußen u.a. Frankreich unter Napoleon ↔ Großbritannien, Niederlande, Belgien, Preußen u.a. unter Leutnant General Arthur Wellesley (Arthur, Herzog von Wellington) Gefallene/Verwundete/Vermisste: 25000 Franz., 7000 Gefangene, 10000 Vermisste/7000 Brit., 4000 Niederl. u. Belg., 7000 Preuß., andere 5000
10. April	Wellington vernichtet die französische Spanienarmee endgültig bei **Toulouse** Frankreich unter Marschall Nicholas Jean de Dieu Soult ↔ Großbritannien, Spanien, Portugal unter Leutnant General Arthur Wellesley (Arthur, Herzog von Wellington) Gefallene/Verwundete/Vermisste: 3236 Franz./2103 Brit., 1922 Span. u. 533 Port.		
11. April	Endgültige Abdankung **Napoleons** mit 44 Jahren in Fontainebleau. Der Bourbone Ludwig XVIII. wird König von Frankreich.	22. Juni	Zweite Abdankung **Napoleons** im Elyséepalast in Paris im Alter von 45 Jahren.
12. April	Selbstmordversuch (Gift) **Napoleons** in Fontainebleau.	29. Juni	**Napoleon** verlässt Malmaison.
20. April	Abreise **Napoleons** ins Exil nach Elba – Abschied von der Garde in Fontainebleau. **Napoleon** wird Fürst von Elba. Die Familiare besuchen **Napoleon** auf Elba. Eugène de Beauharnais, Caroline und Joachim Murat bemühen sich vergeblich um die Rettung ihrer Throne. Lucien wird päpstlicher Fürst von Canino.	15. Juli	**Napoleon** begibt sich in Rochefort auf das englische Linienschiff *Bellerophon*.
		7. August	**Napoleon** erfährt auf der *Bellerophon* den Beschluss über seine Verbannung nach St. Helena und muss in Plymouth an Bord der *Northumberland* gehen.
		17. Oktober	Landung des englischen Schiffs *Northumberland* mit **Napoleon** auf St. Helena. Politische Ächtung der Familiare in Europa. Joseph findet Exil in den USA. Elisa, Caroline und Jérôme auf Irrfahrten in Österreich, Italien und der Schweiz. Asyl für Letizia, Pauline und Kardinal Fesch in Rom. »Weißer Terror« in Frankreich nach Rückkehr des Königs. Eugène und Hortense Beauharnais nähern sich den Bourbonen.
29. Mai	Josephine stirbt in Rueil-Malmaison.		

1816	15. April	Amtsantritt von Sir Hudson Lowe als Gouverneur auf und von St. Helena.
		Vergebliche Bemühungen der Familiare um Besuchserlaubnis und Erleichterung der Gefangenschaft **Napoleons**.
	31. Juli	König Friedrich I. von Württemberg ernennt Jérôme zum Prinzen von Montfort.
1817	14. November	Ernennung von Eugène Beauharnais zum Herzog von Leuchtenberg und Fürst von Eichstätt durch seinen Schwiegervater, König Max I. Joseph von Bayern.
		Hortense erzieht ihren Sohn Louis-Napoleon zum Kaiser.
1818	11. Mai	Thronfolger Jean-Baptiste Bernadotte wird als Carl XIV. Johann König von Schweden und von Norwegen, seine Frau Désirée Clary als Desideria Königin.
	22. Juni	Napoleons Sohn Napoléon-François-Joseph-Charles Bonaparte wird von seinem Großvater mütterlicherseits, Kaiser Franz I. von Österreich, zum Herzog von Reichstadt ernannt.
1819		Joseph kümmert sich um die ersten französischen Rückkehrer von St. Helena und die Veröffentlichung ihrer Memoiren.
1820	7. August	Elisa stirbt in St. Andrea/Triest.
1821	5. Mai	**Napoleon** stirbt im Alter von 51 Jahren nach über 5½ Jahren Verbannung in Longwood House auf St. Helena. Obduktion seines Leichnams.
	9. Mai	Beisetzung **Napoleons** in einem vierfachen Sarg auf St. Helena.
		Joseph Oberhaupt der Familie.
		Die Ächtung der Familiare wird aufgehoben.
1824		Karl X. König in Frankreich.
		Eugène Beauharnais stirbt.
1825	9. Juni	Pauline stirbt in Florenz.
		Niederwerfung des Dekabristenaufstandes in Russland.
1830		Julirevolution in Paris.
		Bürgerkönig Louis Philippe König.
1832	27.–30. Mai	Hambacher Fest.
	22. Juli	**Napoleons** Sohn **Napoleon** Franz, Herzog von Reichstadt, stirbt 21-jährig an Tuberkulose auf Schloss Schönbrunn bei Wien.
1836	2. Februar	Letizia (Madame Mère) stirbt in Rom.
1837		Hortense Beauharnais stirbt auf Schloss Arenenberg am Bodensee.
1839	13. Mai	Kardinal Fesch stirbt in Rom.
	18. Mai	Caroline stirbt in Florenz.
1840	29. Juni	Lucien stirbt in Viterbo.
		Louis besucht noch einmal sein ehemaliges Königreich Holland.
	15. Oktober	Exhumierung des Leichnams von **Napoleon** auf St. Helena.
	15. Dezember	Aufbahrung des Leichnams von **Napoleon** in einem Sarkophag im Pariser Invalidendom.
1844	28. Juli	Joseph stirbt in Florenz.
1846	25. Juli	Louis stirbt in Livorno.
1847	17. Dezember	Marie-Louise stirbt in Parma.
1848		Februar-Revolution in Frankreich.
		Juni-Aufstand in Frankreich.
		Zweite Republik.
	20. Dezember	Napoleons Neffe, Charles Louis Napoleon, wird Präsident der Französischen Republik.
		Märzrevolution in Deutschland.
		Frankfurter Vorparlament.
		Verfassungsgebende Nationalversammlung in der Frankfurter Paulskirche.
1849?		Jérôme wird Gouverneur des Hôtel des Invalides.
1850		Jérôme wird Marschall von Frankreich.
1852	2. Dezember	Charles Louis Napoleon, Sohn von Louis Bonaparte und Hortense Beauharnais, wird als **Napoleon III. Kaiser der Franzosen (Zweites Empire).**
		Jérôme wird Senatspräsident.
1860	24. Juni	Jérôme stirbt in Schloss Villegenis bei Paris.
1870		Niederlage der französischen Armee gegen die Preußen in der **Schlacht bei Sedan** Frankreich unter Napoleon III. ↔ Preußen und Bayern unter Wilhelm I. Gefallene: 3000 Franz./2320 Preuß.
	4. September	Napoleon III. legt die Krone nieder. **Ende des Zweiten Empire in Frankreich.**
1873	9. Januar	**Napoleon** III. stirbt im englischen Exil in Chislehurst (heute zu London).

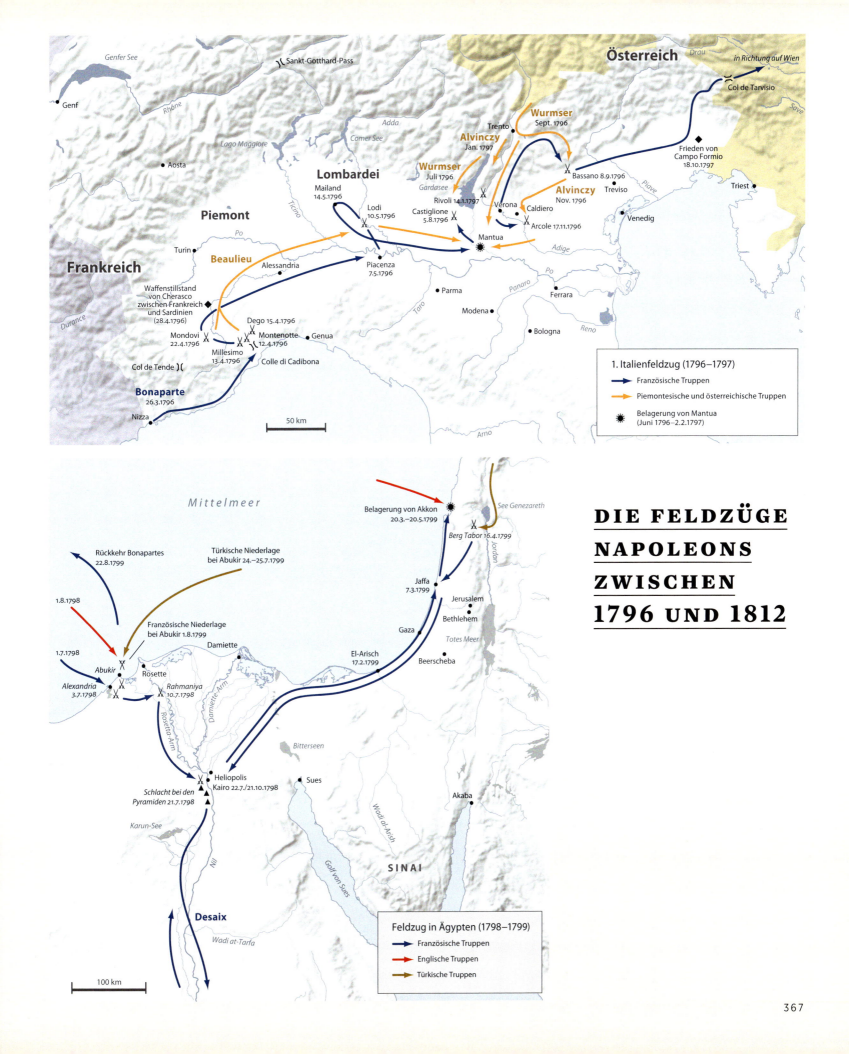

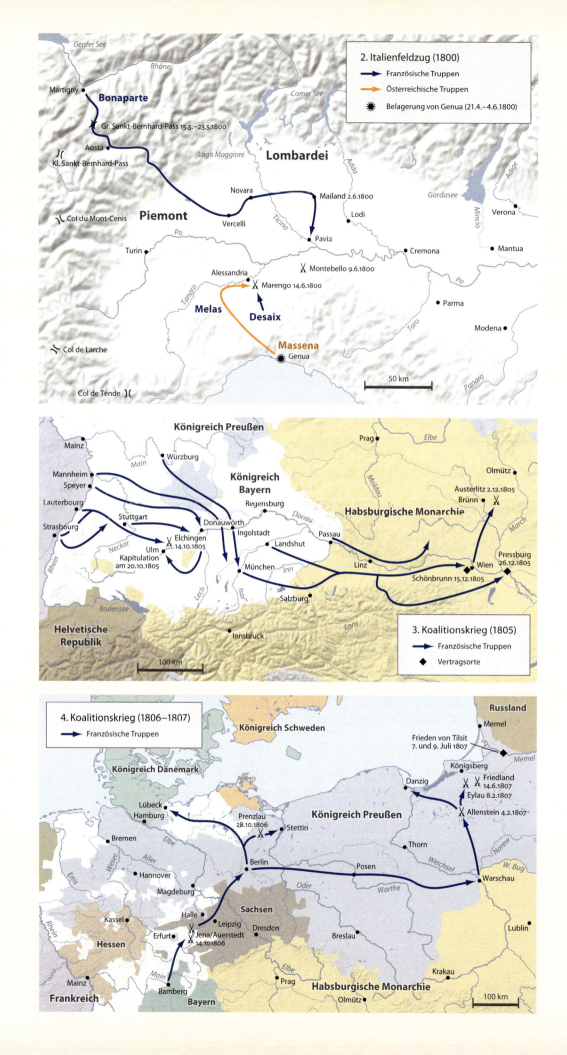

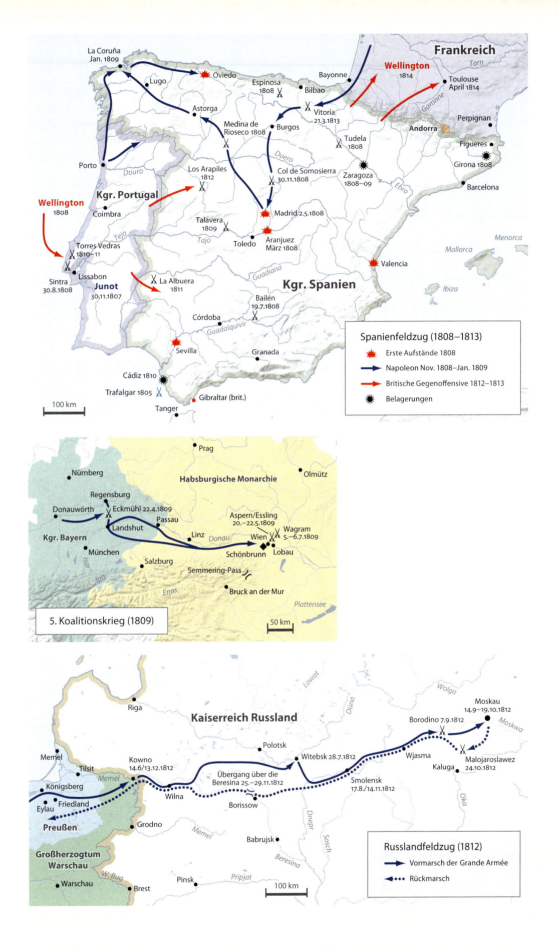

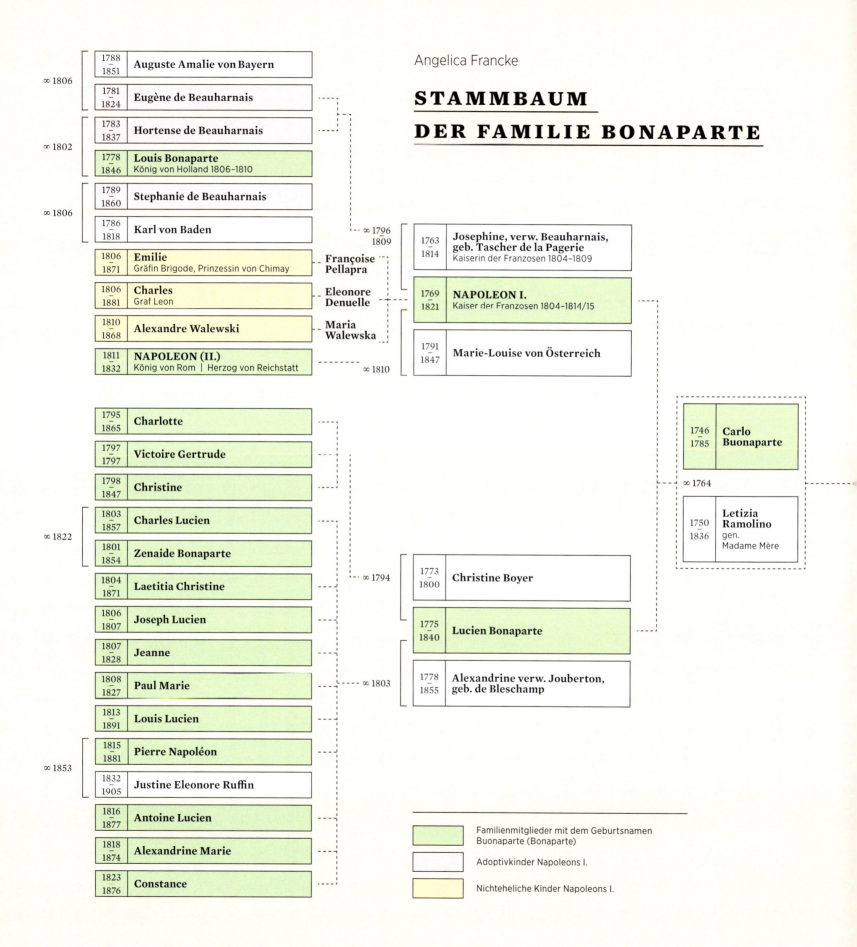

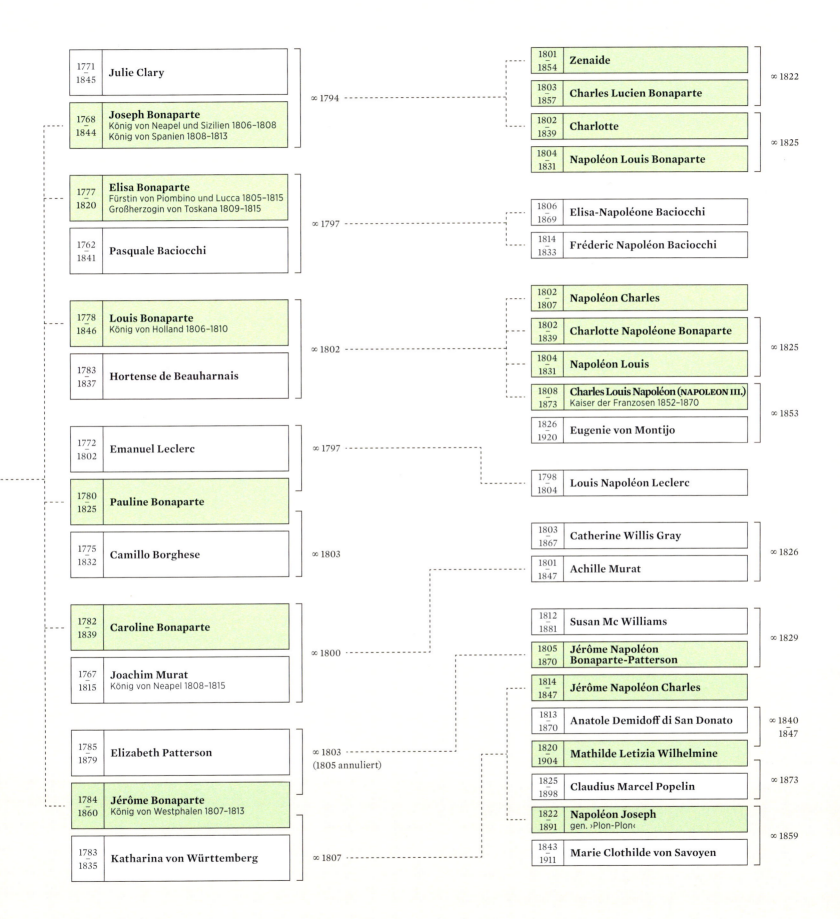

BIBLIOGRAFIE

AUSSTELLUNGSKATALOGE

Ausst.-Kat. Berlin 1996
Plessen, Marie-Louise von (Hrsg.): *Marianne und Germania. Frankreich und Deutschland. Zwei Welten – eine Revue,* Ausst.-Kat. Berlin 1996

Ausst.-Kat. Berlin 2000
Sugimoto, Hiroshi/Bashkoff, Tracey (Hrsg.): *Sugimoto, Portraits,* Ausst.-Kat. Berlin, Deutsche Guggenheim [u.a.], Ostfildern-Ruit 2000

Ausst.-Kat. Berlin 2003
Becker, Peter Jürg/Overgaauw, Eef (Hrsg.): *Aderlass und Seelentrost. Die Überlieferung deutscher Texte im Spiegel Berliner Handschriften und Inkunabeln,* Ausst. Kat. Berlin 2003

Ausst.-Kat. Boulogne-Billancourt 2004
Les Clémences de Napoléon, Ausst.-Kat. Boulogne-Billancourt, Bibliothèque Marmottan, Paris 2004

Ausst.-Kat. Compiegne 2010
Chevallier, Bernard/Dion-Tenenbaum, Anne/Desti, Marci, et al. (Hrsg.): *1810. La politique de l'amour. Napoléon Ier et Marie-Louise à Compiègne,* Ausst.-Kat. Compiegne, Musée et domaines nationaux à Compiegne, Paris 2010

Ausst.-Kat. Fontainebleau 2003
Napoléon à Fontainebleau, Ausst.-Kat. Musée national du Château de Fontainebleau, Paris 2003

Ausst.-Kat. Fontainebleau 2005
Le Pape et l'Empereur. La réception de Pie VII par Napoléon à Fontainebleau, 25–28 novembre 1804, Ausst.-Kat. Fontainebleau 2005

Ausst.-Kat. Genf 2003
Monnier, Victor/Tsioli Bodenman, Marianne (Hrsg.): *Bonaparte et les Suisses. L'Acte de Médiation de 1803,* Ausst.-Kat. Genf 2003

Ausst.-Kat. Goch/Fulda/Schwäbisch-Gmünd/Überlingen 2009
Géricault, Delacroix, Daumier und Zeitgenossen. Französische Lithographien und Zeichnungen, hrsg. von Michael Brunner u.a., bearbeitet von Karin Althaus, Michael Mohr und Götz J. Pfeiffer, Ausst.-Kat. Goch/Fulda/Schwäbisch-Gmünd/Überlingen, Petersberg 2009

Ausst.-Kat. Kassel 2008
König Lustik!? Jérôme Bonaparte und der Modellstaat Königreich Westphalen, Ausst.-Kat. Kassel, München 2008

Ausst.-Kat. Lille 1988
Boilly. 1761–1845. Un grand peintre français de la Révolution à la Restauration, Ausst.-Kat. Musée des beaux-arts de Lille, Lille 1988

Ausst.-Kat. London 2005
Lincoln, Margarette (Hrsg.): *Nelson & Napoléon,* Ausst.-Kat. London, National Maritime Museum, London 2005

Ausst.-Kat. Lyon 2009
Juliette Récamier. Muse et mécène, Ausst.-Kat. Lyon 2009

Ausst.-Kat. Mailand 1992
Galleria Civica d'Arte Moderna e Contemporanea (Hrsg.): *Giuseppe Pietro Bagetti. Pittore di battaglie. Vues des campagnes des Français en Italie (1796 e 1800): I disegni delle campagne napoleoniche della GAM di Torino,* a cura di Virginia Bertone, Mailand 1992

Ausst.-Kat. Mailand 1998
Napoléon Bonaparte. Brescia e la Republica Cisalpina 1797–1799, Ausst.-Kat. Mailand 1998

Ausst.-Kat. Mailand 2002/2003
Napoleone e la Repubblica Italiana, 1802–1805, Ausst.-Kat. Mailand 2002/2003

Ausst.-Kat. München 1994
Hoffmann & Hitler. Fotografie als Medium des Führer-Mythos, Ausst.-Kat. München, Fotomuseum, München 1994

Ausst.-Kat. Paris 1969
Napoléon, Ausst.-Kat. Paris 1969

Ausst.-Kat. Paris 1990
Musée des arts décoratifs à Paris (Hrsg.): *Papiers peints panoramiques. Exposition »Décors de l'imaginaire«,* Ausst.-Kat. Paris 1990

Ausst.-Kat. Paris 1991
Géricault, Ausst.-Kat. Paris, Galeries nationales du Grand Palais, Paris 1991

Ausst.-Kat. Paris 1999
Dupuy, Marie-Anne/Rosenberg, Pierre (Hrsg.): *Dominique-Vivant Denon: L'œil de Napoléon,* Ausst.-Kat. Paris 1999

Ausst.-Kat. Paris 2010
Turner et ses peintres, Ausst.-Kat. Paris 2010

Ausst.-Kat. Rom 2004
Jean-Baptiste Wicar, ritratti della famiglia Bonaparte, Ausst.-Kat. Rom, Museo Napoleonico, Rom 2004

Ausst.-Kat. Speyer 1998
Grewenig, Meinrad Maria/Chevallier, Bernard/Kaufmann, Sabine (Hrsg.): *Napoleon. Feldherr, Kaiser, Mensch,* Ausst.-Kat. Speyer, Ostfildern-Ruit 1998

Ausst.-Kat. Versailles 2004
Houdon. Sculpteur des Lumières. 1741–1828, Ausst.-Kat. Versailles, Musée national des châteaux de Versailles et de Trianon, Paris 2004

Ausst.-Kat. Wesel/Minden 2007
Veltzke, Veit (Hrsg.): *Trikolore und Kaiseradler über Rhein und Weser,* Ausst.-Kat. Wesel/Minden 2007, Köln/Weimar/Wien 2007

MONOGRAFIEN, SAMMELBÄNDE, ZEITSCHRIFTEN-, KATALOG- UND LEXIKONARTIKEL

Allart/Vallaud 2006
Allart, Sébastian/Vallaud, Pierre (Hrsg.): *Portraits publics, portraits privés: 1770–1830,* Ausst.-Kat. Paris/New York 2006

Alt 2000
Alt, Peter-André: *Schiller. Leben – Werk – Zeit,* 2 Bde., München 2000

Altcappenberg 2007
Schulze Altcappenberg, Heinrich Theodor/Sölter, Ulf (Hrsg.): *Giovanni Battista Piranesi. Vedute di Roma – Ansichten von Rom,* Ausst.-Kat. Berlin, München 2007

Ansón Navarro 1998
Ansón Navarro, Arturo: »Un boceto poco conocido de Goya, preparatorio para ›El dos de Mayo 1808 en Madrid‹«, in: *Goya* Nr. 262, 1998

Barrett/Miles 2003
Barrett, Carrie Reboa/Miles, Ellen G.: *Gilbert Stuart,* New York 2003

Bartsch/Eissenhauer 2008
Bartsch, Maike/Eissenhauer, Michael (Hrsg.): *König Lustik!? Jérôme Bonaparte und der Modellstaat Königreich Westphalen,* Ausst.-Kat. Kassel, München 2008

Bazin 1989
Bazin, Germaine: *Theodore Gericault. La gloire de l'Empire et la première Restauration,* Paris 1989

Becker/Overgaauw 2003
Becker, Peter Jürg/Overgaauw, Eef (Hrsg.): *Aderlass und Seelentrost. Die Überlieferung deutscher Texte im Spiegel Berliner Handschriften und Inkunabeln,* Ausst.-Kat. Berlin 2003

Bellenger 2006
Bellenger, Sylvain (Hrsg.): *Girodet. 1767–1824,* Paris 2006

Benbassa 2000
Benbassa, Esther: *Geschichte der Juden in Frankreich,* Berlin 2000

Benezit 1999
Benezit, E.: *Dictionnaire des peintres, sculpteurs, dessinateurs et graveurs de tous les temps et de tous les pays par un groupe d'écrivains spécialistes français et étrangers,* Bd. 9, Paris 1999

Benoît 2005
Benoît, Jérémie, *Napoléon et Versailles,* Paris 2005

Berger/Berger 2006
Berger, Leonie/Berger, Joachim: *Anna Amalia von Weimar. Eine Biographie,* München 2006

Beyer 1815
Beyer, Leopold: *Kriegsscenen aus den Jahren 1813 bis 1815, zur Erinnerung für ehemalige Krieger und zum Nachzeichnen und Illuminiren für kleine Leute in 12 herrlichen Skizzen von Leopold Beyer,* Dresden/Pirna, um 1815

Binder von Krieglstein 1909
Binder von Krieglstein, Carl: *Ferdinand von Schill: ein Lebensbild,* Berlin 1909

Blond 2002
Blond, Georges, *Pauline Bonaparte. La nymphomane au cœur fidèle,* Paris 2002²

Bonnet 2004
Bonnet, Jean-Claude (Hrsg.): *L'Empire des Muses. Napoléon, les Arts et les Lettres,* Paris/Berlin 2004

Bordes 2005
Bordes, Philippe: *Jacques-Louis David. Empire to Exile,* New Haven/London 2005

Börsch-Supan/Jähnig 1973
Börsch-Supan, Helmut/Jähnig, Karl Wilhelm: *Caspar David Friedrich* (Jahresgabe des Deutschen Vereins für Kunstwissenschaft 1974/75), München 1973

Boudon 2002
Boudon, Jacques-Olivier: *Napoléon et les cultes. Les religions en Europe à l'aube du XIXe siècle,* Paris 2002

Boudon 2003
Boudon, Jacques-Olivier: *Histoire du Consulat et de l'Empire,* Paris 2003

Boudon 2004
Boudon, Jacques-Olivier: *Napoléon Ier et son temps,* Paris 2004

Boudon 2006
Boudon, Jacques-Olivier: *La France et l'Europe de Napoléon,* Paris 2006

Boudon 2008a
Boudon, Jacques-Olivier: *Ordre et désordre dans la France napoléonienne,* Paris 2008

Boudon 2008b
Boudon, Jacques-Olivier: *Le roi Jérôme, frère prodige de Napoléon,* Paris 2008

Bourguet 1988
Bourguet, Marie-Noëlle: *Déchiffrer la France: la statistique départementale à l'époque napoléonienne,* Paris 1988

Brugger 2001
Brugger, Gabriele (Hrsg.): *Johann Baptist Seele (1774–1814) und seine Zeitgenossen,* Hohenkarpfen 2001

Bruller/Benôit/Frasca 1996
Bruller, Isabelle/Benôit, Christian/Frasca, Francesco: *La liberté en Italie vue par les artistes du dépôt de la Guerre 1796–1797,* Paris 1996

Brunner/Holthuis/Mann/Stasch 2009
Brunner, Michael/Holthuis, Gabriele/Mann, Stephan/Stasch, Gregor K. (Hrsg.): *Géricault, Delacroix, Daumier und Zeitgenossen. Französische Lithographien und Zeichnungen,* Ausst.-Kat. Goch/Fulda/Schwäbisch-Gmünd/Überlingen, Petersberg 2009

Bruson/Souverain 2005
Bruson, Jean-Marie/Souverain, Adeline: *Au temps des merveilleuses. La société parisienne sous le Directoire et le Consulat,* Ausst.-Kat. Paris, Musée Carnavalet, Paris 2005

Buchinger Schäfer 2010
Buchinger Schäfer, Kirsten: *Napoleomanie? Die mediale Transformation der Erinnerung an die Revolutions- und Napoleonischen Kriege in Frankreich (1815–1945),* im Druck (voraussichtlich Paderborn 2010)

Busch 2003
Busch, Werner: *Caspar David Friedrich: Ästhetik und Religion,* München 2003

Butlin/Joll 1984
Butlin, Martin/Joll, Evelyn: *The Paintings of J. M. W. Turner,* New Haven/London 1984

Campana 1994
Campana, Cesare, et al. (Hrsg.): *Voyage pittoresque de Genève à Milan par le Simplon 1800–1820,* Bern 1994

Caracciolo/Toscano 2007
Caracciolo, Maria Teresa/Toscano, Gennaro: *Jean-Baptiste Wicar et son temps 1762–1834,* Villeneuve 2007

Carlier 2003
Carlier, Yves/Foulon, Béatrice et. al.: *Napoléon à Fontainebleau,* Paris 2003

Casali/Chanteranne 2009
Casali, Dimitri/Chanteranne, David: *Napoléon par les peintres,* Paris 2009

Chappey 2002
Chappey, Jean-Luc: *La Société des Observateurs de l'homme (1799–1804). Des Anthropologues sous Bonaparte,* Paris 2002

Chappey 2008
Chappey, Jean-Luc/Gainot, Bernard: *Atlas de l'empire napoléonien (1799–1815). Ambitions et limites d'une nouvelle civilisation européenne,* Paris 2008

Chappey/Gainot 2008
Chappey, Jean-Luc/Gainot, Bernard: *Atlas de l'Empire napoléonien 1799–1815. Ambitions et limites d'une nouvelle civilisation européenne,* Paris 2008

Charbon 1995
Charbon, Paul: »Entstehung und Entwicklung des Chappeschen Telegrafennetzes in Frankreich«, in: Beyrer, Klaus/Mathis, Birgit-Susann (Hrsg.): *So weit das Auge reicht,* Karlsruhe 1995

Chavanne 2001
Chavanne, Blandine (Hrsg.): *De l'an II au sacre de Napoléon. Le premier musée de Nancy,* Ausst.-Kat. Nancy, Paris 2001

Chenique 2004
Chenique, Bruno: »Géricault, le Salon de 1814 et les semaines saintes d'un mousquetaire républicain«, in: Darragon, Erci/Jakobi, Marianne (Hrsg.): *La provocation, une demension de l'art contemporain. XIX–XX siècle,* Paris 2004

Chevallier/Dion-Tenenbaum/Desti 2010
Chevallier, Bernard/Dion-Tenenbaum, Anne/Desti, Marci, et al. (Hrsg.): *1810. La politique de l'amour. Napoléon Ier et Marie-Louise à Compiègne,* Ausst.-Kat. Compiegne, Musée et domaines nationaux à Compiegne, Paris 2010

Chézy 2009
Chézy, Helmina von, in: Bénédicte Savoy (Hrsg.): *Leben und Kunst in Paris seit Napoleon I.,* Berlin 2009

Clements 1999
Clements, W.H.: *Towers of strength. The story of the Martello Towers,* Barnsley 1999

Codechèvre 1972
Codechèvre, Pierre: *Napoléon et ses »maisons« de la légion d'honneur,* Bagneux 1972

Constans 1980
Constans, Claire: *Château de Versailles: Catalogue des peintures,* Bd. 2, Bestandskat. Versailles 1980

Constans 1995
Constans, Claire: *Les peintures: Musée National du Château de Versailles,* Bd. 1, Paris 1995

Criste 1912
Criste, Oskar: *Erzherzog Carl von Österreich,* Wien 1912

Crumplin/Starling 2005
Crumplin, Michael K. H./Starling, Pete H.: *A surgical artist at war: the paintings and sketches of Sir Charles Bell,* Edinburgh 2005

De Baecque 1993
De Baecque, Antoine: *Le Corps de l'Histoire: métaphores et politique (1770–1800),* Paris 1993

De Bruyn 2001
De Bruyn, Günter: *Preußens Luise. Vom Entstehen und Vergehen einer Legende,* Berlin 2001

Dean 2004
Dean, Rodney J.: *L'Église constitutionnelle, Napoléon et le Concordat de 1801,* Paris 2004

Denon 1802
Denon, Dominique-Vivant: *Voyage dans la basse et la haute Égypte, pendant les campagnes du général Bonaparte,* Paris 1802

Dion-Tenenbaum 2004
Dion-Tenenbaum, Anne: »Les manufactures«, in: Laveissière, Sylvain (Hrsg.): *Napoléon et le Louvre,* Ausst.-Kat. Paris 2004

Driskel 1993
Driskel, Michael Paul: *As befits a legend: building a tomb for Napoleon, 1840–1861,* Kent/Ohio 1993

Dufraisse 2002
Dufraisse, Roger: *Napoleon, Revolutionär und Monarch. Eine Biographie,* München 2002

Dumont 2003
Dumont, Franz: »Das napoleonische Mainz: Boulevard de la France et bonne ville de l'Empire«, in: Paas, Sigrun/Mertens, Sabine (Hrsg.): *Beutekunst unter Napoleon. Die »französische Schenkung« an Mainz 1803,* Ausst.-Kat. Mainz, Landesmuseum, Mainz 2003

Dupuy/Rosenberg 1999
Dupuy, Marie-Anne/Rosenberg, Pierre (Hrsg.): *Dominique-Vivant Denon: L'œil de Napoléon,* Ausst.-Kat. Paris 1999

Dwyer 2002
Dwyer, Philip: *Napoleon and Europe,* London 2002

Eissenhauer/Thümmler 2007
Eissenhauer, Michael/Thümmler, Sabine (Hrsg. Museumslandschaft Hessen Kassel): *Austerlitz 1805. Ein monumentales Schlachtenpanorama auf Tapete,* München/Berlin 2007

Engelbrecht 1995
Engelbrecht, Jörg: »Grundzüge der französischen Verwaltungspolitik auf dem linken Rheinufer (1794–1814)«, in: Dipper, Christof/Schieder, Wolfgang/Schulze, Reiner (Hrsg.): *Napoleonische Herrschaft in Deutschland und Italien – Verwaltung und Justiz,* Berlin 1995

Englund 2004
Englund, Steven: *Napoleon, a political life,* Cambridge/Mass. 2004

Evans 1999
Evans, Dorinda: *The Genius of Gilbert Stuart,* Princeton/New York 1999

Faber du Faur 2003
Faber du Faur, Christian Wilhelm von: *Der Russlandfeldzug Napoleons 1812: nach den Originalen im Bayerischen Armeemuseum mit einem Begleittext von Major F. von Kausler,* Wolnzach 2003

Fehrenbach 1973
Fehrenbach, Elisabeth: *Der Kampf um die Einführung des Code Napoléon in den Rheinbundstaaten,* Wiesbaden 1973

Fehrenbach 1974
Fehrenbach, Elisabeth: *Traditionale Gesellschaft und revolutionäres Recht – die Einführung des Code Napoléon in den Rheinbundstaaten,* Göttingen 1974

Fehrenbach 1999
Fehrenbach, Elisabeth: »Der Einfluss des ›Code Napoléon‹ auf das Rechtsbewusstsein in den Ländern des rheinischen Rechts«, in: Jurt, Joseph (Hrsg.): *Wandel von Recht und Rechtsbewusstsein in Frankreich und Deutschland,* Berlin 1999

Fehrenbach 2008
Fehrenbach, Elisabeth: *Vom Ancien Régime zum Wiener Kongress* (Oldenbourg Grundriss der Geschichte, Bd. 12), München 2008

Felbinger 2000
Felbinger, Udo: *François Gérard und das französische Porträt 1795–1815,* Diss. Freie Universität Berlin 2000

Ficacci 2000
Ficacci, Luigi: *Giovanni Battista Piranesi: the complete etchings; Gesamtkatalog der Kupferstiche; catalogue raisonné des eaux-fortes,* Köln 2000

Fiege 1998
Fiege, Gertrud: *Caspar David Friedrich,* Reinbek bei Hamburg 1998

Fischer 1988
Fischer, Joachim: *Napoleon und die Naturwissenschaften*, Stuttgart 1988

Forrest 2009
Forrest, Alan: *Soldiers, citizens and civilians: experiences and perceptions of the Revolutionary and Napoleonic Wars, 1790–1820*, Basingstoke/Hampshire [u. a.] 2009

Forrest 2009
Forrest, Alan: *The bee and the eagle : Napoleonic France and the end of the Holy Roman Empire, 1806*, Basingstoke/Hampshire [u. a.] 2009

François 2001
François, Etienne/Schulze, Hagen (Hrsg.): *Deutsche Erinnerungsorte*, 3 Bde., München 2001

François/Siegrist/Vogel 1995
François, Etienne/Siegrist, Hannes/Vogel, Jakob: *Nation und Emotion. Deutschland und Frankreich im Vergleich. 19. und 20. Jahrhundert* (Kritische Studien zur Geschichtswissenschaft 110), Göttingen 1995

François 2003
François, Etienne: »L'Europe française«, in: *Napoléon, l'homme qui a changé le monde*, Nr. 20 der Zeitschrift *Collections de l'Histoire*, Juli–September 2003

Fremont-Barners 2002
Fremont-Barners, Gregory: *The Napoleonic Wars: The Fall of the French Empire 1813–1815*, Oxford 2002

Gaehtgens 2004
Gaehtgens, Thomas W.: »Das nazarenische Napoleonbildnis der Brüder Olivier«, in: Kern, Margit/Kirchner, Thomas/Kohle, Hubertus (Hrsg.): *Geschichte und Ästhetik, Festschrift für Werner Busch zum 60. Geburtstag*, München [u. a.] 2004

Gall 1998
Gall, Lothar (Hrsg.): *1848. Aufbruch zur Freiheit*, Ausst.-Kat. Frankfurt a.M. 1998

Gallo 1999
Gallo, Daniela, »Les antiques au Louvre. Une accumulation de chefs-d'œuvres«, in: Dupuy, Marie-Anne/Rosenberg, Pierre (Hrsg.): *Dominique-Vivant Denon: L'œil de Napoléon*, Ausst.-Kat. Paris 1999

Garlick 1989
Garlick, Kenneth: *Sir Thomas Lawrence. A complete catalogue of the oil paintings*, Oxford 1989

Gassier/Wilson/Lachenal 1994
Gassier, Pierre/Wilson, Juliet/Lachenal, François: *Goya. Leben und Werk*, Köln 1994

Gaulupeau 2004
Gaulupeau, Yves (Hrsg.): *L'histoire au musée: actes du Colloque L'histoire au musée*, Arles 2004

Geck 2007
Geck, Martin: »›Heißt das nicht Handeln bey Ihnen: Componiren?‹ Napoleon als Leitstern Beethovens«, in: Veltzke, Veit (Hrsg.): *Trikolore und Kaiseradler über Rhein und Weser*, Ausst.-Kat. Wesel/Minden 2007, Köln/Weimar/Wien 2007

Geck/Schleuning 1989
Geck, Martin/Schleuning, Peter (Hrsg.): *»... Geschrieben auf Bonaparte«. Beethovens »Eroica«. Revolution, Reaktion, Rezeption*, Reinbek bei Hamburg 1989

George/Rudoph 2008
George, Marion/Rudolph, Andrea (Hrsg.): *Napoleons langer Schatten über Europa*, Dettelbach 2008

Germain/Coron 2000
Germain, Marie-Odile/Coron, Antoine (Hrsg.): *Trésors de la Bibliothèque nationale de France. Aventures et créations, XIXe–XXe siècles*, Bd. 2, Paris 2000

Gerstein 1999
Gerstein, Marc: »Le regard consolateur du grand homme. Le concours pour la Bataille d'Eylau«, in: Dupuy, Marie-Anne/Rosenberg, Pierre (Hrsg.): *Dominique-Vivant Denon: L'œil de Napoléon*, Ausst.-Kat. Paris 1999

Gigli Berzolari 2002
Gigli Berzolari, Alberto: *Alessandro Volta and the scientific culture between 1750 and 1850*, Mailand 2002

Glaser 1980
Glaser, Hubert (Hrsg.): *Krone und Verfassung. König Max I. Joseph und der neue Staat*, Bd. 2, Ausst.-Kat. München 1980

Gläser 2001
Gläser, Stefan: *Frauen um Napoleon*, Regensburg 2001

Gläser 2004
Gläser, Stefan: *Frauen um Napoleon*, München 2004

Godlewska 2003
Godlewska, Anne: »Resisting the cartographic imperative: Guiseppe Bagetti's landscapes of war«, in: *Journal of Historical Geography* 29, Ausg. 1, Januar 2003

Grathoff 2000
Grathoff, Dirk: *Kleist: Geschichte, Politik, Sprache. Aufsätze zu Leben und Werk Heinrich von Kleists*, Wiesbaden 2000

Graziani 2004
Graziani, Antoine-Marie: *Pascal Paoli. Père de la patrie corse*, Paris 2004

Grelon/Stück 1994
Grelon, A./Stück, H. (Hrsg): *Ingenieure in Frankreich 1747–1999*, Frankfurt a. M. 1994

Grewenig/Chevallier/Kaufmann 1998
Grewenig, Meinrad Maria/Chevallier, Bernard/Kaufmann, Sabine (Hrsg.): *Napoleon. Feldherr, Kaiser, Mensch*, Ausst.-Kat. Speyer, Ostfildern-Ruit 1998

Gronen 2007
Gronen, Klaus: *Bedeutung und Eignung des Begriffes Avantgarde für die zeitgenössische Kunst am Beispiel Jonathan Meese und John Bock*, Diss. Köln 2006, Berlin 2007

Grothe 1962
Grothe, Hans (Hrsg): *Lexikon des Bergbaus* (Lueger Lexikon der Technik, Bd. 4), Stuttgart 1962

Hartmann 1979
Hartmann, Jørgen Birkedal: *Antike Motive bei Thorvaldsen. Studien zur Antikenrezeption des Klassizismus*, bearbeitet und herausgegeben von Klaus Parlasca, Tübingen 1979

Haustein 2001
Haustein, Heinz-Dieter: *Weltchronik des Messens. Universalgeschichte von Maß und Zahl, Geld und Gewicht*, Berlin 2001

Hazareesingh 2004
Hazareesingh, Sudhir: *The legend of Napoleon*, London 2004

Heck 1995
Heck, Bernhard: *Rechenverfahren und Auswertemodelle der Landesvermessung. Klassische und moderne Methoden*, Heidelberg 1995

Hellermann 2001
Hellermann, Dorothee von: *Gerhard von Kügelgen (1772–1820). Das zeichnerische und malerische Werk*, Berlin 2001

Helman 1800/1808
Helman, Isidore-Stanislas-Henri: *Description abrégée des quinze estampes, sur les principales journées de la Révolution, Gravées par Helman, d'après les dessins de Monnet*, Paris nach 1800 vor 1808 [?]

Hemmann 2010
Hemmann, Thomas: *Die Dömitzer Bilderhandschrift aus dem Jahr 1813*, Norderstedt 2010

Herbarth 1978
Herbarth, Dieter: *Die Entwicklung der optischen Telegrafie in Preussen* (Landeskonservator Rheinland, Arbeitsheft 15), Köln 1978

Herre 2003
Herre, Franz: *Joséphine. Kaiserin an Napoleons Seite*, Regensburg 2003

Herre 2006
Herre, Franz: *Napoleon Bonaparte. Eine Biographie*, München 2006

Herzig 2002
Herzig, Arno: *Jüdische Geschichte in Deutschland. Von den Anfängen bis zur Gegenwart*, München 2002

Heuss 1947/1999
Heuss, Theodor: »August Ludwig von Schlözer und seine Tochter«, in ders.: *Schattenbeschwörung. Randfiguren der Deutschen*, Stuttgart/Tübingen 1947/1999

Hillard 1864
Hillard, Elias Brewster: *Last men of the Revolution. A photograph of each from life, together with views of their homes printed in colors*, Hartford 1864

Historische Bildforschung 2003
Historische Bildforschung (Hrsg.): *Der Krieg im Bild – Bilder vom Krieg. Hamburger Beiträge zur Historischen Bildforschung*, Frankfurt a.M. 2003

Hoch 1995
Hoch, Karl-Ludwig: *Caspar David Friedrich in der Sächsischen Schweiz: Skizzen, Motive, Bilder*, Dresden 1995

Hofmann 1989
Hofmann, Werner (Hrsg.): *Europa 1989. Aufklärung, Verklärung, Verfall*, Ausst.-Kat. Hamburg 1989

Holzhausen 1902
Holzhausen, Paul: *Napoleons Tod im Spiegel der zeitgenössischen Presse und Dichtung*, Frankfurt a.M. 1902

Hölzl 2009
Hölzl, Christian: »Die Auswirkungen des Ägyptenfeldzugs auf Wissenschaft und Kunst«, in: Pfaffenbichler, Matthias (Hrsg.): *Napoleon. Feldherr, Kaiser und Genie*, Ausst.-Kat. Schallaburg 2009

Hubert 1986
Hubert, Gérard/Hubert, Nicole (Hrsg.): *Musée National des Châteaux de Malmaison et de Bois Préau. Guide*, Paris 1986

Hubert/Ledoux-Lebard 1999
Hubert, Gérard/Ledoux-Lebard, Guy: *Napoléon. Portraits contemporains, bustes et statues*, Paris 1999

Hyman 1998
Hyman, Paula E.: *The Jews of Modern France*, Berkeley 1998

James 1984
James, C. L. R.: *Die schwarzen Jakobiner. Toussaint L'Ouverture und die San-Domingo-Revolution*, Berlin 1984

Joppien 1972
Joppien, Rüdiger: *Die Szenenbilder Philippe Jacques de Loutherbourgs. Eine Untersuchung zu ihrer Stellung zwischen Malerei und Theater*, Diss. Köln 1972

Jourdan 1998
Jourdan, Annie: *Napoléon. Héros, imperator, mécène*, Paris 1998

Jouy 1868
Jouy, Henri Barbet de: *Notice des antiquités, objets du Moyen âge, de la Renaissance et des Temps Modernes composant le Musée des Souverains*, Paris 1868

Jung/Leblois-Happe/Witz 2010
Jung, Heike/Leblois-Happe, Jocelyne/Witz, Claude: *200 Jahre Code d'instruction criminelle – Le Bicentenaire du Code d'instruction criminelle*, Baden-Baden 2010

Kaenel 1998
Kaenel, Philippe: »Das Napoleon-Bild: Gleichförmigkeit und Ungleichförmigkeit«, in: Mathis, Hans Peter (Hrsg.): *Napoleon I. im Spiegel der Karikatur, Ein Sammlungskatalog des Napoleon-Museums Arenenberg mit 435 Karikaturen über Napoleon I.*, Zürich 1998

Kämpken/Ladenburger 2006
Kämpken, Nicole/Ladenburger, Michael (Hrsg.): *Auf den Spuren Beethovens. Hans Conrad Bodmer und seine Sammlung*, Bonn 2006

Kant 1795
Kant, Immanuel: *Zum ewigen Frieden*, Leipzig 1795

Katz 1988
Katz, Jacob: *Aus dem Ghetto in die bürgerliche Gesellschaft,* Frankfurt a.M. 1988

Kleßmann 1973
Kleßmann, Eckart: *Die Befreiungskriege in Augenzeugenberichten,* München 1973

Kleßmann 1982
Kleßmann, Eckart: *Napoleons Russlandfeldzug in Augenzeugenberichten,* München 1982

Kluge 1993
Kluge, Hans Joachim: *Caspar David Friedrich. Entwürfe für Grabmäler und Denkmäler,* Berlin 1993

Kneubuehl 2008
Kneubuehl, Beat P. (Hrsg.): *Wundballistik – Grundlagen und Anwendungen,* Berlin/Heidelberg 2008

Köbler 1997
Köbler, Gerhard: *Lexikon der europäischen Rechtsgeschichte,* München 1997

Kolloquium Rennes 2001
Napoléon et l'Europe: colloque de la Roche-sur-Yon, 8-9 juin 2001, Rennes 2001

König 1991
König, Wolfgang: *Mechanisierung und Maschinisierung 1600 bis 1840 (Propyläen Technikgeschichte),* Berlin 1991

Kramp 2000
Kramp, Mario (Hrsg.): *Krönungen: Könige in Aachen – Geschichte und Mythos,* Ausst.-Kat. Aachen 2000

Krätz/Kinder 1997
Krätz, Otto/Kinder, Sabine: *Alexander von Humboldt: Wissenschaftler, Weltbürger, Revolutionär,* München 1997

Kreuzer 2002
Kreuzer, Johann (Hrsg.): *Hölderlin-Handbuch. Leben – Werk – Wirkung,* Stuttgart 2002

Krischel 1995
Krischel, Roland: »Die Rückkehr des Rubens. Kölns Kunstszene zu Beginn der preußischen Epoche«, in: Kier, Hiltrud/Zehnder, Franz Günter (Hrsg.): *Lust und Verlust. Kölner Sammler zwischen Trikolore und Preußenadler,* Ausst.-Kat. Köln 1995

Kroeschell 2008
Kroeschell, Karl: *Deutsche Rechtsgeschichte,* Bd. 3: Seit 1650, Köln 2008

Larrey 1997
Larrey, Dominique-Jean: *Memoirs of Baron Larrey. Surgeon-in-chief of the grande armée* (Faksimile der Ausgabe von 1862), Chippenham/Wiltshire 1997

Laveissière 1997
Laveissière, Sylvain (Hrsg.): *Prud'hon ou le rêve du bonheur,* Ausst.-Kat. Paris 1997

Laveissière/Régis 1991
Laveissière, Sylvain/Michel, Régis (Hrsg.): *Géricault,* Ausst.-Kat. Paris 1991

Lebrune Jouve 2003
Lebrune Jouve, Claudine: *Nicolas-Antione Taunay (1755-1830),* Paris 2003

Lechevalier/Dubosson/Pflug/Fornara 2007
Lechevalier, Michel/Dubosson, Françoise/Pflug, Léopold/Fornara, Livio: *L'ingénieur Nicolas Céard (1745-1821) et la route du Simplon,* Chêne-Bourg 2007

Lentz 2002
Lentz, Thierry: *Napoléon et la conquête de l'Europe (1804-1810),* Nouvelle Histoire du Premier Empire, Bd. I, Paris 2002

Lentz 2003
Lentz, Thierry (Hrsg.), *Le sacre de Napoléon: 2 décembre 1804,* Paris 2003

Lentz 2004
Lentz, Thierry: *L'effondrement du système napoléonien (1810-1814),* Nouvelle Histoire du Premier Empire, Bd. II, Paris 2004

Lentz 2007
Lentz, Thierry: *La France et l'Europe de Napoléon 1804-1814,* Nouvelle Histoire du Premier Empire, Bd. III, Paris 2007

Lentz 2009
Lentz, Thierry: *La mort de Napoléon. Mythes, Légendes et mystère,* Paris 2009

Levey 2005
Levey, Michael: *Sir Thomas Lawrence,* New Haven/Conn. 2005 [1979]

Lilley 1985
Lilley, Edward: »Consular Portraits of Napoléon Bonaparte«, in: *Gazette des Beaux-Arts* 106, 1985

Lincoln 2005
Lincoln, Margarette (Hrsg.): *Nelson & Napoléon,* Ausst.-Kat. London, National Maritime Museum, London 2005

Lochmann 1986
Lochmann, Gerhard et. al. (Hrsg.): *Feldchirurgie (Handbuch Militärmedizin),* Berlin 1986

Lockwood 2009
Lockwood, Lewis: *Beethoven: seine Musik – sein Leben,* Stuttgart 2009

Loewe 2000
Loewe, Siegfried: »Alfieri und Frankreich«, in: Kanduth, Erika (Hrsg.): *Italienische Aufklärungsliteratur im Zeichen europäischer Beziehungen,* Frankfurt a.M. 2000

Lück/Tullner 2007
Lück, Heiner/Tullner, Mathias (Hrsg.): *Königreich Westfalen (1807-1813): eine Spurensuche aus Anlass des 200. Jubiläums der ersten bürgerlichen Verfassung auf deutschem Boden,* Anderbeck 2007

Malgouyres 1999
Malgouyres, Philippe: *Le Musée Napoléon,* Paris 1999

Malino/Wasserstein 1985
Malino, Frances/Wasserstein, Bernard (Hrsg.): *The Jews in Modern France,* Hanover/NH 1985

Malraux 1991
Malraux, André: *Vie de Napoléon par lui-même,* Paris 1991

Martus 2009
Martus, Steffen: *Die Brüder Grimm. Eine Biografie,* Reinbek bei Hamburg 2009

Martus/Münkler/Röcke 2003
Martus, Steffen/Münkler, Marina/Röcke, Werner (Hrsg.): *Schlachtfelder. Codierung von Gewalt im medialen Wandel,* Berlin 2003

Mascilli Migliorini 2003
Mascilli Migliorini, Luigi: *Il mito dell'eroe: Italia e Francia nell'eta della restaurazione,* Neapel 2003

Mascilli Migliorini 2004
Mascilli Migliorini, Luigi: *Napoléon,* Paris 2006 (2004[1])

Mascilli Migliorini 2010
Mascilli Migliorini, Luigi: *L'Italia napoleonica. Voci per un dizionario critico,* Turin 2010

Mastnak/Tänzer 2003
Mastnak, Jens/Tänzer, Michael-Andras: *Diese denckwürdige und mörderische Schlacht. Die Hannoveraner bei Waterloo,* Celle 2003

Mathis 1998
Mathis, Hans Peter (Hrsg.): *Napoleon I. im Spiegel der Karikatur, Ein Sammlungskatalog des Napoleon-Museum Arenenberg mit 435 Karikaturen über Napoleon I.,* Zürich 1998

Mayer-Michallon 2008
Mayer-Michallon, Isabelle: *Charles Meynier. 1763-1832,* Paris 2008

Metternich-Winneburg 1880-1884
Metternich-Winneburg, Richard von: *Aus Metternich's nachgelassenen Papieren,* Wien 1880-1884

Mildenberger 1984
Mildenberger, Hermann: *Der Maler Johann Baptist Seele,* Tübingen 1984

Miquel 2005
Miquel, Pierre: *Austerlitz,* Paris 2005

Monnier/Tsioli Bodenman 2003
Monnier, Victor/Tsioli Bodenman, Marianne (Hrsg.): *Bonaparte et les Suisses. L'Acte de Médiation de 1803,* Ausst.-Kat. Genf 2003

Montholon 1846
Montholon, Charles-Tristan de: *Geschichte der Gefangenschaft Napoleon's auf Sanct-Helena,* Leipzig 1846

Mück 2006
Mück, Hans-Dieter (Hrsg.): *Szenen aus dem bürgerlichen Heldenleben. Johannes Grützke. Gemälde, Zeichnungen, Druckgraphik, Objekte. 1965–2006,* Apolda 2006

Muir 1998
Muir, Rory: *Tactics and the experience of battle in the age of Napoleon,* New Haven 1998

Müller-Miny 1980
Müller-Miny, Heinrich: *Die Tranchot-von Mifflingsche Kartenaufnahme der Rheinlande 1801-1828,* Bonn Bad Godesberg 1980

Müller-Seidel 2009
Müller-Seidel, Walter: *Friedrich Schiller und die Politik. Nicht das Große, nur das Menschliche geschehe,* München 2009

Museum für Kommunikation 2000
Museum für Kommunikation (Hrsg.): *In 28 Minuten von London nach Kalkutta. Aufsätze zur Telegrafiegeschichte aus der Sammlung Dr. Hans Pieper im Museum für Kommunikation, Bern,* Bern 2000

Navailles 1987
Navailles, Jean-Pierre: *Le tunnel sous la Manche: deux siècles pour sauter le pas, 1802-1987,* Seyssel 1987

Neidhardt 2005
Neidhardt, Hans Joachim: *Caspar David Friedrich und die Malerei der Dresdner Romantik. Aufsätze und Vorträge,* Leipzig 2005

Nora 2001
Pierre Nora: *Zwischen Geschichte und Gedächtnis,* Frankfurt a.M. 2001

Nora 2005
Pierre Nora: *Erinnerungsorte Frankreichs,* München 2005

Nouvelle Biographie Générale 1967
Nouvelle Biographie Générale (M.M.Firmin Didot Frères), Kopenhagen 1967, Bd. 29-30

O'Brien 2006
O'Brien, David: *After the Revolution: Antoine-Jean Gros, Painting and Propaganda under Napoleon Bonaparte,* University Park/Pennsylvania 2006

Ortiz 1998
Ortiz, Jose M.: »The Revolutionary Flying Ambulance of Napoleon's Surgeon«, in: *U.S. Army Medical Department Journal,* Ausg. Okt.-Dez. 1998

Österreich 1893
Österreich, Carl Erzherzog von: *Ausgewählte Schriften,* Wien 1893

Paas/Mertens 2003
Paas, Sigrun/Mertens, Sabine (Hrsg.): *Beutekunst unter Napoleon. Die »französische Schenkung« an Mainz 1803,* Ausst.-Kat. Mainz 2003

Pachoński 1969-1976
Pachoński, Jan: *Legiony Polskie – Prawda i Legenda 1794-1807,* Bd. I-IV, Wydawnictwo Ministerstwa Obrony Narodowej, Warszawa 1969-1976

Paldus 1913
Paldus, Josef: »Übersicht des Besitzstandes und der territorialen Veränderungen in Mitteleuropa vom Schönnbrunner Frieden bis zur Aufkündigung des Waffenstillstandes im Jahre 1813«, in: Criste, Oskar: *Befreiungskrieg 1813: Österreichs Beitritt zu Koalition,* Wien 1913

Pancaldi 2003
Pancaldi, Giuliano: *Volta. Science and culture in the Age of Enlightenment,* Princeton 2003

Pelikan 2005
Pelikan, Werner: *Mythen und Mythenbildung in Kunst und Werbung – Grundmuster der Kommunikation*, Diss. Kassel 2005

Pellicer / Hilaire 2008
Pellicer, Laure / Hilaire, Michel (Hrsg.): *François-Xavier Fabre, de Florence à Montpellier (1766–1837)*, Paris 2008

Pénot 2009
Pénot, Sabine: »Der napoleonische Kunstraub im Belvedere (1809) und seine Folgen«, in: *Napoleon. Feldherr, Kaiser und Genie*, Ausstellungskatalog Schallaburg 2009

Perot 2004
Perot, Jacques (Hrsg.): *La pourpre et l'exil. L'Aiglon (1811–1832) et le Prince impérial (1856–1879)*, Ausst.-Kat. Compiègne, Paris 2004

Petiteau 1999
Petiteau, Natalie: *Napoléon, de la mythologie à l'histoire*, Paris 1999

Petiteau 2003
Petiteau, Natalie: *Lendemains d'Empire: les soldats de Napoléon dans la France du XIXe siècle*, Paris 2003

Petiteau 2008
Petiteau, Natalie: *Les Français et l'Empire 1799–1815*, Paris 2008

Pfaffenbichler 2009a
Pfaffenbichler, Matthias: »Der erste Italienfeldzug Napoleons«, in: ders. (Hrsg.): *Napoleon. Feldherr, Kaiser und Genie*, Ausst.-Kat. Schallaburg 2009

Pfaffenbichler 2009b
Pfaffenbichler, Matthias (Hrsg.): *Napoleon. Feldherr, Kaiser und Genie*, Ausst.-Kat. Schallaburg 2009

Pillepich / Benoît 1999
Pillepich, Alain / Benoît, Jérémie, et al. (Hrsg.): *Eugène de Beauharnais. Honneur & fidélité*, Ausst.-Kat. Paris 1999

Planchon-de Font-Réaulx / Bajac 2003
Planchon-de Font-Réaulx, Dominique / Bajac, Quentin: *Le daguerréotype français. Un objet photographique*, Ausst.-Kat., Paris, Musée d'Orsay, Paris 2003

Plessen 1996
Plessen, Marie-Louise von (Hrsg.): *Marianne und Germania. Frankreich und Deutschland. Zwei Welten – eine Revue*, Ausst.-Kat. Berlin 1996

Porter 2000
Porter, Roy: *Die Kunst des Heilens*, Heidelberg 2000

Prendergast 1997
Prendergast, Christopher: *Napoleon and history painting. Antoine-Jean Gros's La Bataille d'Eylau*, Oxford 1997

Regis 1992
Regis, Michel: *Gericault. L'invention du réel*, Paris 1992

Régnault 1967
Régnault, Jean-Charles-Louis: *Les Aigles impériales et le drapeau tricolore, 1804–1815*, Paris 1967

Reuter 2002
Reuter, Astrid: *Marie-Guilhelmine Benoist. Gestaltungsräume einer Künstlerin um 1800*, Berlin 2002

Ribbe 2005
Ribbe, Claude: *Le Crime de Napoléon*, Paris 2005

Rink 2008
Rink, Martin: »Die Erfindung des Guerillakrieges. Der Dos de Mayo 1808 – Auftakt zum Spanischen Unabhängigkeitskrieg«, in: *Militärgeschichte. Zeitschrift für historische Bildung* 1/2008

Ritzel 1985
Ritzel, Wolfgang: *Immanuel Kant: eine Biographie*, Berlin 1985

Rocher 1988
Rocher, Jean-Pierre: »L'esprit public dans l'Yonne pendant les Cent-jours«, in: Hamon, Léo (Hrsg.): *Les Cent-jours dans l'Yonne: Aux origines d'un bonapartisme liberal*, Paris 1988

Romero Castelló / Macías Kapón 1996
Romero Castelló, Elena / Macías Kapón, Uriel: *Die Juden in Europa*, Augsburg 1996

Rosenberg / Dupuy 1999
Rosenberg, Pierre / Dupuy, Marie-Anne (Hrsg.): *Dominique-Vivant Denon: L'œil de Napoléon*, Ausst.-Kat. Paris 1999

Rossmann 2009
Rossmann, Andreas: »Was bitte ist ein Epanchoir? Napoleon in Neuss: wo der Nordkanal die Erft quert, kreuzen sich Technik- und Eroberungsgeschichte«, in: *Industrie-Kultur* 15, 2009.3

Roth 2002
Roth, Andreas: »Das Konkordat von 1801. Werden, Bedeutung und Auswirkungen«, in: Rödel, Walter G. (Hrsg.): *Zerfall und Wiederbeginn. Vom Erzbistum zum Bistum Mainz (1792/97–1830). Ein Vergleich. Festschrift für Friedhelm Jürgensmeier*, Würzburg 2002

Rothe 1961
Rothe, Eva: »Die Bildnisse Heinrich von Kleists. Mit neuen Dokumenten zu Kleists Kriegsgefangenschaft«, in: *Jahrbuch der Deutschen Schillergesellschaft* 5, 1961

Rothenberg 2000
Rothenberg, Gunther: *Die Napoleonischen Kriege*, Berlin 2000

Rousseau 1762
Rousseau, Jean-Jacques: *Du Contract Social*, Amsterdam 1762

Rückert 1982
Rückert, Rainer (Hrsg.): *Die Glassammlung des Bayerischen Nationalmuseums München*, 2 Bde., München 1982

Salentin 1996
Salentin, Ursula: *Anna Amalia. Wegbereiterin der Weimarer Klassik*, Köln u. a. 1996

Salmon 2003
Salmon, Xavier: *Bonaparte en Italie. Aquarelles de Bagetti (1764–1831)*, Paris 2003

Salmon / Romagnani 2001
Salmon, Xavier / Romagnani, Gian Paolo: *Napoléon en Italie à travers les aquarelles de Giuseppe Pietro Bagetti et les chroniques de Stendhal et d'Adolphe Thiers*, Mailand / Paris 2001

Salomon / Woodward 2005
Salomon, Xavier F. / Woodward, Christopher: »How England first saw Bonaparte«, in: *Apollo* Nr. 524, Oktober 2005

Sandtner 2009
Markus: *Joseph Anton Koch und der »Landsturm anno 1809«*, Innsbruck / Wien / München 2009

Savoy 2003
Savoy, Bénédicte: *Patrimoine annexé. Les biens culturels saisis par la France en Allemagne autour de 1800*, 2 Bde., Paris 2003

Savoy 2009
Savoy, Bénédicte (Hrsg.): *Helmina von Chézy, Leben und Kunst in Paris seit Napoleon I.*, Weimar 1805–1807, Berlin 2009

Savoy 2010
Savoy, Bénédicte: *Kunstraub, Napoleons Konfiszierungen in Deutschland und die europäischen Folgen*, Köln / Weimar / Wien 2010

Scaramella / Tenenti 2002
Scaramella, Pierroberto / Tenenti, Alberto: *Humana fragilitas. The themes of death in Europe from the 13th century to the 18th century*, Clusone 2002

Scheffler / Scheffler / Vetter-Liebenow 1995
Scheffler, Sabine / Scheffler, Ernst / Vetter-Liebenow, Gisela: *So zerstieben geträumte Weltreiche. Napoleon I. in der deutschen Karikatur*, Stuttgart 1995

Schilling 1963/64
Schilling, Konrad (Hrsg.): *Monumenta Judaica: 2000 Jahre Geschichte und Kultur der Juden am Rhein*, Köln 1963/64

Schlüter 1999
Schlüter, Wolfgang: *Immanuel Kant*, München 1999

Schmid 2008
Schmid, Josef J. (Hrsg.): *Waterloo – 18. Juni 1815. Vorgeschichte, Verlauf und Folgen einer europäischen Schlacht*, Bonn 2008

Schmidt 1973
Schmidt, Rudolf: *Die Kartenaufnahme der Rheinlande durch Tranchot und von Müffling 1801–1828*, Bd. 1, Köln / Bonn 1973

Schnackenburg 1996
Schnackenburg, Bernhard (Hrsg): *Gesamtkatalog. Gemäldegalerie Alte Meister. Staatliche Museen Kassel*, Mainz 1996

Schnapper 1989–1990
Schnapper, Antoine, in: *David*, Ausst.-Kat. Paris / Versailles 1989–1990

Schönpflug 2009
Schönpflug, Daniel: *Die Heiraten der Hohenzollern. Verwandtschaft, Politik und Ritual im europäischen Kontext 1648–1918*, Habilitationsschrift, Freie Universität Berlin, eingereicht beim Fachbereich Geschichts- und Kulturwissenschaften am 19. Februar 2009

Schönpflug 2010
Schönpflug, Daniel: *Luise von Preußen. Königin der Herzen*, München 2010

Schönpflug / Aust 2007
Schönpflug, Daniel / Aust, Martin (Hrsg.): *Vom Gegner lernen. Feindschaften und Kulturtransfers im Europa des 19. und 20. Jahrhunderts*, Frankfurt a.M. 2007

Schubert 1977
Schubert, Werner (Hrsg.): *Französisches Recht in Deutschland zu Beginn des 19. Jahrhunderts. Zivilrecht, Gerichtsverfassungsrecht und Zivilprozessrecht*, Köln 1977

Schubert 2005
Schubert, Werner (Hrsg.): *200 Jahre Code civil. Die napoleonische Kodifikation in Deutschland und Europa*, Köln 2005

Schulte 2002
Schulte, Christoph: *Die jüdische Aufklärung*, München 2002

Schulze 1995
Schulze, Hagen: *Staat und Nation in der europäischen Geschichte*, München 1995

Schulze 1996
Schulze, Hagen: *Phönix Europa. Die Moderne 1740–2000*, Berlin 1996

Schulze 2001
Schulze, Hagen: »Napoleon«, in: François, Etienne / Schulze, Hagen (Hrsg.): *Deutsche Erinnerungsorte*, 3 Bde., München 2001

Schulze Altcappenberg / Sölter 2007
Schulze Altcappenberg, Heinrich Theodor / Sölter, Ulf (Hrsg.): *Giovanni Battista Piranesi. Vedute di Roma – Ansichten von Rom*, Ausst.-Kat. Berlin, München 2007

Seemann 2007
Seemann, Hellmut Th. (Hrsg.): *Anna Amalia, Carl August und das Ereignis Weimar*, Göttingen 2007

Seibt 2008
Seibt, Gustav: *Goethe und Napoleon. Eine historische Begegnung*, München 2008

Sieburg 1961
Sieburg, Friedrich: *Im Licht und Schatten der Freiheit. Frankreich 1789–1848*, Stuttgart 1961

Sieburg 1962
Sieburg, Friedrich: *Gespräche mit Napoleon*, München 1962

Solé 1999
Solé, Robert: *La Pierre de Rosette*, Paris 1999

Soyener 2006
Soyener, Johannes K.: *Der Chirurg Napoleons*, Bergisch Gladbach 2006

Starcky 2000
Starcky, Laure: *Les Peintures françaises, catalogue sommaire illustré,* Bestandskat. Dijon, Paris 2000

Stollberg-Rilinger 2008
Stollberg-Rilinger, Barbara (Hrsg.): *Spektakel der Macht: Rituale im Alten Europa 800–1800,* Ausst.-Kat. Darmstadt 2008

Stölzl 1995
Stölzl, Christoph (Hrsg.): *Bilder und Zeugnisse der deutschen Geschichte. Aus den Sammlungen des Deutschen Historischen Museums,* Berlin 1995

Stratmann-Döhler 1989
Stratmann-Döhler, Rosemarie (Hrsg.): *Stephanie Napoleon, Großherzogin von Baden, 1789–1860,* Ausst.-Kat. Badisches Landesmuseum, Karlsruhe 1989

Sugimoto / Bashkoff 2000
Sugimoto, Hiroshi / Bashkoff, Tracey (Hrsg.): *Sugimoto, Portraits,* Ausst.-Kat. Berlin, Deutsche Guggenheim [u.a.], Ostfildern-Ruit 2000

Talty 2009
Talty, Stephan: *The Illustrious Dead. The Terrifying Story of How Typhus Killed Napoleon's Greatest Army,* New York 2009

Tavenor 2007
Tavernor, Robert: *Smoot's ear. The measure of humanity,* New Haven 2007

Telesko 1998
Telesko, Werner: *Napoleon Bonaparte: »der moderne Held« und die bildende Kunst 1799–1815,* Wien / Köln / Weimar 1998

Thorwald 1965
Thorwald, Jürgen: *Das Weltreich der Chirurgen,* Stuttgart 1965

Toury 1977
Toury, Jacob: *Soziale und politische Geschichte der Juden in Deutschland 1847 bis 1871. Zwischen Revolution, Reaktion und Emanzipation,* Düsseldorf 1977

Tranié 1991
Tranié, Jean: *Napoléon Bonaparte: la 2ᵈᵉ campagne d'Italie 1800,* Paris 1991

Tücks 2009
Tücks, Petra: »Zur urbanistischen und architektonischen Gestaltung der Stadt Mainz während der napoleonischen Herrschaft. Die Entwürfe von Jean Fare Eustache St. Far«, in: *In situ,* Bd. 1.2009, Worms 2009

Tulard 1981
Tulard, Jean: *Napoleon oder der Mythos des Retters,* Berlin 1981

Tulard 1982a
Tulard, Jean: *Le Grand Empire 1804–1815,* Paris 1982

Tulard 1982b
Tulard, Jean: *Napoleon oder der Mythos des Retters,* Frankfurt a.M. 1982

Tulard 1986
Tulard, Jean: *Napoleon et la Noblesse d'Empire,* Paris 1986

Tulard 1989
Tulard, Jean (Hrsg.): *Dictionnaire Napoléon,* überarbeitete und erweiterte Neuauflage, Paris 1989

Tulard 1991a
Tulard, Jean (Hrsg.): *L'histoire de Napoléon par la peinture,* Paris 1991

Tulard 1991b
Tulard, Jean: *Nouvelle bibliographie critique des mémoires sur l'époque napoléonienne,* Genf 1991

Tulard 1999
Tulard, Jean (Hrsg.): *Dictionnaire Napoléon,* 2 Bde., Paris 1999

Tulard 2004
Tulard, Jean, et al.: *Trésors de la Fondation Napoléon dans l'intimité de la cour impériale,* Ausst.-Kat. Paris 2004

Tulard 2005a
Tulard, Jean: »Les quatre évangelistes de Sainte-Hélène«, in: Chevallier, Bernard / Dancoisne-Martineau, Michel / Lentz, Thierry (Hrsg.): *Sainte-Hélène, Île de Mémoire,* Paris 2005

Tulard 2005b
Tulard, Jean (Hrsg.): *L'Histoire de Napoléon par la peinture,* Paris 2005

Turner 2005
Turner, Michael J.: *Pitt the Younger. A Life,* London 2005

Uhlíř 2005
Uhlíř, Dušan: *Die Dreikaiserschlacht. Austerlitz 1805,* Brünn 2005

Ullrich 2006
Ullrich, Volker: *Napoleon,* Reinbek bei Hamburg 2006

Vayre 2005
Vayre, Pierre: *Les Larrey: Dominique, Hippolyte ... et les autres, une familie de chirurgiens militaires au XIXe siècle,* Paris 2005

Vega 1803
Vega, Georg von: *Natürliches, aus der wirklichen Grösse unserer Erdkugel abgeleitetes, in ganz Frankreich und in einigen angränzenden Ländern zum Gebrauche gesetzmässig eingeführtes Mass-, Gewichts- und Münz-System,* Wien 1803

Veltzke 2007
Veltzke, Veit (Hrsg.): *Napoleon. Trikolore und Kaiseradler über Rhein und Weser,* Ausst.-Kat. Wesel / Minden 2007, Köln / Weimar / Wien 2007

Vergé-Franceschi 2005
Vergé-Franceschi, Michel: *Pasquale Paoli. Un Corse des Lumières,* Paris 2005

Vetter-Liebenow 2006
Vetter-Liebenow, Gisela (Hrsg.): *Napoleon – Genie und Despot, Ideal und Kritik in der Kunst um 1800,* Hannover 2006

Visconti 1852
Visconti, Louis: *Tombeau de Napoléon Ier: érigé dans le Dôme des Invalides,* Paris 1852

Wagner-Kern 2002
Wagner-Kern, Michael: *Staat und Namensänderung* (Beiträge zur Rechtsgeschichte des 20. Jahrhunderts, Bd. 35), Köln 2002

Walczak 2004
Walczak, Gerrit: *Elisabeth Vigée-Lebrun. Eine Künstlerin in der Emigration 1789–1802,* München 2004

Wenzlik 1999ff.
Wenzlik, Detlef (Hrsg.): *Die napoleonischen Kriege,* 18 Bde., Hamburg 1999ff.

Wenzlik / Handrick 1999
Wenzlik, Detlef / Handrick, Wolfgang: *Die Napoleonischen Kriege,* Bd. 5: *Napoleon und die Belagerung von Toulon 1793,* Hamburg 1999

Wescher 1978
Wescher, Paul: *Kunstraub unter Napoleon,* Berlin 1978

White 2002
White, Colin: »Nelson's 1805 Battle Plan«, in: *Journal for Maritime Research,* Mai 2002

Wiedemann 1988
Wiedemann, Conrad (Hrsg.): *Rom – Paris – London. Erfahrung und Selbsterfahrung deutscher Schriftsteller und Künstler in den fremden Metropolen. Ein Symposion* (Germanistische Symposien. Berichtsbände, hrsg. von Albrecht Schöne, Bd. VIII), Stuttgart 1988

Wiedemann 2005
Wiedemann, Conrad: *Grenzgänge: Studien zur europäischen Literatur und Kultur,* Heidelberg 2005

Wiedemann 2009
Wiedemann, Conrad: »Die wilden Lebensläufe von Berlin«, in: Holtz, Bärbel / Neugebauer, Wolfgang (Hrsg.): *Kennen Sie Preußen – wirklich? Das Zentrum »Preußen-Berlin« stellt sich vor,* Berlin 2009

Wiesemann 1985
Wiesemann, Falk (Hrsg.): *Zur Geschichte und Kultur der Juden im Rheinland,* Düsseldorf 1985

Wilke 2007
Wilke, Carsten: »Der Freibrief des Despoten. Zum 200. Jahrestag der Lehrbeschlüsse des großen Sanhedrin«, in: *Kalonymos Heft 1/2007*

Wilk-Mincu / Barthel 2000
Wilk-Mincu, Barbara / Barthel, Wolfgang (Hrsg.): *Kleist-Bildnisse von Peter Friedel bis André Masson,* Ausst.-Kat. Frankfurt / Oder 2000

Willms 1988
Willms, Johannes: *Paris. Hauptstadt Europas 1789–1914,* München 1988 (Neuauflage, um das erste Kapitel gekürzt, München 2000)

Willms 2000
Willms, Johannes: *Napoleon. Verbannung und Verklärung,* München 2000

Willms 2005
Willms, Johannes: *Napoleon – Eine Biographie,* München 2005

Wilton-Ely 1978
Wilton-Ely, John: *Giovanni Battista Piranesi. Vision und Werk,* München 1978

Witthöft 1979
Witthöft, Harald: *Umrisse einer historischen Metrologie zum Nutzen der wirtschafts- und sozialgeschichtlichen Forschung. Maß und Gewicht in Stadt und Land Lüneburg, im Hanseraum und im Kurfürstentum / Königreich Hannover vom 13. bis zum 19. Jahrhundert,* Göttingen 1979

Witthöft 2007
Witthöft, Harald: »Von Maß und Gewicht in Berg und Westphalen zur Zeit Napoleons«, in: Veltzke, Veit (Hrsg.): *Napoleon. Trikolore über Rhein und Weser,* Ausst.-Kat. Wesel / Minden 2007, Köln / Weimar / Wien 2007

Wobring 2005
Wobring, Michael: *Die Globalisierung der Telekommunikation im 19. Jahrhundert,* Frankfurt a.M. 2005

Woolf 1991
Woolf, Stuart: *Napoleon's Integration of Europe,* London / New York 1991

Zeitz 2007
Zeitz, Lisa: »Die schönen Kehrseiten. Medaillen im Dienst napoleonischer Herrschaftspolitik«, in: Veltzke, Veit (Hrsg.): *Napoleon: Trikolore und Kaiseradler über Rhein und Weser,* Ausst.-Kat. Wesel / Minden 2007, Köln / Weimar / Wien 2007

Zeitz / Zeitz 2003
Zeitz, Lisa / Zeitz, Joachim: *Napoleons Medaillen,* Petersberg 2003

Zittartz-Weber 2005
Zittartz-Weber, Suzanne: »Die jüdischen Gemeinden in der preußischen Rheinprovinz 1815–1871«, in: Grübel, Monika / Mölich, Georg (Hrsg.): *Jüdisches Leben im Rheinland. Vom Mittelalter bis zur Gegenwart,* Köln 2005

Zur Mühlen 2003
Zur Mühlen, Bernt Ture von: *Napoleons Justizmord am deutschen Buchhändler Johann Philipp Palm,* Frankfurt a.M. 2003

PERSONEN- UND ORTSREGISTER

Kursive Zahlen verweisen auf Darstellungen der Person oder des Ortes

A

Abukir (Seeschlacht von) (s. auch Schlacht am Nil) 162, 297 Kat.-Nr. 286, 287
Adam, Albrecht 127
Adam, Jean-Victor Kat.-Nr. 368
Aeschines 102
Ajaccio 23, 67, 69, 179, 181 Kat.-Nr. 43
Alexander I. Pawlowitsch (russ. Zar) 126, 155, 164, 199, 293, 298 Kat.-Nr. 21, 290 *43, 46/47, 164*
Alexandria 208
Altdorfer, Albrecht 171
Amiens (Friede von) 169
Andrieu, Jean-Bertrand Kat.-Nr. 270
Anna Amalia, Herzogin von Sachsen-Weimar und Eisenach Kat.-Nr. 7 *158*
Antommarchi, Francesco 50, 323, 331, 343
Aosta (Schlacht bei) Kat.-Nr. 80
Aparicio, José Kat.-Nr. 307
Appiani, Andrea 42, 107, 169, 172 Kat.-Nr. 26
Arcole (Schlacht bei) 101, 102, 160 Kat.-Nr. 15
Arenberg, Prosper Ludwig 44
Ariost, Ludovico 122
Arndt, Ernst Moritz 144, 169
Auerstedt (Schlacht von Jena und) 94, 144, 169, 199, 308, 349 Kat.-Nr. 378
Augereau, Pierre François Charles 175
Auguste Amalie von Bayern (Ehefrau von Eugène Beauharnais) 44, 73, 236 Kat.-Nr. 163
Austerlitz (Slavkov u Brno) (Dreikaiserschlacht von) 13, 14, 15, 44, 57, 58, 73, 144, 145, 164, 166, 176, 188, 191, 193, 196, 198, 199, 200, 278, 294 Kat.-Nr. 38, 56, 63, 75, 77, 97 *176*

B

Baciocchi, Elisa Napoleone (Tochter von Elisa Bonaparte und Felice Baciocchi) 230 Kat.-Nr. 150, 336 *230*
Baciocchi, Felice Pasquale (Ehemann von Elisa Bonaparte) 231 Kat.-Nr. 151 *231*
Bacler D'Albè, Louis-Albert-Guilain 193, 206
Badin, Etienne-Alexandre 77
Bagetti, Giuseppe Pietro 172, 203, 204 Kat.-Nr. 27, 80, 81, 83
Balzac, siehe De Balzac
Bapst, Gebrüder 188 Kat.-Nr. 54
Barbier, Jean François Thérèse 193, 211 Kat.-Nr. 63, 97
Bar-sur-Aube 127, 128
Bartolini, Lorenzo 172, 265, 270 Kat.-Nr. 268
Bartolozzi, Francesco Kat.-Nr. 51
Baugean, Jean-Jérôme Kat.-Nr. 223
Bayern-Birkenfeld, Elisabeth von 44
Bayonne (Friede von) 310
Beechey, Sir William 162 Kat.-Nr. 17
Bell, Charles 56, 221 Kat.-Nr. 119–122
Bellangé, Joseph-Louis-Hippolyte 338 Kat.-Nr. 359
Belle-Alliance (s. auch Waterloo) 134, 326
Benoist, Marie-Guilhelmine Kat.-Nr. 151
Beresina (Übergang über die/Schlacht an der) 58, 217 Kat.-Nr. 109
Bergeret, Pierre-Nolasque 46/47, 205, 278 Kat.-Nr. 84, 290
Berlin 94, 265, 266, 268, 293, 315 Kat.-Nr. 84, 236, 259, 302
Bernadotte, Jean-Baptiste (als Karl XIV. Johann König von Schweden, als Karl III. Johann von Norwegen 1818–1844) (s. auch Karl XIV. Johann) 15, 190, 193
Berthault, Pierre-Gabriel Kat.-Nr. 224
Berthélémy, Jean-Simon 206
Berthier, Alexandre 44, 51, 58, 204, 316
Bertin (Firma) Kat.-Nr. 112
Biennais, Martin-Guillaume 256 Kat.-Nr. 217, 269
Bigot de Préameneu, Félix Julien Jean 83
Blücher, Gebhard Leberecht Kat.-Nr. 330
Bock, Johann Carl 126
Boilly, Louis Léopold 163, 258 Kat.-Nr. 18, 221
Boissy d'Anglas, François-Antoine 93
Bonaparte, Caroline (urspr. Maria Annunziata Buonaparte) (Schwester Napoleons, Ehefrau Joachim Murats) 69, 73, 235 Kat.-Nr. 159
Bonaparte, Charles Marie (urspr. Carlo Buonaparte) (Vater von Joseph, Napoleon, Lucien, Elisa, Louis, Pauline, Caroline und Jérôme Bonaparte) 67, 69, 72, 74, 181
Bonaparte, Christine (geb. Boyer) (1. Ehefrau von Lucien Bonaparte) 69, 72
Bonaparte, Elisa (urspr. Maria Anna Elisa Buonaparte, verh. Baciocchi) (Schwester Napoleons, Ehefrau von Félix Pasquale Baciocchi) 69, 72, 181, 230, 231, 328 Kat.-Nr. 150 *230*
Bonaparte, Jérôme (urspr. Geronimo/Girolamo Buonaparte) (Bruder Napoleons, König von Westphalen) 41, 44, 69, 72, 73, 207, 228, 235, 251, 256, 278, 347 Kat.-Nr. 87, 161 *235*
Bonaparte, Joseph (urspr. Giuseppe Buonaparte) (Bruder Napoleons, König von Neapel und von Spanien) 41, 45, 67, 69, 72, 73, 181, 227, 228, 256, 311, 323 Kat.-Nr. 145 *228*
Bonaparte, Julie (geb. Clary) (Ehefrau von Joseph Bonaparte) 69, 228
Bonaparte, Letizia/Laetitia (urspr. Buonaparte, geb. Ramolino, gen. Madame Mère) (Mutter von Joseph, Napoleon, Lucien, Elisa, Louis, Pauline, Caroline und Jérôme Bonaparte) 67, 72, 181, 228
Bonaparte, Louis (urspr. Luigi Buonaparte, Bruder Napoleons, König von Holland) 69, 72, 73, 114, 181, 228, 231, 233 Kat.-Nr. 152 *231*
Bonaparte, Lucien (urspr. Luciano Buonaparte, Bruder Napoleons) 67, 69, 73, 181, 238
Bonaparte, Napoleon (s. Napoleon I.)
Bonaparte, Napoleon Louis (Sohn von Louis Bonaparte, Neffe Napoleons) 69, 233 Kat.-Nr. 155
Bonaparte, Pauline (urspr. Paoletta Buonaparte, Schwester Napoleons, Ehefrau von Charles Victor Emmanuel Leclerc/Camillo Borghese) 69, 73, 234, 235 Kat.-Nr. 156, 158 *234*
Bonomini, Vincenzo 175 Kat.-Nr. 35
Bonpland, Aimé 159
Borghese, Camillo Fürst von (2. Ehemann von Pauline Bonaparte) 73, 234 Kat.-Nr. 157 *234*
Borghesi, Gian Battista Kat.-Nr. 169
Borodino (Schlacht bei) 58, 166, 176, 207, 213
Bossi, Giuseppe Kat.-Nr. 75
Boulogne (Lager von) 164
Boutigny, Paul-Emile Kat.-Nr. 373
Braunschweig 94
Breithaupt, Friedrich Wilhelm 242 Kat.-Nr. 174
Brenet, Nicolas-Guy-Antoine 278, 279 Kat.-Nr. 257
Breslau 207 Kat.-Nr. 87
Brioude Kat.-Nr. 372
Bruant, Libéral 12
Buonaparte, Napoleon (s. Napoleon I.)
Burckhardt, Jacob 147, 148
Byron, George Gordon, Lord 169

C

Cabianca, Vincenzo Kat.-Nr. 142
Campo Formio (Campoformio, Campoformido) (Friede von) 15, 159
Camus, Archivar 268 Kat.-Nr. 241
Canova, Antonio, Marchese d'Ischia 102, 104, 106, 163, 169, 282, 283 Kat.-Nr. 19, 263, 264, 267 *163*
Caran d'Ache (eigentl. Emmanuel Poiré) 141
Carl, Prinz von Bayern 127
Caulaincourt, Armand Augustin Louis, Marquis de, Duc de Vicence 149
Chappe, Abraham und Claude 79, 83, 84, 85, 246 Kat.-Nr. 183, 184, 187, 188
Chaptal, Jean Antoine, Comte de Chanteloup 77, 185
Charbord, Joseph 108, 110
Chardon de la Rochette, Simon 86
Charlet, Nicolas-Toussaint 141
Charrière, Joseph-Frédéric-Benoît (Firma) 218
Chateaubriand, François-René, Vicomte de 24, 51, 133, 144, 337
Chatrin, Alexandre 141
Chaudet, Antoine-Denis 276, 277, 278, 283, 327 Kat.-Nr. 255, 265, 266, 334
Childerich (König der Franken) 107, 288
Chipault, François-Clément 49, 50, 62
Chirac, Jacques 144
Cianfanelli, Nicola 78
Cornelius, Peter 120
Correggio, Antonio da 94
Cossia, Francesco 162 Kat.-Nr. 16
Cosway, Maria 162

Cottreau, Félix Kat.-Nr. 153, 160
Couché, Jacques Kat.-Nr. 207
Craig, James Godby Kat.-Nr. 288
Crépin, Louis-Philippe Kat.-Nr. 289
Czarnow 198

D

Dabos, Laurent 172 Kat.-Nr. 29
Dalberg (Erzbischof von Mainz) 44
Dalí y Doménech, Salvador, Marqués de Púbol 349 Kat.-Nr. 376
Dambour et Gangel (Firma) 182
Danzig 94
Daumesnil, Pierre Yriex 219 Kat.-Nr. 117
Daunou, Pierre Claude François 94, 97, 98 Kat.-Nr. 252
David, Jacques-Louis 70/71, 72, 101, 102, 107, 108, 155, 163, 171, 255, 256, 275, 276, 289, 316 Kat.-Nr. 24
Davoût, Louis Nicolas 208, 244 Kat.-Nr. 88
De Balzac, Honoré 19, 141
De Barras, Paul François Jean Nicolas, Vicomte 69
De Beauharnais, Eugène (Adoptivsohn Napoleons, Vizekönig von Italien) 41, 44, 73, 229, 236, 237 Kat.-Nr. 162, 163 *236*
De Beauharnais, Hortense (Stief- und Adoptivtochter Napoleons, Ehefrau von Louis Bonaparte, Mutter Napoleons III.) 72, 192, 229, 233, 258, 286 Kat.-Nr. 153, 154 *232*
De Beauharnais, Josephine (geb. Tascher de la Pagerie) (Ehefrau von Alexandre de Beauharnais/Napoleon I., Kaiserin der Franzosen) 24, 44, 69, 72, 162, 228, 229, 233, 237, 258, 286 Kat.-Nr. 146, 147 *229*
De Beauharnais, Stéphanie (Nichte Joséphines, Adoptivtochter Napoleons) 44, 237 Kat.-Nr. 164 *237*
De Cambacérès, Jean Jacques Régis 233, 288
De Caylus, Graf 106
De Fontanes, Jean-Pierre Louis 86
De Gaulle, Charles 14, 145, 147
De Gault, Jacques-Joseph Kat.-Nr. 259–262
De Goya y Lucientes, Francisco José 155, 169, 210, 310, 317 Kat.-Nr. 94, 306
De Guimard, Louis Eudes Kat.-Nr. 241
De la Pegna, Hyacinthe (auch Pegnia, Peigne) Kat.-Nr. 42
De Lariboisière, Ferdinand 166 Kat.-Nr. 23 *167*
De Lariboisière, Jean-Ambroise-Baston, Graf 166 Kat.-Nr. 23 *167*
De Loutherbourg d. J., Philippe-Jacques (auch Philipp Jakob oder James Philip) 297 Kat.-Nr. 287
De Marbot, Jean-Baptiste-Antoine-Marcelin 175 Kat.-Nr. 37
De Marmont, Auguste Frédéric Louis Viesse, Duc de Raguse 194
De Montholon, Charles-Tristan 147
De Montriveau, Armand 62
De Saint-Fond, Faujas 86
De Staël, Anne Louise Germaine, Baronin 144, 160 Kat.-Nr. 14 *160*
De Vigny, Alfred 141
Debret, Jean-Baptiste 255 Kat.-Nr. 216
Dejean, Jean François Aimé, Comte 259
Delaroche, Paul (gen. Hippolyte) 101, 108, 112, 114, 141, 324 Kat.-Nr. 327
Denon, Dominique-Vivant, Baron 23, 25, 86, 94, 102, 106, 114, 173, 256, 263, 265, 268, 278, 280, 286 Kat.-Nr. 225, 226
Desouches 191 Kat.-Nr. 61
Detaille, Jean Baptiste Edouard 141
Dighton, Robert Kat.-Nr. 281
Direxite, P. J. Kat.-Nr. 85
Döbler, Gottfried Kat.-Nr. 8

Doyle, Arthur Conan 141
Dresden (Schlacht bei) 159, 196, 309

E

Eckermann, Johann Peter 118
Elba 23
Erckmann, Emile 141
Erfurt (Fürstentag zu) 159, 164, 257
Espagne, Jean Louis Brigitte 49
Essling und Aspern (Schlacht bei) 51
Eylau (Schlacht bei) (s. auch Preußisch-Eylau) 51, 57, 166, 175, 195, 196, 198 Kat.-Nr. 73

F

Fauveau, François-Antoine 175 Kat.-Nr. 36
Ferdinand I. (König von Neapel und Sizilien) 73, 311 Kat.-Nr. 308
Fichte, Johann Gottlieb 144
Fohr, Carl Philipp 120
Fontaine, Pierre François Léonard Kat.-Nr. 170
Fontane, Theodor 141
Forbes, J. 80 Kat.-Nr. 187, 188
Forey, Ch. Kat.-Nr. 181
Fort, Jean-Antoine-Siméon 198 Kat.-Nr. 73
Foucault, Michel 11
France, Anatole 141
Franco, Francisco 98
François, Pierre Joseph Célestin 87
Franz II. (Kaiser, Kaiser Franz I. von Österreich) 44, 73, 126, 188, 204, 227, 239, 309 Kat.-Nr. 238
Freville, Felix Kat.-Nr. 281
Friedel, Peter Kat.-Nr. 11
Friedland (Prawdinsk) (Schlacht bei) 50, 198, 221, 298 Kat.-Nr. 118, 260
Friedrich August I. (Kurfürst Friedrich August IV., König von Sachsen, Großherzog von Warschau) 41
Friedrich II. (Friedrich der Große) 101, 144
Friedrich Wilhelm III. (König von Preußen) 117, 126, 127, 133, 205
Friedrich Wilhelm IV. 133
Friedrich, Caspar David 10, 117, 130, 131, 132, 306 Kat.-Nr. 297–300
Friesen, Karl Friedrich 122
Füssli, Johann Heinrich 126

G

Gaeta 203
Gance, Abel 144
Gautherot Ménageot, Claude 206
Gautier, Jean-Rodolphe 296 Kat.-Nr. 285
Georgin, François 182 Kat.-Nr. 370
Gérard, François-Pascal-Simon, Baron 108, 109, 163, 200, 230, 236, 237, 290 Kat.-Nr. 14, 62, 146, 147, 149, 159, 162, 164, 165, 278
Gérard, Marguerite 101
Géricault, Jean Louis André Théodore 62, 65, 141, 200, 211, 213, 223 Kat.-Nr. 96, 102, 124
Gillray, James 169 Kat.-Nr. 324
Girard, Pierre-Simon 86
Girodet de Roucy-Trioson, Anne-Louis 108, 204, 206 Kat.-Nr. 82
Godefroy, Adrien Pierre François (gen. Godefroy le Jeune) Kat.-Nr. 143
Görres, Joseph 130, 144
Goethe, siehe Von Goethe
Goubaud, Innocent Louis Kat.-Nr. 148
Gourgaud, Gaspard Kat.-Nr. 339
Goya, siehe De Goya y Lucientes
Gozzi, Marco Kat.-Nr. 180
Grillparzer, Franz 144

Grimm, Gebrüder 11
Grimm, Jacob Ludwig Karl 267 Kat.-Nr. 234, 235
Gros, Antoine-Jean 101, 102, 107, 166, 169, 205, 286, 298, 316 Kat.-Nr. 15, 23, 52, 272, 291
Großer St. Bernhard (Überquerung Napoleons) 171, 215, 244, 289 Kat.-Nr. 24
Großgörschen (Schlacht bei) 133
Grützke, Johannes 349 Kat.-Nr. 378
Guérin, Jean-Baptiste Paulin 59 Kat.-Nr. 103
Guérin, Pierre-Narcisse 206
Guillaume, Jean-Baptiste Claude Eugène Kat.-Nr. 375

H

Hamilton, Lady Emma 162
Hanau (Schlacht bei) 196 Kat.-Nr. 104
Hardenberg, siehe Von Hardenberg
Hardouin-Mansart, Jules 12
Hartmann, Heinrich 122
Hébert, Ernest Antoine Auguste Kat.-Nr. 369
Hegel, Georg Wilhelm Friedrich 108, 147, 148, 169
Heilsberg 49, 50, 198
Heine, Christian Johann Heinrich 19, 144, 148, 343
Helman, Isidore-Stanislas Henri Kat.-Nr. 50
Hennequin, Philippe-Auguste 205
Henschel (Gebrüder) 119
Hiemer, Franz Karl Kat.-Nr. 9
Hinton, William Kat.-Nr. 282
Hitler, Adolf 144, 145, 239, 347 Kat.-Nr. 374 *142*
Hofer, Andreas 303
Hoffmann, E.T.A. 169
Hoffmann, Heinrich 142 Kat.-Nr. 347
Hohe, Friedrich Kat.-Nr. 302
Hohenlinden (Schlacht von) 203
Hölderlin, Friedrich 155, 159 Kat.-Nr. 9
Homer 117
Hornemann, Christian Kat.-Nr. 5
Houdon, Jean Antoine 283
Hubert, Robert Kat.-Nr. 233
Hugo, Victor 23, 24, 141, 144
Humboldt, siehe Von Humboldt

I

Ingres, Jean Auguste Dominique 102, 103, 105, 106, 107, 113, 114, 169, 289 Kat.-Nr. 276
Isabey, Jean-Baptiste 163 Kat.-Nr. 53

J

Jacob-Desmalter, François-Honoré-Georges Kat.-Nr. 59, 60
Jagemann, Ferdinand Karl Christian Kat.-Nr. 13
Jahn, Friedrich Ludwig 120, 305 Kat.-Nr. 296
Jena (Schlacht bei) (s. auch Auerstedt) 51, 57, 94, 144, 166, 169, 176, 196, 198, 199, 205, 265, 349 Kat.-Nr. 378 *176*

K

Kalisch 126
Kant, Immanuel 155, 159, 187 Kat.-Nr. 8
Karl (Ludwig Friedrich) (Großherzog von Baden) 44, 237, 159
Karl der Große 171, 172, 249, 275, 278, 284, 286, 289, 337 Kat.-Nr. 269, 270, 273
Karl II. von Mecklenburg-Strelitz 74
Karl IV. (König von Spanien) 171
Karl V. 92, 107, 173
Karl X. (Charles Philippe, Comte d'Artois) (König von Frankreich) 209
Kassel 94

379

Katharina II. (russ. Zarin) 179
Katharina von Württemberg (2. Ehefrau von Jérôme Bonaparte) 44, 73, 235   Kat.-Nr. 161 *235*
Katzbach (Schlacht an der) 176
Kelheim 176
Kellermann, François-Etienne Christophe 94
Kersting, Georg Friedrich (gen. George) 120, 121
Kinsoen (Kinson), François Joseph   Kat.-Nr. 161
Koalitionskrieg, Dritter 224
Koalitionskrieg, Erster 224
Koalitionskrieg, Fünfter 224, 265
Koalitionskrieg, Vierter 198, 224
Koalitionskrieg, Zweiter 199, 215, 224
Koch, Joseph Anton 303   Kat.-Nr. 292
König von Rom (Roi de Rome) (s. auch Napoleon II.) 227, 230, 235, 238, 239   Kat.-Nr. 149, 167, 168, 169, 170   *75, 238*
Körner, Carl Theodor 120, 122, 123, 306, 309   Kat.-Nr. 299, 304
Korsika 179, 180, 181, 227, 316   Kat.-Nr. 39, 41, 42
Krasnoj (Schlacht bei)   Kat-Nr. 100
Kundera, Milan 141

L

La Rothière (Schlacht bei) 196
Labouisse, Chirurg Erster Klasse 49
Ladiges, Vera   Kat.-Nr. 327
Laon 130
Lapie, Pierre 199   Kat.-Nr. 74
Larousse, Pierre 23
Larrey, Dominique-Jean, Baron 57ff., 61, 214, 216, 217   Kat.-Nr. 103, 104, 108, 109   *59, 60, 61, 214, 216*
Las Cases (Casas), Emmanuel Auguste Dieudonnée, Graf von 41, 147, 242, 329, 340, 343   Kat.-Nr. 341, 342
Lavantzone (Schlacht bei) 50
Lawrence, Sir Thomas   Kat. Nr. 19, 40
Lecourbe, Claude Jacques 199
Lefèvre, Robert Jacques François Faust 25, 49, 108, 171, 234   Kat.-Nr. 156, 157, 225
Lehmann, Gottfried Arnold 315
Leipzig (Völkerschlacht bei) 58, 89, 119, 127, 130, 140, 145, 196, 197, 207, 268, 315, 324
Lejeune, Louis-François 101, 166, 171, 193
Lemaire, Jean-François 57
Lemercier, Ch.   Kat.-Nr. 372
Lester, Charles Edward 67
Lillie, Joseph Christian 132, 133
Lobau (Schlacht bei) 58, 215
Longwood (St. Helena)   Kat.-Nr. 336, 337
Lory, Gabriel Ludwig d. Ä. (eigentl. Lori, gen. Lory père) 243   Kat.-Nr. 177
Lory, Gabriel Mathias d. J. (eigentl. Lori, gen. Lory fils) 243   Kat.-Nr. 177
Los Arapiles 176
Louis Philippe (gen. der Bürgerkönig, König Ludwig XIX. der Franzosen) 108, 144, 344
Lowe, Hudson 343
Ludwig der Heilige 286, 289
Ludwig I. (Karl Ludwig August) (König von Bayern) 127, 188
Ludwig XIV. (König von Frankreich) 12, 199, 275
Ludwig XV. (König von Frankreich) 235
Ludwig XVII. (Charles Louis) (Sohn Ludwigs XVI., proklamierter König von Frankreich) 325
Ludwig XVIII. (Louis Stanislas Xavier, Comte de Provence) (jüngerer Bruder Ludwigs XVI., König von Frankreich) 98, 268
Luise (Auguste Wilhelmine Amalie) von Preußen (Tochter von Herzog Karl von Mecklenburg-Strelitz, Ehefrau von König Friedrich Wilhelm III. von Preußen) 74, 134, 144, 155, 158   Kat.-Nr. 6   *158*
Lunéville (Friede von) 43, 169, 203, 250, 276   Kat.-Nr. 253

M

Madrid (Aufstand von/Kapitulation von/Befreiung von) 58, 97, 310   Kat.-Nr. 356
Magdeburg (Kapitulation von) 198
Mailand 79, 93, 102, 107, 172, 203, 251   Kat.-Nr. 81, 185, 202
Mainz 83, 196, 243, 253
Malraux, André 23
Mangérard, Jean-Baptiste 86
Mann, Thomas 141
Mantua (Einnahme von) 203
Marc Aurel (röm. Kaiser) 108
Marchand, Louis-Joseph-Narcisse 340
Marengo (Schlacht bei) 171, 204, 215, 244, 251
Maret, Hugues Bernard 233
Marie-Louise von Österreich (Tochter Kaiser Franz' II., 2. Ehefrau Napoleons I.) 24, 43, 73, 101, 107, 192, 227, 230, 238, 239, 266, 286   Kat-Nr. 148, 149   *75*
Marienburg (Malbork, Polen) 221   Kat.-Nr. 118   *56*
Marin, Joseph-Charles   Kat.-Nr. 223
Marin-Lavigne, Louis-Stanislas   Kat.-Nr. 368
Marks, Lewis   Kat.-Nr. 323
Marryat, Frederik 144
Marshall, William   Kat.-Nr. 288
Marx, Karl 144, 145
Mauzaisse, Jean-Baptiste 20
Maximilian I. (Maximilian Josef) (Kurfürst Maximilian IV., König von Bayern) 73, 188
Mayer und Pierson   Kat.-Nr. 166
Meese, Jonathan 349   Kat.-Nr. 379
Menjaud, Alexandre 75, 101
Menzel, siehe Von Menzel
Merwart, Paul (oder Paweł) 37
Meyer, Jakob 89
Meyer, Johann Heinrich 117, 118
Meynier, Charles 54/55, 101, 206   Kat.-Nr. 107
Mieckiewicz, Adam 141
Minard, Charles Joseph 61
Mitterand, Francois 144
Monge, Jules 38
Monnet, Charles   Kat.-Nr. 50
Montereau (Schlacht bei) 58, 196
Monti, Vincenzo 169
Montmirail (Schlacht bei) 209, 222
Morghen, Raffaello 173   Kat.-Nr. 31
Moskau 60, 166, 238, 298   Kat.-Nr. 291
Muller, Charles Louis 60
München (Einzug Napoleons) 206   Kat.-Nr. 86
Murat, Joachim (Gioacchino) (Schwager Napoleons, Großherzog von Kleve und Berg, Statthalter in Spanien, König von Neapel) 41, 49, 50, 69, 73, 163, 204, 228, 235, 298, 310   Kat.-Nr. 160   *235*

N

Napoleon I. Bonaparte (urspr. Napoleone/Nabulione Buonaparte) (Kaiser der Franzosen 1804–1814, 1815) 181   Kat.-Nr. 44, 154, 155, 338   *20, 28, 33, 34, 42, 43, 46/47, 54/55, 66, 68, 70/71, 75, 78, 100, 103, 104, 105, 109, 110, 111, 112, 113, 143, 146, 161, 162, 170, 171, 172, 173, 182, 183, 184, 185, 190, 192, 199, 200, 204, 205, 206, 207, 215, 228, 238, 252, 255, 258, 266, 282, 283, 284, 286, 289, 291, 312, 313, 314ff., 322, 324, 325, 329, 330, 331, 339, 342, 343, 344, 347, 348, 349*
Napoleon II. (Napoléon François Charles Joseph Bonaparte) (Sohn Napoleons I. und der Marie-Louise von Österreich, König von Rom, Herzog von Reichstadt) 97, 227, 230, 238, 239   Kat.-Nr. 149, 167, 168, 169, 170, 171, 172   *75, 239*
Napoleon III. (Charles Louis Napoleon Bonaparte), (3. Sohn von Louis Bonaparte und Hortense de Beauharnais, Präsident der Zweiten Republik, Kaiser der Franzosen) 114, 144, 209, 233, 238, 286, 343, 346   Kat.-Nr. 273

Naudet, Thomas-Charles   Kat.-Nr. 85
Nelson, Horatio, Viscount 162, 297   Kat.-Nr. 17, 286, 288   *162*
Neuss   Kat.-Nr. 182
Ney, Michel 139
Nicolas, Ponce-Camus Marie 143
Nil (Schlacht am) 162, 297   Kat.-Nr. 286, 287
Nocchi, Pietro   Kat.-Nr. 150
Normand, Charles   Kat.-Nr. 230
Norry, Charles   Kat.-Nr. 186

O

Odiot, Jean-Baptiste-Claude   Kat.-Nr. 158
Olivier, Ferdinand 120, 124, 171   Kat.-Nr. 25
Olivier, Friedrich 130
Olivier, Heinrich 120, 124, 125, 126, 171   Kat.-Nr. 25
Orchardson, Sir William Quiller   Kat.-Nr. 335
Orsa 176
Overbeck, Friedrich 120

P

Paoli, Pasquale (Pascal) (korsischer Freiheitskämpfer, Präsident der Republik Korsika, französischer Gouverneur von Korsika) 179, 180, 181   Kat.-Nr. 40, 41
Paris 35, 36, 50, 72, 77, 79, 83, 86, 89, 91, 94, 97, 98, 101, 106, 107, 108, 114, 124, 130, 134, 138, 140, 144, 155, 157, 159, 160, 163, 166, 171, 172, 173, 179, 222, 235, 239, 241, 245, 246, 248, 254, 261, 262, 263, 265, 266, 267, 268, 269, 282, 284, 288, 294, 305, 323, 325, 337, 344, 347
 Champs de Mars 238, 277
 Eglise Saint-Roche 179
 Hôtel de Soubise 91, 94, 97
 Hôtel des Invalides 209, 224, 239, 242, 289, 347
 Louvre 23, 163, 246, 258, 266, 267, 268, 289   Kat.-Nr. 186, 221, 231, 232, 233
 Notre Dame 284   Kat.-Nr. 206, 274
 Pantheon 286   Kat.-Nr. 272
 Tuilerien 305, 323, 325   Kat.-Nr. 329
Patterson, Elizabeth (1. Ehefrau von Jérôme Bonaparte) 72, 235
Pausanias 92
Peale, Charles Willson   Kat.-Nr. 10
Pellerin, Gebrüder 141
Percy 57
Perthes, Friedrich 119
Pestalozzi, Johann Heinrich 157   Kat.-Nr. 4   *157*
Pétain, Philippe 98
Philae, Isis-Tempel 208   Kat.-Nr. 88
Philipaut, Julie 25   Kat.-Nr. 225
Pinelli, Bartolomeo   Kat.-Nr. 307
Piranesi, Giovanni Battista (auch Giambattista) 279   Kat.-Nr. 258
Pitt, William d. J. 294   Kat.-Nr. 280
Pius VII. (Francesco Saverio Castiglioni) (Papst seit 1829) 72, 120, 252
Plersch, Jan Bogumil 311
Poiret, Vincent (oder Vincenzo) 207   Kat.-Nr. 87
Poniatowski, Stanislaus August 164   Kat.-Nr. 20   *164*
Potsdam 101
Poussin, Jean-Claude 25   Kat.-Nr. 225
Prahl, Jürgen Paul 132, 133
Pressburg (Bratislava) (Friede von) 44, 188
Preußisch-Eylau (Bagrationowsk) (Schlacht bei) 198   Kat.-Nr. 73
Prud'hon (Prudhon), Pierre Paul   Kat.-Nr. 253
Prunelle, Doktor 86
Pyramiden (Schlacht bei den) 208

Q

Queneau, Raymond 24

R

Raffael 94
Raffet, Denis Auguste Marie 141
Rauch, Christian Daniel 134
Read, Lieutenant R. P. 328   Kat.-Nr. 337
Reinhold, Henri   Kat.-Nr. 232
Remde, Friedrich   Kat.-Nr. 13
Riche de Prony, Gaspard Marie 86, 88
Rigaud, Hyacinthe 108
Rivoli (Schlacht bei) 176, 196   Kat.-Nr. 38
Rizzola, L.   Kat.-Nr. 167
Robert, Hubert 267   Kat.-Nr. 233
Robespierre, Maximilien 263
Roederer, Pierre-Louis, Graf 227
Roehn, Adolphe Eugène Gabriel 56, 221   Kat.-Nr. 118
Rom 97, 241, 262, 263, 278, 282   Kat.-Nr. 223, 246, 258
Rosetta (Rosette, Raschīd, Rašīd) (Stein von) 155, 156   Kat.-Nr. 1   *156*
Rowlandson, Thomas   Kat.-Nr. 314, 317
Rubens, Peter Paul 94, 263, 265, 268   Kat.-Nr. 237
Rude, François 15, 108, 111
Rugendas, Johann Lorenz   Kat.-Nr. 78, 330, 331
Ruhl, Ludwig Sigismund und Julius Eugen 120
Runge, Philipp Otto 117
Ruxthiel (auch Rutxhiel), Henri-Joseph 238   Kat.-Nr. 168
Sabbato Beer, Moïse 253   Kat.-Nr. 210

S

Saint-Cloud 23
Saint-Far (auch Saint-Phar), Jean Fare Eustache 243   Kat.-Nr. 178
Saint-Jean d'Acre (Schlacht bei) 58
Sankt Helena 17, 41, 77, 101, 108, 147, 148, 174, 188, 191, 241, 315, 323, 328, 329, 331, 332, 335, 337, 340, 343   Kat.-Nr. 337, 338, 339, 343, 345, 360ff.
Santo Domingo (Schlacht von) 89, 203   Kat.-Nr. 79
Savary, Anne-Jean-Marie-René, duc de Rovigo 49
Schadow, Johann Gottfried 268
Scheffer, Jean-Baptiste   Kat.-Nr. 152
Schiller, siehe Von Schiller
Schinkel, Carl Friedrich 117, 118, 127, 129, 132, 133
Schlegel, Friedrich 120, 124
Schmitz, Robert   Kat.-Nr. 178
Schönbrunn (Friede von) 204, 239
Schöner, Georg Friedrich Adolph   Kat.-Nr. 4
Schwarzenberg, Karl 303   Kat.-Nr. 293
Schwerin 94
Scott, Sir Walter 141, 323
Seele, Johann Baptist 52/53, 199   Kat.-Nr. 76
Senff, Adolf 120
Simart, Pierre-Charles 242   Kat.-Nr. 173
Smolensk (Schlacht bei) 166, 196
Soldé, Alexandre 217   Kat.-Nr. 109
Soult, Nicolas Jean-de-Dieu 50, 58
Stendhal (eigentl. Henry Beyle) 9, 19, 86, 141
Suchodolski, January   Kat.-Nr. 79
Sugimoto, Hiroshi 349   Kat.-Nr. 377
Suhr, Christoph (auch Christoffer) 80   Kat.-Nr. 179
Suhr, Cornelius 80   Kat.-Nr. 179

T

Talleyrand, Charles Maurice, Herzog von 149
Talma, François-Joseph 163   Kat.-Nr. 18   *163*
Tasso, Torquato 122
Taunay, Nicolas-Antoine   Kat.-Nr. 86
Teufelsbrücke (Schlacht an der) 199   Kat.-Nr. 76   *199*
Thomire, Pierre-Philippe 276, 277, 327   Kat.-Nr. 256, 334
Thorvaldsen, Bertel 172
Thouin, André 86
Tieck, Ludwig 134
Tilsit (Sowetsk) (Friede von) 43, 47, 50, 94, 119, 158, 164, 205, 207, 298, 313
Tischbein, Johann Friedrich August   Kat.-Nr. 6, 7
Tischbein, Johann Heinrich Wilhelm (gen. „Goethe-Tischbein" oder „Neapolitaner-Tischbein") 263
Tolentino (Friede von) 94, 262
Tolstoi, Lew Nikolajewitsch 137, 141
Toulon (Eroberung von) 50, 51, 179, 182, 246   Kat.-Nr. 46–49
Tournon, Präfekt 88
Trafalgar (Seeschlacht bei) 14, 15, 149, 162, 293, 298   Kat.-Nr. 288
Trajan (röm. Kaiser) 108
Tranchot, Jean-Joseph 243   Kat.-Nr. 176
Trebbia (Schlacht an der) 203
Turgis   Kat.-Nr. 3
Turner, Joseph Mallord William 323   Kat.-Nr. 333

U

Ulm (Schlacht von/Kapitulation von) 196, 204

V

Valmy (Schlacht von) 138
Van Beethoven, Ludwig 10, 144, 155, 157, 169, 174, 309   Kat.-Nr. 5, 34, 305   *157*
Van der Puyl, Louis François Gérard   Kat.-Nr. 22
Van Dyck, Anthonis 94
Veit, Philipp 120, 122, 130
Venedig 50, 83, 88, 92, 98, 263, 268
Vernet, Emile-Jean-Horace (gen. Carle) 108, 114, 200, 205, 207   Kat.-Nr. 87
Vieira, Francisco (auch Francesco, gen. „o Portuense")   Kat.-Nr. 51
Vigée-Lebrun, Marie-Louise-Elisabeth 164   Kat.-Nr. 20
Viktoria (Königin von England) 346   Kat.-Nr. 373   *346*
Vilnius 166, 210   Kat.-Nr. 93   *210*
Vittoria (Gasteiz) (Schlacht bei) 309   Kat.-Nr. 305
Voille (auch Voilles), Jean   Kat.-Nr. 21
Volta, Alessandro 77, 155, 157   Kat.-Nr. 2, 3   *78*
Voltaire, François Marie Arouet 179
Voltz (auch Volz), Johann Michael 316   Kat.-Nr. 315, 318, 319, 325
Vom Stein, Heinrich Friedrich Karl 180
Von Clausewitz, Carl 145
Von Eichendorff, Joseph 120, 122, 123
Von Faber du Faur, Christian Wilhelm 213   Kat.-Nr. 98–101
Von Gneisenau, August Wilhelm Anton, Graf Neidhardt 308, 326
Von Goethe, Johann Wolfgang 117, 118, 119, 127, 144, 148, 155, 158, 159, 160, 179, 257   Kat.-Nr. 12, 220
Von Guérard, Emil Bernhard, Edler   Kat.-Nr. 279
Von Hardenberg, Karl August, Freiherr 180
Von Humboldt (Brüder) 10
Von Humboldt, Alexander, Freiherr 10, 83, 155, 159   Kat.-Nr. 10
Von Humboldt, Wilhelm, Freiherr 10, 257
Von Kaulbach, Wilhelm   Kat.-Nr. 146
Von Kleist, Heinrich 144, 159, 301   Kat.-Nr. 11
Von Klinkowström, August 120
Von Kobell, Wilhelm 127, 128
Von Kügelgen, Franz Gerhard 159, 306   Kat.-Nr. 12
Von Menzel, Adolf Friedrich Erdmann 323
Von Metternich(-Winneburg), Klemens Wenzel Lothar Nepomuk, Fürst 10
Von Schill, Ferdinand 308   Kat.-Nr. 301, 302   *308*
Von Schiller, Friedrich 147
Von Schlözer, August-Ludwig 180   Kat.-Nr. 39
Von Steuben, Karl August, Baron 101, 114   Kat.-Nr. 343
Von Treitschke, Heinrich 144
Von Yelin, Julius Conrad   Kat.-Nr. 303

W

Wagram (Schlacht bei) 58, 173, 196, 219
Walewska, Maria (geb. Łączyńska) (Geliebte Napoleons I.) 227, 237   Kat.-Nr. 165   *237*
Walewski, Alexandre Florian, Graf von Colonna (unehelicher Sohn Napoleons I. und der Maria Walewska) 227
Wankowicz, Walenty 33, 259
Warschau (Warszawa) (Einzug Napoleons) 41   Kat.-Nr. 309
Waterloo (Schlacht bei) (s. auch Belle-Alliance) 23, 58, 145, 149, 175, 195, 209, 219, 221, 250, 268, 323, 326, 346   Kat.-Nr. 331–333
Weise, Adam 120
Weitsch, Friedrich Georg 123, 124
Wellington, Arthur Wellesley, Herzog von 23, 197, 309, 326   Kat.-Nr. 305, 330   *326*
Wichmann, Ludwig Wilhelm 134
Widukind   Kat.-Nr. 270
Wieland, Christoph Martin 158, 160, 257   Kat.-Nr. 13
Wien (Einzug Napoleons/Kapitulation von/Vertrag von/Kongress von) 44, 51, 94, 97, 98, 124, 149, 204, 239, 250, 265, 309   Kat.-Nr. 82, 83, 229
Willmes, Engelbert 171   Kat.-Nr. 24
Witebsk (Schlacht von) 58
Wojniakowski, Kazimierz   Kat.-Nr. 310

Z

Zaragoza (Belagerung von/Kapitulation von)   Kat.-Nr. 78
Zix, Benjamin 43, 263, 278   Kat.-Nr. 226, 229, 230–232

ABBILDUNGS- UND COPYRIGHTNACHWEIS

BELGIEN

Brüssel
© Musée royal de l'Armée et d'Histoire militaire, Inv.-Nr. KLM_MRA: 200244, Foto: Bruno Couwenberg | S. 256 oben

Lüttich
© Musée d'Armes | S. 103

DÄNEMARK

Kopenhagen
© Thorvaldsens Museum, Kopenhagen; Foto: Ole Woldbye | S. 168, 172 rechts

DEUTSCHLAND

Berlin
© Archiv Michael Thimann | S. 125, 132, 133
© bpk | S. 78
© bpk, Foto: Heinrich Hoffmann | S. 142, 346 links
© bpk, Marseille, Musée des Civilisations de l'Europe et de la Méditerranée | S. 285
© bpk, RMN | S. 38, 65, 143, 210 unten rechts, 338
© bpk, RMN, Foto: Michèle Bellot | S. 43, 299
© bpk, RMN, Foto: Thierry Le Mage | S. 163 links
© bpk, RMN, Foto: Jean Schormans | S. 40, 111, 274, 281
© bpk, RMN, Foto: Pascal Segrette | S. 141 unten
© bpk, RMN, Foto: Gérard Blot | S. 263, 266
© bpk, RMN, Foto: Hervé Lewandowski | S. 282 oben rechts
© bpk, RMN, Fontainebleau, Château, Foto: Daniel Arnaudet | S. 70/71, 75
© bpk, RMN, Fontainebleau, Château | S. 24, 207
© bpk, RMN, Versailles, Châteaux de Versailles et de Trianon, Foto: Peter Willi | S. 66
© bpk, RMN, Versailles, Châteaux de Versailles et de Trianon | S. 46/47, 56 oben, 59, 139, 198, 203, 214 links, 222/223, 226, 234, 236 rechts, 237 links, 296, 350/351
© bpk, Stiftung Preußische Schlösser und Gärten Berlin-Brandenburg, Foto: Jörg P. Anders/Foto (Europakarte): akg-images | Titelabbildung
© Courtesy Contemporary Fine Arts, Berlin/VG Bild-Kunst, Bonn 2010; Foto Jochen Littkemann | S. 349
© Deutsches Historisches Museum, Berlin | S. 109, 309 oben, 311 rechts
© Privatsammlung, Bonn | S. 348 links
© Staatliche Museen Preußischer Kulturbesitz, Alte Nationalgalerie | S. 121, 129
© Staatsbibliothek zu Berlin – Preußischer Kulturbesitz, Handschriftenabteilung, Ms.germ. Qu. 284, Bl. Iiv bis Ir | S. 267 links
© Stiftung Preußischer Kulturbesitz, Kunstbibliothek, Berlin | S. 126

Bonn
© Beethoven-Haus Bonn | S. 157 unten
© Beethoven-Haus Bonn, Sammlung H. C. Bodmer | S. 309 unten
© Sammlung Christoph Pudelko | S. 199 oben
© Stadtarchiv und Stadthistorische Bibliothek, Bonn, Fr. 30/30 | S. 253

Dessau
© Anhaltische Gemäldegalerie | S. 125

Dessau-Roßlau
© Kulturstiftung Dessau-Wörlitz, Bildarchiv, Foto: Heinz Fräßdorf | S. 171

Dresden
© Sächsische Landesbibliothek, Staats- und Universitätsbibliothek | S. 61 oben

Düsseldorf
© Landesarchiv NRW – Abteilung Rheinland – Karten Nr. 276, Pl. XIV | S. 245

Duisburg
© Museum Stadt Königsberg | S. 159

Halberstadt
© Das Gleimhaus, Halberstadt | S. 157 oben, 185 rechts

Hamburg
© Hamburger Kunsthalle/bpk, Foto: Christoph Irrgang | S. 307 oben links

Hannover
© Wilhelm-Busch-Museum Hannover | S. 119, 315, 318, 321

Ingolstadt
© Bayerisches Armeemuseum, Ingolstadt | S. 210 oben, 212

Kassel
© Dr. Dirk Fabian, ingraphis | S. 81, 82, 99, 352–356, 365–367
© Museumslandschaft Hessen Kassel, Archiv, Foto: Gabriele Bößert | S. 200/201, 243 unten, 264, 267 rechts, 308 oben

Köln
© Besitzer: Kölnisches Stadtmuseum, Bildquelle: Rheinisches Bildarchiv, Köln | S. 170, 246 oben, 248
© Rheinisches Bildarchiv, Köln | S. 268 links
© laif – agentur für photos & reportagen, Foto: Xavier Rossi | S. 210 unten links
© Universitäts- und Stadtbibliothek Köln, Ztg. 1 | S. 333

Leipzig
© Museum der bildenden Künste | S. 112

Mainz
© Bibliotheken der Stadt Mainz, Wissenschaftliche Stadtbibliothek | S. 334
© Landesmuseum Mainz, Foto: Ursula Rudischer | S. 243 oben, 254

Mannheim
© Kunsthalle Mannheim | S. 307 oben rechts, 307 unten

München
© Bayerisches Hauptstaatsarchiv, GHA, NL, König Ludwig I. 80/5/Ia | S. 189
© Neue Pinakothek (Reproduktion aus Beyer, A. (Hrsg.): Geschichte der bildenden Kunst in Deutschland, Bd. 6: Klassik und Romantik, München/New York 2006) | S. 129

Münster
© LWL-Landesmuseum für Kunst und Kulturgeschichte Münster, Foto: Sabine Ahlbrand-Dornseif | S. 116, 314
© Universitäts- und Landesbibliothek Münster | S. 21, 251

Stuttgart
© Staatsgalerie Stuttgart, Foto: Staatsgalerie Stuttgart | S. 22, 52/53, 199 unten
© Württembergische Landesbibliothek, Stuttgart | S. 178, 180 oben

Trier
© Stadtbibliothek/ Stadtarchiv Trier; Foto: Anja Runkel | S. 180 unten

Wesel
© Preußen-Museum NRW Wesel, Hofrat Simon Heinrich Sack'sche Familienstiftung | S. 158 links
© Städtisches Museum Wesel | S. 308 unten

Wuppertal
© Kronen- und Insigniensammlung Abeler, Wuppertal (Nachbildungen) | S. 277, 284 oben

FRANKREICH

Ajaccio
© RMN/Gérard Blot/Palais Fesch – Musée des Beaux-Arts | S. 230, 284 unten

Calais
© Musée des beaux-arts Calais, Foto: Florian Kleinefenn | S. 165

Paris
© Académie Nationale de Médicine | S. 60
© Archives nationales Paris | S. 95, 96, 257, 269–273
© Bibliothèque Nationale de France | S. 223 rechts, 246 Mitte, 249
© Collection du Mobilier national, Foto: I. Bideau | S. 191 oben links und oben rechts
© Collection du Mobilier national, Foto: Ph. Sébert | S. 191 unten
© École nationale Supérieur des beaux-arts de Paris | S. 239 oben
© Fondation Napoléon Paris | S. 164 rechts, 205 unten, 328 oben und links, 339, 344 links, 345
© Musée des arts et métiers-Cnam, Paris, Foto: M. Favareille | S. 156 rechts

© Musée des civilisations de l'Europe et
de la Méditerranée | S.183
© Collection L'Adresse, Musée de La Poste, Paris/La Poste |
S.80 unten (Inr. 11965/Cote M 1011), 84 (Inr. 23050),
85, 246, 247 (Inr. 11964/Cote M 1010)
© Musée de l'Armée, Dist. RMN | S.24, 26/27, 76 175 oben,
196, 197, 204, 240, 244, 278, 327 unten
© Musée de l'Armée, Dist. RMN, Foto: Pascal Segrette |
Schmutztitel (Detail), S.18, 105, 175 unten, 188, 195
208/209, 219 unten rechts, 276, 288 oben, 289
© Musée de l'Armée, Dist. RMN, Foto: Marie Bruggeman |
S.194 unten
© Musée de l'Armée, Dist. RMN, image musée de l'Armée |
S.80 oben, 167, 193, 211, 346
© Musée de l'Armée, Dist. RMN, Foto: Philippe Sébert |
S.152/153, 237 rechts
© Musée de l'Armée, Dist. RMN, Foto: Emilie Cambier |
S.255, 288 unten
© Musée Carnavalet | S.37, 90, 100, 113, 183, 228 links, 262
© Musée du Service de Santé des Armées au Val-de-Grâce,
Paris | S.38, 54/55, 64, 119 2. von unten, 119 unten, 186,
214 rechts, 215, 216, 217, 218 , 219 2. von oben
© Petit Palais – Musée des Beaux-Arts de la Ville de Paris |
S.286
© Collection M et Mme François Vachey,
Foto: Suzanne Nagy | S.25, 263 links

Rouen
© Musées de la Ville de Rouen, Foto: M. Cavecin | S.213

Rueil-Malmaison
© Musée National des Châteaux de Malmaison et
Bois Préau | S.20, 87

Troyes
© Musée des Beaux-Arts et d'Archeologie | S.242

GROSSBRITANNIEN

Cambridge
© Fitzwilliam Museum, Cambridge | S.156 links, 327 oben

London
© National Maritime Museum, Greenwich, London |
S.292, 294, 295, 298
© National Portrait Gallery, London | S.162 rechts
© The Trustees of Sir John Soane's Museum | S.162 links
© Tate, purchased with assistance from the Friends
of the Tate Gallery 1971 | S.297
© V&A Images/The Victoria and Albert Museum, London |
S.279
© The RAMC Muniment Collection in the care of
the Wellcome Library, London | S.56 unten, 220/221

ITALIEN

Parma
© Fondazione Museo Glauco Lombardi | S.163 rechts, 173,
238 rechts, 282 oben links, 332, 342

Possagno
© Fondazione Canova Onlus, Museo e Gipsoteca Antonio
Canova | S.103, 283 rechts

Rom
© Comune di Roma – Sovraintendenza ai Beni Culturali |
S.110, 205 oben, 231 links, 235 links

Triest
© Civico Museo Revoltella – Gallery of Modern Art, Trieste |
S.282 unten

Turin
© Galleria Civica d'Arte Moderna e Contemporanea |
S.172 links

Venedig
© Museo Correr | S.268 rechts

ÖSTERREICH

Baden bei Wien
© Städtisches Rollettmuseum, Baden bei Wien |
S.239 unten

Innsbruck
© Tiroler Landesmuseen Ferdinandeum, Innsbruck |
S.136, 302

Wien
© Archiv der Gesellschaft der Musikfreunde in Wien | S.174
© Heeresgeschichtliches Museum | S.42

POLEN

Kórnik
© Biblioteka Kórnicka PAN, Kórnik | S.250, 329 unten, 335

Warschau
© Muzeum Narodowe w Warszawie, Foto: Ligier Piotr |
S.312, 313 links
© Muzeum Literatury Warszawie | S.33, 313 rechts

SCHWEIZ

Bern
© Schweizerisches Bundesarchiv, BO/754 | S.303 unten
© Schweizerisches Bundesarchiv, KO/4, S.304

Coppet
© Collection Château de Coppet | S.160

Salenstein
© Napoleonmuseum Thurgau, Schloss und Park Arenenberg,
Foto: Daniel Steiner | S.28, 34, 68, 112, 146, 151, 154, 161,
181, 182, 185, 190, 192, 194 oben 202, 204 oben, 226, 228
rechts, 229 links, 231 rechts, 232, 233, 235 Mitte, 235
rechts, 236 links, 252, 258, 260, 261, 283 links, 287, 291,
303 oben, 316 links, 317, 319, 320, 322, 324, 325, 326, 328
unten, 329 oben, 330, 331, 336, 340, 341, 343, 344 rechts,
347 rechts

Zürich
© Sammlung Thomas Kessler | S.229 rechts

SPANIEN

Madrid
© Ayuntamiento de Madrid, Museo de la Historia |
S.311 links, 316 rechts

Zaragoza
© Colección Ibercaja | S.310

UKRAINE

Kiew
© The Bohdan and Varvara Khanenko Museum of Arts,
Kiew | S.164 links

USA

New York
© Hiroshi Sugimoto, courtesy The Pace Gallery |
S.348 links

Providence/RI
© Anne S.K. Brown Military Collection, Brown University
Library | S.224/225

© beralmar | S.177 rechts
© Jean-Claude Brunner | S.176 links
© Nicolas Illy | S.176 rechts
© Privatbesitz | S.349
© Privatsammlung | S.265
© Reproduktion aus Lacher, R.: Friedrich Georg Weitsch,
Berlin 2005 | S.124
© Schulamt Kelheim | S.177 links

Trotz intensiver Recherche war es nicht in allen Fällen
möglich, die Rechteinhaber ausfindig zu machen.
Berechtigte Ansprüche werden selbstverständlich im
Rahmen der üblichen Vereinbarungen abgegolten.

IMPRESSUM

Diese Publikation erscheint anlässlich der Ausstellung *Napoleon und Europa. Traum und Trauma* vom 17. Dezember 2010 bis 25. April 2011 in der Kunst- und Ausstellungshalle der Bundesrepublik Deutschland, Bonn.

Die Ausstellung steht unter der Schirmherrschaft der deutschen Bundeskanzlerin Angela Merkel und des französischen Staatspräsidenten Nicolas Sarkozy.

Die Ausstellung wurde von der Kunst- und Ausstellungshalle der Bundesrepublik Deutschland, Bonn, konzipiert und wird unter dem Titel
Napoléon et l'Europe. Le rêve et la blessure
von März bis Juni 2012 im Musée de l'Armée, Paris, dem Kooperationspartner der Ausstellung, gezeigt werden.
Direktor: General Robert Bresse
Stellvertretender Direktor: David Guillet

KUNST- UND AUSSTELLUNGSHALLE DER BUNDESREPUBLIK DEUTSCHLAND

Robert Fleck
Intendant

Bernhard Spies
Kaufmännischer Geschäftsführer

Bénédicte Savoy
Kuratorin unter Mitarbeit von Yann Potin

Paolo Martellotti
Ausstellungsarchitektur

Wenzel Jacob
Projektanentwicklung

Angelica Francke
Ausstellungsleiterin

Programmrat der Kunst- und Ausstellungshalle der Bundesrepublik Deutschland

Cornelia Ewigleben
Direktorin Landesmuseum Württemberg, Stuttgart

Reinhold Baumstark
Generaldirektor a.D. Bayerische Staatsgemäldesammlungen, München

Stephan Berg
Intendant Kunstmuseum Bonn

Kornelia von Berswordt-Wallrabe
Direktorin a. D. Staatliches Museum Schwerin

Ernst Elitz
Intendant Deutschlandradio a.D., Köln

Christoph Hauser
Programmdirektor Arte, Kehl am Rhein

Fabrice Hergott
Direktor, Musée d'art moderne de la Ville de Paris

Max Hollein
Direktor Städelsches Kunstinstitut und Städtische Galerie, Frankfurt am Main

Samuel Keller
Direktor Fondation Beyeler, Riehen

Gottfried Korff
Prof. em. Ludwig-Uhland-Institut für Empirische Kulturwissenschaft, Tübingen

Glenn D. Lowry
Direktor The Museum of Modern Art, New York

Henri Loyrette
Direktor Musée du Louvre, Paris

Ingrid Mössinger
Generaldirektorin Kunstsammlungen Chemnitz

Claudius C. Müller
Direktor Staatliches Museum für Völkerkunde, München

Hermann Parzinger
Präsident Stiftung Preußischer Kulturbesitz, Berlin

KATALOG

Herausgeber: Kunst- und Ausstellungshalle der Bundesrepublik Deutschland GmbH, Bonn

Katalogkonzept: Bénédicte Savoy
  unter Mitarbeit von Yann Potin
Katalogkoordination: Jutta Frings und Helga Willinghöfer
Lektorat: Helga Willinghöfer
Bildredaktion: Eva Assenmacher
Übersetzungen aus dem Französischen: Tom Heithoff, Cordula Unewisse
Übersetzung aus dem Italienischen: Yvonne Paris
Karten: ingraphis, Dirk Fabian
Wissenschaftliche Beratung (besonders Kartenmaterial):
  Bénédicte Savoy

Projektleitung Verlag: Anja Besserer
  unter Mitarbeit von Stefanie Eckmann
Korrektorat Verlag: Alexander Müller, München
Gestaltung: Petra Michel, Stuttgart
Herstellung: Andrea Cobré
Art Direction: Cilly Klotz
Lithografie: Repro Ludwig, Zell am See
Druck und Bindung: APPL aprinta druck GmbH & Co. KG, Wemding

ISBN 978-3-7913-5088-2 (Buchhandelsausgabe)
ISBN 978-3-7913-6331-8 (Museumsausgabe)

 BUNDESKUNSTHALLE.DE

www.bundeskunsthalle.de

Die Kunst- und Ausstellungshalle der Bundesrepublik Deutschland GmbH, Bonn, ist eine Einrichtung des Bundes und der Länder und wird gefördert durch

Der Beauftragte der Bundesregierung für Kultur und Medien

aufgrund eines Beschlusses des Deutschen Bundestages.

Cover: Detail aus Jacques-Louis David, *Napoleon als Konsul, den St. Bernhard-Pass überschreitend*, 1800, Charlottenburg, Stiftung Preußische Schlösser und Gärten © bpk | Stiftung Preußische Schlösser und Gärten Berlin-Brandenburg | Jörg P. Anders
und *L'EUROPE suivant ses Nouvelles Divisions*, Kupferstich, koloriert, undatiert, Privatsammlung, Paris © akg-images
alle Abbildungen siehe Bildnachweis S. 382/383

Trotz intensiver Recherche war es nicht in allen Fällen möglich, die Rechteinhaber der Abbildungen ausfindig zu machen. Berechtigte Ansprüche werden selbstverständlich im Rahmen der üblichen Vereinbarungen abgegolten.

© Kunst- und Ausstellungshalle der Bundesrepublik Deutschland GmbH, Bonn, und Prestel Verlag, München · Berlin · London · New York, 2010

Die Deutsche Nationalbibliothek verzeichnet diese Publikation in der Deutschen Nationalbibliografie; detaillierte bibliografische Daten sind im Internet über http://dnb.d-nb.de abrufbar.

Alle Rechte vorbehalten

Printed in Germany

Prestel Verlag, München
in der Verlagsgruppe Random House GmbH
Königinstraße 9
80539 München
Tel. +49 (0)89 24 29 08-300
Fax +49 (0)89 24 29 08-335

www.prestel.de

Verlagsgruppe Random House FSC-DEU-0100
Das für dieses Buch verwendete FSC-zertifizierte Papier LuxoArtSamt liefert Sappi, Biberist, Schweiz.